Balthasar Hacquet

Oryctographia carniolica

Oder physikalische Erdbeschreibung des Herzogthums Krain, Istrien, und zum Theil der benachbarten Länder. Leipzig, Breitkopf 1778-89. Teil 3

Balthasar Hacquet

Oryctographia carniolica

Oder physikalische Erdbeschreibung des Herzogthums Krain, Istrien, und zum Theil der benachbarten Länder. Leipzig, Breitkopf 1778-89. Teil 3

ISBN/EAN: 9783744693998

Hergestellt in Europa, USA, Kanada, Australien, Japan

Cover: Foto ©ninafisch / pixelio.de

Weitere Bücher finden Sie auf **www.hansebooks.com**

ORYCTOGRAPHIA CARNIOLICA,
oder
Physikalische Erdbeschreibung
des
Herzogthums Krain,
Istrien,
und zum Theil der benachbarten Länder.

Dritter Theil.

Leipzig,
bey Johann Gottlob Immanuel Breitkopf, 1784.

Der
unter dem allerhöchsten Schutze
der allerdurchlauchtigsten großmächtigsten
großen Frau,
Catharina der Zweyten,
Kayserin und Souveraine
aller Russischen Lande,

um die Aufnahme
der physischen Wissenschaften sich bemühenden
Akademie
in St. Petersburg,

widmet,
aus besonderer Hochachtung und Verpflichtung
gegenwärtigen Theil
seiner
Oryctographie

der
Verfasser.

Erklärung
Der Kupfer und Vignetten.

Das Titelkupfer.

Der Zirknizer-See im Grunde vorgestellet. Die kleinen * deuten die Grotten und Wasserschlünde an, woraus das Wasser kömmt, oder wieder aufgesaugt wird. Drey solcher Höhlen sind ausser dem Wasser sichtbar. Der hohe Berg Jauernig oder Javornig liegt gegen Mittag, welcher meistens hohl ist, und alles Wasser aufnimmt.

Die Vignetten.

1. Vignette, welche die acht Seen in dem hohen kahlen Kalkgebirge, von welchen in dem ersten Theile Erwähnung geschehen, vorstellet.

    a. Der erste und größte See, welcher an dem Gehänge des mala-Tergloubergs anhangt.

    b. Der letzte von allen, welcher im Grunde einen Wasserschlund hat, woraus die Saviza entspringt. Man sehe die letzte Vignette des ersten Theils, wie auch die zweyte, die hier in diesem Theile folgt.

2. Vignette, welche den Boheiner-See, dessen ebenfalls im ersten Theil Erwähnung geschehen, vorstellt.

3. Vignette, der Bleid- oder Feldeser-See. Auf der kleinen Insul Verh steht eine Kirche, welche einem Frauenbilde gewidmet ist.

4. Vignette, welche den Zhepizher-See, von welchem im ersten Theile gehandelt ist, vorstellt.

Erste Tafel.

Diese stellet die Gebirg- Fluß- und Nationalkarte von der Windischen Mark (Slavensky-Stran) vor.

Zweyte Tafel.

Abbildungen verschiedener Versteinerungen, Cristalle und gebildeter Erze.

Fig. 1. Ein lanzenförmiger Spathcristall mit 4 Flächen.
- 2. Von eben dem Cristall der Durchschnitt, wo am Grunde eine Seitenfläche ist.
- 3. Ein Walzenstein, kalkartig versteint.
- 4. Ein ebenfalls kalkartiges versteintes Medusenhaupt.
- 5. Ein anderes Medusenhaupt, eben so versteint.
- 6. Ein kleiner Jungit von zwoen Seiten vorgestellt.
- 7. Eine mergelartig versteinte Bastardarche von der gewölbten Seite gezeichnet.
- 8. Eben dieser Körper von der Schloßseite.
- 9. Ein wellenförmiger oder treppenähnlicher gebildeter Gallmey.

Fig.

Fig. 10. Ein besonderer Zinkspathcristall, welcher zum Theil getreuft ist.
- 11. Ein sägenartiger gelber Bleyspath.
- 12. Ein säulenförmiger canelirter weisser Bleyspath.
- 13. Ein aus Schichten bestehender körniger Sedimentstein.
- 14. Ein gespaltener Quarzcristall, welcher mit einem andern durchsetzt ist.
- 15. Ein 18flächiger Quarzcristall mit einem eben so gebildeten eingeschlossen.
- 16. Ein Quarzcristall aus 7 Pyramiden zusammengesetzt.
- 17. Eben solcher im Grunde zu sehen.

Dritte Tafel.

Prospect eines Stückes der Alpenkette, worinnen sich Eisengruben befinden.

♅ bedeutet Kalkstein.

∫ - - Thonschiefer.

..... diese Linie zeigt das Streichen des Thonschiefers an.

♂ bedeutet die Stahl- oder Eisengruben.

♃ - - Gips.

♄ - - Bley.

∫ - - Felsschiefer.

===== diese Linien deuten die Einschränkung des Felsschiefers an, wie er auf dem Hauptgebirge aufsitzt.

Vierte Tafel.

Das Gebirg der 3ten Tafel im Plan oder Grundrisse. Bey F. A. aber ist der Erzberg von Bleyberg in Kärnten. Diese Gruben haben nichts als Bley und Zink, welches unter folgenden Zeichen ö. ♄ angedeutet ist.

Fünfte

Fünfte Tafel.

Das Gebirg des Bachens, und hauptsächlich der Reifniker Alpen.

    a. ist der höchste Punkt des Gebirges.

    b. wo sich die Eisengruben von Reifling befinden, von welchen eine punktirte Linie geht, die den Fuhrweg der Erze anzeigt.

Sechste Tafel.

Prospect des Gebirges der fünften Tafel im Plan oder Grundriß. Dabey das Fuhrwerk, wie die Erze über das Gebirg gebracht werden.

Siebente Tafel.

Seiger- und Grundrisse des Kupferbergwerks zu Szamobar in Kroatien.

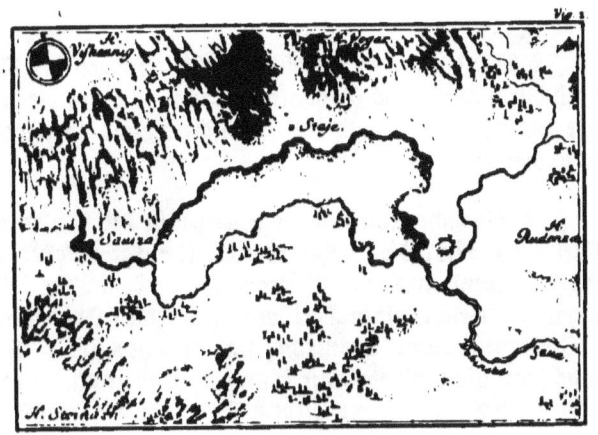

Vorrede.

Meinem Versprechen gemäß, folgt hier nach eben dem Plane, wie die vorgehenden, der dritte Theil dieses Werks. Nur ist er wässeriger geworden, indem er die Geschichte der vielen mineralischen Wasser, welche sich in dem hier beschriebenen Landstriche befinden, behandelt.

X

Ich habe die Grenzen meiner Untersuchungen der Natur nach durch Flüsse und Nationen bestimmt, wie es die beygefügte Gebirge, Flüsse und die Slavische Nation anzeigende Karte ausweiset.

Die Slavische Nation ist ungezweifelt in der ganzen alten Welt die größte, die mächtigste und die ausgebreiteste; sie fängt gegen Abend in Karnien (Carnia) und in dem Thal Prsile (Geilthal) an, welches einen Theil von dem jetzigen Ober-Kärnthen (Carinthia superior) ausmacht, und an Tyrol stößt. Von hier aus kann man mit eben der Sprache, und folglich unter eben der Nation, die nur verschiedene Benennungen, nachdem sie weiter vorrückt, erhält, wie einst die Parther und andere Eroberer, vom Anfange des adriatischen Meeres, bis zum Eismeere, wo Berings-Enge eine Durchfahrt zwischen Siberien oder Asien und Amerika gestattet, fortwandern.

Diese Nation muß sich auf unserem Erdboden vor Zeiten noch weiter gegen Westen erstrecket haben; ich selbst fand voriges Jahr sogar in Helvetien Spuren hiervon. Ich kam nach dem Städtchen Czernetz oder Cernez; der Name fiel mir sogleich auf, ich fragte die Einwohner, woher doch der Ort diesen Namen habe? einstimmig war ihre Antwort, das Wort habe keine Bedeutung. Da ich aber die Gegend des Orts in Augenschein nahm, entdeckte ich, daß die Berge, besonders gegen Morgen und Mittag aus schwarzem Thonschiefer bestehen, wovon die Bäche ganz schwarz gefärbet werden; Gleich fiel mir die etymologische Bedeutung des Wortes Czernez bey, und ich gerieth auf den Gedanken, der mir wie bewiesen war, daß

die

die ersten Erbauer dieses Orts Slaven gewesen seyn müssen, und nach der Farbe des Bodens den Namen Czerneß, das im Deutschen ohngefähr so viel als Schwärzling oder Schwarzach heißt, gegeben haben. Da die jetzigen Bewohner der slavischen Sprache unkundig sind, so ist kein Wunder, daß sie die Bedeutung des Wortes nicht wußten. In alten Schriften und Karten findet man den Namen dieses Ortes richtiger slavisch geschrieben, als es heut zu Tage von Sprachunkundigen zu verlangen ist.

Viele alte und neue Schriftsteller behaupten, daß diese Nation sich von Norden aus gegen Süden gezogen habe. Dieser Meynung kann ich nicht beystimmen; ich glaube vielmehr, wie ich es schon in einem gedruckten Briefe für bewiesen angenommen, daß die Menschen sich zuerst in dem mittägigen Theil angehäuft, und also aus Nothwendigkeit weiter gegen Norden vorrücken mußten. *) Die gedachten Schriftsteller behaupten es aus folgenden Gründen. Erstens: die Russen verstunden durchaus unsern Dialekt besser, als wir den ihrigen; weil ersterer ihr Kirchenstyl ist; folglich scheint es, daß diese Nation ihren Ursprung in Norden haben müsse. Zweytens: da es eine Menge Abtheilungen von Völkerschaften unter den Slaven giebt, welche verschiedene Benennungen haben, so wollen sie aus dem Worte Slavenzi (Winden) das ist, die Glorreichen folgern, sie hätten diesen Namen aus der Ursache erhalten, weil sie am weitesten aus Norden vorgedrungen wären. Indessen

---

*) Man sehe Robertsons Geschichte von Amerika, der eben einer solchen Wanderung Erwähnung thut.

versichern andere, daß die slavische Sprache nach Sibirien nur so gekommen sey, wie das Deutsche nach Ceylon und Neu=York; einheimisch soll es daselbst nie gewesen seyn u. s. w. Uebrigens hält man doch für gewiß, was die grosse Selbstherrscherin von Rußland am Anfange des berühmten Unterrichts zur Verfassung eines neuen Gesetzbuches für Rußland sagt: die Russen wären eine europäische Nation, weil die Einführung der europäischen Sitten und Künste einen so schnellen Fortgang unter ihnen gewonnen habe. —

Dem sey nun wie ihm wolle, so ist ausgemacht, daß die Völkerschaften der Staaten ihre Benennungen entweder von Thaten, oder von der Lage und Eigenschaften hergenommen haben, so wie Europa (weisser Leute Land) (Afrika) (Sandland) u. s. w. den Namen von den Phöniciern erhalten. Ich will sie also hier zum Theil nach der geographischen Lage anführen; Es wäre zu wünschen, daß die beygeführte Nationalkarte weiter fortgesetzt würde, welche als ein Stück einer Skizze für das Ganze hingehen mag.

Was die Winden anbelangt, so versteht man unter solchen die Karnieler (Carnutis) oder Carnier zum Theil, dann die Friauler, Hystreicher, Krainer, Illyrier, Kroaten, Dalmatier, zu welchen die Morlacken Mur-Vlaki, oder Seewallachen gehören: An die vorletzten stossen die Slavonier, Saklovoni oder Feindewürger, welche durch Hungarn durchsetzen, und gegen Norden an die Pohlen, Pojalaki oder Feldlagerer grenzen: diese Pohlen stossen an die Böhmen und Mährer Bojemi und Moravizi, das ist, die Furchtbaren und Bezwinger.

Weiter

XIII

Weiter gegen Nordwest liegen die Reussen Ressejeni, oder die weit Ausgebreiteten, an diese kommen die Moskowiter, Moskoviti, die Klopfmänner; dann gegen Süden die Kosaken Koshaki Häuteträger, oder mit Thierhäuten Gekleidete, weiter gegen Nordosten die Kamshani (nicht Kamschadalen) oder die Steinwarter; denn Kamshatka heißt auf deutsch Steinwart: Ohne Zweifel hat die Halbinsel diesen Namen von ihren felsigten Gebirgen. Von diesem Halb=Eilande fangen die nordischen Antillen an, welche sich gegen Californier nach Amerika ziehen. Auch unter diesen giebt es Inseln, welche slavische Namen haben, als Una-Lashka oder die wällische Insul u. s. w. und endlich auf dem festen Lande Siberiens gegen das nordische Eismeer die unreinsten aller Slaven, die sogenannten Samojeden (Samojedi und Samojeti.) Erstes slavisches Wort heißt Alleinessende, denn die Männer dieses Volks speisen nie mit ihren Weibern. Das zweyte Wort heißt so viel als Alleingehende, weil die Weiber und Männer meist von einander abgesondert gehen. Ohne Zweifel haben die Russen dieser Völkerschaft die angeführte Benennung gegeben; denn die Samojeden nennen sich Zhasowa, obgleich die Ostjaken und Tungusen sie mit einem andern Namen belegen. Zhasowa heißt bey den Slaven langsam, nicht Männer, wie es von den deutschen Schriftstellern erklärt wird.

Da man nun bey allen diesen Völkern von unserer Sprache, unsern Gebräuchen und Sitten mehr oder weniger Ueberreste findet, wie man aus den Berichten der reisenden Akademisten von St. Petersburg, besonders eines Pallas ersehen kann, so ist leicht zu vermuthen, daß sie eines Ursprun=

ges seyn müssen, und daß die Verbreitung dieses Volkes nur durch seine Tapferkeit und seine Siege, die wir noch in unsern Zeiten vor Augen haben, bewirket worden.

Ich glaube, es sey nun genugsam erwiesen, daß man mit der slavischen Sprache sechsmal weiter auf der halben Erdkugel kommen kann, als mit was immer für einer lebenden Sprache; und demohngeachtet giebt es so wenig Deutsche und Franzosen, die sich auf die Erlernung dieser Sprache legen, so' daß auch die Engelländer, welche aus Mangel der deutschen Sprachkenntniß nicht einmal wußten, daß, was der Weltumfahrer Cook auf seiner letzten Reise gegen den Nordpol entdecken sollte, schon längst von den Russen entdeckt und beschrieben war; wie denn Coxe mit der Uebersetzung der russischen Entdeckung in der Nordsee seine Landsleute belehret, aber etwas zu spät, sonst würden sie wohl die letzte Erdumschiffung nicht so umsonst unternommen haben. Man sehe dessen Account of the Russian discoveries.

Kaiser Karl der IV. muß die Vortheile dieser Sprache besser gekannt haben, indem er, wie ein krainerischer Schriftsteller behauptet, allen Kurfürsten befahl, ihre Prinzen vor allen andern in der illyirschen Sprache unterrichten zu lassen. Wer die weitläuftigen Staaten Joseph II. kennt, muß gestehen, daß sein Reich aus Slaven besteht, wo es denn einleuchtend genug ist, daß die Kenntniß dieser Sprache sowohl im Kriegs = als Bürgerstande unumgänglich nothwendig sey. Allein die Abneigung der Ausländer gegen diese etwas schwer zu erlernende Sprache mag wohl auch die Ursach gewesen seyn, daß bey der
Nation

Nation selbst eine Lauigkeit gegen dieselbe, und vollkommene Vernachläßigung einschlich, wodurch es geschah, daß sie durch deutsche Worte, denen nur ein slavisches Ansehen in der Aussprache gegeben ward, verdorben wurde, und ein gleiches Schicksal mit der deutschen Sprache, die man ehedem durch lateinische und französische Worte verhunzte, empfand, ohngeachtet es beyden an ursprünglichen Worten nicht fehlet.

Kann man nicht mit allem Rechte den Gelehrten den Vorwurf machen, daß sie sich mit den Haupt= oder Muttersprachen zu wenig bekannt machen? Mancher glaubt recht viel gethan zu haben, wenn er sechs Sprachen gelernet hat, z. B. Latein, Italienisch, Spanisch, Deutsch, Holländisch, Engländisch. Betrachtet man die Sache beym Lichte, so kann er derselben doch nur zwo: nämlich die erste und vierte; denn die übrigen sind blosse Jargons von jenen, Und wie weit kann man wohl mit solchen kommen? weiter nicht als durch den ersten westlichen Theil von Europa, und in einige Besitzungen der neuen Welt. Allein wie wenig ist das nicht für den ganzen Erdstrich. Ich halte es für unumgänglich nothwendig, daß alle diejenigen, welche mehr als einen Theil der Welt kennen wollen, sich auf mehr ausgebreitete Sprachen legen sollten, als Italienisch oder Latein, Ungarisch, Slavisch, Deutsch, Griechisch, Arabisch. Dieses wären wahre Hülfsmittel, den mehresten Völkern des Erdbodens sich verständlich zu machen. Freylich kann man dagegen einwenden, mit aller dieser Kenntniß würde man doch noch nicht z. B. in den Südinseln, welche schon lange vor den Engländern und Franzosen bekannt waren,

zurecht

zurecht kommen; allein ich will hier ein Beyspiel anführen, wie sie doch zum Theil helfen können.

J. R. Forster, sagt im ersten Bande seiner Reise um die Welt, daß die Barringtonia von den Einwohnern der Südinsuln Huddu genennet wird. So wie ich dies Wort erblickte, dachte ich gleich, die Pflanze sey schädlich oder giftig, indem dieses Wort in der slavischen Sprache übel oder böse heißt, obgleich man auch das Wort Zl'o oder Otrov, u. s. w. welches letztere Gift heißt, zu brauchen pflegen.

An einem andern Orte bey eben diesem Naturkundigen wird folgende Rede einer Frau der Freundschaftsinsul angeführt: Aima poe ihtino, te toye Mettua? Die drey ersten Worte würde ich nicht verstanden haben, aber die letzten versteht leicht ein jeder Slave, welches „führe dein Mütterchen" heißt. So wie diese Worte verständlich sind, so kommen noch eine Menge andere vor, die man vermittelst einer oder der andern Sprache würde verstehen können.

Die in diesem Bande eingeschaltete Karte kann aus mehr als einem Gesichtspunkte betrachtet werden, und zwar erstens als eine Gebirgkarte, in der die Alpenkette, wie sie von Westen nach Osten fortstreicht, angemerkt ist. Sie ist nur als ein Zweig von der im ersten Theile der Oryctographie vorkommenden Karte zu betrachten. Der hier entworfene Zweig der Alpenkette endiget sich mit dem Ursulaberge bey Slavenigradez oder Windischgrätz; wo der Kalkstein in ein Mittelgebirg von Granit übergehet. Zweytens zeigt der Trau- oder Drawafluß die richtigen Grenzen der slavischen Nation an: denn von
diesem

diesem Flusse an, so weit er auf der Karte zu sehen ist, ist alles, was gegen Süden liegt, bis zum adriatischen Meer slavisch.

Es ist nicht zu begreifen, wie dieser Theil der windischen Mark, da sie doch einem Herrn gehört, zu zwo deutschen verschiedenen Provinzen hat können gezogen werden. Diese Nation, die sich bey ihrer Ausbreitung in der Natur so gemäße Grenzen gesetzt hat, hat doch aller widrigen Veränderungen ungeachtet, noch bis den heutigen Tag ihre Sprache, Sitten und Kleidung beybehalten. Sobald man aber über den erwehnten Drawfluß setzt, und bevor er noch das Königreich Kroatien erreicht, hört diese Nation auf, und man kömmt unter Deutsche.

Was die Geschichtschreiber von den Winden erzählen, nämlich, daß diese Nation sich nur zwischen den Draw- und Savafluß niedergelassen habe, ist nicht allerdings richtig; denn es gehörte noch eine lange Zeit auch der Theil von Unterkrain (Doleinku) der auf der südlichen Seite der Sava oder Sau liegt, zu der windischen Mark; so viel ist aus den alten illyrischen Schriften gewiß, daß die Winden, Slavenzi, Karnier, Friauler, Histereicher und Krainer, unter die sogenannte Windisch-Mark (Slavenzki-Stran) gerechnet wurden. Die Sprache selbst und alles übrige redet für die Aechtheit dieser Meynung. Geringe Abänderungen der Sprache können hier auf keine Weise in Rechnung kommen, indem selbst bey uns mitten in Krain der Dialekt fast Meile für Meile sich ändert.

Drittens habe ich auf eben der Karte die Kleidertracht dieser Nation auf Verlangen einiger meiner auswärtigen Freun-

Freunde entworfen: Das noch mangelhafte werde ich im vierten oder letzten Theil nachholen.

Die angegebene Grade auf der Karte des ersten Bandes sind, wie es unser Geograph Floriantschütz berechnet, und auf seiner Karte angebracht, beybehalten worden, welche aber nach den neuen Beobachtungen des Mathematikers Liesganig um drey Grade gegen die gegenwärtige verschieden; doch hat dabey der richtige Zwischenraum der Ortschaften nichts gelitten.

Die im ersten Theile versprochene Abbildung des Zirknizer=Sees folgt hier auf dem Titelkupfer, so wie die übrigen Seen von Krain in Vignetten.

Von den Bergwerken, die in diesem Lande angemerkt sind, habe ich von solchen, ausgenommen die zu Ende des Bandes angeführet sind, keine Grubenrisse gegeben, sondern bloß die Vorstellungen des Gebirges, worinn sich ihre Gänge oder Stöcke befinden; aus der Ursache, weil solche Risse nicht nur vielen Veränderungen unterworfen sind, sondern auch für die Physik der Gebirge kein bedeutendes Licht geben.

Mit Vergnügen sehe ich durch die in andern Ländern immer mehr gemachten Beobachtungen, daß das Lieblingssystem, die Gebirge in fünf Klassen zu theilen, wie ein Kartenhauß zusammen fällt, und man nun täglich mehr einsieht, wie ungereimt es läßt, in diesem Fache etwas Allgemeines festsetzen zu wollen. Einem jeden Naturforscher ist hinlänglich bekannt, daß die Naturlehre damals am mehrsten gewann, als man die übermässige Liebe zum Systemschmieden nach und nach unterdrückte, wodurch denn der Beobachtungstrieb desto mehr erweckt wurde.

Ohn=

Ohnlängst kamen ein paar Naturalisten von Süden zu mir. Sie sagten mir, „in ihrem Lande hätten sie eben so ho„he Berge als der Aetna ist, es müßten allda ungeheuere Vul„cane getobt haben u. s. w." Kein einziger, erwiederte ich. Wie sind denn die Berge entstanden? fragten sie weiter. Meine Antwort fiel darauf hinaus, daß ich dieses so wenig mit Gewißheit zu sagen wisse, als sie mir erklären könnten, wie wohl der erste Vierfuß entstanden seyn möchte.

Im Jahre 1781 habe ich eine Reise von zweyhundert Meilen stets in der bey uns befindlichen Alpenkette nach Westen fortgemacht. Mein Zurückkehrungspunkt war in dem Gebirge, welches zu dem Kolos des Gotthartsberges in Helvetien gehört; wäre nicht der häufige Schnee zu Ende des Herbstmonats eingefallen, so würde ich auch noch solchen überstiegen haben; allein beym Ursprunge des Hinter=Rheins im Paradieß mußte ich meinen Untersuchungen ein Ende machen. Ich muß gestehen, bey dieser so beschwerlichen Untersuchung, auf die ich meine ganze Aufmerksamkeit verwandte, bin ich nicht viel klüger geworden in Betreff der Gebirgsentstehung, wie man es ersehen wird, so bald ich Zeit gewinne, mein auf dieser Reise gehaltenes Tagebuch bekannt zu machen; und so hoffe ich auch in ein paar Jahren, wenn ich Leben und Gesundheit behalte, mit der physikalischen Erdbeschreibung unseres Landes fertig zu werden, eine Arbeit, auf welche ich nunmehr 20 Jahre verwendet habe.

Die Nebenreisen, die ich bey der Gelegenheit in andere Länder gemacht habe, waren meistens aus der Ursache unternommen, um mich in dem lithologischen Fache mehr zu unterrichten,

richten, wegen der in unserem Lande herrschenden übercus großen Einförmigkeit.

Ob ich gleich alles Mögliche anwandte, die Schreib- und Druckfehler im zweyten Bande zu vermeiden, so sind dem ungeachtet in der Entfernung von einhundert und mehr Meilen vom Druckorte verschiedene eingeschlichen, welches mich hoffentlich bey der billigen Welt entschuldigen wird. Indessen, da solche einen ganz verkehrten Sinn machen können, so müssen die ausgesetzten und verbesserten Fehler vom Leser nicht überschlagen werden; Man kann den halben Bogen, worauf sie stehen, nach Belieben dem zweyten Theile beybinden lassen.

ORYCTO-

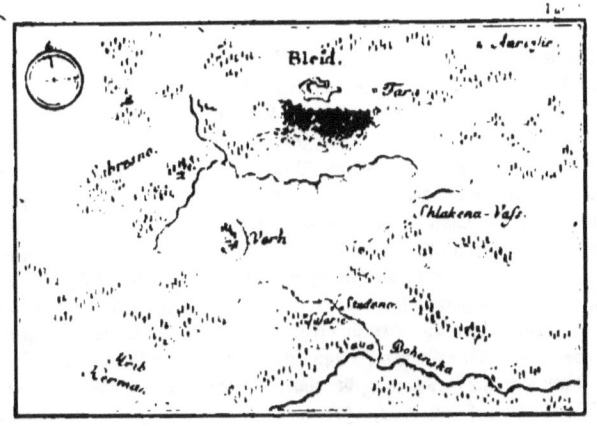

ORYCTOGRAPHIA CARNIOLICA.

Dritter Theil.

So viel angenehme Gegenden auch immer Ober-Krain oder Gorcinſku hat, ſo kömmt doch keine vor, die ſo maleriſch wäre, als diejenige, welche ſich um den Velbeſer See oder Bled-Jeſer befindet. Der hier befindliche See ſoll nach Vermuthungen der Lacus Auracz der Alten ſeyn *). Dieſer See iſt beynahe ganz viereckig, nur gegen Morgen macht er eine kleine Auslenkung in das weniger gebirgige Erdreich; er hat eine halbe

*) Man ſehe die obenſtehende Vignette.

halbe Stunde ungefehr im Durchschnitte, ist sehr tief, und hat sehr reines
Wasser. Ringsherum stehen graue Kalkgebirge hervor, welche aber keine son-
derliche Höhe haben; sie verflechten sich alle sanft in den See hinein, so, daß
gegen Morgen, Mittag, und zum Theil gegen Abend, noch Wiesen und Getreidefelder an denselben anstoßen. Gegen Mitternacht steht ein Fels von 50 bis
60 Lachter senkrecht in die Höhe, auf welchem vor Zeiten wegen der Türkischen
Einfälle ins Land ein Schloß gebaut worden, welches dem Bischof von Brixen
zugehörig, und noch dermalen von seinem Amtmann bewohnt ist. Kaiser
Heinrich schenkte solches sammt der Herrschaft dem Heiligen Albuinus; da nun
die heilige Linie ausgestorben ist, so scheint es mit Recht dem Hofe wieder
anheim zu fallen. Beynahe eben so verhält es sich mit der schönen Herrschaft
Locka, welche dem Bischofe von Freysingen zugehöret. Mitten in dem See
ragt ein ziemlich großer Fels hervor, der eine kleine Insel macht, die den Namen
Werth führet, worauf eine Kirche gebaut ist, die man mit allem Recht schlei-
fen sollte, wegen der vielen Unglücksfälle, die den Dahinreisenden begegnen.
Erst dieses Jahr sind zehn Personen auf einmal von denjenigen ertrunken,
welche Andacht halber dahin fuhren. Man sehe bey Valvasor den ersten und
dritten Theil, wie auch Büsching, Theil 7 Seite 52 der französischen Ausgabe, wo
diese Insel beschrieben ist. Der Fels besteht aus einem sehr festen grauen mit
Spathadern durchsetzten Kalksteine, der am Stahle manchmal Feuer giebt.
Der ganze See hat wenig Zufluß, und das nur von Mitternacht; gegen Mittag
aber hat er seinen Abfluß in die Bohinska Sava, oder in den Wocheiner Savafluß. Rings um den See liegen auch kleine Dörfer oder einzelne Häuser,
welche mit dem See, und dem daran liegenden Bergschlosse einen gar grotesken
Anblick geben. So viele Berge sich auch an dem See zulenken, so sind sie
doch alle sehr voneinander unterschieden; die kleinern liegen vorn her, und die
größern thürmen sich hinten nach Masgabe der größern Weite immer mehr
gegen dem Himmel, so, daß man aller Orten die schönste perspectivische Aussicht hat. Das wunderlichste Ansehen unter allen Bergen hat der so
genannte Babie-Sob, welcher einen Theil vom Gebirge der Jelanza ausmacht,
oder Sobka, das ist, alte Weiber Zahn, eine Benennung, welche alle Slaven, so wie auch die Kamschadalen den Bergspitzen geben. Er geht zugespitzt, und ist an seiner Spitze wie gespalten, wo aus dem Spalt ein eisenschüßiger Thon zu regnerischen Zeiten herausgewaschen wird. Man hat schon
den Versuch gemacht hinauf zu kommen, in der Hoffnung allda Eisenerze zu
entdecken;

entdecken; allein die Spitze ist unzugänglich, indem auf allen Seiten nichts, als senkrechte Kalkwände seinen Grund bilden. Dieser Berg, der zur Alpkette gehört, hat, was das senkrechte Verflechten anbetrift, viele andere seines gleichen; welches auch oft bey dem Kalkgebirge in andern Ländern der Fall ist. Linné sagt in seinen Abhandlungen der Naturgeschichte: „die sehr hohen Berge „in Gothland, Turburg und Hoburg, haben schnurgrade herunterhangende „Wände von Kalkstein, die von den Wellen zu der Zeit ausgespült worden sind, „als ganz Gothland, außer diesen zween Bergen, noch unter Wasser lag, und „nur diese Berge ihre Gipfel aus der Tiefe erhoben, eben wie itzt die Carolinischen „Inseln beschaffen sind." Diese Beobachtung des großen Linné verdient fernere Nachforschung; ob dieser Kalkstein von den angeführten Bergen mit Versteinerungen angefüllt sey oder nicht; wenigstens erklärt sich der Verfasser nicht näher. Alle Gebirge um den erwähnten See, enthalten wenigstens keine Versteinerungen, und so auch selbst nicht jene Felsen, welche den Grund davon ausmachen. An dem Ufer unseres Sees gegen Mittag befindet sich eine warme Quelle, von welcher nicht weit der Ort, Shlakena-Vass oder Schlakendorf liegt. Man sehe die erste Tafel, welche die Karte der Windisch-Mark Slavenski-stran vorstellet, so wie auch jene des ersten Theils dieses Werks. Diese Quelle, oder besser die zwo Quellen, entspringen aus einem grauen Kalkfelsen, einige Schritte oberwärts von dem See. Ich weiß nicht, wie Valvasor hat sagen können, daß der Verwalter des obenerwähnten Schlosses, um sich die Schmarotzer (deren Zahl bey uns nicht klein ist, obgleich der Vorwurf im gegenwärtigen Fall nichts weniger, als gewiß ist) vom Halse zu schaffen, welche sich allhier badeten, und die er umsonst bewirthen mußte, das Wasser aus dem See in die warmen Quellen geleitet habe, um solche zu verderben, und des fernern Ueberlaufens dieser Personen entlediget zu seyn. Wie wäre aber dieses möglich gewesen, da noch heut zu Tage, wie von undenklichsten Zeiten her, das warme Quellwasser nach den Gesetzen der Schwere in den See hinabrinnt? Der Verwalter mag wohl nicht eigentlich den See hinein geleitet, sondern nur das Gebäude, wenn ja einmal eins da gestanden hat, zu Grunde haben gehen lassen, weil die Badgäste nicht so viel werben haben zahlen wollen, um solches zu unterhalten. Es werden sich gewiß wenig Länder in Europa finden, wo man so wenig für seine Gesundheit verwenden mag, als hier zu Lande; und so sieht man auch heut zu Tage, daß das ganze Herzogthum ohne Krankenhaus ist, welches doch zum Heile des Landes, und der Religion gewiß nothwendiger wäre, als die mehr als überhäuften vor Zeiten gestifteten Klöster und Kirchen, die sich darinnen befinden.

Nun zur Untersuchung der warmen Quellen. Bergmann sagt: „bey der Anstellung der Wasserproben sind zwo Fragen zu beantworten, nämlich was, und wie viel von jedem das Wasser hält?" Dieses habe ich, wie man aus dem zweyten Theile ersehen kann, so genau untersucht, als mirs möglich war, und nun will ich auch mit allen mir vorkommenden Wassern auf die nämliche Weise verfahren. Sollte man aus den vorhergehenden Theilen mit meinen gegebenen kurzen Nachrichten nicht befriediget seyn, indem ich nicht alle Mittel angezeiget habe, um der Sache mehr Gewißheit zu geben; so ist doch alles angewendet worden, um es zu erforschen, ob ich gleich, um Wiederhohlungen zu vermeiden, nicht alles das bey einem Orte gesagt habe, was bey einem andern geschehen ist; ferner muß ich auch gestehen, daß William Falconers Versuch über die mineralischen Wasser und warmen Bäder, und Torbern Bergmann durch seine opusc. physc. chemica mir ein viel besseres Licht über die Untersuchungen der Wasser gegeben, als alle die vor ihm in diesem Fache gearbeitet haben; nur wäre es zu wünschen, daß sich auch alles so genau, wie letzterer es angiebt, ausführen ließe.

Die oben angeführten warmen Quellen untersuchte ich an dem Orte selbst, zu Ende März des 1779sten Jahres bey dem schönsten Wetter, wobey das Erdreich ungemein trocken war; die Grade des Wärmemessers oder Thermometers waren in dem See 4, und in beyden Quellen 18 und einen halben Grad nach Reaumur, oder 74$\frac{1}{4}$ nach dem Fahrenheit. Die Wasserwage zeigte mir, daß es beynahe so rein sey, als destillirtes Wasser in eben dem Grade der Wärme; es war rein, ohne Geschmack; die Blutlauge, der Veilchensaft machte wenig Aenderung, nur erstere machte das Wasser ein wenig opalfärbig. Die Lacmustinktur aber zeigte etwas mehr, daß sich die Farbe von solchen aus dem Blauen ins Rothe veränderte. Das Brasilienholz färbte das Seewasser etwas gelblich, aber nicht das Wasser der Quellen, sondern etwas weniges röthlich, die wässerichte Auflösung der Kurkume that nichts, das Weinsteinsalz machte mit dem Wasser eine kaum zu merkende Milchfarbe. Die Auflösung des fressenden Sublimates, wie auch die von Silber in Scheidewasser, machten keine recht merkliche Aenderungen; gar nichts aber that die Auflösung von Operment (liquor probatorius.) Der Salpeter und Vitriolgeist machten beym Eingießen eine kleine Gährung; eine silberne Platte und blaues Papier machten nichts.

Da

Da ich in der Nähe keine Gelegenheit vorfand, gleich von dem Wasser abbünsten zu lassen, so ließ ich mir nach zween Monaten ein Fäßchen voll von dem Wasser nach Hause bringen, wo ich dann alle meine mit demselben gemachte Verfuche wiederhohlte, wie folget. Die Auflösung von fressendem, und in Scheidewasser aufgelöstem Queckfilber, und Silber, wie auch vom destillirten Salmiakgeist, brachte in dem Wasser keine Veränderung hervor; das Blauholz machte es etwas roth. Die Auflösungen von Galläpfeln, Blutlauge und alkalischen Salzen, machten das Wasser etwas aus dem Opalfärbigen ins Milchschlagende. Ich goß in jenes Wasser, worein ich die Blutlauge gethan hatte, Salzgeist, um ein Berlinerblau zu erhalten; allein ob ich gleich über 4 Pfund Wasser genommen hatte, so konnte ich doch nichts erhalten. Die Lacmustinctur wurde aber röthlich, weniger aber der Veilchensaft grünlich; ich übergehe die andern Verfuche, die ich damit machte, welche mir nichts zeigten, das angeführt zu werden verdiente.

Nun nahm ich die Destillation mit 16 Pfund von dem Wasser vor; nach gehörigen Filtriren und Abbünsten, erhielt ich erstens auf dem Flußpapier gegen 25 Gran einer weißlich gemischten Erde, welche aus $\frac{1}{4}$ Thonerde, und das übrige aus Kalk bestund. Ich that die ganze Erde unter die Muffel eines Probierofens, um sie ausglühen zu lassen, und zu erfahren, ob ich keine Eisentheile darinn entdecken würde, da mir einige Verfuche doch solches wahrscheinlich machten; allein ich habe nichts entdecken können. Zweytens bekam ich gegen 6 Gran eines doppelten, oder gemischten Neutralsalzes, nämlich etwas Glauberisches Wundersalz, mit Bittersalz gemischt.

Die Ursache, warum ich aus diesem Wasser nichts merkliches vom Eisen erhielt, obgleich die Auflösung mir es wahrscheinlich machte, mag seyn, daß sich nur ein sehr kleiner Theil darinn befindet, und die Färbung des Veilchensaftes und der Lacmustinctur bloß von dem Mineralgeist, oder von der freyen sogenannten Luftsäure des Bergmann, oder besser, freyen Vitriolfäure herrühret. Man sehe, was Wiegleb darüber in seiner physischen Chemie gesagt hat.

Da nun weder die Wärme, noch die mineralischen Bestandtheile dieses Wassers beträchtlich sind, so kann es auch nur von einer sehr geringen Wirkung seyn; denn wenn die Wärme etwas wirken sollte, so müßte doch wenigstens das Wasser 27 bis 29 Reaumurische, oder 98 bis 100 Fahrenheitische Grade haben; sollte aber die gute Wirkung von dem Mineralischen herrühren, so müßte es ein viel größeres Quantum besitzen, als man wirklich vorfindet. Aber ohne Zweifel muß es vor Zeiten besser gewesen seyn, als itzt, sonst würden sich gewiß wenige eingefunden haben, vermittelst desselben ihre Gesundheit herzustellen; und wer weiß ob der Verlust, den das Wasser in Ansehung seiner weniger guten Eigenschaft erlitten hat, nicht allein die Ursache ist, daß es ganz verlassen worden, indem wir im Lande ein viel besseres haben. Man hat mich hier so, wie in andern Gegenden von Europa, versichert, daß die große Erderschütterung vom Jahr 1755 manchen Gesundbrunnen sehr nachtheilig gewesen sey, welches ich aber mit keiner Erfahrung bestätigen kann.

Nachdem ich weiter nichts merkwürdiges bey diesem See fand, wandte ich mich gegen die Wohein zu. Das enge Thal, welches hinein hält, ist mit 6 Hügeln, wovon die höchsten etwas über 90 Lachter Höhe haben, zugesperrt, dergestalt, daß dazwischen nur so viel Platz bleibt, um den kleinen Savafluß und einen schmalen Weg durchzulassen. Da das Thal hier in die Hauptkette hinein geht, so halten diese erwähnte Hügeln, welche bloß aus weißgrauem Kalksteine bestehen, von einem Hauptgebirge zum andern, und mögen vorzeiten einen ordentlichen Damm ausgemacht haben; denn hinter ihnen gegen Mittag, oder gegen Bohinia oder Wohein zu, ist ein ganz ebenes kleines Thal, worinn dermalen das Dorf Bella, und andere kleine Ortschaften liegen. Der Grund dieser wasserwägigen Fläche, besteht aus Bachsteinen, und aller Orten herum findet man auch Trümmersteine davon, welche noch höher als das Thal liegen. Doch befinden sich nur solche auf jener Seite, woher der Fluß kömmt. Ein gewisses Merkmal, daß das Bette dieses zwar kleinen, aber sehr reissenden Flußes vor Zeiten viel höher gewesen ist und solche gebildet haben mag; zur der Zeit aber als die 6 Hügel noch geschlossen waren, muß allba ein beträchtlicher See gestanden haben, welcher seinen Ausfluß über hohe Felsenwände gestürzt, die sich aber durch die Länge der Zeit sowohl durchs Wasser, als durch die Verwitterung eingeschnitten haben müssen, daß dermalen das Flußbette um vieles tiefer geworden, ja nunmehro einen 40 bis 60 Lachter tiefen Einschnitt hat. Doch an allen Gegenden dieses natürlichen Dammes, mag es nicht so zugegangen seyn; denn an einigen Orten scheint es, daß er auch durch das Wasser in seinem Grunde durchgegraben worden, und aus den Hügeln natürliche Brücken gemacht habe: und es ist möglich, daß einige dieser Hügeln dermalen nichts mehr, als die Pfeiler dieser natürlichen Brücken sind.

Die

7

Die Karte, die wir von unserm Savafluß, das ist, von seinem Ursprung an bis zu seinem Ende haben, ist hier und in ganz Oberkrain nichts weniger als richtig, obgleich die Ingenieurs Kirchschlager und Renner sich viel Mühe damit gegeben haben; doch ist auch nicht zu zweifeln, daß seit 50 Jahren in manchen Gegenden des Landes bey den Flüssen Aenderungen vorgefallen; allein wenn auch das geschehen ist, so kann es nur von sehr geringer Bedeutung seyn; denn das ist doch gewiß, daß zu jener Zeit, als man die Flüsse des Landes aufnahm, die Hauptströme der Sava nicht in den oben erwähnten See liefen, wie es auf der Flußkarte angezeigt ist.

In dem Thale der Wohein findet man ein paar Oerter, wo es kleine Thonhügel giebt, die etwas Hornstein enthalten. Die merkwürdigsten unter allen diesen sind erstens eine Breccia jaspidea. Die Hauptfarben davon sind: dunkelgelb, grün und braun, nimmt eine sehr schöne Politur an, und obgleich dieser Jaspis aus Trümmern zusammengekittet ist, so bleiben doch in der Politur nicht die geringsten Zwischenräume zu sehen. In eben diesem Geschiebe findet sich zweytens gefärbter Jaspis, welcher wie der Bänderachat aus ein und mehr Linien breiten Streifen zusammengesetzt ist. Die abwechselnden Farben davon sind, braunroth, grau, hell und dunkel, manchmal auch mit der gelben abwechselnd. Drittens, ein Dunkelrother, oder besser, Ochsenblutfärbiger, welcher oft mit hellen Streifen durchsetzt ist. Viertens, ein Schmutzgelber oder Eisenroststähnlicher. Dann fünftens ein buntfarbiger Jaspis, welcher mit dem sogenannten versteinten Koburger Holze viel Aehnlichkeit hat, nur daß unser Stein, nicht wie dieses an den Kanten halbdurchsichtig, sondern völlig undurchsichtig ist: unserer giebt an Stahl heftig Feuer, und brauset ebenfalls mit Säuren, welche ihm gleich auf der Oberfläche die Farben benehmen, und verhält sich in vielen Stücken, wie der Jaspisartige Mittelstein, von welchem ich im ersten Theile der Oryctographie Erwähnung gethan. Sein Bruch ist großschaalicht, mehr gebrüchig auf der Oberfläche, als in der Mitte, indem er wie eine Rinde hat und auch nur in Mugel bricht; so sind dann auch gegen den Mittelpunkt zu die schönsten Farben. Da dieser Stein aus ganz unfühlbaren Theilen besteht, so nimmt er auch eine sehr schöne Politur an. Aus den oben angeführten Kennzeichen sollte man vermuthen, daß er wegen des schaalichten Bruchs vielmehr unter die Achat- als Jaspisarten gehöre; allein im Dunkeln gerieben, leuchtet er nicht, er ist weicher als Achat; der Bruch ist thonicht, matt, glühet ohne zu zerspringen, wenn sich nicht Spathadern dazwischen finden.

In

In allen Stücken sieht man, daß er mehr unter die Thon- als unter die Kieselarten gehöre. Im übrigen, was seine Schönheit anlangt, wegen seiner wellenförmigen ausgebreiteten Farben, wovon die Grüne die schönste ist, würde er zu kostbaren mosaischen Arbeiten überaus brauchbar seyn. Sein Farbenwesen hat er bloß vom Eisen her, denn in den alten Brüchen wittert von ihm ein feiner Ocher aus. Ich habe nach der Zeit an einigen Gegenden des Landes bemerket, wo solche Steinarten brechen, daß sie oft nur ein bloßes Steinmark, Lithomarga, vorstellten; wäre es nicht möglich, daß einmal der ganze Stein so etwas von Anfang gewesen sey? wahrscheinlich ist dieses wegen dem Gemische seiner Farben; denn obgleich die Steinart aus ganz unfühlbaren Theilen bestehet, so sind doch manche Stücke bald mehr oder weniger kieselartig. Zu diesem Ende habe ich durch den nassen Weg, nachdem ich vorher den Stein gelinde geröstet hatte, und in einem gläsernen Mörsel zu feinem Pulver gerieben, verschiedene Versuche gemacht.

Erstens. Von verschiedenen gefärbten Abarten dieses Steins, von einem jeden hundert Theile genommen und in concentrirten Pflanzensäuren gesättiget, hat von 9 bis 15 Theile davon vollkommen aufgelöset. Durch gehörige Niederschlagmittel erhielt ich Kalkerde.

Zweytens. Eben so viel dieser verschiedenen Steinarten in Salpetergeist aufgelöset, gab 9 Theile reine Salpeterkristallen; wurde aber die Auflösung filtrirt und mit reinem Alkali niedergeschlagen, so bekam ich 6 Theile reine grünliche Erde, welche geröstet der Magnet zum Theil anzog.

Drittens. Eben so auf verschiedene Art mit der Salzsäure behandelt, gab mir durchs Filtriren ebenfalls eine gefärbte Eisenerde. Im ganzen lösete solche gegen 13 bis 15 Theile auf, kubisches Salz erhielt ich aber niemalen.

Viertens. Auf eben diese Art behandelt mit der Vitriolsäure, lösete im Durchschnitte genommen, so wie die Salpetersäure, 15 bis 20 Theile auf. Ließ man die Auflösung stehn, ohne sie zu filtriren, so erhielt man Alaunkristallen 9, und Seleniten 11 Theile. Ließ man die Solution durchs Filtrum gehen, so erhielt man weniger; aber das Niederschlagen mit dem fließenden Weinsteinsalze gab eben auch ein wenig grüne Eisenerde durch die Röstung zu erkennen. Dieses wenige, was ich anführe, habe ich zu wiederhohltenmahlen an verschiedenen gefärbten Steinen, welche aus unfühlbaren Theilen bestehen, am Stahl

Feuer

Feuer geben, und mit Säuren brausen, versucht; allein obwohl ich jederzeit in dem Stein die Kiesel- Thon- Alaun- und Kalkerde mit etwas Eisen entdeckt habe, so konnte ich doch bey keinem Versuche das genaue Verhältniß der Theile bestimmen, sondern man kann nur überhaupt sagen: der Stein hat dem Mittel nach, im Zentner zu 100 gerechnet, 7 Theile fixe Luft, 9 Wasser, 59 Kieselerde, 9 Thonerde, 15 Kalkerde, und 1 Eisenocher oder eigentliches Eisenerz, den Eisengehalt ausgenommen, eben die Bestandtheile wie im Feldspath, nur in einem andern Verhältnisse.

Aus den gegebnen Versuchen dieser Steinarten sieht man mehr als zu wohl ein, daß die Hauptgrunderden hier mitelnander innig gemischt sind, und ich glaube mit allem Rechte den Stein als ein Mittelding zu betrachten, so wie man in der Chemie durch Zusammenfügung zwoer Originalsäuren ein Mittelsalz erhält, welches die Natur am mehresten hervorbringt. Es ist genug bekannt, daß es eben so wenig auf und in dem Erdboden einzelne reine Erden als Salze giebt; und ich hoffe durch genauere Untersuchung wird man auch diesen Mittelstein nicht selten in andern Ländern antreffen, wie ich schon durch mineralogische Freunde solchen aus andern Gegenden erhalten habe. Ich glaube, die ganze Ursach davon war, daß man ihn nicht eher beobachtete, weil der Stein, man mochte den Versuch mit dem Stahle machen, wie man wollte, jederzeit Feuer gab, und man sich also der Versuche mit Säuren entübrigen zu können glaubte, und sie in Ansehung des Steins nichts weniger als wirksam achtete.

Ich wünschte sehr, daß mit diesem Stein von Ausländern mehrere Versuche gemacht würden, wozu ich mich gegen einem jeden erbiete, solchen Stein nach Verlangen zu verschaffen; denn nichts kann mir angenehmer seyn, als daß man die Sache so genau als möglich untersuche, ob ich auf einen irrigen oder wahren Wege bin, eine jede Belehrung werde ich mit Vergnügen und Erkenntlichkeit annehmen, sie mag immer ganz gegen alle meine Erfahrungen und Muthmaßungen streiten oder nicht, wenn sie nur Wahrheit enthält.

Ich habe in dem ersten Theile von dem Bergwerke dieser Gegend gehandelt, aber dabey eine seltene Kristallisation übergangen, welche sich in den dortigen Gruben befindet. Es sind Spathkristallen von der Länge von 6 bis 9 Zoll, und an dem Grunde 4 Zoll breit. Man sehe die zweyte Tafel Fig. 1. Der Kristall, den ich besitze, stellt vollkommen eine Lanze vor, hat kein Prisma, sondern ist eine bloße flache Pyramide, welche vier Flächen hat, die gespitzt zugehen;

zugehen; man sehe bey Fig. 2. wo der Durchschnitt vorgestellt ist. Kanten hat er 4 zweyschneidige, welche die Breite ausmachen, und zwo stumpfe, welche sich auf dem Rücken des Kristalls befinden. Ueberhaupt ist der ganze Kristall nicht rein, sondern durch eisenschüßigen Thon während seiner Kristallisation verunreiniget worden. Nie hab ich einen Kristall gesehen, der einem unreinen Eise ähnlicher sähe, als dieser, wenn es zu schmelzen anfängt. Obgleich ich nur 4 Flächen an diesem Kristall angezeiget habe, so scheint er doch an seinem Grunde wie noch zwo abgebrochene Seitenflächen zu haben, wovon eine sehr merklich ist, und die andere nicht.

Hierauf wandte ich mich gegen Mitternacht in ein anderes enges Thal, worinn ein kleiner Fluß, mit Namen Radolna, fließt, der sein Wasser von dem Eisberge des Terglon erhält, welcher Fluß aber in der Sava bald sein Ende nimmt. An diesem kleinen Wasser steht ein Hammerwerk, welches zu dem Bergwerk Jauernigg gehört; dieses Werk hat zween Stahlhämmer, welche aus den beygeführten Flossen des angeführten Werkes gemeinem Stahl in kleine Stangen schmieden. Aus diesem Thale gieng ich über den Berg Kozheunick, und ließ das Gebirge Kerma gegen Abend. Vom erst erwähnten Gebirge kam ich bey dem kleinen Ort Gorcine Laaſs wieder in die Oberkrainer Fläche. Auf meinem ganzen zurückgelegten Wege fand ich nichts, als grauen derben Kalkstein. In dieser Fläche konnte ich aller Orten sehen, wie der darinspielende Savafluß sein Bette schon viermal verändert, wo er bey der Abweichung sich jederzeit um einige Lachter tiefer gegraben hatte. Der Scheder des Flusses allhier ist noch bloßer Kalkstein, indem er hier nur noch meistens in der Alpkette steckt, und also von dem tiefern gemischten Vorgebirge, von welchem ich zu Ende des zweyten Theils gehandelt habe, noch nichts enthält. Da ich mich nun gegen Morgen wandte, kam ich zu dem Orte Terhshitz oder Terhitzh (auf Deutsch Neumarktl genannt). Man sehe den ersten Theil Seite 31, Valvasor Band 3, Buch IX. S. 406. Büsching 7ter Band. In diesem Marktflecken befinden sich ein paar Hammerwerke, welche die Flossen von Jauernigg, und andern Orten aus Kärnthen kaufen, um Stahlstäbe, Sensen, Hacken und Nägel daraus zu bereiten. Ihre Erzeugniß ist, ein Jahr ins andere, gegen 140 bis 160 Centner Nägel, 1470 bis 1500 Centner Stahl, 1500 Centner an Sensen, Sicheln und Hacken. Alle ihre kleine Ambose haben sie auf sehr großen Blöcken von einer ungemein

festen

festen Breccia Silicea sitzen. Die Steine erhalten sie aus einem kleinen Wildbach, der durch den Ort fließt, und das Wasser von einem kleinen Berge herführet, der gegen zwo Stunden entfernt ist. Ihr Feuer zur Stahlarbeit ist nicht zum Besten eingeschränkt, die Nagelschmiedarbeit ist auf eben den Schlag, wie die von Kroppa. Siehe den zweyten Theil, Seite 181 und 182. Vor Zeiten hat man in diesem Orte auch Eisenblechwaaren gemacht, als Pfannen und dergleichen; da man aber keinen sonderlichen Vortheil dabey gefunden, so hat man von dieser Arbeit gänzlich abgestanden. Ich kam in diesem Orte zu einem recht besondern Auftritte. Der Tag meiner Ankunft war der Charfreytag, wo es sonst in der ganzen Christenheit, besonders bey den Catholiken, sehr still und ruhig herzugehen pflegt; allein in diesem Orte war der größte Lärm vom ganzen Jahre. Alle Gassen waren voll von Nagelschmiedjungen, welche in einer Hand Sensen hangen hatten, und mit der andern mit Hammern und großen Nägeln darauf schlugen, und damit ein unerträgliches Getöse machten. Die ältern Leute berauschten sich unter dieser verzweifelten Musik mit Brantewein.

Das hiesige hohe Gebirge ist alles Kalk, hin und wieder aber in den kleinen Thälern befinden sich manchmal Berge von 1 bis 200 Lachter an der Höhe, welche bloß aus einem Quarztrümmersteine bestehn, auch habe ich solche Hügel gefunden, welche bloß ein Saxum arenigenum des Linné ausmachten; auch Gesteilstein findet sich hie und da. Einige von diesen Kieselbergen, welche oft Schiefer in sich schließen, haben oft recht viel Eisenkies welcher am Tage auswittert. Dermalen hat sich ein Partikulier gefunden, der Vitriol daraus siedet. Von hieraus setzte ich meinen Weg durch die Alpen, um ins kleine Thal Seeland zu kommen, welches zum Theil der Windischen Mark und Krain gehöret. Man sehe die erste Tafel, welche die Karte dieses Landes ist. Bey dieser Karte ist anzumerken, daß sie nicht allein die Windische Mark, sondern auch den Theil von Krain mit in sich begreift, welcher sich bis an das rechte Ufer des Savastroms ziehet, und so auch bis nach Tyrol, Karnien und Kärnthen, so weit sich nämlich die Slavische Nation erstrecket. Ehe ich noch in das Seelander Thal kam, fand ich eine Breccia, welche aus braunem Porphyr, Quarze, Jaspis und hartem Thone mit sehr wenig Glimmer, bestand; dann ein Gemisch von Kalk-Eisenocher und pfirschenblütfarbigem Thone gemischt. An dem Fuße der Alpkette sitzen unter allen Orten kleine sehr eisenschüßige Thonschiefergebirge auf. Die merkwürdigsten Steinarten, die hier nur mugelweise

weise sich einstellen, sind: schöner Ophit aus aschgrauem Kalksteine und hellgrünem Serpentin bestehend; dann etwas hellgrüner und leberfarbiger Porphyr, worinn, der Feldspath von hellerer Farbe ist; manchmal ist auch solcher Stein etwas grün. gesteckt: dunkel- und blaßgelber Porphyr sind auch nicht selten. Alle diese Gattungen nehmen eine ganz mittelmäßige Politur an. Das trockne Thal nennt man allhier Jeser oder See, indem es vor Zeiten ganz mit Wasser überschwemmt gewesen, und einen See vorstellte, der aber dermalen kaum eine Spur von sich zurückgelassen hat. Hier befinden sich an verschiedenen Orten Sauerquellen. Ich habe alle untersucht, sie waren meistens in einem sehr schieferichten und thonigten Boden gelegen, ohnweit von dem Ursprunge des kleinen Koker- oder Kankerflusses, welcher aus dem Verh-Jeser oder Seeberge entspringt; dem ohngeachtet war das Wasser von allen sehr klar, aber nicht gleich stark sauer, nachdem die ursprünglichen Quellen mehr oder weniger mit süßen Wasser gemischt waren. Die Verschiedenheit der Schwere dieses Wassers von dem sonst gemeinen reinen Wasser, als auch der Wärme, war nicht beträchtlich. Wenn man von diesem Wasser trinkt, so führt es ab, wenn man nicht daran gewöhnt ist; denn ich bemerkte, daß ein allda wohnender Bauer von der stärksten Sauerquelle das Wasser zum täglichen Gebrauch ins Haus führte, welches nicht allein zum täglichen Trunk, sondern auch zum Kochen genutzet wird, - ohne daß die Leute nur die geringste Wirkung davon spüreten; so hat sich schon ihre Natur daran gewöhnt.

Valvasor sage, dieses Wasser führe Salpeter, Schwefel, Vitriol und Silber bey sich; allein folgende Versuche zeigen, daß sich von allem dem nichts darinn vorfindet. Die Versuche, die ich auf dem Orte machte, waren folgende:

Der Veilchensaft, die Harnlauge, die Lacmustinktur, wurden etwas weniges von ihren Farben geändert. Die wässerichte Tinktur des Fernambuks, und die Tinktur der Kurkuma macht nichts. Die Quecksilber- Bley- und Silberauflösung färbten das Wasser milchartig. Die Auflösung von Operment und Galläpfeltinktur litt wenig Aenderung; der fließende Weinstein, der aufgelösete blaue Vitriol machten ebenfalls nichts merkliches; der Bleyeßig machte das Wasser gelbweiß. Die Pflanzensäuren, so auch der Salmiakgeist, litten keine Aenderungen. Von den mineralischen Geistern bewirkte allein das weiße, reine

Vitriol-

Vitriolöl ein Brausen mit dem Waſſer. Durch das Eintunken einer ſilbernen Platte konnte man nicht das geringſte vom Schwefel gewahr werden.

Die Auflöſung des freſſenden Sublimats in das Waſſer gegoſſen, brachte auf der obern Fläche eine Regenbogenfarbe hervor; nach einiger Zeit, als ich wieder an einen ruhigen Ort kam, wiederhohlte ich aufs neue alle die Verſuche mit noch einigen andern. Ich ſetzte gleich 15 Pfund dieſes Waſſers der Deſtillation aus; als ich es gehörig filteriret hatte, erhielt ich auf dem Filtro gegen 20 Gran Mergelerde, aus welcher ich durchs Ausglüen nichts merkliches vom Eiſen entdecken konnte. Nach dem vollkommenen Abdünſten blieben mir 22 Gran eines Neutral oder ſo genannten Mittelſalzes übrig, welches dem Ebſamer gleich kömmt. Als ich eine Zeitlang etwas von dieſem Waſſer im Hauſe ſtehen ließ, ſo verlor es ganz ſeinen ſauren Geſchmack, und auf dem Boden der Flaſche lagen kleine ſpindelförmige ſelenitiſche Kriſtallen. Ueberhaupt hat dieſes Waſſer viel Aehnliches mit jenem, welches ich ohnweit Kamnagoriza entdeckt habe, und in dem zweiten Bande, Seite 180 und 81 beſchrieben; nur ſcheint mir, daß das Waſſer von Seeland ſeine fixe, oder luft- oder Vitiolſäure noch geſchwinder verliert, als letztangeführtes; iſt einmal dieſe Säure verrauchet, und zum Theil mit der innhabenden Kalkerde vereiniget, und in Erleniten niedergefallen, ſo verändern die eingegoſſenen oben angeführten Auflöſungen nicht das geringſte.

Dieſes Waſſer kann alſo zu keinen entfernten Gebrauche dienen, indem es in kurzem ſeine ganze wirkende Kraft verliert; ſollte es alſo Nutzen ſchaffen, ſo müßte man es an Ort und Stelle trinken. Da ich nun kein Silber noch was anders entdeckt habe, wie Valvaſor angiebt, ſo mag er wohl den weißen Glimmer, der dort nicht ſelten vorgefunden wird, für Silber, und die ſpindelförmige Selenitenkriſtallen für Salpeter angeſehen haben; hat doch in dieſem Jahrhundert eine viel aufgeklärtere Nation in Norden auch den Glimmer oder Kies für Silber angeſehen, und wenn ich mich anders recht zu entſinnen weiß, ſo hat Juſti davon Erwähnung gethan.

Aus dieſer Gegend wandte ich mich gegen Mittag, und verfolgte den Kanzlerfluß bis zu ſeinem Ende, wo er ſich in den Savafluß ergießt. Dieſer kleine Fluß durchſchneidet hier die ganze Kette. Ich fand zu Anfang hinter dem hohen Gebirge Grintauz, gegen Mitternacht, deſſen ich im erſten Theil, Seite 33 gedacht habe, große Eis- und Schneelehnen, welche ohne Zweifel niemals

mals vergeßen, indem ich sie zu Anfang Augusti antraf, wo seit 4 Monaten die größte Hitze geherrschet hatte. Sie mögen also auch zu den fernern der Tyroler gehören. Als ich nun den Fluß weiter verfolgte, fand ich ein paar kleine Berge an dem Kalkgebirge ansitzen, welche aus einem dunkelbraunen Porphyr, oder aus Hornstein und weißen Spath bestunden. Die Höhe davon wird über 100 Lachter betragen. Ich habe nicht entdecken können, wie tief sie eigentlich halten, indem der kleine Fluß, der daran spielt, noch nicht tief genug eingeschnitten hat. In eben der Gegend fand ich einen etwas mit Thon gemischten Kiesel, welcher von der Magnesia roth gefärbt war, und hin und wieder mit weißen Quarzadern durchsetzt. Auch fand ich einen dunkeln Porphyr, welcher grünen Feldspath enthält, obzwar solchen mancher darinn läugnet, und ihn nur in dem Porfido verde antico gestatten will; allein was kann in einem kleinen Fleck der Welt von dem Ganzen gesagt werden!

Als ich mich auf meinen Wege gegen Abend wandte, fand ich verschiedene andere Geschiebe von Porphyr mit rothen und weißen Feldspath, wovon der Grund des Porphyrs bald hell und dunkelrother Jaspis, manchmal auch brauner Hornstein war. Unter dem letzt erwähnten findet man manchmal kleine Adern von recht schönen hellrothen Carniol eingesprengt. Weiter fand ich einen kleinen Felsen von bloßem Quarz, der einer Glasfabrik gut zu statten kommen könnte. Vielleicht wird einmal eine in der Gegend angelegt. Allerley Trümmersteine, sowohl kiesel- als kalkartige, sind in diesen Schluchten und Thälern ebenfalls nicht selten, worunter sich eine grüne Art recht sehr ausgezeichnet; die Farbe davon ist ganz hell, und bestehet meistens aus Trümmern von Jaspis, mit einer Serpentinerde gebunden. Dieser Stein nimmt eine sehr glänzende Pollitur an. Der Murkstein ist auch hier zu Hause. Auf meinem ganzen Wege hatte ich das Gebirge der Alpkette links und rechts sehr prallicht, so, daß oft der schmale Weg über lauter Steinrissen angelegt ist, folglich von geringer Dauer; wäre dieß nicht, so würden wir einen viel gemächlichern Weg nach Kärnthen finden können, ohne nothwendig zu haben, über den Berg Seibel zu gehen, der bey einfallenden großen Schnee doch unübersteiglich bleibt, so lange nicht der Weg durch Menschen gebahnt worden.

Als ich nun in die Fläche von dem Städtel Kraina oder Krainburg kam, (man sehe den ersten Theil auf der Gebirgkarte, wie auch bey Valvasor und Büsching a. a. O., so auch die Karten dieses Bandes), wurde alles

alles eben, die kleinen Hügel, welche noch von der Kette hervorragten, bestunden aus Kalkstein, wie auch aus allerley Trümmersteine, aus Hornkiesel und Kalk. Ich wandte mich an dem Gebirge gegen Morgen, um die ganze hüglige Gegend zu durchsuchen, welche vor der Kette lag. Gegen Kamelk zu (erster Theil, Seite 34) fand ich hier hin und wieder in dem Kalkgeschiebe Versteinerungen, besonders bey Teinitz, als ich über den Bach oder kleinen Fluß Bishat gesetzt hatte, ohnweit der St. Annakirche, die auf einem Hügel steht, findet man eine Menge Herzmuscheln, Schinkenmuscheln, allerley Chamiten, Pehingsteine, Orteceratiten, welche letztere wenig kenntlich, und meistens nur Abdrücke sind; ferner sind von den einschaalichten ebenfalls häufige Muschelarten, bald versteinert, bald auch nur kalcinirt, als Schrauben und gemeine Waldschnecken, welche letztere sich am besten auszeichnen. Alle diese Muschelschaalen sind weiß versteinert, und liegen nicht sehr tief unter der Erde, so wie sie Fichtel in Siebenbürgen beobachtet hat.

Unter allen diesen Versteinerungen fand ich doch einige, welche ich zu keiner recht bekannten Art rechnen konnte. Das Geschlecht ist eigentlich der Schraubenstein, aber auch Walzenstein genannt. Auf der zweyten Tafel, 3. Figur, habe ich ein paar abgebildet, wovon die Strahlen von dem Umkreis wechselsweise mit kurz und langen Strahlen bis zum Mittelpunkt gehen; die ersten Strahlen sind nur halb so lang, als die übrigen, welche bis zu dem Mittelpunkt kommen, und eine kleine Vertiefung haben. Ich habe von solchen niemals mehr, als eine einzige auf grauen festen Kalkstein sitzend gefunden. Andere Abarten, welche die Strahlen alle gleich lang hatten, waren nicht so selten; ich zweifle daher nicht, daß nicht mancher Petrefaktenkenner den beschriebenen Körper nicht auch zu den Patellen rechnen würde; allein so zweifelhaft als mir auch die Entscheidung war, so hatte ich doch mehr Ursach für ersteres Geschlecht, als fürs zweyte. Was die letztere anlange, wo alle Strahlen gleich laufen, hat der Mönch Soldani, ein Camalduenser, in seinem Saggio orittografico della Toscana 1780 eine etwas passende Figur auf Tab. XII. bey A gegeben; er bestimmt Seite 119 diesen Körper folgendermaßen: Corallofungitae, seu Elcaritae orbiculares, ex una parte magis, vel minus concavi, ex altera convexi, vel etiam ex utraque planiusculi superius diversimode reticulati; — allein da ich den Körper nur von einer Seite kenne, und ich ihn eben so auf der andern Seite vermuthe, so hat mich dieses nicht bewegen können, einen Jungiten daraus zu machen.

Eine

Eine andere Art, welche mir ebenfalls sehr unbekannt war, scheint zu dem Caput Medusae, oder Medusenkopfe zugehören; es ist ein einziges Gelenke, welches auf einem andern versteinten Körper sitzt. Man sehe die angeführte Tafel, Fig. 4, wo ein solches, wie die vorgehende, in natürlicher Größe vorgestellt ist, dieser Körper hat gabelartige Strahlen, welche aus dem Mittelpunkte mit einer einzigen Rippe weggehen, und sich mit zwo an den innern Kreis umfangen, so, daß sie allesammt ein Y vorstellen. Die Versteinerung ist kalkartig und nicht sonderlich fest. Diese Versteinerungen sind bey dem Steinbruch Podpetsch oder Kameno (siehe den zweyten Theil dieses Werks, Seite 3) ohnweit Lublana gefunden worden, nur daß sie am letztern Orte viel weniger kenntlich waren.

Ich habe ein paar Versteinerungen bey dem angeführten Orte übergangen, welche ebenfalls hier Platz zu haben verdienen. Die erste ist auch ein Medusenhaupt (man sehe auf eben der Tafel Fig. 5) wo die Strahlen wellenförmig Bündelweis auslaufen und alle gebogen sind, aber nicht alle auf den Mittelpunkt hinlaufend, sondern manche erreichen selbigen nicht, dahingegen andere darüber hinausgehen. Die Versteinerung ist schwarz, kalkartig und beynahe ganz von ihrer Mutter befreyt. Die zweyte ist ein kleiner Jungit, welcher von zwoen Seiten bey Fig. 6 auf eben der Tafel vorgestellt ist; dieser gekerbte Korallenschwamm oder blätterichter Jungit, ist wie der vorige in seiner natürlichen Größe vorgestellt, bey a sieht man nichts, als die Zähne der Blätter aus der Mutter heraussstehen; bey b aber sind lauter Zirkelstreifen, wo man an ein paar Orten ebenfalls die Blätter gewahr wird. Die Versteinerung ist kalkartig, braun, und von der Bergart frey.

Ich setzte meinen Weg einige Stunden weiter über eine hügligte Fläche, wovon die kleinen Berge aus grauem Kalksteine, und aus bald roth- und bald graugeflecktem Marmor bestanden, oft war letzteres aus bloßen Trümmern zusammengesetzt, alles mit einer thonigen Erde bedeckt, welche an vielen Orten gleich unter ihr, Schober- oder Tuffsteine hatte. Ich kam über den Berg Uraina Petih oder Rabenfelsen (von Wrana, im illyrischen, im pohlnischen und böhmischen Wrona, die schwarze Krähe, Corvus Corone *Linn.*) nach Lipele, wo ich immer wenig oder keine Aenderung fand; an vielen Gegenden war es nicht möglich die Steinarten jederzeit vollkommen zu erkennen, indem sie mit Waldungen und Feldern bedeckt waren; doch wurde ich oft zwischen

denen

denen Kalkhügeln auch Schiefer gewahr, welcher meistens aus Thon bestund, und gegen den Berg L'zhiak hinstreifte. Nachdem ich mich ein wenig gegen Mitternacht wandte, kam ich zu dem Berg Kamez, welcher der letzte von dem Zweig der Alpkette gegen Süden ist, und die Gränzen zwischen der Windischen Mark, und Krain macht. Um diesen Berg herum fanden sich hin und wieder Schieferlagen, welche aus Thon, und Quarz bestehen, und meistens mit einem blauen Thon gemischt sind: der Berg selbst ist blosser dunkelgrauer Kalkstein, der doch an einigen Orten mit schönem Holze ganz bedeckt ist. Von diesem Berg wandte ich mich gegen Mittag zu dem obangeführten Berg Uzhiak zu, den die Deutschen irrigerweise Trojanaberg nennen, wegen einen nicht weit davon entlegenen Dorf, das diesen Namen führt, wie man auf der Karte im 1ten Theil, und bey der hier beygefügten sehen kann. Hin und wieder fand ich schwarzen und graulich gelben Marmor in Schichten brechend. Gegen Nord-Osten des Bergs Uzhiak hat vor Zeiten eine Gesellschaft auf Spiesglaß gebaut. Bey dieser Compagnie, war auch Scopoli; da aber selten ein Antimoniumbau viel an Werth hat, wegen seinem wenig nutzbaren Halbmetalle, so ist auch der Bau bey Zeiten wieder eingegangen. Ich fand noch die verlaßenen Stöllen, welche in Schiefer mit Kalkstein gemischt hielten. Das Erz, wie es da gebrochen, und noch in der Tiefe verfindig, ist ein Antimonium compactum amorphum, welches ziemlich reichhaltig war. Nicht weit von diesem Baue habe ich auch etwas dunkelbraune Steinkohlen gefunden, aber von wenigem Werthe, indem sie nur in einem sehr starken Feuer zum Brennen gebracht werden können. Unterirdische findet man hin und wieder, die größte davon ist nicht weit von dem kleinem Orte Pranz gelegen.

Nachdem ich nun die Gegend auf allen Seiten durchsucht hatte, begab ich mich auf den Gipfel des letzt erwehnten Berges, man war gerade damals beschäftiget mit Abtragung des Gipfels, um die darüber gehende Heerstraße weniger beschwerlich zu machen. Das Gestein, was ich da fand, war grauer Thonschiefer, manchmal auch blauer oder wahrer Thonschiefer; hin und wieder fand sich weisser Quarz, wie auch Gestellstein in grossen Nestern barinnen, oft war der hier brechende Schiefer mit vielen Glimmer vermischt, zwischen welchem gelber Kieselstein brach. Das tiefer ansitzende kleine Gebirge sowohl gegen Morgen, oder gegen die Windische Mark, als gegen Abend, oder Krain, bestund aus grauspathigem Kalkstein, manchmal war es auch nur ein Trümmerstein.

stein. Diese Gebirg-Arten hielten über Swet Oswald bis nahe an Podpetsh, wo in den Thälern blauer Schiefer mit Hornstein, etwas Eisenerz, oder Glaskopf im rothen Thon gemischt sich findet: dann lagen oft grosse Stücke von schwarzgrauen Kalksteinen, welcher von 1 Zoll bis zu zwey und mehrere Schuhe dicken Platten bricht; alles ist hier nur ein blosses Vorgebirge, wovon die höchsten, und mehresten Berge blos kalkartig sind, meistens dunkelgrau, aber doch auch manchmal ganz weiß, die in einen groben Sand zerfallen, wie jener, welcher bey dem Posthauß Podpetsh bricht. Meine Untersuchung setzte ich weiter gegen Morgen fort, und wandte mich nach dem Gebirge, welches um den Ort Tshemshenik liegt, welches ich auch sehr gemischt fand. Es bestund aus einem gelblich schmutzigen Kalksteine, welcher aller Orten in seinen Klüften eisenschüßigen Thon, und Schiefer hatte. Als ich hier das Gebirg weiter verfolgte, so hatte ich rechts die gebirgige Gegend von Krain gegen Mittag, und links die Fläche der Windischen Mark gegen Mitternacht, welche Fläche sich bis an die Stadt Cill, oder Cilli erstreckt. Das Gebirge veränderte sich hier aus dem Kalk ins Schiefergebirge, welches Quarz, und Hornartig war, allenthalben fand sich das Saxum metalliferum des Linne' vor, das ist, aus Quarz, und eisenschüßigen Thon bestehend; dann wurden diese Schiefergebirge mit Kalk durchschnitten, wo der Kalk sich mit dem Schiefer vereinigte, entstunden oft sehr grosse Quarzmugel, ja auch wohl manchmal ganze Felsen. Hier war mir nicht möglich zu bestimmen, welches das Grundgebirg sey, dann beyde hielten oft bis in den einige Stunden entfernten Savafluß hinein, doch viel seltener der Schiefer, als der Kalk. Ehe ich noch auf das Gebirg Sweta Planins, oder sogenannte heilige Alpen kam, fand ich hin und wieder rothen eisenschüßigen Mergel, welcher, wenn er den dortigen Leuten mehr bekannt wäre, ihren dortigen elenden Aeckern gewiß gut zu statten kommen könnte; allein wem glaubet der arme Landmann am ersten, als dem vor sich habenden Geistlichen, und dieser weiß ihm aus gänzlichem Mangel von Natur- und öconomischen Kenntnißen nicht zu rathen. Wie viel würde dem Landvolke nicht geholfen seyn, wenn der Herr Pfarrer, anstatt mit der hebräischen Sprache, oder gar der Theologia Speculativa, viele Jahre zu verschwenden, dafür nur ein Jahr lang einen guten Unterricht in der Oeconomie und Naturhistorie bekäme; und kann man nicht mit guten Grunde behaupten, daß oft je grösser der Theolog, desto grösser der Verwirrer, Schwärmer und Zänker ist, welcher oft nichts bedeutende Streitigkeiten bis zu unmenschlichen Handlungen zu treiben sucht. — —

Auf

Auf dem letzt erwehnten Gebirge hat man eine sehr herrliche Aussicht sowohl, über einen Theil von Krain, als auch über die Windische Mark. Hier war alles kalkartig, hin und wieder mit einer Thonerde bedeckt. Der Stein ist zum Bauen sehr tüchtig; denn ich fand das alte Gebäude sowohl, als die Kirche davon erbaut, ohne daß der Stein im geringsten auswittert. Auf solchen Anhöhen ist es wohl ein elendes Leben für die Geistlichen, welche meistens mit einem Kirchendiener allein leben müßen, und bey ihrer oft schwerer und weitschichtigen Seelsorge einen sehr magern Gehalt haben, solchergestalt, daß in Betref der Armuth sie mit den Maroniten in Syrien viel ähnliches haben. Wie man aus den Lettres édifiantes et curieuses der Gesellschaft Jesu ersieht. Dieses nicht hinlängliche Auskommen mag wohl oft den Anlaß gegeben haben Wallfartsörter zu errichten, um besseres Einkommen zu erhalten. Mit Verachtung kann man nur jene Leute ansehen, welche dem einsamen Leben geschworen haben, und mitten in den besten Jahren, in denen schönsten, und bevölkertesten Städten, in großer Gesellschaft leben, wo indessen ein 60jähriger Greiß über Felsen, und Eisberge wandern muß, um seinen Dienst zu verrichten, und lange das nicht zu genießen hat, was der Mönch im Müßiggange verzehrt. So schwer das Leben eines Kriegsmannes ist, im Winter zu marschiren, und sich zu schlagen, eben so schwer ist das Leben eines Geistlichen in unsern Alpen. Tag und Nacht muß er oft wandern, welches meistens nur zu Fuß seyn kann, und dadurch stündlich in Lebensgefahr, von Stein, oder Schneerißen auf ewig verschüttet zu werden, und hat er das Unglück an seiner Gesundheit zu leiden, so findet sich oft weit und breit keine Hülfe für ihn, die doch niemals dem Kriegsmann entgeht. —

Ob ich nun gleich im Monate April auf diesem Berge war, so konnte ich mich doch nur eine sehr kurze Zeit daselbst aufhalten, so empfindlich war die Kälte, welche ich durch den Nordwind erlitt. Gegen Aufgang hatte ich das Gebirge Krishka Plania, gegen Mittag den Turicberg, und den Savafluß im Thal, gegen Abend das Gebirge Kosizo, gegen Mitternacht aber die Zesnicko Planina. Ich durchsuchte diese Gebirge, zween Tage lang, fand aber, daß dieselben meistens aus bloßen Kalkstein bestehen. In manchen Einschnitten von diesem Gebirge, wie in jenem von Kosizo, fand ich sehr glimmerichten Schiefer, hin und wieder auch Trümmersteine von Kalk welche oft einen sehr gefleckten Marmor bildeten. Obgleich dieses Gebirge meistens kalkartig ist, so habe ich doch weder Höhlen, noch Kreide gefunden, aber

desto

desto mehr in denen ergen Schlüchten Stücke Hornsteins von sehr groben Gewebe. Aus diesem Gebirge wandte ich mich gegen den erwehnten Savafluß zu, und kam zu dem Gebirge von Lokah, oder Na Lokah, wo ich ebenfalls alles kalkartig fand, bis Clemibas, wo es wieder schiefricht wurde; aber doch aller Orten, wo das Gebirge in den Savafluß fält, war es kalkartig, und diese Steinart gieng bis nach Müdia, oder Mudia, welches auf deutsch Galleneck genennet wird, fort.

Meistens ist das Kalkgebirge hier ein Trümmerstein, der sehr leicht verwittert. Diese Verwitterung läßt Wände, oder Steinplatten zu einer Höhe von mehrern Lachtern, die 1 bis 2, auch mehrere Schuhe dicke sind, stehen: Sie bestehen aus lauter kleinen wellenförmigen Schichten, so, daß man es unmöglich verkennen kann, daß sie nicht durch Auflösung des Wasers entstanden seyn sollten.

Hier bey dem elenden zum Theil zerfallenen Schloße der berühmten, und verloschenen Familie von Valvasor (man sehe seine Chronik Seite 163, wo solches getreu beschrieben, und in Kupfer vorgestellt ist,) fand ich eine kleine Kirche, oder Kapelle, worinn die Gebeine dieses Geschlechts aufbewahret sind; ich besichtigte solche mit vieler Begierde, um zu sehen, was man dem unermüdeten Schriftsteller und Patrioten Johann Weichard Freyherrn von Valvasor für ein Ehrengedächtniß aufgerichtet hätte; allein, leider! keines, nichts konnte ich erblicken, als vor dem Altar den Eingang der Grabstätte, welche ein großer Stein bedeckte, und das Gewölbe schloß. Die Betrachtung, die ich hier mit nicht geringer Empfindung machte, über die großen Verdienste dieses einzigen Mannes, welchen jemals das Land gehabt hat, und desgleichen es vielleicht in Jahrhunderten nicht wieder wird aufweisen können, hat mir mehr, als einen klaren Beweiß von dem Verfall der Nation in Ansehung ihres Fleißes und der Wissenschaften gegeben; denn so lange ich mich zu entsinnen weiß, habe ich von keinem Menschen im Lande mit gehöriger Achtung der Verdienste dieses beynahe unerreichbaren Mannes sprechen gehört, aber wohl meistens mit grober Verachtung, anstatt daß man stolz auf ihn seyn sollte. So sind die Verdienste unter dem Müßiggang der Unwissenheit, und den Lastern verachtet. Wie muß doch vor Zeiten der Adel Fleiß, Gelehrsamkeit und Wirthschaft mit einander verbunden haben!

haben! da hingegen nach der Zeit Pracht, Ueppigkeit, u. s. w. das Geld in auswärtigen Ländern verschwendet hat, ohne den geringsten Nutzen nach Hause zu bringen, daß heut zu Tag die mehresten Familien in allen Stücken gegen ihre Vorältern nicht mehr kenntbar sind!

Man betrachte nur einmal, daß der Abel in dem vorigen Jahrhunderte alle die Schlößer, und Gebäude auf ihren Gütern errichtet habe, welche alle sehr getreu mit Kupferplatten in dem dritten Theile d. XI. Buches der Krainerischen Chronick vorgestellet sind, und demohngeachtet sehr wohlhabend war; dahingegen in diesem Jahrhunderte die meisten verfallen sind, und wenig, oder gar nichts mehr erbauet wird, dieweil man mehr das ausschweifende Leben der Städte, als das unschuldige des Landes liebet, nur gewisse Umstände erhalten noch manche Familien auf selbigen. Vor 80 Jahren hatten wir in der ganzen Hauptstadt nicht mehr, als zwo einzige Kutschen zum Fahren, und sonst im ganzen Lande keine, heut zu Tag kann man allein für die Stadt mehr, als 100 rechnen, ohne diejenigen, so auf dem Lande zerstreuet befindlich sind. Unser Land war für den Wiener Hof, wie unentdeckt, bis Kaiser Karl der VIte Straßen machen ließ, ins Land kam, und dann die Epoche des Luxus mit Einführung der Deutschen anfieng. — Um wieder zu den Verdiensten des unermüdeten Valvasor zu kommen, wünschte ich, einmal die Erlaubniß zu haben, ihm ein kleines Denkmal nach meinen Kräften errichten zu können, um doch einzelne Mitglieder des Landes zu erinnern, daß hier die Gebeine des Krainerischen Herodot liegen. Doch genug davon.

Zwischen den oben angeführten stehenden Kalkwänden liegen hin und wieder kleine Hügel von ganz weißem Kalksteine; alles ist hier mit kleinen Thälern, worinn Bäche laufen, durchschnitten, und die Gegend kam mir so traurig, als möglich, vor. Als ich mich mehr gegen Mittag wandte, so wurden alle diese enge Schlüchten, und Thäler immer weiter, und der Kalk wechselte nun mit Thon- und Quarzschiefer ab, doch letzterer war der seltenste, und reichte zu keinen beträchtlichen Höhen; hin und wieder fand ich recht guten blauen Dachschiefer dazwischen, von welchem man aber in der dortigen Gegend selten Gebrauch macht, weil man ihn nicht zu zurichten weiß. Gegen Watsch zu findet man manchmal etwas Blenglanz, aber niemals hat solcher angehalten.

Als ich gegen den Ort Moraitsh kam, fand ich hin und wieder den Boden mergelartig, wovon der Grund Kalk, und aus Trümmern bestehender graulich gelber Marmor war: in ein paar Gegenden fand ich Spuren von Steinkohlen. In der Fläche dieser Gegend findet sich aller Orten ein, bis mehr Lachter tief ein glimmerichter Sedimentstein, welcher mit Glimmer gemischt, und von graulich blauer Farbe war. Da er ein Stein später Entstehung ist, so taugt er auch wenig zu öffentlichen Gebäuden, sondern verwittert bald, ohne Zweifel wegen der in Menge bey sich habenden Vitriolsäure, ob ich gleich selten Kieß bey ihm bemerkt habe; ich glaube ihm ganz sicherlich zu des Wallerius seinen schimmernden Sandstein zurechnen, welchen Crollstedt folgendermassen bestimmt: Saxum compositum, mica, quarzo, et forsan argilla martiali particulis distinctis. Die Ursache aber daß ich ihn Sedimentstein nenne, ist, weil er aller Orten auf einer andern Gesteinart aufsitzt, als Kalk, und so weiter, und nie weit unter der Dammerde liegt, noch auch, in beträchtliche Tiefe anhält. Er besteht meistens aus Schichten, oder Lagen, welche die Bildung, oder Krümmung erhalten, die ihm der Ort gestattet, worinn die weiche Materie gesammelt worden. Zu Anfang ist er weich, bald mehr, oder weniger mergelartig, von Farbe aschgrau ins gelbliche fallend, dann, wenn man tiefer kömmt, so wird er härter, bläulich und glimmericht, welches er zu Anfang ungemein selten ist, nur daß er mehr kalkigter Natur ist. An vielen Orten in dieser flachen Gegend fand ich viele zwoschaalichte Muscheln versteint, wie Valvasor richtig im IV. Buch Seite 475 angemerket hat; aber so viel ich ausfindig gemacht habe, so ist mir doch weiter keine merkwürdig vorgekommen, als eine Bastardarche, welche auf der zwoten Tafel Fig. 7 et 8 vorgestellet ist. D'Argenville nennt sie Corbeille-Coeur en érche de Noë. Man sehe bey ihm die 13te Platte c. Niemals verdient eine Muschel besser den Namen Körbchen, als diese; aber noch näher kommt jene Abbildung, welche Martini in den Beschäftigungen der Berlinischen Gesellschaft Naturforschender Freunde in dritten Bande, Seite 289 Tab. VI. Fig. 13 gegeben hat, welche er für eine Ostindische Bastardarche ausgiebt. Unser Körper ist ein vollkommenes Duplett, welches mit glatten langen Rippen versehen ist, die an dem Schluß des äussern Randes, oder an den Rändern beyder Schaalen wechselsweis zusammenstossen. Die Schnäbel dieser Bastardarche stehen weit von einander, wovon einer etwas höher, als der andere, aber dafür nicht so eingebogen ist;

es scheint, als wenn der Körper durch die Versteinerung etwa einen Bruch gelitten hätte. Der Zwischenraum ist ein längliches Oval, die Schloßlinie scheint, als wenn sie hier nicht gefärbt wäre, an einem jeden Ende dieser Linie machen die Schaalen wie zwey kleine Hörner, so, daß die eine Schaale sich über die andere hinüberbiegt. Unser Körper hat eine Strohfarbe, und ist kalkartig, weich versteint, und ganz in seiner natürlichen Größe vorgestellt. Unter einer Menge von Versteinerungen, die ich in dieser Gegend zu Gesicht bekam; war ich nicht so glücklich, daß ich zwey Exemplaria von dieser Muschel auftreiben konnte, um sie Freunden mittheilen zu können.

Nachdem ich hier das Gebirg aller Orten durchgegangen war, und immer das nämliche Gestein gefunden, wandte ich mich gegen Abend in das kleine Gebirg, welches um Saworstam liegt. Es besteht aus Kalksteine, der oft ins schwarze schlägt, von ganz unfühlbaren Theilen, und sehr hart ist, so, daß er zum Bauen sehr tauglich wäre, und auch eine gute Politur annimmt. Ich habe auch eben diesen Stein schaalicht brechend gefunden, aber dieser ist lange nicht mit dem schaalichten Kalksteine der Steinbeschreiber zu verwechseln, indem unserer ins Hornartige schlägt, dahingegen der andere von welchem Bestande, oder nur ein Kalksinter ist, wie Werner beym Cronstedt angemerket hat. Der Tuffstein ist auch in diesen Gegenden nicht selten: Ferner habe ich in eben dem Gebirge trümmersteinigten Marmor gefunden, welcher noch ziemlich die Politur leidet; das Bindungsmittel ist ein rother eisenschüssiger Thon: von Versteinerungen habe ich nichts entdecken können, ohne Zweifel aus der Ursach, weil das ganze Gebirg meistens von einem spätern Herkommen ist; ich habe auch niemals ein ordentliches Streichen entdecken können, indem es aller Orten prallicht war. Bey fortgesetzten Wege setzte ich bey Doll über den kleinen Fluß Bistra, wo dann das Land ganz flach wird, und der Grund aus Schober besteht, welchen der Sava- oder Saustrom, und die Wistra hatte liegen lassen. Als ich gegen Zernuze kam, fiengen sich wieder kleine Hügel an empor zu heben, welche bey der Brücke, die die große Heerstraße über den Savafluß nach Lublana führt, endeten; sie bestanden aus schwarzbraunen Thonschiefer, welcher dünne Schichten macht, die von Abend in Morgen sich verflächten mit einem Fallen von 30 und mehr Graden. Ich durchsuchte hier die ganze Gegend gegen Mitternacht, welche aus Hügeln von trümmergrauen und weißgrauen Kalk-

steine

steine bestehen, welche hin und wieder mit schlechten Marmor-Schieferlaagen durchsetzt sind. Aller Orten ist eisenschüssiger Thon, und manchmal Mergel zu sehen, wovon ersterer zum groben Anstrich als Farbe dienen könnte. In den Schieferlagen finden sich manchmal oft recht schöne feste, und glänzende Steinkohlen in Mugeln stecken, besonders in dem Flözgebirge Mischenik an dem Savastrom, und in dem Vorgebirge Tuinze unweit Mengesch. Da man aber in der Gegend keinen Mangel an Holz hat, so ist es auch noch Niemanden eingefallen, einen Gebrauch davon zu machen. Indessen bey der heutigen schlechten Wirthschaft, die man mit den Wäldern führt, können sie wohl einmal sehr zu statten kommen, folglich ist es für jetzt genug, daß man weiß, wo solche zu hohlen sind, wenn man nicht einmal auf den Gedancken verfällt, das Harz heraus zu treiben, zum Gebrauch, Wagen damit zu schmieren, oder auch zum Anstreichen der blechernen Dächer, und dergleichen.

Aus dieser Gegend wandte ich mich zu dem Savastrom zurück, um das kleine Gebirg, welches um den Berg Shmarna-gora liegt, (und welchen die Deutschen Gallenberg nennen, und mit dem Valvasor der Meinung sind, er sey ein Stücke, oder das Ende des Monte Ceze, oder Cæsius) zu untersuchen. Es bestand meistens aus Kalksteine, und dessen Breccia, welche allerley Farben hat, blau und grün ausgenommen. Zu Anfang bis auf ein Drittel fand ich stets einen festen etwas röthlichen Thonschiefer.

Ich erstieg diesen Berg bis auf seinen Gipfel, welchen ich nachgehends durchaus von einen sehr festen dunkelgrauen und weisen, manchmal auch etwas röthlichen Kalksteine fand. Auf seinem Gipfel ist, wie bey uns gewöhnlich, abermal eine Kirche aufgebaut. Nirgends habe ich Versteinerungen in dieser Gegend gefunden, als einige an dem Fuße des Berges gegen Mitternacht, wo kein Schiefer angelehnt ist; allein ob ich wohl abnehmen konnte, daß sie von Schaalthieren waren, so war mir doch nicht möglich, sie vollkommen herauszunehmen, um sie gehörig zu bestimmen, indem sie mit der Mutter ein sehr festes Ganzes ausmachten. Gegen den Ort Smlednig oder Flednik finden sich ein paar unbedeutende kleine Höhlen in dem Kalksteine; eine ist an dem Gehäng des Kalenberg oder Shmarna-gora nach Westen zu, sie ist rund wie ein Kirchengewölbe, und hat das Sonderbare, was

ich

ich noch bey keiner Grotte im Lande gefunden habe. In der Mitte der natürlichen Wölbung nehmlich ist eine runde Oefnung befindlich, wodurch das Tagslicht einfällt. Diese Höhle erinnerte mich sogleich an das herrliche Panthéon in Rom, welches sonst La Rotonda genennt wird. Hier sehte ich meinen Weg gegen Abend fort, wo ich stets in der Fläche blieb, welche Fläche aus einem blossen Flußschober bestehet, der das mehrestemal schon einen sehr festen Trümmerstein macht, wovon das Bindungsmittel nicht jederzeit gleich ist. Manchmal ist es ein reiner Thon, oder ein weisser Kalkspath, meistentheils aber eine schmutzige gemischte Erde, oder auch blosse dunkelgraue thonigte Dammerde. Den Savaflluß, der mir links liegen blieb, fand ich schon 8 bis 12, und mehr Lachter unter der Oberfläche seines Ufers eingegraben, und aller Wahrscheinlichkeit nach sinkt er von Tag zu Tage mehr nieder, bis da durch einen Zufall, als der Einsturz eines Berges ist, sein Fallen verhindert, und folglich sein Bette erhöht werden kann. Als ich zu den obenangeführten Städtel Crainburg kam, fand ich den Ort auf eben dem Schober stehen, aber gegen 20 Lachter höher, als der Fluß ist; der Ort steht auf einer Erdzunge, indem ihn vom Mitternacht der Kokra, und vom Mittag der Savafluß einsperrt, oder das Erdreich abschneidet, so, daß man von beyden Seiten sehen kann, wie dieser alte Ort auf nichts, als auf der erwähnten Breccia stehet. Man kann mit guten Grunde muthmassen, daß diejenigen, die den Ort angelegt, solches an dem Ufer des Wassers gethan haben, und daß nur seit der Zeit, als diese vielleicht viel ältere Stadt, als Lublana, erbauet worden, sich das Wasser ein so tiefes Bette mag gemacht haben; denn ich sehe nicht ein, was die Bewohner sollte bewogen haben, sich an einem so schlechten Orte niederzulassen, wo kein Tropfen Wassers zu finden ist, und man von dem Strom solches führen, oder hinauftragen muß; denn auf ihrer Anhöhe waren sie vor Ueberfällen in keiner Sicherheit, indem eine grosse Ebne vor dem Orte liegt. Valvasor hat eine sehr getreue Abbildung davon gegeben, denn seit der Zeit ist nach meiner Meynung kein Haus mehr aufgeführet worden. Alle Häuser der Stadt, so wie auch die Kirchen sind von eben diesem erwähnten Trümmersteine erbaut, worauf der Ort stehet. Von hieraus setzte ich meinen Weg in der Fläche fort, bis zu dem Gebirge Jauernigg oder Jauerburg: in diesem ganzen Strich Weges fand sich gar nichts merkwürdiges, indem alles flach aus dem nämlichen Schober bestehet, und an manchen Ort kaum mehr, als eine Spanne hoch, mit Erde bedeckt war; demohngeachtet gerathen die Kornfrüchte sehr gut.

Oryctogr. Carniol. III. Th. D Hier

Hier kam ich wieder zur Alpkette, wovon ich überhaupt in dem ersten Theil Meldung gethan habe. Ich muß hier diejenige hinlängliche Benennung des Gebirgs geben, woran, und worinn hier die Gruben auf Eisen, oder Stahlerze liegen. Der erste ist der Berg Seleniza, der auf seiner Anhöhe mit den folgenden einen scharfen Rücken macht, und in die hügliche Fläche von Kärnthen beynahe senkrechte Abstürze hat; man hat allhier eine sehr reizende Aussicht, sowohl über den größten Theil von Kärnthen, als auch von Krain. Im erstern Lande sieht man ein hüglichtes Thal von einigen Quadratmeilen, wo mitten durch sich der Trau- oder Trabfluß schlängelt, dann der schöne Mühlstädter, und Werfersee. Die ganze Gegend ist mit Städten, Märkten und Dörfern besetzt, worunter sich die Hauptstadt des Landes, nämlich Zelauz, oder Klagenfurt befindet. Gegen Krain ist der Prospect ebenfalls mahlerisch. Den Savafluß, der das Land durchstreicht, sieht man von seinem Anfang, bis er sich in dem untern Theil vom Lande verliert, den Weldeser- oder Blederfee, als auch die Hauptstadt und andere kleine Städte des Landes; alles bey einem hellen Tag so angenehm, und abwechselnd, als möglich — Wenn man aus der Fläche von Oberkrain, oder von dem Hammerwerk Jauternigg eine kleine Stunde in die Höhe gestiegen ist, welches beyläufig ein Drittel Höhe vom Gebirge ausmacht, so kommt man zu einem schwarzen Thonschiefer, welcher selten am Tage bricht, sondern meistens von Trümmerstein, von Kalk, und Quarz bedecket ist. In der Tiefe, oder am Fuße dieses Gebirgs, wo die Wildbäche aller Orten Einschnitte machen, und welches dadurch prallicht wird, sieht man einen reinen, weißgelblichen Kalkstein, der den Grund des Gebirgs ausmacht. Steige man nun eine kurze Zeit in die Höhe, so verliert man solchen, und dafür stellt sich Quarzschiefer, oder solche Breccia ein, welcher dann den Kalk bedeckt. Dieses Gestein hält nicht aller Orten auf dieser Gebirggegend gleich hoch hinauf; sondern mancher Ort besteht aus dem blossen dichten Kalkfelsen, oder es stellt sich Thon dafür ein.

Unter diesem zeitlichen Gestein, oder Getrümmer befindet sich dann der oben erwähnte blaue, oder schwarze Thonschiefer, der mit dem Streichen des Gebirgs fortläuft, und von Mittag gegen Mitternacht über drey Stunden lang anhält. Man könnte ihn, als einen Gang ansehen, der das Hochgebirg, oder den ursprünglichen Kalkstein zum Liegenden, und gegen Mittag die

Breccia

Breccia Silicea, gegen Mitternacht aber einen grauen kleinkörnigen Ofenstein, wie auch Marmor-Breccia zum Hangenden hätte. In diesem Schiefer nun brechen dann die Erze in Mugelnestern, und steckweise, (Man sehe die 3 und 4te Tafel, wo das ganze Gebirg dieser Gegend im Plan bey L. A. und B. im Prospect vorgestellt ist. Der Eigenthümer des Hammerwerks von Jauernigg hat hier in dem Berge Seleniza einen Bau angelegt auf Flinz, Stahl und gemeines Eisenerz, so wie in den zwey folgenden Gegenden, welches letztere aber nicht viel werth ist. Wenn man den Weg von diesem Gebirge gegen Mitternacht weiter fortsetzt, so kommt man auf den Berg Pod' Beushiza, wo sich ebenfalls in einer geringen Tiefe, bey eben der Höhe dieses Berges, wie beym vorigen der Schiefer einstellt. Hier sind von eben den Gewerken Gruben, welche vom Tage mit zwey regelmässigen Stöllen den Erzstock auffahren, der beynahe ganz aus dem Flinz oder spätigen Eisensteine (ferrum Spatosum) besteht. Der Schiefer, der hier das Erz begleitet, ist manchmal so schwarz und mild, daß man ihn für recht brauchbare Steinkohlen ansehen sollte; allein er ist mit sehr wenigen Feuerwesen versehen, und nur meistens durch die Schwefelsäure gesättiget.

Kömmt man von diesem Gruben eine Stunde weiter fort, so macht das Gebirge hier, wie einen Rücken, welcher an ein Nebengebirge anhängt, welches sich gegen Morgen in ein Thal endigt. Hier heißt der Berg Mresha, welches auf deutsch Netz bedeutet. Diese Benennung scheint ihren Ursprung daher zu haben, daß, wenn vor Zeiten das Wild aus den Vertiefungen des Berges dahin getrieben wurde, es von den Jägern hier auf diesem Bergrücken leicht erleget werden konnte. Dieser Berg hat eben das Gestein, wie der oben erwähnte. Auch ist hier ebenfalls eine Eisengrube befindlich, wo die Gewerke von Jauernigg, und Sava gemeinschaftlich arbeiten lassen, so wird auch hier das erwähnte Erz gefunden. Von dieser Grube kommt man in einen Kessel, oder in eine hügliche Gebirgsvertiefung, wovon das anliegende Gebirg Rosheza, Goliza, und Pod' gozhna heißt, und allwo der Grubenbau in der ganzen Gegend am stärksten ist. Hier sind 10 Gruben im Umtriebe, welche zu dem Hammerwerk Sava gehören. Der Grubenbau ist allhie nicht der beste, und man findet hier, wie in den vorgehenden die alten Versetzungen zum Theil aus Holzkasten bestehend, auch ist das Gestein hier beynahe eben so, wie an den eben erwähnten Orten. Der

Flinz

Flinz steckt hier gleichfalls im Schiefer. Obgleich alle diese sämtliche Gruben heut zu Tag noch keinen sonderlichen Mangel an Erz haben, so ist doch nicht zu vermuthen, daß es eine lange Dauer damit haben kann, indem man hinlängliche Untersuchung in denen Gruben Pod' Beushiza gemacht hat, wie weit der Schiefer, worinnen die Erze brechen, halte, und man hat entdeckt, daß Schiefer und Erze nur am hohen Kalkgebirge aufgesetzt sind. Da nun der Quarzschiefer und Sandstein auf den Thon aufliegt, so ist es mehr, als wahrscheinlich, daß alles dieses eine zeitliche Entstehung von dem verwitterten Kalkgebirge sey. Niemals habe ich, die Lage ausgenommen, zwischen zween Gruben so viel Gleichheit gefunden, als hier, und zu Hydria. Man sehe den zweyten Theil Seite 49. u. w. sodann die 3te Tafel, wo bey S. eine punktirte Linie über die mittlere Höhe des Gebirgs läuft, und den streichenden schwarzen Thonschiefergang oder Lage anzeigt, der sich auf den Rücken des Haupt- und Grundgebirgs anlehnt, oder aufsitzt, und dann mit verschiedenen Trümmersteinen als Quarz- und Hornartigen, wie bey derjenigen Gegend, wo sich das Zeichen eines durchstrichenen S. befindet, und die Gränze solcher Steinarten mit einer doppelt gestrichenen Linie bemerkt ist. In dem oben erwähnten Schiefer werden an verschiedenen Gegenden die Grubengebäude eingetrieben. Die Erze brechen hier, wie zu Idria im erwähnten Schiefer, nur daß hier beynahe jederzeit die Erzmutter Kalk ist; doch giebt es auch hier Horn, und taube Keile von Kalk, wie dort, und es würde hier ebenfalls ein dem Scheine nach Hangendes und Liegendes, wie zu Hydria gegeben haben, wenn sich der Zufall ereignet hätte, daß die Erze in einem geschloßenen Thal erzeugt worden wären; allein da sie nur mit dem Schiefer in, oder unter den Steinrissen auf dem Hauptgebirge anliegen, so ist auf solchen nicht mehr liegen geblieben, als was der Talu des Berges erfodert. Ich habe auf der 3. 4ten Tafel mit Vorbedacht genau angezeigt, wie die Schieferarten auf dem Kalke aufsitzen; da nun hier der Beweis dieses Naturphänomen leicht, und richtig ohne viel Beschwerde von einem jeden Naturforscher eingesehen werden kann; so hoffe ich jenen einen Dienst geleistet zu haben, die sich die Mühe geben, das Buch der Natur nicht im Zimmer, sondern an Ort und Stelle zu studieren. Indessen könnte man dagegen einwenden, wie, und auf was für eine Art kann man dieses mit aller Zuversicht behaupten, daß der Schiefer aufsitze, und nicht aus der Tiefe hervorrage? allein man hat, wie ich in meiner Mineralogischen Lustreise angemerkt habe, vor einigen

gen Jahren, um der Sache gewiß zu werden, einen Stollen von Südwest nach Nordost getrieben, mit welchen man den Schiefer durchkreußte und wiederum den einfachen Kalkstein erreichte, welcher das liegende des Schiefers ausmachte.

Die Arbeit bey den hiesigen Gruben geschieht hier mit Tag- oder Gedingarbeit, wovon die Stunde und die Zahlung, bey einem jedem der Gewerke verschieden ist. Die den Eisenstein oder das Erz ausschlagen, fördern es auch an Tag, wo es dann bey Schneezeiten durch Schlitten den Schmelzhütten zugebracht wird. Bevor ich die Gruben gänzlich verlasse, will ich die daselbst brechenden Erze beschreiben.

Erstens Glaßkopfartig; als:

Minera ferri rubescens, tuberculosa & amorpha. Diese brechen in den Gruben der Seleniza meistens in Mugeln; diese Erze oder Eisensteine haben wie die folgenden acht und zwanzig Pfund im Gehalt.

Minera ferri nigrescens specularis. Dieses glänzende Eisenerz ist oft mit weissen Kalkspath gemischt, und bricht, wie das folgende in den Gruben des Bergs Mresha.

Hæmatites niger botryoides, rariter cubicus. Ich habe dieses Traubenförmige Erz nur einmal etwas cubisch gefunden.

Hæmatites spongiosus, das schwammige Erz, ist hier mit Thon und Kalkerde angefüllt, und bricht in der Seleniza.

Hæmatites cœrulescens amorphus. Dieses bläuliche Erz ist fest, oft mit Eisenspath gemischt. Ich habe es in den Gruben der Mresha gefunden.

Zweytens feinschuppichter, und körnigt weicher Stahlstein.

Lapis seu terra chalybeata calcarea mollis alba Zinco intime mixta. Dieses weiche und weiße Zinkhaltige Stahlerz, oder beßer Stahlstein, ist ganz von dem Flinz verschieden, indem er nicht spathicht, sondern ungestaltet kalkartig ist. Der Gehalt davon ist, wie von dem folgenden Eisenstein über 30 bis 45 Pfund im Centner. Eine andere Art dieses Steins ist:

Terra chalybeata Zincosa calcarea dura alba, cinerea. Dieser ist von dem vorigen in Ansehung der Festigkeit, wie auch zum Theil in der Farbe verschieden, und noch weniger ist dieses, als das vorgehende für einen Eisenstein zu erkennen, so ähnlich sieht es unserm weißen Kalkstein, den wir an vielen Orten im Gebirge haben.

Terra

Terra chalybeata margacea flava Zincosa. Dieſer Eiſenſtein iſt mehr weich als hart, hat manchmal Bley, aber jederzeit viel Zink bey ſich. Eben ſo gefärbt, mit eben dem Halbmetalle gemiſche, kommt er auch ſpathartig vor, wie ſogleich erwähnt werden ſoll.

Eiſenſpatherz, als:

Ferrum ſpatoſum album ſpeculare durum, Zinco & Magneſia intime mixtum. Dieſes hat recht ſchöne Spiegelflächen, welche manchmal mit Spathſchuppen, oder Blättern bedeckt ſind, und iſt von einem feſten Beſtande.

Ferrum ſpatoſum cinereum. Dieſer Eiſenſpath iſt meiſtens mit etwas Bley, Zink, und auch wie vorgehendes mit Braunſtein gemiſcht. Ich beſitze ein Stück, worauf reine Spathkriſtallen ſitzen, welche ein recht ſettes Anſehen haben.

Ferrum ſpatoſum flavum. Dieſes Erz iſt meiſtens weich, reich an Gehalte, häufig mit Spiegelflächen verſehen, und oft viel Zink haltend. Von dieſem Erze giebt es verſchiedene Abänderungen, welche aber weder im Gehalt, noch in der Schmelzbarkeit etwas verſchiedenes haben, als jenes, welches oben erwähnt worden.

Ferrum ſpatoſum fuscum. Es beſteht aus kleinſchuppigten Theilen, iſt ziemlich feſt, wie auch reich an Gehalte. Es hat eben ſo viel verſchiedene Abänderungen, als jenes von Eiſenerz in Steyermark.

Ferrum ſpatoſum nigrum ſine, vel cum nucleo albo. Der Eiſenſpath, der hier bricht, iſt eben ganz derſelbe, wie zu Eiſenerz; manchmal iſt der Kern davon weiß, manchmal fehlt ihm auch ſolcher, welcher bald mehr, oder weniger Glanz hat. Dieſes Erz macht eine Menge Abänderungen, welche aber nicht verdienen angemerkt zu werden, indem ſie vor dem Steyriſchen Flinz nichts zuvor haben, ſondern in allen Stücken mit ihm eins und daſſelbe ſind. Wenn dieſes Erz recht zeitig wird, ſo wird man die Magneſia gewahr, aber den Zink kann man niemals ſo gewahr werden. Es giebt Mugel von dieſem braunſchwarzen Eiſenſpath, welche den weißen, uneltigen Kern, ſtatt innwendig, auswendig haben, oder damit bedeckt ſind: ſo bricht auch oft mit dieſem Erze, etwas Bleyglanz mit ein, zufälliger Weiſe bricht er auch allein, in allen den oben erwähnten Gruben, als z. B.

Minera

Minera plumbi, seu galena particulis minoribus. Dieſer Bleyglanz bricht in kleinen Neſtern, aber doch ſehr ſelten allein, meiſtens aber mit dem Eiſenerze: bemohngeachtet kommt in einem Jahr ſo wenig davon vor, daß es noch nie die Unkoſten ertragen hat, dazu einen Schmelzproceß einzuführen.

Eine Abänderung davon iſt:

Minera plumbi, cum ferro ſpatoſo intime mixto. Dieſes Bleyerz bricht oft in beträchtlichen Stücken, iſt ſehr compact, und hat manchmal ſchöne Spiegelflächen. Man kann an dieſem Erze die Schuppen des Bley= glanzes nicht gewahr werden, wie bey dem vorigen. Als ich das erſtemal dieſe Gegend unterſuchte, hatte ein Bergknappe gleich am Tage in einem Geſchöder von einer Steinritze ein Neſt entdecket, und wollte haben, daß ein dortiges Gewerke einen Bau damit anfieng; allein es war mehr als deut= lich zu ſehen, daß dieſes keine Dauer haben könnte, um nur einen Kreuzer darauf zu verwenden, welches dann auch die gute Hofnung des Knappen ver= eitelte.

Was man noch von zufälligen Metallen hier findet, iſt:

Erſtens:

Pſeudogalena amorpha, oder ungeſtaltetes Zinkerz, welches mit ei= nem Metallglanz auf einem braunen Eiſenſtein ſitzt, und kommt manchmal hin und wieder, aber doch etwas ſelten in den Gruben vor.

Zweytens:

Pſeudogalena amorpha in ſtratis ordinatis cum ſpato calcareo lacteo ſubpellucido in minera ferri ſpatoſa albeſcens. Dieſes Erz wird hier Schnürl= erz genannt, indem es nur Streifenweis von einigen Linien mächtig, in ei= nem weißgrauen ſehr feſten Stahlerze bricht, das mit Säure wenig, oder ſpät aufbrauſet, und mit dem Stahl ſelten Funken giebt; dieſes bricht in dem beträchtlichen Erzſtock der Johannisgruben des Bergs Wcushiza. Da man nun dermalen mehr Achtſamkeit auf die einbrechenden Erze hat, als vor Zeiten, ſo iſt es auch erſt dieſes Jahr von den Vorſtehern der Gruben bemerkt worden, und dem Innhaber vorgezeigt, und alſogleich als untauglich, und abſchei= dungswürdig von den Eiſenerzen erkannt. Es iſt gar nicht zu zweifeln, daß nicht die Alten jederzeit dieſes Erz mit geſchmolzen, und den darinn brechen= den Zink für Bleyglanz angeſehen. Wie man nun oben erſehen hat, ſo führen alle hieſige Stahl= oder Eiſenſpatherze Zink bey ſich, und alſo bleibt
keine

keine Frage mehr übrig, wo solche schmelzwürdige Eisenerze brechen, wie im 2ten Theil Seite 279 der neuesten Entdeckungen in der Chymie geschehen ist, nebst diesem Halbmetall bricht auch noch Braunstein als Mangnesia solida nigra amorpha.

Dieser Braunstein siehet einem derben schwarzen Eisenerz gleich, bricht in Mugeln wie tropfsteinartig, im Bruch sehr schwarz, blättricht oder schaalicht. Nebst diesen derben Braunstein, giebt es doch auch angeflogenen auf andern Eisenerzen. Kristallisirter ist noch nicht beobachtet worden, aber es ist kein Zweifel, daß er nicht zugegen seyn sollte.

Die Bergarten, die mit den Erzen einbrechen, bestehen aus Kalk und Thon, wo unter letztern sich oft dichter schwarzer Hornstein findet. Die besonderste unter den Bergarten ist eine, welche zufälligerweise, auf braunen Flinz aufsitzt. Es ist

Spatum calcareum fibrosum, fibris capillaribus albis longioribus distinctis concentratis.

Die Fäden dieses feinen Kalkspaths sind so blendend weis und fein, als man sich immer die feinste eingesponnene Seide vorstellen kann. Die Fäden, welche aus einem Mittelpunct laufen, haben einen ordentlichen Silberglanz. Ich hielt sie zu Anfang für nichts weniger, als für kalkartig, sondern glaubte, daß sie gips- oder selenitenartig wären: manchmal sind die Fäden auch Bündelweis zusammen gehäuft.

Da beynahe bey uns alles Gebirge kalkartig ist, so ist das Bley auch nicht selten, indem, so viel die Erfahrung gelehrt, es in solchen Gestein sich am leichtesten erzeugt, aber bey alle dem haben alle diejenigen, welche mit solchem zu bauen angefangen, bey Zeiten davon mit Verlust abstehen müssen, indem es ungemein zerstreut, und wenig anhaltend ist. Erzgänge sind ohnehin in unserm Lande beynahe ganz unmöglich, indem das Gebirg meistens hohl, ursprünglich, und mit Grotten angefüllt ist. Ich, und alle die vor mir gesucht haben, waren nie im Stande so etwas zu entdecken, das einem Gang ähnlich sahe, obgleich neu angekommene Bergleute, welche das Land nicht kundig waren, solche darinn behaupten wollten.

Alle

33

Von allen oben angeführten Gruben gehöret ein Drittel zu dem Hammerwerk Jauernigg, und die übrigen zu jenem von Sava. Vor Zeiten war noch ein drittes Werk im Umtriebe, welches neben den letztern lag, und Plausch, oder Bleyofen hieß, nun aber vor einigen Jahren eingegangen ist; denn da die Gruben davon unzählig viele Streitigkeiten zwischen den zweyen Gewerken verursachten, so hatte sie der Eigenthümer von Jauernigg mit einem Drittel Verlust dem andern um 20000 fl. hingegeben, und gegenwärtig ist Ofen und Gebäude schon meistens eingegangen, indem der Gewerk von Sava alles mit einem Schmelzofen ausrichtet.

Nun zur Manipulation.

Nachdem die Erze geschieden, mit dem Handfeustel klein gemacht worden, so werden sie in unbedeckten kleinen Oefen geröstet, aber nicht so viel, als sie es erfodern, wie ich bey dem Schmelzen erwähnen werde. Nach der Röstung werden sie in Wassersümpfe geworfen, wo sie ein und mehr Jahre wässern. Diese zum Schmelzen also vorbereiteten Erze werden auf einen Haufen gelassen, und da sie kalkartig sind, so wird ihnen zur leichteren Schmelzbarkeit von den oben in der erwähnten Seleniza, brechenden Eisenerzen zugesetzt, welche mehr thonigter und kießlichter Natur sind.

Die Schmelzung zu Jauernigg geschieht in einem Hohofen, welcher gegen 19 Schuhe an Höhe hat. Die Weite des Mundlochs ist zwey, des Bauchs vier, und beym Eßeisen ebenfalls zwey Schuhe. In 24 Stunden werden 30 Centner Grobl, oder Flossen erzeugt, welches auf 4 bis 5 mal Ablassen geschieht, zu diesen werden erfodert 65 Centner Erze, und 144 Schiergl, oder 288 Metzen Kohlen Wiener Maaß. Wie man hier sieht, so ist der Kohlenaufwand nicht gering, und die hiesigen Schmelzer, wie auch die bey dem Werke zu Sava, haben mich nicht sehr mit ihrer Kenntniß befriediget; denn wenn der geringste Umstand vorkömmt, so wissen sie sich wenig oder gar nicht zu behelfen, so daß der Gewerk oft nicht geringen Schaden erleiden muß; allein was will man thun, wenn man keine bessere Leute haben kann, und auch keine Gelegenheit hat sie eines bessern zu unterrichten. Das angebrachte Gebläse hat auch nichts weniger, als meinen Beyfall, obgleich die dortigen Leute glauben, was besonders gutes daran zu haben. Vor dem Luftschlauch der Bälge ist nach alter Art ein Ventilkasten angebracht, der gewiß nichts weniger, als nutzbar ist: damit, anstatt zweyer, nur eine Luftöfnung im Eſeiſen hier zu liegen komme, um weniger Luft zu zerſtreuen; ſo iſt doch jederzeit eine einfache einer zuſammengeſetzten Maſchine vorzuziehen. So wie das Gebläſe, ſo iſt auch die Struktur vom Ofen einer Verbeſſerung fähig, indem ſich an ſelbigen keine guten Verhältniſſe der Weite vorfinden. Es wäre ſehr zu wünſchen, daß man, anſtatt der koſtbaren Blaſebälge, die viereckigen Wind-kaſten einführte, wie man ſie in dem Salzburgiſchen hat. Wenn hier die Floſſen ſo, wie zu Sawa geſtochen werden, ſo ereignet es ſich gar oft, daß mit den Floſſen, und Schlacken auf erſtern ſich Bley befindet; iſt es beträcht-lich genug, und nicht in Körnern zerſtreut, ſo wird es aufgehoben. Nach-dem die Floſſen etwas abgekühlt worden, werden die Schlacken abgeſchlagen, und erſtere in Stücke zerſetzt, um ſie zum Einrennen geſchickter zu machen. Beym Zerrennen und Ausſchmieden der Floſſen, hat man allhier vom Hun-dert ganzer fünf und zwanzig Pfund Verluſt, welches nicht wenig iſt; ich glaube aber, daß dieſer beträchtliche Abgang nicht allein von der Schmelzung herrühre, ſondern von dem ſich dabey befindlichen Halbmetalle, welches in dem Schmelzofen ſelbſt ſehr nachtheilige Katzen bildet, die ſich in der Höhe anſetzen, ſo, daß der Durchmeſſer des Ofens merklich verſchmälert wird. Ich habe ſie allдorten von 3 bis 5 Zoll und mehr an Dicke gefunden; da mein Argwohn gleich auf Zink fiel, ſo zerrieb ich ein Stück von ſolchen Ofenbruch zu Pulver, that es mit Kohlgeſtübe in einer irrdenen Retorte ins Sublimationsfeuer durch einige Stunden, wo ich dann im Halſe die weiſſe Zinkblume erhielt. Ich habe noch einige Verſuche mit Kupfer gemacht, welche mir ſchönen Meſſing gaben. Dieſer Ofenbruch oder Ofenkatze beſteht nicht jederzeit blos aus dieſem Halbmetalle, ſondern er iſt auch manchmal mit Bleykalk gemiſcht; ſeine Farbe iſt ſchmutzgelb ohne beſtimmte Figur, ſehr feſt, und ſchwer am Gewichte. Wenn ein Stück von ſolcher Katze, während dem Schmelzen in den Grund des Ofens fällt, ſo verderbt es die ganze Schmelzung, und man iſt genöthiget den Ofen abzulaſſen, der doch ſonſt meiſtens allezeit fünf Monate im Feuer ſteht und dergleichen Ofenkatzen ſoll-ten doch meiſtens alle 6 Wochen ausgeholt werden. Die Gewerke wünſchten ſehr, dieſem Uebel abhelfen zu können, ob man gleich nicht geneigt war, als ich vor einigen Jahren durch naſſe chemiſche Verſuche das erwähnte Halb-metall darinn entdeckte, mir zu glauben; allein ich weiß kein Mittel dafür, als mit ſtark anhaltenden Röſtung den Zink zu vertilgen, welches vielleicht mehr Holzunkoſten verurſachen würde, als der hiemit Schaden groß iſt,

es

es käme also wohl auf Erfahrungsproben an, auf welchem Wege man mehr Vortheil erhielte. Man hat ohnlängst den Versuch gemacht, die Erze gleich nach der Röstung, ohne sie zu wässern, schmelzen zu lassen, allein es wurde alles Eingesetzte zu einem Wolf, und man war genöthiget den Ofen abzulassen, um ihn von solchen zu entleeren. Gegenwärtig läßt der dortige Gewerk alle diese von Zink gebildete Ofenbrüche sammlen, um sie an Messinghütten verbrauchen zu lassen. Man kann sagen, daß dieser Ofenbruch beynahe ein wahrer Zinkkönig ist, denn seine Dichte und Schwere ist ungemein groß, und ich habe nie mehr als höchstens gleiche Theile dieses Ofenbruchs mit Kupfer eingesetzt und schönes Messing erhalten. Wenn ich einmal mehr Zeit habe, um mehrere Versuche damit zu machen, so werde ich näher untersuchen, ob man nicht mit Vortheil auch Abänderungen des Messings, als Tomback u. d. schmelzen könnte. Die Schmiede- oder kleine Feuerarbeit, durch welche der berühmte Brescianstahl verfertiget wird, ist vortheilhafter als die Schmelzung eingerichtet. In einem Zerrennfeuer werden 3 bis 4 Centner Grobl oder Flossen auf einmal eingeschmolzen, zu welchem eine Zeit von 2 Stunden erfordert wird, aber nicht nach Art, wie es in den österreichischen Eisenwerken üblich ist, nämlich mit einer Zange einzusetzen. Man sehe meine Anmerkung davon, über die Eisenbergwerke zu Eisenerzt im Steuermärkischen, in der Sammlung mineralogischer rc. Abhandlungen des Arduino aus dem Italienischen. Wenn die eingesetzten Flossenstücke zu glüen anfangen, so wird ihnen etwas Schweiß oder Kieselsand um die Cota (Teichel: eine wohl unschickliche Benennung für einen Schmelzproceß; und es scheint, daß die vorigen Besitzer statt Deutscher, Welsche Schmelzer gehabt haben) oder Massa zugesetzt. Ehe, als nun ein solcher Teichel aus dem Feuer gehoben wird, werden die Schlacken abgestochen, nach diesem wird er unter einem zwo Centner schweren Hammer in zwo Masseln getheilt, wovon eine einen Centner, auch mehr am Gewichte hat. Nun kommen sie wieder ins Feuer, und werden wieder unter dem Hammer in halbe Masseln, Kölbeln oder zween Theile getheilt, aus welchen dann 3 bis 4 dicke Stahlstangen oder Tajole geschmiedet werden. Diese werden wieder ausgeglüet, wovon aus einer jeden Tajola 3 bis 5 Repichi, oder Repicki entstehen, aus welchen dann zuletzt die 3 Schuhe lange Stahlstangen und Ruthen gezogen werden, welche dann als Kaufmannsgut in kleine Vorschläge, oder mit Leinwand eingepackt, nach Italien geführt werden. Alle diese Arbeiten werden auf einem einzigen Ambos

bos verrichtet, der an seinem obern Theile 3 Flächen hat, wovon eine einen Zoll, und etwas darüber an der Breite hat. Ausführlich hat B. F. Herman in seiner Beschreibung des Brescianstahls von dieser Manipulation gehandelt. Seine neue Meinung über die Verwandlung des Eisens in Stahl, habe ich mich kaum unterstanden vor 10 Jahren in der oben angeführten Anmerkung von Eisenerz zu äussern, wie man Seite 223 sehen kann, wo ich sage: Es scheint mir aus so vielen mit dem Eisen und Stahl, in meiner Gegenwart angestellten Versuchen nicht glaublich, daß letzterer (Stahl) kraft des in selbigen hineingebrachten mehrern Phlogistons entstehe. — Indessen glaube ich, daß die neuen Gedanken des Verfassers vielen Beyfall verdienen, und diese Verwandlung mehr dem Ab- als dem Zugange der Feuermaterie zuzuschreiben sey.

Das hiesige Werk hat drey Schläge bey der Schmelzhütte, und zween ein paar Stunden davon entfernte, und zwar in dem Gebirge, wo der Bach Radolna sich befindet, wie ich am Anfange in diesem Bande erwähnt habe. Unter einem Hammer werden jährlich 60 bis 70 Millarjo Stahl, (den Millar zu 10 Centner gerechnet) ausgeschlagen, folglich ist die ganze Erzeugniß in einem Jahre an Flossen 8563 Centner, wovon auf der Stelle 3000 Centner Stahl gemacht wird, die übrigen Flossen werden an andere Hammerschmiede verkauft. Bey allen Schlägen muß der Wassergeber den Stahlstangen eine kleine Politur geben.

Sortimente von Stahl werden 6 gemacht, welches aber nur die Figur betrift; denn in der Güte ist alles gleich, es kommt nur darauf an, wie ihn die Abkäufer in Italien anordnen, denn manchmal wollen sie die Stangen dicker oder dünner haben, daß ist von der Dicke eines kleinen Fingers bis zu einem Zolle im Durchschnitte. Diese Gattungen haben dann auch verschiedene Namen, als Mezzano, Bianco u. s. w.

Allen diesen Arbeiten sind auf den beiden Orten, wo sich Hämmer, Gruben und Hütten befinden, zween Verweser vorgesetzt, eben so viel Gegenschreiber, ein Ober- und Unterhutmann bey der Grube mit 15 Knappen, welche die Arbeit verrichten, ein Schmelzmeister mit 2 Gehülfen, und 15 Schmiede.

Von diesem Werke wandte ich mich zu dem eine halbe Stunde entfernten Hammerwerk Sava. Hier fand ich ebenfalls einen einzigen Hohofen,

ofen, welcher etwas größer, als der oben erwähnte ist, er ist 19 Schuhe hoch und etwas drüber. Die lichte, oder der Durchschnitt in der Mitte ist 5 und einen halben, oben und unten aber nur 2 Schuhe. Die Schmelzungsart allhier ist eben dieselbe wie zu Jauernigg, nur in einem viel stärkeren Betriebe, und mit einem nicht geringen Kohlenaufwande; in 24 Stunden wurden 232 Schiergl oder 464 Metzen eingeschüttet. Mit diesem Aufwande von Kohlen werden 97 Centner Erz verschmolzen, aus welchen man dann 50 Centner Grobl oder Flossen erhält.

Aus dieser Schmelzung sieht man deutlich, daß die davon entstehende Massen oder Flossen, nicht so rein seyn können, als jene, welche ich von dem Werk Jauernigg oben angeführt habe: denn das Erz ist bey beyden Gewerken gleich, und so auch die Behandlung bey der Schmelzung, denn die Flossen vom erstern Werk haben in der Ausarbeitung von Stahl nur 25, wohingegen letzteres 32 Pfund vom 100 Abgang hat. Dieß ist dann die Ursache, warum die Stahlschmiede jederzeit für den Centner Flossen von Jauernigg einen Gulden mehr, als für den von Sava zahlen. Die Ausschmiedung der Flossen zu Stahl ist bey diesem Werke eben so, wie bey dem vorigen, und die daraus entstehende 6 verschiedene Gattungen haben auch nichts besonders. Ueberhaupt liebt man in Italien nur dünne Gattungen von Eisen- und Stahlwaaren; indem die dortigen Schmiede kleine Feuer und wenig Holz haben; folglich dicke Stahlstangen schwer zum Schmieden kommen. Hier, wo sich der Schmelzofen befindet, sind 5 Schläge, indem kein Mangel an Wasser ist, und dann in einem andern Ort, mit Namen Moistrana drey, folglich hat dieser Gewerk 8, wo dann auf einen jeden Schlag 80 Millaris oder 800 Centner Stahl ausgeschlagen werden.

Moistrana liegt in einem engen Thale, welches nicht weit vom Savaflusse entfernt ist, wenn man solches bis zu seinem Ende verfolgt, so kommt man zu dem prächtigen Gletscher des so oft erwähnten Berges Terglow und Kretezza. Hier ist der einzige Ort, wo man diesen Eisberg besteigen kann. Im Jahr 1779 wo es im Frühjahr sehr trocken war, erfuhr ich, daß der Ursprung des Savaflusses bey Kronau ganz ausgetrocknet, und erwähnter Fluß eben nur seine Dauer dem erwähnten Eisberge zu danken habe, wie denn auch der Moistranabach einen guten Theil davon ausmacht.

Der Ausweiß von 1780 an die Bergwerkskammer von diesem letzten Werk war, als man die Frohn zum erstenmal einführte, 10800 Centner rohes Eisen oder Flossen. Von diesem hat der Eigenthümer 5200 Centner Stahl daraus verarbeitet, dann 50 Centner Eisen zum Gebrauch im Werk, das übrige rohe Eisen kaufen die Gewerke von Weißenfels und Terhitsch; woraus dann nicht allein Stahlstangen, sondern auch anderes Kaufmannsgut gemacht wird, wie oben erwähnt worden. Der Preiß des Stahls nach Triest geliefert, ist der Centner aufs höchste zehen Gulden; da aber nun eine neue Auflage durch die Einführung der Frohn gemacht worden, so muß auch künftighin der Preis ausser Landes erhöht werden. Sollte aber dieses nicht angehen, so wird man bemüssiget seyn, es beym alten zu lassen, wenn nicht durch Einführung einer beßern Manipulation durch das neu im Lande errichtete Bergamt größere Vortheile verschaffet werden; doch ist daran sehr zu zweifeln, denn der Hauptumstand ist, daß es erstens bey dem kleinen und elenden Bergbau platterdings nicht leicht angeht, Verbesserungen anzubringen, ausgenommen bey dem Werk Sava und Jauernigg, welche aber wenig solcher bedürfen. Zweytens sind der Erze wenig, und zerstreut für die übrigen Werke, und sie kommen so hoch zu stehen, daß das daraus erzeugte Eisen nur mit wenig Gewinn verkauft werden kann. Um so mehr, als das Land immer mehr mit Geld angefüllt wird, folglich dieses einen geringern Werth bekömmt, um sich diejenigen Nahrungsmittel in einem wohlfeilen Preiß, wie vor Zeiten möglich war, zu verschaffen, daß auf diese Art der Gewerk seine Arbeiter erhalten könnte, und nicht genöthiget wäre den täglichen Lohn zu erhöhen. Die Seehäfen von Trist (auf deutsch Rohr, gemeiniglich Triest genannt,) dann Reka oder Fiume mögen wohl mit der Zeit unsern Eisenbergwerken den Garaus machen; dann es scheint sich noch immer zu bestätigen, was Montesquieu in seinem Geist der Gesetze sagt, „nur in jenem Lande können Bergwerke einen Nutzen verschaffen, wo die Lebensmittel im Ueberflusse sind, und die Menschen nicht gnugsame Beschäftigung haben;„ allein bey uns gilt weder eins, noch das andere: folglich ist, wie gesagt, zu vermuthen, daß die geringeren Werke keinen langen Bestand haben können. Nebst allen diesen mißlichen Umständen für die Eisenbergwerke des Landes ist noch dieser, daß sich die Waldungen in diesen Gegenden in einem sehr schlechten Stande befinden. Der Gewerk von Sava hat einen verschwenderischen Schmelzproceß in Rücksicht auf die Kohlen, also kann man sich für sein ganzes Werk

keine

keine lange Dauer verſprechen, ausgenommen man ſchränkte ihn von höhern
Orte ein; denn der Grundſatz iſt doch gewiß ſehr unvortheilhaft für ein Land,
wenn man behaupten will, ein jeder hätte das Recht mit ſeinem Gut zu machen, was er wolle. Nur ſo lange kann dieſer Satz ſtatt finden, als dem
Lande, worinn er giltig iſt, kein Nachtheil daraus erwächſt. Denn was nü-
tzen mir die beſten Gruben der Welt, wenn diejenigen Hülfsmittel nicht zugegen ſind, womit mir meine Erze zu Gute kommen. Und bey dem Verfahren des erwähnten Gewerks iſt nicht allein der Schaden für das Werk,
was er betreibt, daß es durch völlige Vertilgung der Waldung in Auflieger
kommt, ſondern die kahl gemachten Berge, welche nun den ſtarken Nordwinden
ausgeſetzt ſind, werden niemals mehr mit Bäumen beſetzt. Die zurückgelaſ-
ſenen Wurzeln, welche die wenige Erde auf den Kalkfelſen gleichſam anfeſſelten,
verfaulen, und die täglichen Regengüſſen entführen ſolche auf ewig, ſo, daß
dann oft die ſchönſten bewachſenen Gebirge als unfruchtbare und nackende Felſen ſtehen bleiben, wie wir leider das Beyſpiel von dem mittägigen Theile
des Landes haben, welches ich im erſten Bande erwähnt habe. Aus dem
Archiv von Ober-Villach in Oberkärnthen habe ich erſehen, daß man 1590
und 96 hier bey der Gegend des Dorfs Ieſenize, welches die Deutſchen
Aſſling nennen, auf Bley und Alaun gebaut habe, aber ich habe nie entdecken können, ob es mit großem Vortheile geſchehen ſey; wie es mir nach
meinen in dieſer Gegend gemachten Unterſuchungen ſcheint, ſo mag die ganze
Sache ſehr unbeträchtlich geweſen ſeyn, wie es noch heut zu Tag iſt, was
das Bley anlangt; denn in vielen Gruben der oben angeführten Gewerken befindet ſich Bley, wie geſagt, aber der geringe Werth, den es heut zu Tage
hat, macht es unbauwürdig. Der Alaun, der in dieſer Gegend gebaut worden, ſagt das Ober-Villacher Archiv, breche bey dem Dorf Mehrenberg,
da aber kein ſolches in der Gegend beſtehet, ſo mag es wohl da geweſen ſeyn,
wo der Anverwandte des Alauns bricht, nämlich der Gips. Hinter erwähnten Ort Ieſenize thürmet ſich ein ſtücklichtes Gebirge in die Höhe, welches
ein wahres Vorgebirg der Alpkette iſt. Einer von dieſen Bergen, welcher
mit ſeiner Grundfläche an den Ort anſtößt, heißt Scherianz. Er beſtehe
aus Trümmern von Kalkfelſen, welche hin und wieder mit weiſſem Kalkſande
unterſetzt ſind: in dieſem Geſchiebe befinden ſich in einer ſehr geringen Tiefe
große und kleine Steinblocken von weißem ſpathartigen Gipsſtein, der zur
Baukunſt ſehr tauglich iſt. Als ich dieſe Gegenden unterſuchte, fand ich

nur

nur ein paar kleine Gruben davon, indem die Innhaber von diesen die übrigen haben eingehen lassen, aus Mangel des Verschleisses; jederzeit fand ich die Gipskeule mit dem angeführten Sande umgeben. An diesen Berg, wo der Gips bricht, stößt ein anderer an, der einen rechten eisenschüssigen rothen Thon liefert, der mit Oel zu Holz= und Bley Anstreichen dient. Diese Bolarerde ist hier das Bindungsmittel, welches die Kalktrümmer zu einem rothweissen Wurststein (Breccia marmorea) macht, der eine recht gute Politur annimmt.

Von diesem letzten Orte aus nahm ich meinen Weg zwischen der Alpkette nach Krainska Gora (oder Kronau) gegen Abend zu. Links hatte ich nichts als die derben und einfachen weißgelben Kalkfelsen, welche ein prallichtes Gebirge ausmachen; rechts aber fand sich das Gebirg stücklich, und viel aus erwähnten Trümmerstein bestehend, wie sich dann zwischen solchen rother Thonschiefer mit etwas Ofenstein befand. Die Gegend um den Markt Iesenize ist noch durchaus angenehm; von temperirten Klima, von einem wirklich schönen Volke, besonders was das weibliche Geschlecht anlangt, bewohnt. In einer kurzen Zeit aber, wenn man höher hinauf zu den Ort Krainska Gora kömmt, glaubt man zu den vermeinten Patagonen zu gelangen. Die Menschen sind hier nach Verhältniß der Berge, welche immer höher werden, auch weniger gesittet, roh, aber dabey aufrichtiger und weniger ausschweifend. Selbst ihre Kleidungen sind nicht mehr so, obgleich reinlich und noch einfacher.

Ehe wir Oberkrain verlassen, wollen wir auf Ansuchen ausländischer Gelehrten die Landestracht beschreiben.

Der Oberkrainer trägt seine Haare rund abgestutzt nach der Natur laufend, das Haupt ist mit einem runden Hut bedeckt, welcher mit blau, schwarz oder andern gefärbten Bändern gezieret ist. Auf dem Leibe ein langes Hembde, welches in die Beinkleider geht, vorn ist es offen, und um den Hals wird niemals eine Binde getragen. Bey kalter Witterung wird ein ganz kurzes Leibel oder Wammes angezogen, über welchen ein einfacher brauner Rock ohne Knöpfe, Falten und Aufschläge kömmt. Die Beinkleider sind mit einer Tragbinde weit oder eng über die Knie gehend ohne Knöpfe und Schnallen, um den Leib eine blaue Binde nach ungarischer Art. An den Füßen Strümpfe und Stiefeln, welche letztere für den, der es nicht gewohnt ist, auf eine unleidliche Art gebunden werden. Man sehe auf der Karte, wie

wie auch auf dem Titelkupfer die Abbildung davon, sowohl des männlichen als weiblichen Geschlechts.

Das Frauenzimmer sowohl als die Männer sind die schönsten vom Lande, und ihre Tracht, wenn sie auch nur mittelmässig aussehn, verschönert sie. Die Haare auf dem Kopfe sind wie bey den meisten slavischen Völkern in zween Zöpfe geflochten, welche bey den jungen Mädchen herabhängen; und auf dem Kopf haben sie statt einer Haube einen schwarz sammetnen Kranz, wie die sächsischen Mädchen in Siebenbürgen zu tragen pflegen. Meistens aber haben sie, und besonders die Weiber, einen dünnen messingenen Kranz, an welchen in die Quer eine schwarz sammetne Binde geht, die vorn auf die Stirne kömmt, um das Haar zurück zu halten, um den Theil des Kranzes auf das Hinterhaupt aber werden die Zöpfe gewunden. Ueber dieses kömmt eine glatte einfache Haube, welche mit einer in viele kleine Falten gelegte Spitze begrenzt ist. Ueber den Scheitel geht ein goldgesticktes Band. Diese Hauben werden nur auf dem Lande als ein eigener Putz getragen, denn ausserdem wird um den Kopf zu bedecken, eine Art eines weissen Schnupftuchs dreyeckigt zusammen gelegt und so umgebunden, daß ein Zipfel auf dem Rücken kömmt, wo hingegen die zween anderen herunter hangen, oder wenn es warm ist, über den Kopf geschlagen werden, und alsdenn nur einer blossen Binde ähnlich sind.

Um den Hals nichts. Auf den blossen Leib kömmt eine Art eines langen Hembdes ohne Ermel, vorn offen. Dieses Kleidungsstück heißt hier zu Lande Hunterfat. Darüber kömmt um den Leib zu bedecken ein nur bis zum halben Leibe reichendes Hemb, welches in viele kleine Falten gelegt und so zugeschnitten ist, wie es die Brüste eines Frauenzimmers erfordern, indem sie dieses Kleidungsstück in ihrer natürlichen Lage erhält. Um den Hals, so wie um den Leib, ist es eng zusammengefügt. Vorn kömmt eben so von weisser Leinwand, wie die übrige Kleidung ist, ein Vortuch oder Schurz; und dieß ist dann zu Hause, und im Sommer auf dem Felde die ganze Kleidung.

Ich muß gestehen, daß diese einfache und reine Kleidung bey unserem Landvolk eben so reitzend ist, als immer bey einer Engelländerin, wenn sie in ihre weisse Hauskleidung angezogen ist. Im Ganzen genommen ist das Volk mehr schön als häßlich; die Feldarbeit im Sommer aber verderbt

derbt ihnen durch die heisse Sonne das Gesicht ganz, indem sie niemals Hüte auf dem Kopf haben, sondern meistens bloß arbeiten.

Ueber diese einfache oder Unterkleidung haben sie eine andere, welche aus einem in feine Falten gelegten, unten mit Bändern besetzten Rocke, bestehet, an welchem ein ganz kleines Schnürleibel von beliebiger Farbe mit Bändern oder falschen Borden auf den Näthen besetzt, befestiget ist, welches vorn nur bis zu den Brüsten reicht, dann ein Vortuch mit einem Gürtel, oder auch nur ein rothes Band um den Leib. Im Putz an den Füssen roth gefaltete Strümpfe mit Schuhen; sonst nichts als Stiefel, wovon die Schuhe schwarz sind, und die Schäfte im Sommer aus weissen Staubleder bestehen, der Umschlag aber ist grün, oder mit einer andern Farbe eingefaßt.

Aus dieser ganz ungezwungenen Kleidungsart läßt sich urtheilen, daß man in diesem Lande wenig oder gar keine übelgebildeten Menschen findet, dabey noch meistens frey von der die Säfte des Körpers verderbenden Krankheit sind, wobey dann nichts als rhachitische u. d. g. Kinder zur Welt kommen.

Ich hoffe, man wird mir es nicht übel auslegen, daß ich mich bey diesem Gegenstande einen Augenblick aufgehalten habe, da er doch unter die schönsten und wichtigsten, und was noch besser gesagt ist, unter die angenehmsten gehört.

Von diesem letzten Orte wandte ich mich gegen Mittag. Hier erstieg ich die Alpkette über das hohe Gebirge Sa-Potok: alles ist kalkartig, ohne die mindeste Versteinerung. Als ich von diesem Gebirge in eine enge Schlucht herunter kam zu den Berg Prishenegg, fand ich noch bey einer beträchtlichen Höhe den Ursprung des Sozha, oder Lisonzaflußes. Dieser entspringt aus einem Felsenschlucht, der einem Stollen ähnlich sieht; aus diesem wird eine solche Menge Wassers in die Höhe getrieben, daß man gleich beym Ursprunge sechs Mühlräder damit treiben könnte. Diese ganze Gebirggegend muß ebenfalls, wie der größte Theil der übrigen Alpkette, sehr mit Klüften angefüllt seyn, da der Zufluß von allen Orten herkömmt. Dieser Sozhafluß, der dann das ganze Trentathal wässert, wovon ich auch unten reden werde, bekömmt noch einen eben so starken Arm von der Mittagseite, welcher das Wasser von dem Eisberge des im 1ten Theil erwähnten Berges Terglou aufnimmt. Diesen Arm nennen die dortigen Einwohner Sozha, um einen

Unter-

Unterschied zwischen der Sozha zu machen, obgleich, nachdem beyde Arme eine bis zwo Stunden zurückgelegt haben, sich vereinigen, und den Namen Sozha oder Lisonzo bis ins adriatische Meer behalten. Vor dieser Vereinigung ist das Wasser noch so kalt, daß kein Fisch darinn beym Leben bleibt, obgleich man schon mehrmals den Versuch gemacht hat, einige hinein zu setzen. Doch wäre hier eine Frage aufzuwerfen: ob bey diesem Eiswasser die Ursache an der Kälte liegt, oder an der für solche Geschöpfe mangelnden Luft, die zu ihrem Lebensunterhalt unumgänglich erfordert wird? Mir scheint, es liegt mehr am letztern als am erstern; denn es ist aus der Erfahrung genugsam bekannt, daß die Fische im gefrornen Wasser leicht erhalten werden, wenn sie nur Oefnungen darinn finden, daß die Luft einen freyen Zutritt hat. Nun könnte man denken, die beyden Arme der Sozha sind nicht zu gefroren, und dennoch kann man die Fische nicht darinn erhalten; allein ich muthmasse, daß ihnen hier mehr die fixe als die gemeine Luft abgehe, oder sich wegen der Kälte nicht genugsam entwickeln kann. Indessen sind dieß nur Muthmassungen, vielleicht ist ganz was anders daran Schuld, welches schwerer zu ergründen seyn mag, als man sich es vorstellt.

Nunmehr ein Wort von dem Thale selbst. Das Trentathal, welches gegen Mitternacht seinen Anfang nimmt, wendet sich gegen Morgen und Mittag, und nach 6 Stunden länge in das Flitscherfeld, wo es sich endiget. Es ist durchaus sehr enge auf beyden Seiten mit sehr steilen und hohen Gebirgen beschränkt, so, daß das ganze Jahr hindurch nur wenig Sonne hinein leuchten kann. Zu Anfang dieses Thals nicht weit von dem Ursprung des oben erwähnten Flusses, fand ich ein Eisenwerk, welches aber nicht betrieben wurde, indem der Innhaber davon es so schlecht betreiben ließ, daß er davon abstehen mußte, und es dem Hofe zum Verkauf anboth, welcher eben zu jener Zeit, als ich dahin kam, eine Commission von erfahrnen Bergleuten aus Hydria abgeordnet hatte, um es in Augenschein zu nehmen. Der Vorsteher bey dieser Untersuchung war mein guter Freund, der Ober-Amts-Assessor Leithner, dermaliger Oberaufseher des Bergwerks Vhunyad oder Vaida-hunyad in Siebenbürgen, ein Mann, der sehr ausgebreitete Kenntnisse in dem montanischen Fache besitzt, der nicht allein die Bergwerke der Monarchie, sondern auch von andern Ländern durchreiset hat. Dieser hat nach seinen überaus mühsamen Untersuchungen die Hofnung nicht

ganz

ganz aufgegeben, das Werk in Aufnahme zu bringen. Ich fand gegenwärtig einen Wolf- oder Stückofen, einen Bresclanhammer, der von 12 bis 15 Centner an Schwere haben mag, und dabey ein Streckfeuer. Aus allen konnte man abnehmen, daß die Bearbeitung des Eisen sehr elend gewesen seyn mochte. Bey diesem Werke fand ich nichts merkwürdiges, als eine kleine Kirche, mit einem über 100jährigen Geistlichen, und einem Kirchendiener. Ersterer war ein Mann voll Aberglaubens, zu welchem die abergläubischen Alpenleute mit Hosen und Weiberröcken von Kranken wallfahrtend hinliefen, sie aussegnen zu lassen, damit der leidige — — keine Krankheit mehr verursachen sollte. Nothwendig ist anzumerken, daß dieser alte Schwärmer unter dem Grätzer, und nicht unter dem Krainerischen Bischofe geduldet wird. Als ich daselbst zugegen war, befand sich der alte Greis krank, so, daß ich mit ihm wenig sprechen konnte, doch fragte er mich, warum ich gekommen sey? ob, um meine Gesundheit zu holen? Da er, wie es mir schien, von der Bannerey einen Theil seines Lebens Unterhalt hatte, so konnte er auch, obgleich krank, ein so nothwendiges Stück nicht vergessen, indem ihm der Gewerk, wie mir versichert worden, schuldig sey, ihm den Lebens Unterhalt zu geben, nun aber solches eine Zeit lang unterlassen habe.. Wenn dieser Alte stirbt, so weiß ich nicht, wie ihn sein Diener begraben werde, denn nirgends ist über ein oder zween Schuhe Erde da; und wenn auch welche da wäre, so müßten sie die Regengüsse jederzeit von dem Felsen weg spülen. Wieder auf die Hauptsache zu kommen, man hat zu dem gegenwärtigen Hammerwerke die Eisenerze von dem in diesen Thal einlenkenden Berge 3 bis 4 und mehr Stunden Höhe aus denen dort befindlichen Gruben, und Schürfen genommen. Ofen, und letzlich in Betrieb gestandene Gruben findet man zwo; eine in dem Berg Trenta, Josephigrube genannt, und die zwote in dem Loretta-Bau, in der Anhöhe von Sredniza. Die erste Grube ist durchaus in dem reinen grau weißen Kalksteine eingetrieben. Man baute allhier auf zufällige Mugeln, und kleine sehr unbeträchtliche Stockwerke. Die Gattungen des Eisensteines, den man hier erbaute, war ein erhärteter Eisenocher (ochra Martis indurata, seu pseudo-hæmatites ruber,) der in der Schmelzung sehr ergiebig ist. Dieser Eisenstein ist beynahe jederzeit mit einer lockeren Kreidenerde begleitet. Die verschiedenen Gewerke, welche dieses Hammerwerk in Sitz hatten, nahmen dieses Merkmal der Kreiden in den Klüften für ihre Richtschnur an, wodurch sie richtig auf Erze geführet wurden.

Die

45

Die zwote, oder der oben angeführte Loretta-Bau befindet sich in einem überaus steilen Gebirge, das man ohne Steigeisen gar nicht, und noch dazu nur mit Lebensgefahr erreichen kann. Die daselbst befindliche Grube ist noch nicht sehr weit eingetrieben. Der Eisenstein, der allda bricht, ist eben derselbe, wie in der ersten Gruben, und der Bau wird ebenfalls nur auf zufällige Mugeln irregulär betrieben. Nebst diesen zwo Hauptgruben befinden sich noch an verschiedenen Orten in dieser Gegend mehr oder weniger minder beträchtliche Erzschürfe, unter welchen sich jener von dem Berg Belz vorzüglich auszeichnet; daselbst befindet sich in einem Umkreise von mehr als 80 Lachter durchgängig die beste Gattung des oben erwähnten Ocher, welcher eine Tiefe von 1 bis 2 Lachter hält. Das Zubringen der Erze geschieht im Winter, wenn alles mit Schnee bedeckt ist, durch das bekannte Sackziehen, welches in dem ersten Theile der Schriften der Berlinischen Gesellschaft naturforschender Freunde in meiner Mineralogischen Lustreise pag. 189 ausführlich beschrieben ist. Man sehe auch die vermehrte Ausgabe davon.

In der Anhöhe des Bergs Prc-shenegg auf der sogenannten Zos- oder Zona-Poliza zeigen sich ebenfalls Merkmale eines vor Zeiten gewesen beträchtlichen Baues; allein die Erze sind hier nicht von der Güte, wie bey den vorerwähnten Gruben, sondern sehr kiesig, daher wollten die Gewerke in spätern Zeiten solche nicht bearbeiten, mit dem Vorgeben, die Erze wären kupfrich, und gäben nur ein sehr schlechtes Eisen. Allein der oben angeführte Bergassessor erkannte gleich den Irrthum der unwissenden Gewerke, er ließ dem Erze die gehörige Röstung geben, und schmolz in dem Stuckofen eine Masse daraus, welche ihm das beste Eisen gab.

Ob nun gleich das gegenwärtige Hammerwerk wegen der sehr schlechten und unwirthschaftlichen Bearbeitung dermalen in Verfall gerathen, so sind doch die Umstände des Werkes so beschaffen, daß, wenn man mit dem Erze auskommen kann, (woran ich noch ein wenig zweifle, wegen den Zubringen) daß sichs, sage ich, bey einer guten und vernünftigen Bearbeitung das Aufkommen dieses Werkes mit allem Grunde hoffen ließ. Dann erstens ist an Wasser kein Mangel, so auch am Holz, obgleich man anitzt alle mögliche üble Behandlung der Waldungen gestattet. In den niedrigen Gegenden des Gebirges hat man Laub, und in den höhern Nadelholz im Ueberflusse, von welchem der Lerchenbaum ein Fünftel des ganzen ausmacht. Als die Gewerke den Hammer betrieben, verkauften sie ihr in Stäbe ausgeschnittenes Eisen beym

F 3 Werke

Werke um 14 Soldi das Pfund, welches nach deutscher Münze ungefähr
8 ½ Kreuzer ausmacht. Was nicht an Ort und Stelle verkauft werden
konnte, wurde ins Venetianische nach Cividale, die Hauptstadt in Friaul geführt. Ich habe aber nie erfahren können, wie theuer der Centner abgesetzt
wurde; indeffen läßt sich aus den vielen alten Rudera schliessen, daß der Bau
vor Zeiten stärker gewesen seyn muß, als er in neueren Zeiten war. Die
ersten Gewerke, von denen man weiß, waren die Gräflichen Gebrüder Grotti,
welche die Freyheit vom Kaiser Ferdinand dem II. hatten; der gegenwärtige
ist ein Gewerksmann von Verlach aus Kärnthen.

Nun setzte ich meinen Weg von der Gegend dieses Werkes gegen
Abend zu. Auf dem Berge Bereviza befindet sich in den Kalkklüften ein
ziemlich reiner und derber jaspisartiger Eisenstein, (ferrum jaspideum fragile)
welcher von allen den vorerwähnten Erzen den reichsten Gehalt hatte; allein
obgleich dieser Eisenstein hinlänglich ergiebig ist, so hat man sich doch auch
bey diesem keine große Hofnung auf das Anhalten zu machen, indem er sich
bald in den Klüften ausschneidet. Von diesem Berge wandte ich mich in
dem Thale fort gegen Pletz oder Flitsch zu, zu dem Zhern-Verch oder
Schwarzenberg; hier in den Kalkklüften streicht wie ein Gang von einem
unreinen schwarzen Thonstein, der hin und wieder mit Spathadern durchsetzt
ist. Da dieser Stein etwas eisenhaltig ist, so scheint er zu einem unreifen
Eisenstein zu gehören. In eben diesem Gebirge gegen Abend, über einer
Bauernhütte, mit Namen Komitshitsh, befindet sich eine Kluft in dem
Kalkgebirge mit Namen Sale-potzamina ustiniza, welche ziemlich mächtig, und sehr spathartig ist. Die Stunde davon ist 11. In dieser bricht
ein schwarzer brauner ziemlich derber mit weissem Kalkspath gemischter Braunstein (Manganesia) ein. Die Mächtigkeit des Anbruchs ist von 1 bis 6 Zoll.
Dieser Braunstein ist der Verwitterung sehr ausgesetzt, indem er aller Orten
mit einer Ocher überdeckt ist. Bergmann und andere, haben heut zu Tage
ein eigenes Halbmetall heraus gebracht; allein ich glaube immer, es werde
eben so wenig damit Bestand haben, als mit einigen Säuren und Salzen,
welche man für ursprünglich gehalten, und die dennoch nichts, als gemischte
Körper waren. Sollte nicht zu vermuthen seyn, daß der Braunstein ein ver-
larvtes Eisen sey, so wie nach aller Wahrscheinlichkeit die Platina ein ver-
borbenes Gold ist? Denn warum ist der Braunstein nur da am häufigsten,
wo es Eisen giebt? Eine Säure, eine sehr gemischte Erde können bey der

Metall-

47

Metallwerdung des Eisens eine vielleicht eben so große Aenderung machen, als bey dem Gemisch des Kobalts vorgeht. In einem andern nicht weit davon liegenden Berge mit Namen Sadniza oder Koinska Lesha, dem Terglou gegen über, das ist zwischen Mitternacht und Abend befindet sich eine 1 und ½ Schuh mächtige Kluft, worinn ein recht schönes Berggrün (Terra verda) sich befindet. Die Carnieler aus dem Venetianischen Gebiete kommen mitten im Sommer anhero diese Erde zu graben, um sie nach Italien zu verschicken.

Als ich nun meinen Weg in dem engen Thale gegen Mittag nahm, um nach Flitsch zu kommen, so wurde auch dieses Thal immer etwas mehr offen. Die Kette des Gebirges, welche gegen Morgen, oder in das Tolmeinische streicht, hat verschiedene Abänderungen von Steinarten. An der Grundquelle, vorzüglich aber vor dem Dorf Koritniza, oder wie es andere nennen Koritenza, bricht ein schwarzer Mergelschiefer ein, der ein gleich laufendes Streichen mit der Alpkette gegen Mittag hat. Vielleicht streicht solcher in Klüften unter dem Gebirge weg. Die Neigung dieses Streichens ist von 15 bis 20 Grad. Ueber diesem Schiefergebirge findet man in zufälligen Mugeln, grünen und rothen Jaspis, wie auch grauen Bandachat. Das Grund- und Hauptgebirge, welches sich gegen den hohen Berg Maukart oder Manhard neigt, ist wie gewöhnlich, der graue Kalkstein, wo doch hin und wieder sich in Mugeln, und kleinen flözartigen Schlüchten Thon und Ofenstein befindet, welcher dem von Jauernigg ähnlich ist: nebst diesen auch verschiedene gefärbte Hornsteinarten, welche jederzeit ganz mit Kalk umgeben sind. Tiefer in dem Sozhafluß findet man auch oft verschiedene Horn- und Thonsteinarten, wovon sich ein schwarzbrauner auszeichnet, welcher rosenfarbene Flecke in sich hat. Der Stein giebt am Stahl sehr stark Feuer, brauset auch ein wenig mit Säuren, wodurch man auf den Verdacht geleitet werden könnte, er sey mit Magnesia vermischt; allein die Versuche, welche ich mit dem Borax gemacht habe, haben das Gegentheil bewiesen, indem solcher nicht im geringsten davon gefärbt wurde.

Als ich nun meinen Weg weiter fortsetzte, kam ich in eine unbeträchtliche Fläche, worinnen der oben angeführte Pletz oder Flitsch liegt. Büsching rechnet das Bannatgut Flitsch zu der Grasschaft Tolmino oder Tolmein, allein es hat niemals dazu gehört. Der Ort sammt seinem District, welcher aus 15 Dörfern, so 900 Häuser in sich begreifen, besteht, macht

immer

immer eine freye kameralische Hauptmannschaft aus, nur gegenwärtig ist es der Graffschaft Görz, so wie Tollmein, einverleibt, und es hat keinen Hauptmann mehr, obgleich der Ort an seinen Freyheiten nicht gekränkt ist, sondern es hat der Banco die ganze Hauptmannschaft in Betref der Waldung in Bestand. Die dortigen Unterthanen sind wegen der rauhen und unfruchtbaren lage von allen Abgaben und landesfürstlichen Auflagen befreyt. Diese Freyheit ist von vielen Herzogen und Kaisern bestätiget worden, und die Freyheitbriefe, die ihnen hierüber ertheilt worden sind, werden von zwölf Geschwornen, welche die Rathgeber der Unterthanen sind, aufbewahrt. Die Hauptmannschaft war vordem ganz unabhängig, und hatte ihre eigenen Hauptleute, welche ein starkes Schloß bewohnten, das man la chiusa di Plez, oder die Pletzer Klause nennt. *) Dieses Schloß sperrt den ganzen Paß von Kärnthen in diese Hauptmannschaft. Die Lage dieser kleinen Herrschaft ist gegen Morgen an Oberkrain, gegen Mittag an die Graffschaft Tollmein, gegen Abend an das Wenetianische Gebiet, wohin dieser kleiner Strich Landes einmal gehörte, und gegen Mitternacht an das Herzogthum Kärnthen. Der Feldbau ist hier sehr gering, den mehresten Unterhalt haben die Einwohner, welche Kärnisch, Krainisch und Italienisch sprechen, von der Hauptstrasse, die von Görz nach Kärnthen geht; alsdann von der wenigen Viehzucht, der Benutzung des Holzes und des Wildes, besonders der Gänse. Alles besteht hier aus sehr hohen und steilen Kalkbergen, worunter der Rabon, Preval, Baba und Musiz die höchsten Alpen sind, meistens die Hälfte von der Höhe der Erde entblöset, folglich auch wenig Weide haben. Der Stein ist der Verwitterung sehr ausgesetzt, und mit großen Spalten durchsetzt, welche eine Richtung mit der Kette des Gebirgs haben, mit einem Verflechten von 45 bis 50 und mehr Graden.

Die Bruchstücke davon zeigen immer zwo bis drey regelmässige Rautenflächen an, wo kein Merkmal von Versteinerungen zu spüren ist. Auf der schattigten Seite dieser hohen Gebirge bleibt der Schnee meistens das ganze Jahr liegen, und bildet eine Art von Fernern oder Gletschern. Von diesem Thale aus setzte ich meine Untersuchungen gegen Mitternacht fort, und bestieg den Berg Predil, über welchen eine Heerstraße nach Kärnthen geht. Die Hauptbestandtheile dieses Berges ist ebenfalls Kalkstein, wo zu Anfang ein brauner aus Thon und Sand bestehender Schiefer angelehnt ist;

dieser

*) Man sehe die beygefügte Charte von der windischen Mark.

dieſer hält nicht lange an, und dafür ſtellt ſich der Kalkſtein bald ein. Wenn man über die Anhöhe des Bergs hinüber iſt, ſo kömmt zu Ende, oder am Fuße gegen Mitternacht abermal ein Schieſer zum Vorſchein, welcher porphyrartig und röthlich iſt, in welchem ſich ganze Kugeln von Porphyr finden. Ob der Porphyr hier in ſeiner Zerſetzung oder Bildung iſt, laſſe ich andere beſtimmen. Nur ſo viel weiß ich aus der Erfahrung zu ſagen, daß ſich hier zu Lande keine Vulkane weder gegenwärtig, noch in vorigen Zeiten befunden haben, welche den Stoff zu einer ſolchen Steinart hergegeben hätten, ſondern der Porphyr ſcheint ſich hier aus der Thonerde zu bilden, ſo, daß ſeine Entſtehung eben ſo, wie ſeine Zerſetzung an einem Orte ſtatt haben kann. Auf der Oberfläche der Erde verwittern alle Steinarten, da ſie hingegen in der Teufe ſich erzeugen. Ehe ich hier zu dem Bergwerk Raibl kam, fand ich einen beynahe ganz runden von hohen Bergen eingeſchloſſenen See, der mit der Zeit durch das ſtarke Einrutſchen der Steinriſſe ausgefüllt werden wird. Alles iſt hier aus dem urſprünglichen Kalkſtein gebildet. Eine halbe Stunde von dem See liegt der Kraieska Hrib oder Königsberg, worinn der Raibler Bergbau getrieben wird. Der Bau iſt hier ſehr beträchtlich auf Bley und Galmey. Die Bleygruben liegen an dieſem Berge gegen Abend, da hingegen der Bau auf Gallmey zwiſchen Mitternacht und Morgen liegt. Die Bleygruben gehörten einem Gewerken, welcher dabey Einbuße hatte, dieſer hat ſie aber im Jahr 1767 an den Hof verkauft, welcher vermittelſt beſſerer Behandlung ſeinen guten Nutzen dabey findet. Der Bau auf Bley und Gollmey wird an dem Gehäng des erwähnten Königsbergs betrieben, welcher aus bloſſen Kalkſtein beſteht, wovon der mehreſte Theil ganz kahl und aus Schichten beſteht, die alle mögliche Richtungen haben. Die Arbeit ins Gebirg war hier vor Alters durch Schramarbeit, aber heute zu Tage geſchieht der Stollenbau burchs Sprengen mit Pulver, wo es die Härte erfordert, und wird auch mehr regelmäſſig betrieben. Der Bleyglanz bricht hier in einem ziemlich mächtigen Stocke, welcher mit groſſen tauben Keilen oder Schichten durchſetzt iſt: dieſes hat dann bey der räuberiſchen Behandlung der Alten große Zechen verurſachet, wie ich dieſes bey der dortigen Befahrung von zwanzig und mehr Lachter an Höhe gefunden habe. Wenn die Erze hier in Putzen beyſammen ſitzen, ſo halten ſie manchmal 8 und mehr Lachter im Umkreiſe, und verflächen ſich nach der Thoulege des Gebirgs, welches faſt 45 Grade hat.

Oryctogr. Carniol. III. Th.   G   Das

Das gegenseitige Gebirg gegen Morgen ist ungemein steil, und man hat hier niemals Hofnung Erze zu finden, sondern bloß in dem zeitlichen Schober oder angelehnten Gebirge, welches auf ersteres ansitzt; folglich kann auch der Bau nur in einem gewissen runden Bezirke bleiben, welches aber keine lange Dauer versprechen kann.

Die Alten haben den Bau an dem Kopf des Stocks mit vier Grad unter einander stehenden Stöllen eingetrieben, wovon der St. Sebastianstollen die größte saigere Teufe, und ein Zubau der Alten war. Er betrug 160 Lachter; dieser ganze Stollen ist mit Schlägel und Eisen, oder durch Schramarbeit betrieben worden, und dermalen wird er noch als Förderniß- stollen genutzt. Da nun der ganze obere Theil ausgehauen ist, und für neuere Zeiten nichts mehr übrig gelassen, so geht die Absicht des jetzigen Baues, blos auf die Teufe, um die niederlassenden Erze zu erobern.

Von der Sohle des letzt erwähnten Stollen hat man mit Haspeln dem Verflächen der Erze nach abgeteuft, und sie nach ihrer Möglichkeit nach allen Seiten erobert, woraus denn die oben erwähnten grossen Zechen entstanden sind, wobey man doch wegen des bedrohenden Einsturzes Pfeiler zur Berg- feste hat stehen lassen, sie mochten nun taub, oder hältig seyn. Da nun der St. Sebastianstollen der einzige ist, wodurch die Erze am Tage können be- fördert werden, und von diesen der Bau erst anfängt in die Teufe nieder zu gehen, so ist also leicht zu errathen, wie beschwerlich und zugleich kostbar die Förderniß der Erze geschehen müsse, weil alles durch Haspeln in die Höhe gezogen, und auf doppelte Horn- und Bremsstädte gestürzt werden muß.

Um nun dieser sehr beschwerlichen Förderniß abzuhelfen, und da man gewiß versichert ist, in der Höhe nichts mehr zu haben, so hat man um 40 Lachter tiefer, als der oben erwähnte Sebastianstollen in dem Abendseitigen Gebirge, welches gute Hofnung zeigt, einen andern Stollen eingeschlagen, welcher den Nahmen Caroli führt; mit diesen wird man wohl die Erze erlangen und folglich einen so zu sagen neuen Bergbau vorbereiten können.

Man fieng diesen Bau im Jahre 1772 an, und als ich im Jahre 1778 da war, und im Monat Juli die Gruben befuhr, so waren nicht mehr als 165 Lachter ausgeschlagen; Allein damals war zu vermuthen, man möchte, bevor man sich Hofnung machen dürfte, an die Erze zu gelangen, wohl noch 50 bis 60 Lachter eintreiben müssen, es wäre denn, daß die Erze gegen erwähnten

wähnten Bau ihr Fallen haben sollten. Diese Vermuthung war so weit gegründet, denn als ich zum drittenmal, den dritten April d. J. 1782 die Gegend durchreiste, und die dortigen Gallmeygruben befuhr, erfuhr ich, daß man mit erwähnten Zubau 243 Lachter weit gekommen war, und mit 214 die Erze erreicht hatte; Man teuft auch den Haspel mehr ab. Hat man einmal die Erze durchkreutzet, so können solche in die Abendseite weiter verfolgt werden, und man kann also des ganzen Haspelziehens entübriget seyn.

Die Knappen arbeiten hier auf Geding, und werden nach dem ausgeschlagenen Schuße bezahlt, die Zahl war damals 68 Haspler, und Hundstosser 42, welche ihren gedungenen Lohn nach Kübeln und Länge der Strecken haben; zu Scheidung der Erze werden die Weiber und Kinder der Knappen gebraucht, deren 64 in Lohn stehen, und von fünf bis zwölf Kreutzer des Tages erhalten. Bevor ich von der Aufbereitung der Erze Erwähnung thue, will ich hier die Erze und Bergarten anführen, welche am gewöhnlichsten einbrechen.

Plumbum sulphureum mineralisatum, seu galena tessulis majoribus. Großschuppichter oder würflichter Bleyglanz, meistens in einem etwas mergelartigen Kalksteine, der mit einer schmutziggelben Farbe überzogen ist. Dieses Erz bricht oft in mächtigen Putzen, manchmal aber auch nur streif- oder schnürelweis; wenn es im Gestein auf die letzte Art bricht, so ist es nicht in gerader Richtung, sondern meistens in wellen- oder winkelförmiger Gestalt. Der Gehalt dieses Erzes ist sehr groß.

Die zweyte Art ist:

Galena tessulis minoribus. Kleinwürflichter Bleyglanz, welcher eben so gemein in den Gruben ist, wie ersterer, und bricht auch in eben dem Gesteine. Manchmal stehen die Blätter der Würfel ganz schief, und geben ein ganz anderes Ansehen.

Drittens:

Galena textura chalybea. Dichter Bleyglanz, welcher in keiner bestimmten Figur bricht, sondern im Bruch dem Stahl ähnlich siehet, diese Art ist die reichhaltigste, indem sie über 80 Pfund Bley im Centner giebt. Meistens bricht dieses Bleyerz in einem weichen weissen Kalkstein, aber niemals in beträchtlichen Stücken; ich habe es daselbst mit schönen weissen Bleyspath einbrechen gesehen;

Viertens:

Galena globularis globulis nodulosis seu botryoides. Dieser kugliche Bleyglanz ist ganz warzenförmig, wenn er bloß bricht, oft ist er aber auch mit der Blende (Pseudogalena) ganz überzogen. Wenn er keinen Ueberzug hat, scheint es, als ob seine Rauhigkeit von einer Auflösung herkäme, wenn dieses Erz, oder die Bleykugeln ganz in der Steinart eingeschlossen sind, und wird ein solches Stücke zersetzt, so siehet es ganz einem Tiegererze ähnlich. Die Bergleute nennen es gesprengtes oder Fleckerz: Die Mutter, worinn es sitzt, ist nur ein Kalkstein, manchmal auch ein röthlichter Mergelschiefer; selten findet sich Quarz bey den Erzen ein.

Fünftens:

Galena crystallisata irregularis, aut regularis. Dieser Bleyglanz ist selten. Ich habe oft grosse Stücke in Händen gehabt, wo ich wohl eine Crystallisirung bemerken konnte, ohne vollkommen die Figur bestimmen zu können. Doch wenn eine zugegen war, so war es ein Sechs- oder Achteck. Alle diese Bleyerze sind sehr oft mit einer dichten gelbartigen Blende gemischt, so daß gar oft die Erze schichtweis mit solcher aufgesetzt oder damit bedeckt sind.

Sechstens:

Plumbum lapideum sey spatiforme album. Der weisse Bleyspath bricht nicht gar selten hier, nur in ungemein kleinen Theilen, daß wenn man nicht genau Obacht hat, er leicht übersehen wird. Der, welchen ich antraf, war in kleinen einzelnen Blättchen auf den Kalkstein ausgebreitet, oder ich fand solchen in sechs und mehr eckigten kleinen Spießcrystallen. Es bricht hier auch manchmal gelber Bleyspath, wie man aus der Abhandlung vom Bleyspath aus Kärnthen, in Jacquini Miscellaneis Austriacis im zweyten Bande ersehen kann.

Siebentens:

Minera plumbi calcarea flavo alba. Dieser kalkartige Bleystein findet sich nur bey dem dichten Bleyglanz. Zu Anfang als ich ihn für eine blosse Mutter des Bleyglanzes ansah, dachte ich nichts weniger, als daß diese Steinart einigen Gehalt haben sollte, allein nachdem ich einige Stücke aus der Schwere besser beurtheilte, so machte ich Versuche damit, woraus ich dann wirklich einen nicht beträchtlichen Bleygehalt erhielt.

Achtens:

Achtens:

Ochra plumbi calcarea albescens. Der Bleyocher, der hier in der Grube vorkommt, ist öfter weis als gelb, und man findet nur solchen auf dem Bleyerze sehr dünne in pulverichter Gestalt aufsitzend. Oft sind wenig oder keine Erdtheilchen mit einander gemischt, folglich ein wahres natürliches Bleyweis (Cerussa nativa.)

Nebst diesen hier angeführten Bleyerzen kommen dann auch zinkhältige vor, die gemeinste ist

Neuntens:

Pseudogalena amorpha rubescens. Blende; welche von röthlicher Farbe und derb ist. Diese Art ist sehr gemein bey dem hiesigen Bleyerz, aber auch allein mit einen feinkörnigen Kalkstein verbunden, der meistens eine schmutzig röthliche Farbe hat, und solche von der Blende, oder auch von Eisentheilchen her hat; die Blende bricht sehr oft in beträchtlichen Kugeln, wovon der Kern Bleyglanz und Kalkstein ist.

Zehentens:

Pseudogalena crystallisata irregularis, seu crystallis subrotundatis polyedris. Diese crystallisirte Blende bestehet aus unförmlichen Crystallen, an welchen man die Flächen weder der Zahl noch Figur nach abnehmen kann, jedoch dem runden Vielecke kommen sie am nächsten; die Bergart ist wie bey der vorigen;

Eilftens.

Ochra Zinci versicolorata dura. Dieser Zink, oder Blendocher ist selten in Pulver anzutreffen, sondern macht eine ordentliche harte Guhr, welche die Bley- und Zinkerze mit verschiedenen Farben überziehet. Ich habe dort Stücken von kuglichten Bleyerze im Anbruch gefunden, wovon der Ueberzug aus solcher Guhr bestand, welche die gelbe, röthliche und blaue Farbe in lauter Winkelstreifen, so wie der Festungsachat, darstellte;

Da nun diese Guhrblende aller Orten, wo sie vorkommt, mit der Kalkerde gemischt ist, so entstehet nach Aufgiessen des Salpetergeists der Schwefellebergeruch, so wie der Leberstein zu thun pfleget.

Zwölf-

Zwölftens:

Zincum vitreum cinereum fuscum tuberculosum. Ich habe nicht dieses Halbmetall in der Grube gefunden, sondern von einem Arbeiter ein Stückchen erhalten, welches warzenförmig gebildet, und von einer grau schmutzigen Farbe war. Ob man mich gleich wohl versicherte, daß es aus der dortigen Grube sey, so zweifle ich doch so lang daran, bis ich es einmal einbrechen sehe. Ausführlicher werde ich unten von diesem Erze handeln.

Dreyzehentens:

Lapis calaminaris albescens. Bisweilen kommet hin und wieder in der Grube bey den Blenerzen, wo es Klüfte giebt, auch weisser Gallmey vor, allein er ist eben so unbeträchtlich, als die einbrechende Blende, um geschieden zu werden zu verdienen. Der dort einbrechende Kies verdient nicht, daß man weiter etwas von ihm sagt, als: er ist auch hier zugegen.

Ein Minerale, welches zufälligerweise als Gebirgart mit dem Erze einbricht, ist

Vierzehentens:

Bitumen lapideum calcareo mixtum & induratum. Hier ist das Bergpech oder Steinöhl in einen dichten spathartigen Kalkschiefer eingedrängt, welches, die weissen Spathadern ausgenommen, ganz schwarz ist: ohne Zweifel entstehet seine Farbe von dem Bitumen her. Zwischen denen hat dieser Stein den grösten Glanz; gerieben giebt er einen sehr starken Steinöhlgeruch von sich, welches aber nicht geschiehet, wenn man ihn in Säueren auflöst; daß er aber mit Scheidewasser und andern mineralischen Säuren braust, ist ein Zeichen, daß der Kalkstein mit dem Bitumen nicht vollkommen, oder wenigstens nicht aller Orten gesättiget ist.

Man gab mir diesen Stein für den gemeinen Saustein, allein der Unterschied des Geruchs ist zu merklich, als daß ich ihn hätte verkennen können.

Die Steinarten, welche sich noch ferner in der Grube befinden, sind nebst dem ursprünglichen dichten weisgrauen Kalkstein, welcher grosse Keile, und das unächte liegeude der Gruben, oder den eigentlichen Königsberg bildet; dann der Kalktrümmerstein, welcher oft mit Erze gemischt ist, ferner der derbe und cristallisirte Spath, welcher die sogenannten Sauzähne bildet; der in Würfel brechende Spath ist nicht so häufig, Gips und dess'n Spath

ist

ist eben so selten, als Horn und Quarz, Thonschiefer hat man oft in Mugeln gefunden.

Die Erze insgesamt werden allhier in Ansehung der Manipulation in Gang-Mittel- und Pucherze oder Puchgänge eingetheilt, und dieses geschiehet gleich bey der Grube, bevor sie zu den Schmelzhütten gelaufen werden. Die Mittel- und Gangerze, als die reichhaltigsten werden trocken gepocht, nach dieser Vorkehrung, werden sie durch das Verleggitter, oder Vorleggatter getrieben, und sodann durch drey feinere Siebe schmelzwürdig gemacht.

Die Pochgänge werden aber durch den nassen Weg gestampft, und auf Stoßherbern zu guten gebracht. Die Stoßherbe sind in dem Salzburgischen aller Orten üblich, und sind in letzteren Lande mehr schicklich für die Bergarten von ihren Erzen abzuscheiden, als bey uns; Diese erwähnte Herbe hängen in vier Ketten, wo sie dann durch die Wirkung des Wassers stets in Bewegung gesetzt werden; der Gehalt, einer auf solche Art zubereitete Schliche, beträgt 60 bis 73 Pfund im Centner.

Der Verlust, oder Abgang von 575 Centner Gehalt auf dem trocknen Pochwerke war 8 Pfund, und 9 Kreuzer Unkosten von einem jeden Centner, wohingegen beym nassen Pochwerke von 298 Centner, 14 Pfund Verlust, und 12 Kreuzer der Centner Unkosten verursacht hat.

Die Pochwerke, die hier beym Werke eingeführt, sind ebenfalls nach der Salzburger Methode angelegt, wo der Pochsatz mit einem Senkgitter versehen ist; da nun diese Senkgitter bey dem Pochen sehr oft ihre Zwischenräume verstopft bekommen, und da der dabey angebrachte Hammer nicht hinlänglich ist solches zu hindern, wie man auch das Rösch- und Mildpochen nicht so leicht nach Belieben mildern, oder verstärken kann, so scheinen ohne Zweifel die Hungarischen Pochwerke, welche Delius in seinem Werke ausführlich beschrieben, und mit Zeichnungen erläutert hat, den Vorzug zu verdienen.

Was den Lohn der Schlicharbeiter belangt, welche den Schlich schmelzbar überliefern, so erhalten sie von den reichhaltigen Erzen für den Centner 60 Pfund gediegen Schlich zwey Gulden, von den mittelmässigen Erzen 2 Gulden 8, und von den schlechtern 2 Gulden 12 Kreuzer; denn es ist leicht abzunehmen, daß je ärmer die Erze sind, desto mehr erfordern sie Arbeit. Bringen aber die Arbeiter den Gehalt über die 61 Pfund im Innhalt, so wird ihnen

ihnen ein jedes Pfund Ueberschuß von dem reichen mit 2, und von dem ärmern mit 3 Kreutzer vergütet.

Die Schmelzung der Erze hier zu Lande geschiehet in einer Art Flammenöfen, welche klein und sehr einfach sind, sie haben etwas ähnliches mit den Englischen Flammenöfen, den winkelförmigen Abschlag ausgenommen, den Calvör im zweyten Theil seiner acta historico-chronologica mechanica auf der 28sten Tafel abgebildet hat, auch kommen diese Oefen den Hungarischen Flammröstsolter, welche zu Schemnitz in der Bleyhütte errichtet sind, sehr nahe bey, nur mit dem Unterschiede, daß selbe Schurgassen haben, und daß nicht mit Reißholz, sondern mit Scheittern geschmolzen wird; dergleichen Oefen befinden sich sechse ohnweit des Erzgebirges zu Kaltwasser genannt; in einem engen Thal oder Schlüchten, wo es nie an Wasser gebricht.

Was die Zurichtung eines solchen Flammenofens belangt, so hat man hauptsächlich zu sehen, daß man sie aus guten Stein erbaut, und inwendig mit einem guten feuerfesten Lehm, oder Thon beschlägt. Besonders hat man bey dem Herbe wohl zu sehen, daß dieser gut geschlagen werde, daß er sich nicht in währendem Schmelzen aufwerfe, oder zerspringe, und sich also das Bley einsetze. So muß man auch Bedacht seyn, daß das Feuer einen guten Zug erhalte, welchen man durch die angebrachten Luftlöcher und durch mehr oder weniger Versetzung des Auszugs, wie es der Schmelzer für nöthig findet, zu leiten hat. Die Spielung der Flammen muß immer mit dem Laufe des Gewölbes gleich spielen, und sich nicht abstoßen, sondern gerade über den ganzen Herd zum Auszugloch hinaus ziehen können.

Die Höhe eines solchen Ofens von dem Herde bis zum Gewölbe, beträgt ein und einen halben Schuh, und bis zum Bleyloch zwey, auch zwey und einen halben Fall, damit das geschmolzene Bley desto leichter oder geschwinder in die vorgelegte Pfannen einfließe. Wenn man die Schmelzung der Schliche vornehmen will, so muß man vorher den Herd eines solchen Ofens gut ausheitzen, so wie man bey den Triebherden zu thun pfleget, wenn man Silber verblicken oder abtreiben will. Eine Einfahrt oder Schlicheinsatz besteht aus 3 Centner 20 lb. wobey man jederzeit zu zwey Centnern Kernschlich, und einen Centner Schlamm zuzusetzen pflegt.

Diese

Diese Einfahrt wird vorne bey dem Mundloch mittels eines kleinen Setztrogs auf den Flammenherd gesetzt, und eine kleine halbe Stunde lang im Ofen liegen gelassen, wobey aber der Ofen einen sehr gelinden Grad der Hitze haben muß, wodurch denn das Erz, oder der Schlich sich rösten kann. Ist nun einmal diese kleine Röstung vorüber, so wird der Einsatz des Schlichs mit einen eisernen Rührhaken oder Krücke, so viel nur möglich auf den ganzen Flammenherde ausgebreitet, und die Hitze im Ofen verstärkt, in einer Zeit von einer bis zwo Stunden fängt das Bley an zu schmelzen, und fließet bey acht Stunden in einer Hitze fort. Um aber allen Gehalt aus dem Schlicheinsatz heraus zu bekommen, so wird das Feuer bis zum Ende der Einfahrt heftig verstärkt, auch wohl drey bis vier kleine Tröge Kohlen und Brände auf den Herd geworfen, welche Arbeit das Pressen heißt. Das unter dem Schmelzen einzeln in die an- oder vorgesetzte Pfanne geflossene Bley, welches zu einen dicken Klumpen oder Massa gestockt ist, wird noch einmal in den Ofen gebracht, und gerinnet, nachher wird es in eine Pfanne, die die Rennpfanne genannt wird, gegossen, wo es hernach den Namen eines Plecks bekömmt, und dann als wahres Kaufmannsgut, in das Magazin geliefert wird.

Wann die Erze oder Schliche, hart oder langsam in den Fluß übergehen, so pflegt man mit guten Nutzen etwas Kalkspath zuzusetzen, welcher bald den Fluß befördert. Die zugesetzten Kohlen helfen auch durch die unmittelbare Berührung des in sich habenden brennbaren Wesens die Verkalchung des Bleyes zu verhindern. Die Schliche auf dem Flammenherde müssen beständig mit dem Rührhaken gerührt werden, damit sie nicht in eine Gröz oder Klumpen zusammen backen, der sich auswendig zu viel verglaset und inwendig unausgeschmolzen bleibt, welches sich meistens bey den mild gepochten Schlichen zu ereignen pflegt, folglich jederzeit grossen Abgang verursachet.

Eine Einfahrt wird bey den weissen oder leichtflüssigen Erzen in eilf bis zwölf, bey den grauen und strengflüssigen aber in dreyzehen bis vierzehen Stunden ausgeschmolzen, wovon die Schmelzung Tag und Nacht unterbrochen fortgehet.

Die Löhnung der Schmelzer ist nach dem Gding eingeführt. Er erhält für eine Einfahrt einen Gulden 21 Kreutzer, worüber die Holzvergütung 45, die Schneidkosten 6, und die Löhnung 30 Kreutzer betragen. Wenn nun ein Schmelzer an seinen angewiesenen Holze etwas erspart, so wird ihm jede ersparte

ersparte Sachter mit zwey Gulden berechnet, und zu gute geschrieben, ingleichen wird ihm jedes Pfund Bley, so sich über den ausgewiesenen Callo vorfindet, zu ein und ein halben Kreuzer vergütet; hingegen wird ihm abgezogen, Erstens: das über das angewiesene verbrauchte Holz, welches in 4 bis 5 Schuh langen Scheittern bestehet, und die Klafter Wiener Maaß bey den Hütten auf 3, und auch 3 und einen halben Gulden zu stehen kömmt. Zweytens: die über die angewiesene anerlosene Schmidtkosten. Drittens: der Bleyverbrandt, über den angewiesenen Schmelzcallo, die Proben im kleinen Feuer mit den Schlichen, weisen aus, wie viel man einem Schmelzer Ueberschuß auf den Centner zu geben hat, so daß man bey den leichtflüssigen weissen Schlich 3 bis 5, bey den grauen aber bis 7 Pfund zu gute halten muß.

Bey einer jeden geschmolzenen Einfahrt, verbleibt ein Gröz oder Kaze zurücke, welches bey den strengflüssigen Schlichen, 40 bis 50, und bey den leichtflüssigen 20 bis 30 Pfund beträgt, und im Centner 10 bis 15 Pfund Bley, und kaum ein Quentgen Silber hat. Dieser Gröz wird durch Menschen Hände gepocht und gestampft, oder gemahlen, durch die Siebe gesetzt, gewaschen, und sodann als Grötzschlich verschmolzen. Je weniger dergleichen Gröz bey einer Einfahrt erzeugt wird, desto besser ist die Schmelzung von statten gegangen, denn bey einer Zugutbringung der Größe hat man jederzeit einen grossen Abgang zu gewarten, weil sich die verkalkten Bleytheilgen von dem Wegschwimmen im Wasser sehr schwer retten lassen.

Als ich, wie oben erwähnt worden, im Jahr 1778 die dortigen Werke zum zweytenmal besuchte, so wies das Hüttenbuch aus, daß man in einem Wintermonat bey fünf Flammöfen 790 Centner Schlich, die 554 Centner 68 Pfund Bley hielten, verschmolzen, und daraus an Bley aufgebracht 464 Centner 62 Pfund, folglich war der Abgang dabey 90 Centner 6 Pfund.

Es ist schon hinlänglich aus der Erfahrung bekannt, daß viele Erze einen für sich eigenen Schmelzungsproceß erfordern, und in Hungarn sind die beträchtlichen Summen noch in frischen Andenken, welche, als man den Hüttenmann Kramer Gehör gab, verworfen wurden, der mit allen seinen für Hungarn fremden Schmelzungsmethoden nichts ausrichten konnte. Gewiß ist es, daß die hier bey dem Nabler Werke eingeführten Flammöfen nicht ohne Vortheile sind, wo sie bey Aufschmelzung anderer Erze, die andere Bestandtheile führen, schwerlich das leisten würden. Hier sind sie von allen
streng-

strengflüssigen wilden oder rauberischen Theilen befreyet, sie halten auch sehr wenig Schwefel in sich, welcher leicht durch die Hitze des Flammofens verjagt werden kann.

Die Erze, oder die daraus bereitete Schliche sind überhaupt sehr leichtflüssig und gut. Man schmelzt sie mit geringen Abgang, ohne viel Holzaufwand, wobey noch die ganzen Verkohlungskosten ersparet werden, welche man bey anderen Processen nicht entbehren kann. Hingegen mehr strengflüssige und weniger reiche Erze werden sich nicht nach dieser Methode schmelzen, oder aufbringen lassen; denn die Erfahrung hat schon mehr als einmal erwiesen, daß wenn die eingesetzten Schliche unter 50 Pfund Bley im Centner halten, sie sich sehr schwer, oder gar nicht, ohne grossen Verlust in dem Flammofen schmelzen lassen.

Die Menge der erzeugten Grötze in einem Monate betrug damals 103 Centner, welches 26 Centner 78 Pfund Bley hielt, das sich nur mit grossen Abgang daraus zu guten bringen ließ. Es hat sich erwiesen, daß aus einem Grötzvorrath von 64,645 Pfunden, der bey der Feuerprobe 16,202 Pfund Bley hielt, durch das Mahlen und Waschen nur 200,49 Pfund Schlich, welcher 7,918 Pfund Bley gab, erhalten wurde.

Auf den zu Kaltwasser befindlichen Flammöfen werden jährlich 6000 Centner Bley erzeugt; das hiesige Bley hat nicht vollkommen die Weiche, wie jenes von Bleyberg, wovon ich weiter unten reden werde. In den erwähnten Schmelzhütten fand ich auch einen abgelassenen Stichofen, welcher statt des Gebläses mit einer Wassertrommel versehen war.

Nachdem ich nunmehr von dem Rabler Bleybau gehandelt habe, so will ich auch von der dortigen Gallmeygrube das nöthige kürzlich anmerken.

Die Gruben des Gallmeybaues liegen an der Morgen- und Mitternachtseite des oben erwähnten Königsberges, mit den Bleygruben beynahe in gleicher Höhe, und sind in eben dem zum Theil schoberlichten Gehänge des Königsberges eingetrieben. Der Betrieb des Bergbaues ist wenig von dem vorigen unterschieden, nur daß die Gruben nicht so ausgehauen sind. Mein letzter Besuch dieser Gruben, hätte bald für mich auch der letzte meines Lebens werden können. Es war, den 3ten April d. J. 1782 wo ungemein viel Schnee fiel, und dabey war es nicht sehr kalt, so daß ich von dem Ort Trbish bis zur Grube in diesem Hohlwege von zwoen Stunden immer vor und hinter mir die Schneelannen oder Lawinnen einstürzen sahe. Als ich bald die Gruben erreicht hatte, bevor ich zu einem Bittkasten oder Kapelle der an der Strasse stand, kam, gieng eine solche ungeheure Lawinne ein, welcher ich niemals würde entwichen seyn, wenn sie nicht einen Seitenweg genommen hätte, und sie der zu wenig feste Schnee gehindert hätte, vollkommen herunter zu stürzen. Indessen kam ich doch glücklich zur Grube, und so auch wieder aus dem erwähnten Hohlwege, welcher im Winter eine wahre Wolfsgrube ist.

Der hiesige Bau, ist an drey verschiedenen Höhen des Berges; an seinen Ebensol ist der Maria Theresiastollen, wo der sogenante rothe Gallmey bricht. Sein Bruch ist in sehr beträchtlichen Nestern oft wie dendritisch meistens zellich und blätterich. Man sieht deutlich, daß, bevor der Gallmey sich hier erzeugt habe, die Kalkfelsen im ganzen Gebirge Höhlungen hatten, und sie erst nach der Zeit von dem Mineral angefüllet worden. Denn wenn solches heraus genommen wird, welches oft sehr leicht geschieht, ohne das Gebirge anzugänzen, so sieht man, daß sich der Gallmey, welcher oft glasig oder spathig ist, sich mit tropfsteinartigen Fäden oder Blättern anhängt, wo dann beym Wegnehmen solche hin und wider ganz krätzig aussehen.

Die Grube an der Mitte des Berges führt keinen braunen oder rothen, sondern blos weissen Gallmey, welcher aber nicht so mächtig, wie der vorgehende, einbricht.

Noch höher als diese Grube hinter dem Königsberg, hat ein Gewerk noch andere Gruben, welche weissen Gallmey, und auch etwas Bley haben. Der Einbruch von den Erzen ist hier durchaus in Mugel, Putzen oder Nestern. Da nun anitzo der Verschleiß des Gallmeys gehemmet ist, so werden auch die Gruben nur mit einigen Männern betrieben.

Die einbrechenden Erze sind folgende:

Kalkartige dichte, welche spathartiger Natur, mehr oder weniger rein sind.

Zincum sulphure mineralisatum, minera grisea, facie vero textura vitrea lamellosa. Wallerius Sp. 3, 4.

Obgleich nun Herr Wallerius diesen mineralisirten Zink nach seinem äusserlichen Ansehen Glaserz nennt, so hat doch Bergmann durch chemische

Ver-

Versuche gefunden, daß es natürlicher sey, denselben unter die spathartigen Kalke zu ordnen; Seine Bestimmung ist folgende:

Zincum aëratum, lamellosum concretum & eo usque induratum, ut nonnunquam ad chalybem scintillet. Bergm. Opusc. Chym. vol. II. pag. 318. Das hiesige Zinkerz ist im Bruch dicht, grau, glaß- oder spathartig, oft in Blättern geordnet, welche manchmal so dicht aneinander hängen, daß man sie kaum mit dem Auge unterscheiden kann. Das Ansehen dieses Erzes hat mit einem blätterichten Mehlteig sehr viel Aehnlichkeit; manchmal da wo die Blätter aus einander stehen, ist es wie mit zackenförmigen Warzen besetzt. Es giebt am Stahle kein Feuer, wenn keine glaßartigen Theile oder Kies beygemischt sind. Es ist im übrigen schwer und reich im Gehalt, und bedarf wenig einer Röstung.

Eine Abänderung davon ist:

Zincum vitreum seu aëratum, stillatitium. Dieses Zinkerz ist, was den innerlichen Bestand anlangt, mit dem vorgehenden eins und dasselbe, nur daß es hier nicht in Blättern, sondern Tropfsteinartig gebildet ist. So wie das vorige in den Gruben sehr gemein ist, so ist dieses desto seltener. Beyde Arten sind meistens mit einer dunkelgelben Gallmeyguhr überzogen.

Drittens:

Zincum vitreum seu aëratum spatosum cristallisatum, cristallis tetraëdris aut hexaëdris ordinatis. Erst seit zwey Jahren hat man diesen sehr feinen blätterichten Zinkspath, welcher sowohl gehäuft, als einzeln, in vier oder sechsseitigen Scheiben auf dem oben erwähnten blätterichten Zinkerze entdeckt. Wenn die kleinen halb durchsichtigen kristallisirten Scheiben sich sehr zusammen häufen, so bilden sie wie kleine Blumen, wovon die Blätter wie gedrängt in dem Kelch sitzen.

Viertens, kalkartige, lockere:

Zincum terrestre lapideum, seu lapis calaminaris luteo albus Wallerii. Dieser weißgelbe Gallmey bricht in der Grube rindenartig, manchmal aus Spiegelflächen bestehend, aber niemals sehr mächtig, so ist auch seine Schwere nicht beträchtlich. Man findet ihn meistens in den offenen alten Zechen.

Fünftens:

Lapis calaminaris rubro fusco stillatitius. Auch diese Gallmeyart findet man nur in den Klüften, rinden- und tropfsteinartig, ohne daß die Zapfen röhrig,

röhrig, oder hohl wären: Sein Gehalt ist etwas beträchtlicher als des vorigehenden, und so ist auch seine Dichtigkeit grösser. Dieser Gallmey, welcher nur im Theresiastollen bricht, ist sehr eisenschüssig, und manchmal ist er ganz mit einem schwarzen Eisenbrande durchsetzt, welcher ihm viel von seiner Güte benimmt, folglich weniger als der weisse gesucht wird.

Sechstens:

Lapis calaminaris albus specularis, vel rugosus. Ganz weich- und sehr weisser und lockerer Gallmey, welcher so wie der vorgehende aus der Auflösung im Wasser zusammen gesintert ist. Dieser Gallmey überzieht nicht allein die Steinart, wovon er kömmt, sondern auch das Gezimmerholz der Stollen und Schlüchte. Manchmal ist er ganz glatt, und hat recht schöne Spiegelflächen, manchmal ist er auch rauch und runzlich;

Siebentens:

Lapis calaminaris griseus conchiformis. Dieser ist der seltenste Gallmey, den man in der Gruben findet. Ich erhielt ein solches graues ausgehöhltes Kegelförmiges Stücke vor 14 Jahren, als ich das erstemal in diese Gegend kam. Die Figur scheint die Erzart bloß von dem Wasser her zu haben, die gebildeten Kegel, die man daran findet, sind meistens dreyeckig, der Gehalt ist nichts weniger als beträchtlich;

Achtens:

Lapis calaminaris conchiformis ruber.' Muschelförmiger oder schalichter Gallmey, welcher in seinen Aushöhlungen glatt und dunkelroth, und hin und wieder mit rothen und weissen Flecken besetzt ist. Diese Abart bricht sehr selten, so daß ich noch nie ein ansehnliches Stücke habe erhalten können.

Neuntens:

Ochra Zinci alba seu flavescens. Selten findet man diesen Zinkocher allein auf der Steinart sitzen, meistens bedeckt er nur das Zinkglaßerz. Wird er aber mit fremden röthlichen Theilen gemischt, so bildet er eine graue oder röthliche Guhr, welche sich in der Grube aller Orten vorfindet, wo Erze einbrechen.

Noch muß ich einer daselbst oft brechenden Bergart gedenken, der man einen eben so unbestimmten Namen beygelegt hat, als den oben erwähnwähnten Zinkglaserze. Es ist eine dem blauen Kohl ähnliche Cristallisation, die bald auf einer Zinkguhr, bald auf einen Eisen-Safranfarbigen Gipsstein aufsitzt, der, wenn man ihn mit Salpetergeist begießt, den Schwefelleberge= ruch, wie der Leberstein, von sich giebt. Keine Blende habe ich niemals kön= nen an ihm gewahr werden, wohl aber sehr glänzende Selenitblätter.

Was nun den cristallisirten Körper anlangt, so habe ich nach gemach= ten Versuchen erfahren, daß er aus Thon, Gips und Zinkocher oder Gallmey bestehe, der sich also weder im Wasser, noch Säuren auflößt, der in ge= schlossenen Feuer Zinkblumen giebt, der Ueberrest als der erdige Theil sich wie ein Thon hart brennt, sich auch nach dem Ausglühen nicht auflößt, und roh keinen anderen Geschmack auf der Zungen läßt, als den erdigten, folglich nichts weniger als ein Zinkvitriol ist; und doch wird er hier dafür gehalten. Wahr ist es, daß er manchmal ganz leicht, und weißgelb einbricht (statt daß er sonst nur braungelb vorkömmt,) folglich also mit dem Zinkvitriol Aehn= lichkeit hatte.

Ferner habe ich auch noch der dort einbrechenden Blende zu gedenken. Allein es ist derselben so wenig und unbedeutend, daß sie kaum verdient, daß man Meldung davon thut. Die Arbeit in der Grube, so wie auch die übrige Verrichtung mit dem Erze zu Kaufmannsgut ist so, wie bey den Bleygruben, aufs Geding eingeführt.

Ist einmal das Erz gehörig geschieden, so wird es mit Holz gelind geröstet, und dann zu Kaufgut in Fässer geschlagen.

Als man vor Zeiten den Absatz in die Tyroler Meßingfabriquen fand, so wurden jährlich 1000 Tonnen, eine zu 800 lb. haltend, erzeugt. Aller Gallmey wird hier in drey Arten getheilt, nämlich in fein weissen, äschweissen und rothen, welcher der schlechteste ist.

Von diesen Gruben wandte ich mich gegen Mitternacht nach Trbisch, oder Tarvis. *) Auf dieser Strecke, bevor ich nach dem angeführten Ort kam, fand ich am Fuß des hohen Kalkgebirges schönen Porphyr, der aus dunkelblaß und gelbrothen Jaspis und Feldspath bestund. Grüner war hier seltner.

*) Valvasor Topogr. Carinthiæ pag. 817. Tab. 183. Büsching Geograph. Tom. VII. pag. 34.

seltener. Nebst diesen Porphyrarten fand ich auch Trümmersteine davon gebildet; der Feldspath in diesen Steinarten war jederzeit weiß und grau, die hin und wieder damit einbrechende Jaspisarten, aber meistens grün. Eine kleine Stunde von der Grube kömmt von Mittag ein anderes kleines Wasser in jenes, welches aus dem See seinen Ursprung hat, und den Namen Kaltwasser führt. An diesem sind alle Schmelzöfen von Rabl erbaut. Von hier hat man noch eine Stunde bis zu dem Mark Tarvis, der in den obern und untern getheilt wird, in letztern sind vier Hammerwerke, welche durch Gewerke betrieben werden. Es wird hier aus den Flossen von Gmünd Stahl und Eisen geschmiedet. Zweymal kam ich in diesen Ort, wo es jederzeit Feyertag war, und ich also die Schläge niemals gehend fand, um Gutes oder Uebels davon sagen zu können. Die Hauptgebirge sind in dieser Gegend ebenfalls kalkartig, nur die daran hangende Vorgebirge bestehen aus Kieselarten, als Porphyr, Ofenstein, Breccia silicea u. s. w. welche sich über Weissenfels bis Ratetsche hinziehen, allwo laut des Ober-Villacher Archives noch im funfzehenten und sechszehnten Jahrhundert auf Gold soll gebauet worden seyn. Da ich nun hier in dem Kanalthal war, so verfolgte ich solches bis Mabtabl oder Pontafl nach dem Italienischen Ponteba,*) wo auf einer steinernen Brücke, welche über die Fella gebauet ist, die Gränzen von Kärnthen und den venetianischen Staaten ist. Das Kanalthal ist ungemein enge, und bestehet aus sehr hohen kahlen und weissen Kalkgebirgen, welche von der Kette des Kerniza und Scisela gebildet sind; eine Stunde von Tarvis hat dieses hohe Gebirge einige Vorgebirge bey dem sogenannten Usharje-Berg, woselbst eine Kirche auf eine sehr beträchtliche Höhe gebaut ist, welche den Sommer hindurch grossen Zulauf hat. Diesen Berg zu besteigen, hat man gegen zwo Stunden vonnöthen. Da er nun ziemlich steil ist, so giebt es arme Leute allba die um ein geringes Geld die Faullenzer, welche Andachtshalber hinauf wollen, dahin tragen. Die zwey bis drey Stunden, die man hinauf braucht, verrichtet man in einer Viertelstunde, oder längstens in einer halben, mit einem kleinen Schlitten, wo man über die Alpenwiesen fährt, um wieder in das Thal zu gelangen. An diesem Berge findet man ein starkes Geschiebe von Porphyr, Ophit und allerley Trümmersteine. Besonders zeichnet sich ein schöner aus, wo Porphyrtheile mit einem grünlichen Thone ver-

*) Valvasor pag. 175.

verbunden sind. Nicht weit von hier nach Mabtabl zu liegt Malburgetha, wo Eisenhämmer sind, welche ebenfalls Gewerken gehören. Einer von diesen hat allhier nur Stahlschläge, mit einem Streck- einem Wallasch, und zween Zeinhämmern. Sechs andere Gewerken, welche sich noch in der Gegend befinden, machen zusammen eilf Schläge. Aller Stahl und alles Eisen, was hier von denen kärntnerischen Floffen ausgeschlagen wird, bestehet aus verschiedenen Gattungen, so wie die Bestellungen aus Italien gemacht werden.

An der Manipulation habe ich nichts sonderliches gefunden. Eins will ich hier, weil es, wie es scheint, der rechte Ort ist, anführen. Es wäre sehr zu wünschen, daß man die Feuer mehr einschränkte, als man zu thun pflegt, indem mit der Zeit der Kohlenmangel gewis bevorstehet. Bey grossen Regengüssen sind alle diese Werke sehr in der Gefahr, da das Thal enge, und die Sandrisse von allen Seiten sehr stark sind; so ist es ganz wahrscheinlich, daß einmal dieses ganze enge Thal durch den Einsturz eines der kahlen senkrechten Kalkberge überschüttet werden kann. Weiter bis zum Ende dieses Thales sind eben dieselben weissen Kalkberge, bey welchen ich weder Versteinerungen, noch die Verwandlung in Thon habe deutlich abnehmen können; wie es doch bey diesen Bergen auf der Mittagseite der Fall ist. Es ist also ganz wahrscheinlich, daß ihre Bestandtheile sich etwas anders verhalten, und viel fester sind, indem sie meistens mit einem scharfen Stahle Feuer geben. Was aber indessen den Abgang des erzeugten Thons bey diesem Kalkgebirge betrifft, so mag die Ursache wohl blos daran liegen, daß das Gebirge ungemein hoch, und aller Orten sehr steil ist, wo dann die durchs Wasser aufgelöste Kalkerde nicht Zeit hat, sich zu verwandeln, und bald fortgeführt wird.

Als ich nun das ganze Thal von Trbisch bis Mabtabl, oder Kanalthal durchsucht hatte, so nahm ich meinen Weg von erst erwähntem Orte gegen Mitternacht nach Tercl zu, um in das Geilthal zu kommen. Auf meinem Wege bis in dieses Thal, bestand das etwas niedere Gebirge aus Kalk, dessen Geschober etwas roth gefleckten Marmor und Trapp enthielt; oft wechselte letzterer mit Thon und Kalkschiefer ab, eben eine solche Abwechselung von Gebirge dauerte den Sila oder Geilfluß hinauf über U'schmahor oder Ermachor, auf der Mittagseite des Presniger See fort. Bey einem Dorfe in dieser Gegend, mit Namen Netsh, fließt ein helles Wasser, welches aus dem Trapp- und Thongebirge kömmt, und allen denjenigen, die es geniessen,

Oryctogr. Carniol. III. Th.   J   Kröpfe

Kröpfe verursachet. Heut zu Tage haben es aber die Landleute ganz aus dem Gebrauch gesetzt, und sind auch von Kröpfen befreyet. Von dieser Gegend nach Debernitz bis zu den Blecker Alpen fand ich meistens die hohen Gebirge Kalk; aber die davor sitzende Vorgebirge bestanden aus rothen Thon, Kalk und Quarzschiefer, welche häufig mit Trapp, Gneis, und oft etwas Porphyr durchsetzt waren. Hinter Mauten und Luckau streicht die grosse Kalkkette fort, woran gegen Abend der Trag- oder Drawfluß bey Lienz das Kalkgebirge von dem Schiefer- und Granitgebirge abscheidet.

Da ich nun diese Gegend durch war, wandte ich mich in erwähntes Geilthal gegen Abend auf eben der Seite der Sila hinunter, um über Weispriach nach den Villacher Alpen, oder zu dem Berge Dobratsh zu gelangen, hier auf dieser Strecke hatte ich immer links ein sehr gemischtes Vorgebirge, welches das Draw von dem Geilthal oder Prsile absonderte. Die Steinart bestand meistens aus Quarz, Thon, Glimmer, Trapp und manchmal Basalt, dann verschiedene trümmerartige Kalksteine, wie auch einförmig weisser Kalkstein. Der Trapp bildet manchmal ganze Hügel, wobey sich nicht selten dunkler Porphyr und Granatenstein findet. Man pflegt gemeiniglich letztern bayrischen Granit zu nennen. Ich habe solchen ausführlich in meiner mineralogischen Lustreise beschrieben, welche zu Wien im Jahr 1783 zum zweitenmal vermehrt erschienen ist. In eben dieser Schrift habe ich auch des Berges Janken erwähnt, wo aus solchem Gallmey erbaut wird; Auch baut dermalen ein Privatmann in diesem Thale auf Bley. Man hat auch Spuren von Operment gefunden, aber doch nicht bauwürtig.

Da ich mich hier in der Ebne des erwähnten Thals hielt, so kam ich manchmal auf thonigten und moorigten Boden. Bey Kerschdorf oder Zheshniza hat man vor einigen Jahren das natürliche Berlinerblau entdeckt in einem weissen etwas sandigten Thone; mein Freund Ployer war der Entdecker davon. Dieses Berlinerblau ist ganz weis, wenn es gegraben wird, thut man solches sogleich in ein wohl vermachtes Gläß mit Wasser, so bleibt es weis, wo nicht, so wird es bald vollkommen blau.

Von dieser Gegend wandte ich mich Mitternachtwärts, um in das enge Thal von Bleyberg zu kommen. Wenn man aus dem Geilthal sich in selbiges hinein wendet, so liegt der hohe Berg Dobratsh rechts, und die Kette des Erzgebirges von Bleyberg links. Beide Gebirgsstriche sind kalkartig,

artig, nur daß erſters urſprüngliches, und das zweyte nur Mittelgebirge, und hin und wieder mit Verſteinerungen angefüllt iſt. An beyden Seiten des Bleyberger Baches iſt zu Anfang, bevor man zu der Grube kömmt, welche im Greib heißt, klein hüglichtes Gebirg angelehnt, welches aus Trapp und Trümmerſteine von Quarz, Thonſchiefer u. ſ. w. beſtehet. Unter dieſem Geſchiebe findet ſich auch der oben erwähnte bayeriſche Granit und Muſchelſtein, oder Lumachel. Ueber dem Gebirg liegt Paternion, wovon ich in meiner mineralogiſchen Luſtreiſe Nachricht gegeben habe, und ich habe in der Mitte dieſer Gegend viel ähnliches von eben der Steinart gefunden, obgleich die Anhöhen dieſer Gebirge Kalkſtein ſind. Es iſt alſo wohl möglich, daß die letztere Gebirgart aufgeſetzt oder daß auf beyden Seiten das ſchiefer- oder kieſelartiges Gebirge nur angelehnt ſey. Wahrſcheinlich iſt es indeſſen, daß der Eingang von Abend in die Schlüchte oder des engen Bleyberger Thal vor Zeiten höher geweſen ſey, und alſo mit dem Schiefergebirge verſchloſſen, welches dermalen von dem dort befindlichen Bache tiefer eingeſchnitten worden, ſo daß der dort befindliche Schiefer, Trapp u. ſ. w. getheilt iſt, und nun ein Theil an dem Berg Dobratſh, und der andere am Erzgebirge anhängt: nicht allein der Trapp bildet hier verſchobene Vierecke, ſondern auch andere gemiſchte Steinarten, die ſich dorten befinden, und mit ſolchem nur zum Theil gemiſcht ſind. Als ich nun weiter meinen Weg gegen Morgen zu nahm, ſo erreichte ich den Bley- oder Erzberg, welcher mit dem ihm gleichlaufenden Dobratſh von Abend in Morgen ſtreicht. Erſter hat ſein Verflächen in Mittag in das enge Thal, worin das Bergſtädtel, welches eben den Namen führt, liegt, und wohl nicht vielmehr als 4 bis 6 Monath Sonne des Jahrs durch genießt.

Die Steinart, welche hier den Erzberg bildet, iſt ein weißgrauer, mehr oder weniger ſchuppichter fein körniger Kalkſtein, Lapis calcarius albus particulis granulatis ſpatoſis, undique impalpabilibus, welcher manchmal die Politur recht gut annimmt, und einen Marmor bildet, der bald die blasrothe weißlichte, ſchwarz oder ganz gemiſchte Farbe hat. Das Gebirg iſt an manchen Gegenden prallicht, wo aber ſich Sandriſſe oder Lawinnen gemacht haben, iſt es ſanft, und beſtehet bald aus Schichten oder ganzer Felsart, einige dieſer Schichtenlager ſind beträchtlich, ſo, daß man ein und mehr Schuhe Dicke hat. Das Streichen davon iſt gegen Mittag mit einem Fall von 20 bis 45 und mehr Graden. Die ganze Länge des Erzgebirges, das dermalen

J 2

im

im Umtriebe ist, macht bey 3 Stunden Weges aus, sein größter Durchschnitt hingegen hat schwerlich über ein Drittel. Sollten die Gänge durchs Gebirg halten, so zweifle ich nicht, daß man nicht schon lange einen Durchschlag aus diesem Thal in das Drau = oder Trapthal erhalten haben würde. Der Erzbau in diesem Erzberge wird in zwey Theile eingetheilt, nämlich in den innern, welcher gegen Abend, und in den äussern, welcher gegen Morgen liegt, so daß der Bergort an den äussern Erzberg sich befindet. Zu mehrer Deutlichkeit habe ich den Prospect von dem Gebirge auf der vierten Tafel bey L. A. vorgestellt. In dem ganzen Bleyberger Erzgebirge befinden sich acht Gänge, wovon der Hauptgang, oder der stärkeste, sich in dem innern, und die sieben andern in dem äussern Bleyberge befinden. Der Gang im innern Erzberge hat sein Streichen, so wie das Gebirge von Morgen in Abend, das ist zwischen der 6ten und 7ten Stunde, und manchmal sein Verflächen mit 50 Graden in Mittag, so auch die 7 Gänge, die sich im äussern Erzgebirge befinden, welche stehend sind, und alle neben einander wegstreichen. Sie sind von 30 bis 60 Lachter von einander entfernt. Der dortige Vorsteher des Bergbaues will eine Beschreibung dieses Werks im Druck erscheinen lassen, welche in Born's physikalischen Arbeiten eingeschaltet werden soll.

Den ersten Gang kann man als den Hauptgang ansehen, wohingegen die übrigen nur als liegende oder stehende Klüfte zu betrachten sind. Die Gänge sind eigentlich taub, und sind nur Schichtenlagen von Thonschiefer, Kalk, und Erzabsatz weiß durchsetzt, das ein ordentliches widersinniges Durchstreichen von Klüften macht, welches ganz blätterich ist, und von den dortigen Bergleuten Bretter genannt wird. Unter, und auch oft zwischen diesen blätterichem Schiefer brechen die Erze ein, welche Schieferklüfte dann so lang edel verbleiben, als sie sich mit den Gängen scharen, darum nehmen auch die dortigen Bergleute als eine Hauptregel bey den Gruben an, daß, so oft man auf die sogenannten Bretter oder Schieferlagen kömmt, man gewiß Erze erhält; und so ist man auch hauptsächlich bedacht, diese Querklüfte aufzusuchen. Das Durchsetzen dieser Querklüfte durch die Gänge, ist meistens mit einem schiefen Fallen von 30 und mehr Graden. Wo der Schiefer dieser Klüfte auf dem Kalk ansitzt, ist er einige Zoll mächtig mit Versteinerungen angefüllt. Doch finden sich solche nur meistens hangend; als ob sie beym Absatz als leichte Körper oben geschwommen hätten. Vielleicht ists auch möglich, daß

sie

sie durch die Calcination leichter geworden sind, und so kann es auch möglich seyn, daß die dortigen Versteinerungen an der Entstehung dieses Gebirges nicht Ursache seyn, sondern nur, sich zufälligerweise von oben herunter in die Klüfte des ursprünglichen Kalksteines gesetzt haben; so wie auch der Schiefer und die Erze in selbigen erzeugt worden.

Der Bau auf die Gänge allhier, ist stollenmässig. Denn man ist noch nicht so tief gekommen, um der Schächte benöthiget zu seyn. Es waren zwar die Gewerker immer der Meynung, ihre Erze hielten nicht in die Tiefe, und stellten also deswegen keine weitern Versuche an. Allein im Jahre 1768 brachte die Hofkammer Grubengebäude an sich, wo dann sogleich mit einem tiefern Untersuchungsbau, der den Namen Christophoristollen führt, in einer weitern Tiefe gearbeitet wurde, wodurch dann reiche zinkische Bleyerze erbauet worden.

Als nun die dortigen Gewerker einsahen, daß auch in der Tiefe noch vieles zu hoffen sey, giengen sie auch bald zu Werk, und legten neue Schläge in die Tiefe an, besonders um ihre liegende Klüfte zu untersuchen. Der eigentliche Bergbau hat zweyerley Gegenstände vor sich. Erstens in dem äussern Bley- oder Erzberge wird er dergestallt betrieben, daß die Erzmittel in den obern Feldern herausgewonnen werden können, und in den untern sucht man die Gänge zu durchkreutzen, die man oben schon erreichet hat. In dem innern Bley- oder Erzberge wird aber zum Theil der Bau so geführt, daß man in den untern Feldern durch den Christophoristollen auf die Gänge im liegenden gelangen möge, welche man dort noch nicht hinlänglich untersucht hat.

Alle Stollen werden quer auf das Streichen der Gänge angeschlagen, nämlich von Mittag in Mitternacht, und so wird auch der Bau von dem Berggericht aus verliehen. Die Alten hatten blos die Schrommethode ihre Stollen zu betreiben, wo dann bey einer so kostbaren und mühsamen Arbeit das Stollenmaaß oft sehr klein und krippelmässig ausfiel. Heut zu Tage wird ordentlich nach hungarischer Art gebaut, wobey der Bau natürlicherweise für den Innhaber vortheilhafter ausfällt.

Geöfnete Gruben, welche anjetzo im Bau stehen, sind gegen 550; ein jeder Bergmann, er sey wer er wolle, kann eine ins Feld gerathene oder aufgelassene Grube vom Bergrichter verliehen haben, oder es wird ihm auch wohl ein neuer Schlag angewiesen, wo er auf Hofnung zu bauen Erlaubniß hat.

Die einbrechende Berg- oder Erzarten sind hier sehr verschieden, und manche recht sonderbar, wie ich gleich weiter unten zeigen werde. Die Steinart des Gebirges habe ich oben erwähnt. Da nun eben dieselbe den Gang zum Theil bildet, so habe ich also davon nichts mehr zu erwähnen, sondern nur, was für besondere Körper von ersterer entstehen; als:

Erstens:

Spatum calcareum amorphum, album et griseum. Dieser ungestallte Spath, welcher bald weiß, bald grau vorkömmt, ist ein Hauptgefährt beym Einbruch der Erze; wovon sein Bestand mehr oder weniger schuppicht ist. Aus diesen entstehen alsdann einige Cristallarten, als:

Zweytens:

Spatum cristallisatum cubicum subdiaphanum. Der würflichte oder achteckigte Spath bricht von der Größe einer Linie bis zu einem halben Zoll im Durchschnitte, wovon die Flächen oft etwas verschoben sind.

Drittens:

Spatum cristallisatum hexagonum apice triëdro. Das Prisma oder die Säule dieses Spaths ist selten zu sehen, indem sie mit ihren nebensitzenden Cristallen so angehäuft ist, daß nur die dreyseitige Pyramide frey bleibt. Die Reinigkeit dieser Cristallen ist sehr mittelmässig, manchmal sind sie ganz undurchsichtig.

Viertens:

Spatum cristallisatum hexangulare pyramidale. Diese Cristallen sind oft ganz durchsichtig. Das Prisma sowohl, als die Pyramide haben sechs Flächen.

Fünftens:

Spatum cristallisatum hexangulare, pyramidale, duplicatum hyodon Linné. Diese Cristallart ist sehr gemein in den Gruben, manchmal liegen die Cristalle ganz frey, so, daß man die zwo Pyramiden ganz frey sehen kann; die größte davon ist manchmal bis 3 Zoll und drüber. Sie sind jederzeit undurchsichtig, schmutzig weiß, und auch gelb, wie ich viele erhalten habe, welche auch mit gelbem Bleyspatherze aufsitzen. Diese Cristallen pflegt man gewöhnlich nach Bergmännischer Sprache Schweinszähne zu nennen.

Die

Die Kalkerbe, welche mit der Vitriolsäure gesättiget ist, giebt folgende Arten.

Sechstens:

Gipsum amorphum, seu spatosum album et cæruleum, Ployer, der in seiner Beschreibung des ungestalten weissen Gipses Erwähnung thut, führt auch einen blauen an, welchen ich bey wiederholten Besuchen des Werkes nicht habe zu Gesicht bekommen können, er muß folglich ungemein selten seyn. Der Gips erscheint hier sehr häufig in Cristallisationen, nämlich

Siebentens:

Gipsum cristallisatum cubicum marginibus rariter pellucidis. Diese kleine Gipscristallen kommen auf den Erzen häufig vor, und sind meistens von einer Schmutzfarbe, mehr oder weniger durchsichtig, nur am Rande haben sie wenig oder gar keine Durchsichtigkeit. Diese Gipsart, wenn sie sich sehr zusammen häuft, bildet eine Art von Kugeln, welche aber doch auch oft aus blossen Blättern bestehen, wie folgende Art

Achtens:

Gipsum lamellosum, lamellis concentratis, seu in formam rosæ radiatæ concretis. Hier entstehen die milchfarbigen Gipsscheiben, oder Blätter aus einem Punkt, und bilden manchmal Zoll dicke Knöpfe, welche den vielblättrichten Rosen oder Ranunkeln nicht unähnlich sehen, bald sind sie mehr oder weniger gehäuft. Der Bruch in der Tiefe sieht jenem des Feldspath ähnlich, Durchsichtigkeit habe ich niemals an ihnen bemerkt.

Unter dem hiesigen Kalke kommen auch oft ein paar Kreidenarten vor, welche von Farbe bald weiß, bald strohgelb sind. Die eine Art ist ziemlich fest und ungestalt, hingegen bricht eine andere Art rindenartig ein, und ist von ganz feinem Kerne. Nächst diesen eben erwähnten Kalkarten kömmt auch der sogenannte Schwerspath vor, der nach Torbern Bergmanns Erfahrung aus einer eigenen Erde und Vitriolsäure besteht. Ich kenne von diesem Werke nur zwo Arten. Erstre ist

Erstens:

Spatum ponderosum lamellosum flavum. Aus diesem Schwerspath, welcher hier nicht selten vorkömmt, kann man einen eben so guten und dauerhaften

haften Leuchtesteine, als der Bolognesische ist, verfertigen. Seine Farbe ist schmutzgelb, der Bruch aber aus dicken Blättern bestehend.

Zweytens:

Spatum ponderosum cristallisatum, prismate tetraëdro inequali apice truncato. Das Prisma dieser Cristallen hat vier ungleiche Flächen, wovon die Pyramide abgestumpft ist. Die Cristallen sind manchmal länger als ein Zoll. Die Farbe ist eben so, wie bey der vorigen Art. — Nun auch ein Wort von dem daselbst einbrechenden Schiefer.

Erstens:

Schistus fissilis niger, seu griseus. Gar oft ist hier der Schiefer nicht allein thonartig, sondern auch mit Kalke gemischt, welcher vor der Entstehung, oder bey seiner Auflösung oft einen Thonmergel bildet. Zu solchen gehört noch folgende Steinart.

Zweytens:

Papirus montana seu asbestus membranaceus, membranis flexilis albis. Meistens liegt dieses Bergpapier auf dem Kalkstein auf, obgleich seine Entstehung nicht daher rühret: es ist eben so weiß und biegsam, als jenes, welches ich von Hydria im zweyten Theil angeführt habe. Die blendende und weisse Farbe hat es auch, und auf etwas dicken Blättern kann man schreiben.

In dem oben erwähnten Schiefer bricht eine der merkwürdigsten Versteinerungsarten dieses Jahrhunderts. Es sind, so viel als mir möglich zu bemerken war, zwo- und einschalichte Seemuscheln. Unter den zwoschalichten befinden sich häufig Tellmuscheln Tellinæ, Korbmuscheln Mactræ, Stumpfmuscheln Donaces, der pohlnische Sattel ostrea ephippium, u. s. w. aber meistens nur Bruchstücke, selten daß man was ganzes abnehmen kann, unter so vielen hundert Stücken, als ich in Händen gehabt habe. Die einschalichten haben sich besser erhalten, und lassen sich ganz gut abnehmen, z. B. die Schiffsboote, Nautili. Die Beyspiele, die ich in meiner Sammlung davon besitze, sind schwarzbraun versteint mit gewundenen oder gebogenen Kammern, manchmal sind letztere hohl, wo sie dann mit kleinen weissen Spathcristallen angefüllt sind. Manchmal wechseln die Kammern mit den Farben ab, wo eine schwarz- die andere weißspathartig versteint sind, ihre Größe ist 2 Zoll und mehr, dann vollkommen ganz ist selten eins. In Born's Musæo cæsareo auf der

4¹ Seite ist eine ähnliche Abbildung davon, so habe ich auch ein ähnliches Original nur 3 Linien groß aus dem adriatischen Meere. Ich habe nicht bemerken können, ob die Schale dieses Geschlechtes schielende Farben habe.

Ammonshörner (Cornua ammonis) sind ebenfalls nicht selten, und ich habe sie zu ein, bis drey auch fünf Zoll an Größe. Meistens sind die Zwischenkammern (concamerationes) die Hälfte hohl, und ebenfalls mit kleinen Spathcristallen angefüllt. Da der Kern aller Schalengehäuse mehr thonals kalkartig versteint ist, so ist er jederzeit schwarz, ohne die geringste Farbe von sich zu geben. Ich besitze ein Stück, wo das Ende des Horns vollkommen die schielende Farbe der zwo schalichten Stücke hat. Folglich ist es noch nicht ausgemacht, ob die Farbenmaterie dieser Versteinerung blos angebohren, oder durch die Versteinerung entstanden sey.

Zungensteine (dentes squali) habe ich ein Paarmal in diesem Schiefer bemerkt, aber ohne der schielenden Farbe, von der Größe eines halben Zolles. Schnirkelschnecken (Helices) finden sich häufiger vor, die ich am deutlichsten habe ausnehmen können, waren folgende: Die Marmornabel (Helix calcaria,) und die gefaltene Schnirkelnabel (Helix plicaria.) So viel als man bey manchen Stücken abnehmen kann, so scheint auch die umwundene und durchstochene Nabel (Buccinum dimidiatum et pertusum) ebenfalls nicht selten vorzukommen: man sehe angeführtes Museum 10te und 16te Tafel. An allen diesen einschalichten habe ich keine bunte Farbe bemerkt, und sie sind meistens weißspathartig versteint, die Grösse dieser letzt angeführten Arten haben selten einen Zoll.

Was nun aber das merkwürdigste dieser Versteinerung ist, betrift nicht die besondern Schalarten, sondern blos allein die überaus lebhaften Farben, womit die zweyschalichten Körper gezieret sind, besonders aber die grossen Schalenstücke, welche zu den Schinken- und glatten Chammuscheln zu gehören scheinen. Die Hauptfarbe davon ist die Feuer- und grüne Farbe, welche sich oft auf einem Blatt in einander verliehren, oder wie die Blätter der Muscheln auf einander liegen, so wechseln auch wohl solche Farben mit einander ab. Die kleineren Schaalen haben nur eine graue Opalfarbe; doch habe ich auch ein Stück gesehen, welches aus der grünen in die dunkelgraue Farbe übergieng. Dieser ganze Muschelstein, oder besser Muschelschiefer, ist meistens durch die Steinhändler und Schleifer, unter dem Namen Schiefer oder opalisirter Marmor bekannt gemacht worden; er nimmt sehr leicht eine gute Politur an, indessen, wenn man eine Zeit aufgeschlagene Stücke der Luft ausgesetzt läßt, so verwittern sie bald, und die schönen Farben gehen verlohren, und so ergeht es auch mit jenen geschliffenen Stücken, welche zu Dosen, Ringblättern, Insecten und dergleichen angewendet werden, wo sie beym täglichen Gebrauch und Anreiben, wegen ihrer Weichheit den Glanz ebenfalls bald verliehren. Polirte Blätter, worinn die gefärbten Schalen innesitzen, haben zum Grund einen grau schwarzen Boden, welcher aus einem mit Kalk gemischten Thonschiefer besteht. Die Lage der Schalen ist ebensöhlig auf einander liegend, und so muß man den Schiefer, worinn sie sitzen, auch schneiden, sonst erhält man die Farbe nicht, oder doch nur ein wenig in die Quer.

Im Jahr 1781 im Weinmonde, als ich von meiner Helvetischen Reise zurück kam, besuchte ich dieses Werk zum letztenmal, da nun erwähnte Steinart damals viel Aufsehen machte, so war ich auch begierig den Anbruch zu sehen. Just in eben der Woche wurden einige Centner auf Befehl des Monarchen gebrochen, allein nachdem man hinlänglich hatte, den Hof damit zu befriedigen, war auch gleich das Verbot ergangen, keine Ausbeute mehr davon zu machen. Ich bekam viele hundert Stücke zu sehen, aber erhielt nichts, wiewohl ich den Oswaldistollen, welcher bis zum Steine 316 Lachter Seigerteufe hatte, befuhr, und den Anbruch in Augenschein nahm. Diese buntgefärbte schiefrichte Versteinerung brach im Hangenden des dortigen Bleygangs, auf einem andern schwarzen Schiefer, ein bis drey Zoll an Dicke; beym Ausbrechen kann man nie grosse Stücke oder Platten erhalten. Die gut einbrechende Stücke müssen eine gewisse Schwere haben, um mit Farben geziert zu seyn; denn wenn sie leicht sind, so sind die Schalenstücke calcinirt, und haben also keinen Glanz. Kies findet sich sehr häufig dabey, die Schalen mögen gefärbt, oder nicht gefärbt seyn. Indessen bin ich doch sehr geneigt zu glauben, daß Erstens, wenn die Schalen ihre Farbe behalten sollen, solche niemals haben dürfen calcinirt seyn, welches ihnen dann auch eine mehrere Schwere giebt; Zweytens, daß doch die Vitriolsäure vieles zur Erhaltung oder Gebung der Farbe beytragen mag. Indessen muß ich gestehen, daß ich an dem Orte diesen Stein niemals vermuthet haben würde, wenn man mir ihn nicht gewiesen hätte. Mit Abbrechung einiger Stücke, dachte ich ganz gewiß, man würde mir etwas davon nehmen lassen, allein ich war in meiner Vermuthung,

75

muthung, und den Nachrichten meiner auswärtigen Freunde sehr getäuscht, wo es hieß. „Die Beamten und Vorsteher des Werks treiben damit einen „uneingeschränkten Handel.„ Man hatte mich aber mit dieser Nachricht hintergangen, da diejenigen Personen, bey denen ich mich deswegen erkundigt hatte, weder um Geld, noch durch Nebenwege die Steinart von den Beamten hatten erhalten können, da doch weder das Verbot des Hofs jemals so was hätte hindern, noch die Geldbegierde sich selbst hätte entsagen können, so wollte man wenigstens dem Neide Nahrung geben, und an einem unschuldigen sich für die mißlungene Bemühung rächen, dieses mußte gerade mich treffen; und ich wurde durch den mir gegebenen Bericht so gestimmt, daß ich meine Absicht, durch die Art, wie ich sie zu erlangen suchte, schlechterdings verfehlen mußte. Ehe noch das gedachte Verbot ergangen war, und der Stein noch nicht geachtet wurde, haben wohl die Beamten, so wie der Entdecker, Fremde und andere damit unentgeldlich bedient; diese nun und die Steinschleifer, die wieder jene betrogen, trieben einen unerlaubten Handel damit, und verkauften diesen Stein um einen übermäßigen Preiß. Um nun ihre übertriebene Gewinnsucht zu beschönigen, schoben sie die Schuld auf die Beamten des Werks, daß sie den Stein um einen sehr hohen Preiß von ihnen kaufen müßten. — Indessen war doch das auch für mich der einzige Weg, schön geschliffene Stücke von dem Steinschleifern in Wien zu erhalten. Da aber heut zu Tage der Stein doch nicht mehr so selten ist, so ist er auch nicht mehr so geachtet, und man fängt an, wie es allen Sachen ergeht, welche aus der Mode kommen, oder gemein werden, an ihm verschiedenes zu tadeln, als: er habe keine Härte, und dann wenn man die schönsten Sachen mit Mühe daraus verfertige, als Insecten auf Ringe, Blumen auf Tischblätter u. s. w. so hätte man das Misvergnügen nach einem kurzen Gebrauche des Glanzes und der Farben sich beraubt zu sehen. Man urtheilte also, daß er des Schleifens zu kostbarer Arbeit nicht werth sey. Indessen war die Begierde von Anfang dieses Steins habhaft zu werden, bey den Mineraliensammlern ungemein heftig, so daß man mit Recht sagen kann, der Naturalienklauber reitet nach oft unbedeutenden Dingen sein Steckenpferd eben so gut, als immer der sogenannte schöne Geist nach schiefen Träumen, oder mißgerathenen erlognen Empfindungen. Indessen fängt doch an, die allgemeine Wuth zu sammeln, nachzulassen, und man kann hoffen, daß diejenigen, die sich mit der Naturlehre beschäftigen, sich nicht mehr, wie Bergmann sehr richtig sagt, begnü-

K 2 gen

gen werden, die Natur beym Tische zu erforschen, oder gleichsam von dem Dreyfuß der Sibille zu weissagen, in dem festen Glauben alles erforschen zu können, ohne Laboratorium und Instrumente, ohne Mühe, Unkosten und Gefahr u. s. w. also nicht benöthiget zu seyn, Versuche zu machen, noch auch den Gegenstand zu sehen, und dennoch davon urtheilen zu können. Ich habe an ein paar anderen Orten angemerkt, daß es oft Leute giebt, die sich ein recht wichtiges Ansehen in der Mineralogie geben wollen; ohne oft sich jemals vom geringsten auf der Oberfläche, noch viel weniger unter der Erde, zu unterrichten gesucht haben, und dennoch fällen dergleichen Aftermineralogen mit der größten Dreistheit ihr Urtheil über Gegenstände, wo sie nicht das geringste Licht davon haben. Doch ich kehre wieder zu meiner Materie zurück, um von den einbrechenden Mineralien dieses Bergwerkes zu handeln. *)

In dem innern Bleyberg hat man auch nebst dem Bley eine Gallmeykluft, worinn sich folgende Zinkarten erzeugen; als

Erstens:

Ochra Zinci calcarea indurata seu Lapis calaminaris induratus amorphus. Der ungestallte Gallmey ist hier von einer sehr blendenden Weisse, manchmal ist er auch etwas isabellenfärbig; dieser bricht ganz rindenartig, überzieht die Flächen der Klüfte und Wände der Stollen, so wie auch das sich darinn befindende Holz und andere Körper; die Erzeugung oder Absetzung davon ist sehr merklich.

Zweytens:

Lapis calaminaris albus stallactitiformis. Da wo sich der Gallmey frey ansetzt, bildet er sich ganz tropfsteinartig: Ich habe aber nicht bemerkt, daß die Zapfen hohl wären.

Drittens:

Lapis calaminaris imbricatus albus ad marginem nodulosus. Auf der 2ten Tafel bey Fig. 9 habe ich von diesem besonders gebildeten Gallmey eine

Abbil-

*) Wer mehr Unterricht von dem oben angeführten opalisirenden Schiefer verlangt, der kann den dritten Band der Schriften der Berlinischen Gesellschaft naturforschender Freunde nachsehen, wo Plojer in einem Schreiben an Siegfried ausführlich davon handelt. Auch in dem 17ten und 18ten Stück des Naturforschers findet man eine Nachricht von Schröter hierüber.

Abbildung gegeben. Seine wellenförmige oder treppenartige Gestalt ist manchmal sehr ordentlich, wo sich meistens am Rande kleine Knöpfe befinden. Dieser Gallmey überzieht meistens den Boden der Klüfte und Stollen.

Viertens:

Lapis calaminaris lamellosus, lamellis rugosis ad marginem Zinco spatoso tectus. Dieser Gallmey ist selten, und ungemein brüchig, der Rand der Blätter, welche ausgehöhlt, sind mit einem getraüften schmutzgelben Zinkspath besetzt.

Fünftens:

Zincum spatosum nodulosum fuscum, cum ochra martiali nigra. Der Zinkspath ist allhier gemein, mehr oder weniger zusammen gehäuft, der getraüste oder knotige ist meistens von einer dunkeln Schmutzfarbe, mit schwarzer Eisenocher gemischt; man hat mir zu Anfang diese Ocher für Magnesia oder Braunstein gegeben, allein die Versuche haben gewiesen, daß sie es nicht ist.

Sechstens:

Zincum spatosum excavatum foliaceum violaceum nigrum. Der ausgehöhlte Zinkspath bildet oft verwirrte Blätter, welche aus kleinen concentrischen Cristallen bestehen, an welchen man keine ordentliche Bildung bemerken kann. Dieser Zinkspath ist bald gemischt, bald mit einen schwarzblauen Eisenocher überzogen, welcher die Finger wie Braunstein färbt; möglich kann es indessen doch seyn, daß auch letzterer manchmal sich dabey finden mag.

Siebentens:

Zincum spatosum stillatitium seu drusicum fuscum. Dieser Zink ist tropfstein- oder drusenartig, wovon die kleinen Knöpfe aus Cristallen bestehen, welche mit schwarzer Eisenocher gemischt sind, so daß jeder Zapfen mit einem schwarzen Punkt dieser Ocher belegt oder ausgehöhlt ist.

Achtens:

Zincum spatosum compactum Lichenoides coloris grisei, superficie lamellarum obscure flava. Ganz Schorfmooßähnlich bricht dieser dichte Zinkspath, indem er aus unordentlichen über einander gehäusten dicken Blättern bestehet, die eigentliche Farbe ist grau ins bläuliche fallend, die Blätter aber

aber sind mit einer schmutzgelben Farbe überdeckt. Man könnte diesen Zinkspath auch getraüft nennen.

Neuntens:

Zincum spatosum cristallisatum oblongum cubicum concentratum pellucidum margine obtuso. Die vierekigten länglichenhalbdurchsichtigen Cristallen, laufen aus einem Mittelpunckte sehr gehäuft aus einander, da wo sie zusammen kommen, sind die Cristallen schmäler wie keilförmig, alle aber an dem Rande wie abgeschnitten oder abgeschliffen. Manchmal bilden diese kleine Cristallen, wie eine Art Igelkreise, eine Abart davon sind ganz kleine eben so gebildete Cristalle, welche ganz durchsichtig sind.

Zehentens:

Zincum spatosum cristallisatum trapezoides flavescens, margine rotundo. Diese verschobene Würfel von Zinkspath, sind blasgelb und ganz durchsichtig, ungemein zusammengehäuft, so daß man selten einen Cristall allein erhalten kann. Die Ränder sind ebenfalls wie bey vorgehender Art abgeschliffen. Diese erwähnte Abart ist selten. Alle oben erwähnte Zinkarten sind aus den Gruben Georgi und Sebastiani im sogenannten Gereith des innern Bleyberges.

Eilftens:

Zincum spatosum cristallisatum parallelipipedicum concentratum pellucidum album viridescens. Die aus gleichen länglichen Flächen bestehenden Zinkcristallen sind halb durchsichtig weiß, nur da, wo sie aus dem Mittelpunkt kommen, sind sie grünlich, und aller Orten mit rother Gallmeyocher angefüllt.

Zwölftens:

Zincum spatosum cristallisatum multiangulum globosum, album semipellucidum. Dieser sonderbare Cristall, den ich dort als den einzigen erhielt, ist auf der 2ten Tafel 10 Fig. in natürlicher Grösse vorgestellt. Er hat verschiedene gebogene Winkel, welche ein Ganzes ausmachen; es scheint, als wenn die Rippen oder Winkel des Cristalls, für sich eigentliche Cristallen wären, welche sich dann nach der Hand zusammen gehäuft haben. Die letzte besondere Art, die ich hier noch anzuführen habe, ist:

Drey

Dreyzehentens:

Zincum spatosum cristallisatum conoideum prismate et pyramide triangulari striata subpellucida. Diese Cristallart habe ich in meiner erſten Lieferung mineralogiſcher Rhapſodien, welche ſich in dem zweyten Band der Schriften der Berliniſchen Geſellſchaft naturforſchender Freunde befinden, beſchrieben und abgebildet, man ſehe Seite 149. Tafel 2. Fig. 6.

Die Criſtallen laufen concentriſch zuſammen, und ſind etwas geſtreift. Die Figur iſt keilförmig, wovon das Priſma drey Flächen hat, die Pyramide aber zwey, ſelten drey. Die Farbe iſt weiß und der Criſtall halbdurchſichtig. Dieſe drey letzten Arten ſind aus der Weinreben- und Barbaragruben, ebenfalls im Gereith liegend.

Vierzehentens:

Zincum sulphure, et ferro mineralisatum, seu Pseudogalena particulis minimis squamosis colore obscure fusco. Wallerii. Dieſe Blende überzieht häufig die Pyramidalbleyerze alldort, über welche ein anderer Ueberzug von Spath oder Gipscriſtall gelagert iſt. Der friſche Bruch zeigt, daß ſie aus kleinen ſchuppichten Theilen beſteht, welche die Farbe des gemeinen Pechs oder Harzes hat, alles dieſes ſitzt wie alle vorgehende Zinkarten auf Kalkſtein, welcher weiß oder grau iſt, manchmal ſitzen verſteinerte Seeſchalen darinn, wie ich ein Beyſpiel beſitze. Ueberhaupt genommen, ſind ſie nicht ſelten bey dieſem Werk. Ich habe bey einem Beamten eine groſſe Bleyſtufe geſehen, worauf eine verſteinte Flügelauſter gelagert war.

Funfzehentens:

Pseudogalena cristallisata rubra, cristallis octaedris aut polyedris conglomerata. Wenn dieſe criſtalliſirte 8 oder vielſeitige Blende zerſtreut, und nicht beyſammen auf dem Pyramidalerze ſitzt, ſo iſt ſie häufig mit Kies und Gipscriſtall gemiſcht. Alle dieſe Blendarten phosphoresciren etwas, und finden ſich ungemein häufig in Antoni-Ruprecht- und Dreyfaltigkeitſtollen in Gereith. Bevor ich noch von den Zinkarten abbreche, muß ich von der daraus entſtehenden Ocher Erwähnung thun.

Sechzehentens:

Zincum pulverulentum terrestre, seu Ochra Zinci flava seu alba Wallerii. Dieſe Ocher iſt nicht ſelten, manchmal überzieht ſie ganze Flächen,

worunter

worunter man noch die Spur der röthlichen Blende findet, die Farbe ist bald dunkelgelb, bald schmutzigweiß. Aus eben den Gruben mit den vorgehenden.

Vor 40 Jahren hat man die Zink- und besonders die Gallmeyarten gebaut, und daraus Kaufmannsgut gemacht, allein heut zu Tage ist dieses ganz ins Vergessen gekommen, wegen dem Werke von Rabl und anderen, die es um ein leichteres liefern können.

Nachdem ich nun aller Zinkarten erwähnet habe, so will ich nunmehr die Bleyerze, welche eigentlich der Gegenstand des Bergbaus sind, nach der Ordnung der Bildung, und die daraus entstehenden Spatharten, so kurz als es die Umstände zulassen, hersetzen.

Erstens:

Plumbum sulphure mineralisatum et argento mixtum, minera tessulis majoribus et minoribus vel granulis micans seu galena Wallerii. Die Bleyerze haben hier durchgehends ungemein wenig Silber in sich, aber daß sie, wie viele geglaubt haben, ganz frey davon wären, ist nicht gegründet. Zur Probierkunst sind sie ganz gewiß die tauglichsten.

Die erste Gattung von Bleyglanz, die ich hier anführe, ist ein zerfressenes Bleyerz, das auf seiner Oberfläche schwarzgrau, rauch, und in Putzen auf einem weißgrauen Marmor zerstreut liegt, in dem Zwischenraume dieses Erzes sitzt eine eisen- und gelbe Zinkocher mit Zinkspathcristallen. Dem ersten Ansehen nach sollte man auf die Vermuthung gerathen, daß es ein abgeschlagenes cristallisirtes Bleyerz gewesen sey; allein wenn dieses wäre, so müßte man grössere Würfel des Bleyglanzes finden, welche aber bey diesem Erze beynahe unmerklich sind. Die wichtigste Bestimmung davon hat Wallerius folgendermassen gegeben.

Zweytens:

Galena areis micans, non distincte figura tessulari. Die Textur dieses Bleyglanzes ist wenig fest, und der Anbruch auf der Oberfläche sieht dem Wasserbley (molybdaena) ganz ähnlich.

Drittens:

Galena textura chalybea seu plumbum compactum. Dieses stahlderbe Bleyerz oder Bleyglanz wird in den Gruben nicht wenig gefunden, nur selten in grossen Stücken. Wenn dieses sich in den Klüften befindet, wo

Wasser

Waſſer durchſintert, ſo bekömmt es eine ſchöne Spiegelfläche, ſo wie auch andere Abarten des Bleyglanzes. Der Gehalt dieſes Erzes iſt ungemein groß.

Viertens:
Galena particulis micans Wallerii. Dieſes Bleyerz bricht in unbeſtimmten kleinen Blättern, wie der Glimmer, wovon oft die kleinen Scheiben ganz ſchief ſtehen, ſo wie es auch der kleinwürflichte Bleyglanz zu thun pflegt.

Fünftens:
Galena cubis majoribus et minoribus. Der Bleyglanz, welcher bald aus groſſen, bald aus kleinen Würfeln beſteht, iſt hier beym Werke das gewöhnliche Erz, und macht alſo die allgemeine Ausbeute aus. Der Einbruch davon iſt oft in den derben Kalkſteinpuzen, oder auch ſtreifweis, wo er dann im letzten Fall eine Art von ſogenannten Schnürelerze ausmacht. Manchmal iſt der Anbruch mit Farben geziert; meiſtens aber hat er ſeine eigentliche Bleyfarbe. Dieſe Bleyarten brechen aller Orten in den Gruben des innern und äuſſern Bleyberges.

Sechſtens:
Galena tessulata cinerea, cum pseudogalena inmixta. Dieſe Gattung des Bleyglanzes bricht im Matthäiſtollen im obern Glock des äuſſern Bleyberges. Die Erze ſind grau, mehr klein als großſpeiſig, und brechen mit Kalk ein.

Siebentens:
Galena cristallisata octoëdra vel pyramidalis. Dieſer criſtalliſirte Bleyglanz beſteht aus einer doppelten vierflächigen Pyramide, wovon meiſtens nur eine frey ſtehet, ſo daß man ihm im Werke bloß den Namen Pyramidalerz giebt. Dieſe Criſtallen ſind von der Gröſſe zwoer Linien bis gegen zween Zolle. Die Oberfläche davon iſt bald glatt, bald rauh, oft mit der obenangeführten criſtalliſirten Blende, oder mit Spath, oder Gipscriſtallen, manchmal auch mit beyden, erſtens mit der Blende, dann mit den Gipscriſtallen überzogen. Die Bleycriſtallen ſitzen bald mehr, bald weniger gehäuft beyſammen, meiſtens auf einer dünnen Lage von Kalkſpath, welche auf einem feſten grauen Kalkſteine aufliegen.

Achtens:
Galena cristallisata hexaedra. Bey dieſen Criſtallen habe ich niemals ein Prisma gewahr werden können, und die Flächen der Pyramide ungleich gefun-

Oryctogr. Carniol. III. Th.

gefunden: vielleicht findet sich diese Cristallisation zwölfflächig, wenn die Cristallen frey zu liegen kommen, wie es bey dem Pyramidalerz oft geschieht.

Neuntens:

Galena cristallisata polyëdra. Das einzige Stück, das ich hier erhielt, hat nur 5 Zoll im Durchschnitte. Es ist ein etwas rundes Stück Kalkstein, welches mit rautenförmigen Spathcristallen bedeckt ist, die dann einen Ueberzug von schalichten oder kuglichten Gipsspath haben. Auf diesem befindet sich dann erst der kleine vielseitige cristallisirte Bleyglanz ganz zerstreut, welcher wie ein kleinkörniger Schlich aufsetzt. Dieses Erz sowohl, als die vorgehende cristallisirte, brechen meistens in den Gruben Dreyfaltigkeit, Antoni, Oswald, Christoph, im Gereich des innern Bleyberges.

Nachdem ich hier alle verschiedenen Bleyglanze angeführt habe, so will ich nunmehr auch die, wie es scheint, daraus entstehenden Erd- und Spatharten anführen.

Zehentens:

Terra calcarea cerussa nativa mixta indurata. Cronst. Diese Blenerde, welche von Farbe gelb ist, sitzt auf einem weissen festen Kalksteine, wie eine Rinde auf. Ich erhielt, als ich das letztemal im Werke war, nur ein kleines Stück, womit ich doch einige Versuche machen konnte, um zu erfahren, was es sey. Als ich ein kleines Stück den Säuren aussetzte, brauste es ein wenig bey gelinden Feuer; unter der Mufel gab es etwas Rauch von sich, mit starken Aufbrausen, allein ich hatte zu wenig, daß ich die Gattung des Brennbaren hätte entdecken können, vielleicht ist es auch bey diesem Stücke nur zufällig gewesen. Als ich weiter einen Theil in der Säure auflöste, das kalkartige ausgenommen niederschlug, ansüßte und in das Feuer brachte, erhielt ich augenblicklich das reine Bley.

Da nun diese Erde keine besondere Schwere hat, so habe ich sie nicht füglich für die Terra plumbaria Wallerii rechnen können, obgleich eine mit der andern bey kleinen Versuchen leicht verwechselt werden kann. Diesen erwähnten Körper bedeckte folgender:

Eilftens:

Minera plumbi nigra, cristallis irregularibus. Dieses cristallisirte Bleyerz bricht nur, was man nach Bergmännischer Sprache sagen kann,

ange-

angeflogen, ganz schwarz in sein glänzenden unbestimmten Cristallen. Nur an einem etwas beträchtlichen Stücke dieses Erzes, welches ich nach der Hand erhielt, habe ich etwas von der sechskantigten Figur abnehmen können; ohne Zweifel ist dieses eben das Erz, welches Wulfen im 2ten Vol. der Miscellan. austriac. mit dem übrigen Bleyspathe vom Bleyberge No. 52 sehr weitläuftig beschrieben hat. Nun ist bey diesem Erze noch die Frage aufzuwerfen, ob man in den Versuche nicht irren könne, da man es niemals ohne den Bleyocher, worauf es sitzt, erhalten kann, und also vielleicht letzter allein den Bleygehalt gebe.

Eine Abänderung dieses Erzes, ist ein unbeträchtliches Stück, das ich besitze, woran Zollange, harbicke Fäden sitzen, welche mit seinen Gipscristallen umgeben sind; so viel als ich davon erforscht habe, was die Fäden anbetrift, scheinen sie mir wenig Bley zu halten, aber wohl etwas Eisen. Der ganze Körper sitzt auf einer erhärteten Kreide auf, und ist aus dem innern Bleyberge.

Zwölftens:
Plumbum spatosum amorphum flavum aut aurantio rubrum. Der Bleyspath ist einmal zu Bleyburg häufig gefunden worden, so daß anjetzo beynahe alle Kabinetter von Europa damit versehen sind. Dieser Bleyspath bricht in den Klüften, Höhlen, und alten Zechen der dortigen Bleygänge. Wenn der Spath derb ist, so sitzen die Blätter mehr oder weniger dicht auf einander, von der Grösse einer halben Linie bis zu drey Zollen. Die Farbe davon ist strohgelb, oder Pommeranzenfarbe ins rothe schlagend. Die Bleyspathe haben keinen beträchtlichen Bleygehalt, wie man aus den chimischen Versuchen des Jacquin in den angeführten Miscellaneis austriacis sehen kann.

Dreyzehentens:
Plumbum spatosum flavum quadratum lamellosum. Dieser gelbe Bleyspath besteht aus ganz feinen viereckigen Blättern, überzieht manchmal Steinflächen von der Grösse eines und mehrerer Schuhe. Diese Bleyspathcristallen sind oft mit einem gelben bleyhaltigen Mergel überdeckt.

Vierzehentens:
Plumbum spatosum lamellosum flavum cubicum peripheria saturata, opaca jamjam pellucida. Die viereckigten Scheiben dieses Bleyspaths sind bald vollkommen viereckig, bald etwas verschoben, oder länglicht, jederzeit aber an dem Rande wie eingefaßt, durch eine dunklere Materie, welche oft Pomeran-

meranzengelb und weniger durchsichtig ist, als der Mittelpunkt der Scheibe, der dann mehr Strohgelb ist. Manchmal findet sich jedoch ganz das Gegentheil, wo der Rand heller ist als die Scheibe. Man sehe die Abbildung davon auf der 21sten Tafel, Fig. 1. der Miscellan. austriac. Es scheint nicht, daß die mehr oder wenigere Durchsichtigkeit an der Scheibe von einer mehr oder mindern Anhäufung der Bleymaterie herkomme, sondern daß die Verschiedenheit blos dem Gipsspathe zukomme, der die Scheiben bildet, wie es bey demselben gewöhnlich ist, als zum Beyspiel dem von Schemnitz, dem Schwerspath von Felsöbanja u. s. w. Soviel als ich an letztern habe abnehmen können, so bestehen die Scheiben an dem Rande aus auf einander gesetzten Platten, welche bey der Zusammensetzung bald mehr oder weniger Zwischenraum lassen.

Funfzehentens:

Plumbum spatosum flavum lamellosum cubicum lamellis crassioribus. Diese Bleyspathcristallen sind Zitronengelb aus ordentlichen Achtecken bestehend. Da sie eine gewisse Dicke haben, so kann man die Seitenflächen vollkommen ausnehmen, auf der angeführten Tafel Fig. 2. sieht man die Abbildung davon.

Sechzehentens:

Plumbum spatosum flavum diaphanum rhombeum, macula centralis et ipsa rhombea. Die achteckigen gelben durchsichtigen Bleycristallen, haben manchmal die Seitenflächen verschoben, oder auch wohl in ein Fünfeck verwandelt, jederzeit haben sie in der Mitte der Scheibe ein aus eben so vielen Ecken bestehenden dunklern Fleck oder Feld, der Ziegelfarbig, oder von einer dunkelgelben Farbe ist; manchmal ist auch wohl in diesem Felde wiederum ein helleres enthalten, so daß diese Cristallen mit dem Festungsachat einige Aehnlichkeit haben. Auf eben der Tafel kann man bey Fig. 3. 4. 5. und 6. 15 Spielarten solcher abgebildeten Cristallen sehen. Manchmal, aber selten sind auch wohl die Ecken der Scheiben abgestumpft, und bilden ein Achteck; sitzt die Scheibe nur halb aus der Bergart heraus, so stellt der Fleck auch wohl nur ein Dreyeck vor.

Siebenzehentens:

Plumbum spatosum imbricatum lamellosum flavum. Hier liegen die viereckigen Scheiben Dachziegelartig auf einander; manchmal bilden auch die
Eckel-

Scheiben davon nur ein jettliches Gewebe ohne Ordnung. Man sehe die 7. Fig. auf eben der Tafel.

Achtzehentens:

Plumbum spatosum flavum cristallisatum cubicum. Hier bilden die Cristallen ein ordentliches Achteck, wovon alle 6 Flächen gleiche Grösse haben, und also einen ordentlichen Würfel vorstellen. Sind aber diese Würfel verlängert, so stellen sie ein vierseitiges Prisma ohne Pyramide vor, manchmal sind sie auch nur ein wenig verdruckt, wo sie dann ein verschobenes Achteck bilden. Ohnlängst sind diese Cristallen $\frac{1}{2}$ Zoll dick gebrochen.

Neunzehentens:

Plumbum spatosum cristallinum flavum vel album octo- vel dodecaëdrum. Diese 8. 12. oder 16. seitigen Spathcristallen sind dort sehr gemein, was die weissen anlangt, nur die gelb gefärbten sind sehr selten. Erstere sitzen meistens auf dem Pyramidal Bleyerze auf, und sind aller Orten im Innern Bleyberge zu finden, dahingegen die letztern in dem Mathäistollen des äussern Bleybergs wie beynahe alle gelbe Bleyspathe sich befinden. Oft sind diese achtseitigen Cristallen sehr zusammen gehäuft, und ganz dunkel Ziegelroth. Man sehe auf angezeigter Tafel Fig. 11. 12. und 16.

Zwanzigstens:

Plumbum spatosum flavum cristallinum decaëdrum. Die Bleyspathcristallen bilden hier vierseitige etwas dicke Scheiben, wovon ein jeder Rand doppelte abgeschliffene Flächen hat, daß also 10 eigentliche Flächen daran zu bemerken sind. Die Farbe davon ist etwas dunkelgelb.

Ein und zwanzigstens:

Plumbum spatosum aurantiacum cristallinum hexadecaëdrum, octodecaëdrumque depressum. Diese und die verschiedene Cristallen sind auf der angeführten Tafel bey Fig. 13 und 14 abgebildet, sie sind ziemlich dick, und von einem glasigten Ansehen. Sie stellen jederzeit eine Scheibe vor, welche zwo grosse und 14 oder 16 wie abgeschliffene Seitenflächen haben. Ich besitze Stücke in meiner Sammlung, wovon jederzeit zween solcher Cristallen mit zween Hauptseitenflächen auf einander sitzen, und also 32 oder 34 Flächen vorstellen.

Zwey und zwanzigstens:

Plumbum spatosum flavum cristallisatum octodecaëdrum sublentiforme. Diese achtzehenflächigen Cristallen sind linsenartig gebildet, da wo die Pyramiden seyn sollen, sind die größten Flächen; doch manchmal giebt es Abarten davon, die 16 und weniger Seitenflächen haben. Ihre Farbe ist blasgelb.

Drey und zwanzigstens:

Plumbum spatosum album cristallisatum ensiforme. Zwischen dem derben Bleyglanz sitzen manchmal diese Spießähnliche durchsichtige weisse Cristallen. Die Flächen derselben sind sehr irregulair, doch kann man derer wohl bis 16 gewahr werden. Sie haben viel ähnliches mit den Salpetercristallen.

Vier und zwanzigstens:

Plumbum spatosum album seu flavum cristallisatum polyëdrum Auf der angeführten Tafel, Fig. 17. der Miscell. sind einige solcher Cristallen abgebildet, sie sind wie alle oben angeführten Cristallen mehr klein als groß, so daß es nicht jederzeit möglich ist, solche vollkommen zu bestimmen. Die Farbe davon ist sowohl weiß, als auch dunkelgelb.

Fünf und zwanzigstens:

Plumbum spatosum citrinum cristallinum - conicum. Ist bey der eben angeführten Figur abgebildet. Die Stufe, so ich erhielt, hat ganz keilförmige aus fünf Flächen bestehende Cristallen, wo sie dann mit dem schmälern Theile oder der Spitze auf einem gelblichten Marmor aufsitzen. Zu diesem Bleyspath habe ich eine der merkwürdigsten Cristallisationen anzuführen, welche in den Miscellan. Austriac. übergangen worden; nämlich:

Sechs und zwanzigstens:

Plumbum spatosum flavum cristallisatum columnis elongatis tetraëdris, lateribus alternis angustioribus serratis, pyramide trigona integerrima. Ich habe auf der zwoten Tafel dieses Bandes bey Fig. 11. davon eine Abbildung gegeben. Die Cristallen bilden eine flache Pyramide, wovon das Prisma gezahnt, oder sägenartig gekerbt ist, die eigentliche Pyramide aber, welche nur ein flaches Dreyeck bildet, ist ganz. Diese Cristallen, welche ganz gelb sind, sitzen zerstreut mit cubischen Cristallen auf einem festen weißlichen aus unfühlbaren Theilen bestehenden Kalksteine oder Marmor. So wie alle vorhergehende angeführte Bleyspathe, brechen auch diese in dem äussern Bleyberge in den Stollen Antoni, Matthäi, und andern.

Sieben-

Sieben und zwanzigstens:

Plumbum spatosum album cristallisatum octodecaëdrum utrinque pyramidatum. Diese Cristallen sind weiß mit zwoen Pyramiden und einem Priema, welche zusammen 18 Flächen bilden. Wulfen hat sie auf der erwähnten Tafel bey Fig. 18. mit allen vorgehenden abgebildet. Schade ist es, daß er nicht De L'Isle's Cristallographie genutzt hat, er hätte alsdann viele Abbildungen weglassen können. Diese Cristallen überziehen manchmal das Pyramidalerz ganz, welches im Antonistollen des innern Bleyberges bricht. Nebst diesen Bleyspathcristallen brechen viele Abweichungen davon, welche oft ganz irreguläre, kurze oder länglichte Vielecke vorstellen, bald mehr oder weniger weiß sind, was aber in den Miscellan. schwarz genennet wird, ist nur eine dunkle schmutzgraue Farbe. Auf der 21. Tafel 19. und 20. Figur sind einige solcher Cristallen abgebildet. Zum Schluß habe ich noch eine ganz besondere Art anzuführen, nämlich:

Acht und zwanzigstens:

Plumbum spatosum album pellucidum cristallisatum, cristallis prismaticis truncatis carinatis. Bey meinem letzten Besuche dieses Werkes erhielt ich diese sonderbaren Cristallen. Sie sind ein paar Linien lang, und bilden eine abgestumpfte Säule, welche durchaus canelirt, oder mit 6 mehr oder weniger Rinnen der Länge nach ausgehöhlt sind. Diese Cristallen liegen der Länge nach auf einem derben Bleyglanze. Eine Abbildung davon ist auf der zwoten Tafel Fig. 12.

Nachdem ich aller Erzarten Erwähnung gethan habe, die bishero bekannt sind, so will ich nunmehr von ihrer Beschaffenheit überhaupt in Betref der Schmelzungsarbeit u. s. w. handeln.

Alle Erzarten von Bleyberg sind leichtflüßig, und sind bloß mit Kalk gemischt. Der mineralisirende Körper des Bleyes ist bloß Schwefel; zufällig eingemischt, und nicht damit vererzt, ist Zink, in übrigen von allen Unarten frey, die sie strengflüßig machen könnten. Der Gehalt der Erze ist beträchtlich: von 40 bis 70 lb. im Centner.

Die Arbeiter, welche auf Bleyanbrüche arbeiten, werden nach dem Schuhe oder nach dem Erzgehalt bezahlt, wobey sie aber ihre gewöhnlichen Erze aufbereiten, und bis in die Schmelzhütten zu gute bringen, wo sie dann vom Centner nach gemachter Feuerprobe des reinen Schmelzschlichs bezahlt wer-

88

werden. Nachdem nun die Erze mehr oder weniger in die Enge gebracht werden, daß ist, je mehr oder weniger sie von der Bergart zu scheiden, nachdem bekommen sie auch mehr vergütet, die Zahlung davon ist hier eben so, wie auf dem Werke zu Rabl, von dem ich oben geredet habe.

Die Schichten der Arbeiter sind hier bey den kaiserlichen Gruben zu 8, bey den Gewerken aber meistens nur 6 Stunden lang. Da nun viele Knappen eigene Gruben zum Bau haben, so hat jeder hier meistens eine doppelte Arbeit, dann kaum hat er ein paar Stunden gerastet, so bearbeitet er seine Grube, wenn er die Stunden in des Herrn seiner verrichtet hat; darum ist vielen lieber in 6, als 8 Stunden Herrnschicht einzuwilligen.

Die Aufbereitung der Erze besteht in der Scheidung mit dem Scheidhammer oder Handfeistel, in Siebsetzen, mahlen und schlämmen. Nachdem nun die Erze vor Ort, nämlich beym Bruch so gut als möglich geschieden, dann ausgefördert, und die gar grossen Stücke von den kleinen abgesondert worden, so werden solche in die Waschhäuser gebracht, wo sie dann durch fünferley Siebe, als erstens, das Durchwurf- zweitens, Abschwéng- drittens, Kern- viertens, Schlamm- und fünftens Haarsieb zu gute gebracht werden. Die Erze, welche also durch das Durchwurfsieb durchfallen, kommen auf das zweyte, wo dann das gröbere Erz durch Weiber und Kinder, die 40 Kreuzer Wochenlohn haben, in kleine Stücke zerschlagen wird. Das kleinere kommt dann auf das Kernsieb, und das, was durchfällt, wird endlich auf dem Schlamm- und Haarsieb vollkommen so gut gebracht, und so lang bearbeitet, bis die reichern über 60, und die ärmeren 50 bis 55 lb. Bley im Centner an Halt haben. Diejenigen, welche sehr mit der Bergart eingesprengt sind, werden auf den Mühlen klein gemahlen, dann auf Sieben oder Waschherden aufgearbeitet.

Hier bey dem Werke zu Bleyberg hat man keine Pochwerke, ausgenommen ein unbrauchbares ganz nach Salzburger Art neu von dem nunmehro verloschenen und jederzeit überflüßig gewesenen Oberbergamt errichtet, um vorräthige Halden aufzuarbeiten die der Mühe nicht lohnten, sondern anstatt dessen eine Art Mühlen eingeführt, welche vielmehr Vortheil bringen für die dortigen milden Erze, indem der dabey brechende reiche Kalkstein, sich leicht von dem metallischen Theil absondern ließ. Diese Mühlen sind ganz einfach, so wie Kornmühlen zu seyn pflegen, wovon der obere Stein oder Läufer durch

Hülfe

Hülfe des Waſſers mit einem Kammrade in Bewegung geſetzt wird. Damit aber die Erze gleich gemahlen werden, ſo kann man nach Belieben den Laufer höher oder niedriger gehen laſſen. Während dem Mahlen wird ſtets Waſſer auf die Steine gelaſſen; die Steine, die dazu gebraucht werden, beſtehen aus einem kießlichten oder quarzigten Trümmerſtein, wovon die grobe Zuſammenſetzung durch einen feuerfeſten Thon, der bald röthlich oder grün iſt, geſchieht. Dieſe Steinart bricht beym Eingang aus dem Geil ins Bleyberger Thal. Wollte man die milden Erze beym hieſigen Werke durch Stampfen behandeln, ſo würden ſie zu fein, und für die hier gebräuchlichen Flamm̈oͤfen untauglich gemacht werden. Denn für dieſe Schmelzungsart müſſen die Erze oder Schliche auf die Gröſſe einer kleinen Erbſe geſetzet werden, welches man aber nur durch die Mühlen bewerkſtelligen kann.

Die Erzeugniß im Werke beläuft ſich innerhalb 12 Stunden auf 28 bis 30 Wagen, einen zu 8 Centner gerechnet, welches alſo in dieſer kurzen Zeit auf 240 Centner ausmacht. Zum Mahlen kommen bloß die ganzen Erze und Pochgänge, welche letztere aber wegen den mehr taub eingeſprengten eine mühſamere Behandlung erfodern. Diejenigen Erztheile, welche ſich auch im kleinem von ihren unedlen Geſtein dennoch nicht abſcheiden, werden zu bloſſem Schlamme gemahlen und auf den Sieben und dem Hafenbrete zu gute gebracht, und fein gwaſchen.

Die mit vieler Bergart gemiſchten Erze werden zu Schlamme gemahlen, und auf dem Hafenbrete gewaſchen. Dieſes Hafenbret iſt eine Art von Waſchherd oder vielmehr ein Durchlaßgraben, welcher aus einem Kopfe, der zween Schuhe höher iſt als der Herd, und bey zween Lachter Länge nebſt einem verkehrten Falle von 3 bis 4 Zollen hat, beſtehet. Auf dem Kopfe wird der Schlamm mit Waſſer vermittelſt einer Krücke umgerührt; hernach fällt er auf den Herd hinab, und ſetzt ſich vermöge ſeiner Schwere oder weichern Gehaltes verſchieden an. Die Schliche werden auf dem erwähnten Hafenbrete zu wiederholtenmalen bearbeitet, bis ſie den gehörigen Halt zur Schmelzung beſitzen. Auf den mindern ungleichen Schlemmherden läßt ſich dieſe Arbeit genauer verrichten, ob man auch gleich bey erwähnter Methode ebenfalls Sümpfe angeleget hat, wo ſich das, was vorhero von dem Hafenbrete weggefloſſen iſt, itzt ſammlet. Aber bey alle dem hat die Erfahrung genugſam gezeigt, daß noch vieles verlohren geht.

Was die Aufbereitung der Schliche bey den Waschwerken betrift, so hat man überhaupt zweyerley Gattungen Schliche, nämlich den weissen und den grauen, erstere kömmt von den ganzen und reichern Erzen, zweyter aber von den ärmern. In Ansehung des Mahlens hingegen, werden sie in Kern- und Schlammschliche getheilt. Ist nun einmal die Vorkehrung mit den Erzen zum Schliche getroffen, so ist voraus gesetzt, daß niemals Schliche zur Schmelzung gelangen dürfen, die unter 50 lb. im Centner hältig sind.

Das Schmelzen der Bleyberger Bleyerze geschieht in eben solchen Oefen wie zu Rabl, deren eben Erwähnung geschehen ist. Diese Schmelzungsmethode in Flammöfen hat für Bleyberg ihren guten Nutzen. Die dasigen Gewerken sind insgesammt einstimmig durch die langjährige Erfahrung überzeugt, daß sie durch Abschaffung der vorhin üblichen Stichöfen, und Einführung der Flammöfen nach dem Anrathen eines gewissen Tanzer viel mehr Vortheil finden. Würden aber die Erze allhier beym Werke ärmer und strengflüssiger, so würden sie sich nie auf diese Methode schmelzen und aufbringen lassen.

Ueberhaupt genommen, sind die Bleyberger Erze beynahe mit dem zehenden Theil Schwefel vermengt. Richard Watson in seinem Schreiben an den Präsidenten Pringle, beweißt durch seine gemachten Versuche über die Bleyerze, daß es möglich sey, den Schwefel beym Schmelzen der Erze zu gute zu bringen. Er sagt, daß 10,000 Tonnen Bley 1000 Tonnen geben. Es wäre daher freylich gut, wenn die Beamten darauf bedacht wären, Fänge, etwa wie beym Arsenik anzulegen, um den Schwefel aufzufangen. Nur könnte man von dem Bleyberger Erze einwenden, daß die Erze zinkisch wären, und durch dieses der Schwefel verunreiniget würde. Allein erstens ist die Hitze schwerlich groß genug, daß der Zink in Blumen so weit steigen könne, zweitens ist doch auch nicht so weit zu gehen, daß er nicht sollte in der Krätze bleiben.

Im Jahre 1782 hat man angefangen die Schmelzöfen, welche vor den Gruben im Bleyberger Thal stunden, aus Mangel des Holzes, in das Geilthal an den darinn befindlichen Fluß zu übersetzen, ob nun gleich die Knappenhäuser bey den Oefen stunden, so habe ich doch nicht erfahren, daß der Rauch davon ihnen sehr nachtheilig wäre, ob er gleich dem Viehe nicht zuträglich ist.

Die

91

Die jährliche Erzeugniß von allen Werken an Bley ist hier sehr beträchtlich. Die Erzeugniß war vor 8 Jahren 12,000 Centner, welcher Betrag noch immer gestiegen ist, und fürizt über 20,000 Centner an Bley gekommen ist; weil die Einlösung in das Magazin nach Villach, welcher Ort 4 Stunden vom Werke entlegen, kömmt, und der Centner zu 7 fl. 30 Kr. bezahlt wird. Die Gewerken hatten bey diesem Magazin ihren richtigen und gewissen Absatz, so viel sie auch immer erzeugen können, und aus dieser Ursache ist auch die Erzeugniß so hoch gestiegen; allein man sahe nicht zum voraus, daß sich jemals durch diese Freyheit der Vorrath zu sehr anhäufen würde, und dem Aerario zur Last käme, wegen des grossen Kapitals, das aus Mangel des Abgangs ungenützt liegen blieb. Man hat also denen Gewerken drey Vorschlagspuncte in Betref dieses Gegenstandes gemacht. Erstens, ob sie das Bley um einen geringern Preiß einlösen lassen wollten, oder ob sie weniger bearbeiten, oder zweytens, ob sie selbst ihren Verschleiß besorgen wollten. Diesen letzten Vorschlag nahmen die Gewerken an, da sie aber nicht jederzeit gleich Abgang fanden, so wurde auch die Erzeugniß sogleich geringer. Dermalen als ich das letztemal zu Anfang 1782 zu Villach war, welches die Bergstadt der Gewerken geworden, haben sie den Absatz zu 9 fl. den Centner, ob sie gleich noch wohl über die 22,000 Centner Bley erzeugen, verkauft. Die Ursache des häufigern Absatzes ist der jetzige Krieg, besonders da England kein Bley nach Italien absetzen kann; bey diesen geänderten Umständen hoffen die dasigen Gewerken aufs künftige stets ihr Bley dahin abzusetzen, indem sie von dem Triester Haven nicht weit entfernet sind.

Bey schlechten Abgang des Bleyes waren die dasigen kaiserlichen Beamten bedacht, ein anderes Kaufmannsgut aus dem Bley zu erzeugen, wo sie dann zu diesem Ende bey den kaiserlichen Schmelzöfen einen Triebherd angelegt, um Bleyglätte zu machen. Alles, was sie hier von diesem verfertigten, gaben sie um 10 fl. den Centner an die Verschleißdirection, wo sie hinlindlichen Absatz fanden. In den öffentlichen Tabellen, wo von den Einkünften der Bleybergwerke, so wie auch von andern Produkten des Landes gehandelt wird, findet man nichts weniger als Genauigkeit, jederzeit ist die Angabe der Erzeugniß, und des Verschleisses zu gering angesetzt, als zum Beyspiel 4815½ Centner, wo ich, so wie jeder, der Kenntniß von den dortigen Werken besitzt, gestehen muß, daß wie gesagt, Bleyberg wenigstens 20, Rabl dermalen 10, und die übrigen kleinern Werke 5,000 Centner, folglich in allen wenigstens

35,000

35,000 Centner Bley jährlich erzeigen, welches à 9 fl. den Centner eine Summe von 295,000 beträgt; nebst dieser Summe wenn man noch den Verschleiß von Kupfer, Gallmey, Stahl und Eisen dazu rechnet, so kann man mit Gewißheit behaupten, daß Kärnthen einen Einfluß von 1,500,000 aus denen Gewerken erhält; des wenigen Goldes und Silbers nicht zu gedenken, welches in Großkirchheim erbauet wird.

Was das Alterthum von Bleyberg anlanget, weiß ich wohl wenig, oder nichts zu sagen; denn weder vom Gewerke, noch auch aus dem Ober-Willacher Archiv, habe ich was gründliches erfahren können, so viel Mühe ich mir auch gegeben habe. Die vielfältigen Unruhen der ältern Zeiten durch geänderte Regierungen, die Einfälle der Saracenen ins Land, und das beständige Absterben der Gewerke, wodurch alle Schriften vernichtet wurden, und besonders die Feuersbrünste haben alle alte Documente verzehret. Bruckmann in Magnalibus Dei sagt folgendes davon. „Villach, eine Stadt in Oberkärnten, „wo sich das grosse Bleybergwerk befindet, in welchem man schon auf die „1100 Jahre gebaut." — Das Alter des Werkes, setzt die Tradition noch weiter hinaus. Daß sich aber Bruckmann, so wie viele andere, die ihm nachgeschrieben haben, in Betref der Lage des Bergwerks irren, ist mehr als gewiß, indem sich bey Villach kein Bergwerk, sondern 4 Stunden davon in dem Gebirge gegen Mittag befindet.

Von diesem Werke aus, nachdem ich das Bleyberger Metallgebirge umgangen hatte, bestieg ich auch den höchsten Gipfel des Dobratsh, welchen die Deutschen die Villacher Alpen oder Heiligenstein nennen. So praktisch und steil als der Berg hier ist, so brauchte ich doch nicht gar zwo Stunden von dem Bergorte, der schon hoch gelagert ist, (denn das Barometer stehe hier nur auf 26') um zu der Spitze zu gelangen. Es war im Weinmond 1781, ich hatte schönes Wetter, obgleich die Anhöhen schon mit Schnee bedeckt waren. Da ich damals von einer langen Reise kam, wo ich kein Barometer bey mir haben konnte, so erhielt ich eines dort. Man versicherte mich, daß das Barometer bey schöner Witterung auf 22" fiel, wie Ployer in seiner Beschreibung von Bleyberg Meldung thut, mit eben diesem Barometer, welches nicht nach De Luc, sondern nach gemeiner Art bereitet ist, wo man mit einer Schraube die Quecksilbersäule von unten hinauf sperret, beobachtete ich auch auf der Spitze, und sahe, daß es mir ebenfalls so tief fiel, als die richtige

tige Angabe in angeführter Beschreibung, nämlich auf 22°. Allein es ist gewiß, daß das Barometer mit doppelten Schenkel niemals so tief fallen würde, indessen nach vielfältigen gemachten Versuchen mit Hülfe trigonometrischer Messungen soll man doch auch dieses gemeine Barometer richtig befunden haben, wenn man auf die Linie 13½ Lachter rechnet. Wider die Möglichkeit will ich nichts einwenden, daß es manchmal eintreffe; allein man hat mehr als zu sehr erfahren, wie viel Einfluß Wärme und Kälte dabey haben, welche bey erwähntem Barometer nicht mit in Rechnung kommen.

Ich habe zu diesem Ende das Jahr darauf, als ich eine Botanische Reise in das Gebirge des Terglou machte, diesen Berg mit einem einschenklichten Barometer nochmals gemessen. Ich nahm mir dießmal bey Besteigung des Berges vor, wo es möglich wäre, bey Sonnen Aufgang auf dem letzten Gipfel des Berges zu seyn, um bey dieser Gelegenheit die richtige Lage des Bergs Albkner, Snisnik ohnweit Fiume, Grindouz und Dobratsh abnehmen, und um diese Gebirge in ihrer wahren Lage gehörig aufs Pappier auftragen zu können.

Ich gieng also den 23ten des Heumonds in der Frühe vom Fuß des Gebirges bis Bella-pola, wo ich diesen Tag auf meinem Wege von dem Berg Koinshza zu dem erwähnten Bella-pola einen Koralfelsen antraf, welcher zwischen den ursprünglichen Kalkbergen eingekeilt war, der doch ein ziemlich Bergstück bildete, und tief ins Thal hielt. Da mir dieses merkwürdig vorkam, indem dieses die höchsten Versteinerungen waren, die ich noch jemals angetroffen habe, so verfolgte ich solche auch, so weit es angieng. Die Steinart war weniger als der ursprüngliche Kalkstein grünlichgrau, und nebst den versteinten Koralarten auch viel mit ein- und zwoschaligen Muscheln gemischt. Die höchste Höhe dieser Versteinerung mag 6 bis 700 Lachter Seehöhe betragen.

Zu Bella-pola blieb ich sechs Stunden, um auszurasten. Da ich eine sehr helle Nacht hatte, und zween beherzte Bergsteiger bey mir waren, wovon einer mit Namen Lucas Koroshez, der erste war, der ihn, vielleicht so lang die Welt steht, bestieg, so gieng ich also mit diesen Leuten nach Mitternacht von meinem Ruheort weg, und erreichte nach unausgesetzten Steigen mit Sonnen Aufgang die erste Schneide oder Rücken des an dem Terglou hangenden Bergs Kreterza, wo ich dann die Lage der oben erwähnten Berge, besonders jener, welche gegen Osten gelagert waren, vollkommen übersehen konnte.

Nach

Nach sieben Uhr erreichte ich dann erst den höchsten Gipfel oder das Horn des Terglou, der dieses Jahr gegen Norden um drey Lachter höher mit Eisschnee bedeckt war, denn die Felsen, worauf folgende Buchstaben als L. S. Z. H. (worüber ich einen halben Zirkel mit einem Punkt einhieb) L. K. L. K. eingehauen sind, waren um vier Lachter tiefer, wo sie sonst nur um sechs Schuhe vom höchsten Punkt entfernt, oder niedriger waren.

Nun schritt ich zur Messung mit dem Barometer, nachdem ich noch einmal alle mögliche Punkte der höchsten Berge aufgenommen hatte. Ich maß erstens mit dem zweyschenklichten Barometer, um zu sehen, wie die in der Vorrede des zweyten Bandes angegebene Höhe, mit derjenigen, welche das Barometer anzeiget, übereinstimmen würde. Nach dieser Messung betrug die Höhe neun Lachter weniger, als die am angegebenen Orte bestimmte. Da nun der untere oder zweyte Schenkel an meinem Barometer beweglich war, so nahm ich ihn aus dem Quecksilberbehälter heraus, und erhielt also dadurch einen allgemeinen Barometer, wodurch mir augenblicklich die Säule des Quecksilbers auf 19″ 9″ fiel, folglich gegen 2½ Zoll mehr, als mit dem doppelten Schenkel. Aus diesem sahe ich die Richtigkeit der Messung, die man mit dem gemeinen Barometer auf dem Berge Dobratsch vorgenommen hatte.

Doch genug davon, nun habe ich auch noch etwas von dem letzt erwähnten Berge Dobratsh zu sagen.

Auf dieser beträchtlichen Höhe hat ebenfalls die Schwärmerey zwo Kirchen hervorgebracht, wohin jährlich häufige Wallfahrten geschehen, und wobey es kein Jahr ohne Verunglückung einiger Wahlfahrter abläuft. Allein dieß alles schreckt das schwärmerische Volk von seinen verwirrten Gesinnungen nicht ab. Bey allen diesen sogenannten Gnadenbildern leidet die Ehre der Aerzte ganz Schiffbruch. Der Kranke, der einen Arzt braucht, hat hier, wie in allen Ländern der Welt, die Entscheidung seiner Krankheit auf zweyerley Art zu gewarten, entweder die Genesung oder den Tod; geschieht ersteres, so hat niemals der Arzt die Ehre davon, sondern ein Heiliger, an welchen man sich wendet. Folglich ist auch die Belohnung, welche er erhält, gering, oder gar nichts; geschieht es aber, daß der Kranke stirbt, so kriegt der Arzt allen Fluch auf den Hals, und nur er hat ihn umgebracht; als ob ihn nicht, wie im ersten Fall, der Heilige eben so gut sterben, wie genesen lassen konnte. Ich gebe hier keinen Vertheidiger der Aerzte ab, sondern der Wahrheit. Die

viel-

vieljährige Erfahrung hat mir genugsam bewiesen, wie groß der Schaden für den Staat sey, der aus diesem Aberglauben entsteht, daß man oft die physischen Hülfsmittel ganz vernachläßiget und verachtet.

Zwischen den oben erwähnten zwo Kirchen ist eine kleine Anhöhe, welche doch die höchste vom ganzen Berge ist; auf dieser hatte ich das Vergnügen, über das umliegende Gebirge weg zu sehen, nur über die Kette nicht, woraus gegen Morgen der erwähnte Terglou sein nacktes Haupt empor hebt, und sein angrenzendes und untergeordnetes Gebirge gegen Abend sich fortzieht, bis zu dem noch erhobneren Glokner, welcher Strich vom Gebirge zum Theil die Ummaurung des Seilthals ausmacht. Man hat mich versichert, daß man die beyden hohen Berge von dem Punkt des Dobratsh gemessen habe, und gefunden, daß der Berg Terglou um zwo, und der Glokner um vierhundert Klafter senkrechte Höhe mehr, als erwähnter Dobratsh habe. Dieser letzt erwähnte Berg hat gegen 5 bis 6 Stunden an Länge, und bildet eine schiefe Fläche, wo der niedrigste Punkt bey Ublak oder Villach in der Ebne anfängt, und der höchste Punkt ganz praktisch beym Eingange aus dem Geil- ins Bleyberger Thal aufhört. Dieser Berg besteht aus weißgrauem einförmigem festem Kalkstein ohne alle Versteinerungen, und gehört also zu der einförmigen oder ursprünglichen Kalkkette, wovon das Bleyberger Erzgebirge nur ein Vorgebirge ist, und nicht über die Hälfte an Höhe erreicht.

Die Archive der Klöster in dortigen Gegenden, wie auch die Tradition der Einwohner geben von einem Vorfalle bey diesem Berge Nachricht, die gewiß merkwürdiger ist, als jene von Plurs in Helvetien. In dem 14ten Jahrhunderte stürzte ein grosser Theil dieses Berges in das Seilthal hinab, und bedeckte augenblicklich 17 Ortschaften, (worunter ein paar kleine Märkte sich befanden) welche zusammen 9 Pfarreyen ausmachten. Der Einsturz geschahe beym hellen Tag (ohne Zweifel im Frühjahre;) denn als dieser schreckenvolle Zufall sich ereignete, sahe Abt Floriamundus, Vorsteher eines Benediktiner Klosters, welches Podclostram, auf Deutsch Arnoldstein genannt wird, und gerade dem Berge gegen über auf einer Anhöhe gelegen ist, zum Fenster heraus. Ich habe nicht erfahren können, wie viel Menschen ums Leben gekommen, weil man nirgends eine richtige Nachricht aufgezeichnet hat. Indessen wäre zu wünschen, daß dieser Zufall den Einwohnern der dortigen Kalkgebirge, genugsam bekannt wäre, und den Eindruck machte, damit sie in solchen Gegenden

genden die Walbungen mehr schonten, als welche ein Haupterhaltungsmittel solcher Berge ausmachen. Und besonders gleich an diesem Berge sollte es gegen Mitternacht dem Bergwerke Bleyberg nicht gestattet werden, daß man Schindelmachern und dergleichen Holzwürmern erlaubte, in der schon ohnehin lichten Waldung Verwüstungen anzurichten, dergleichen ich doch bey meinem Besuch des Bergs gefunden habe. Sollte den dortigen Bergwerksvorstehern selbst nicht ungemein viel daran gelegen seyn, ein wachsames Auge darauf zu haben, da sie die ersten sind, die sammt ihren Gruben auf ewig begraben werden könnten? Denn obgleich ihr gedehntes Metallgebirge von zwo Seiten dermalen frey ist, so weiß man doch aus der Erfahrung, daß die Erze davon nicht in das Trapthal fallen, folglich würde also von der Seite keine Hofnung der Gewinnung seyn, wenn das kaum Flintenschußbreite Bleyberger Thal verschüttet würde. Dieses erwähnte Mittel gegen Einstürze der Berge, nämlich die Waldung zu schonen, würde nutzbarer seyn gegen die Wirkungen der Zeit auf die Natur, als der Aberglauben und die seltsame Einfalt, da man suchte, den Berg durch Erbauung der Kirchen, die sich darauf befinden, zu besänftigen. Ein Handgrif gegen den Zorn der Götter, welcher schon in den ältesten Zeiten üblich war, und der noch so lange bleiben wird, bis sich die gesunde Vernunft unter die Religionsdiener mehr ausbreiten wird, welche sie leider noch immer gar zu gern von sich wegzuweisen bemüht sind, und daher auch andere in diesen Gedanken zu erhalten suchen!

Von diesem Berge begab ich mich gegen Ublak oder Villach*) zu, wo ich auf meinem Wege zufälliger Weise hin und wieder in dem Kalkgebirge etwas Murkstein und Trapp fand. Wie diese Steinarten dahin gekommen sind, oder ob sie da ihren Entstehungsort haben, scheint mir ungemein schwer, etwas gewisses darüber zu sagen. Vor Villach liegen einige Eisenhämmer, wovon der Ort Vellach heißt; die Einrichtung dieser Hämmer hat nichts besonders, welches angeführt zu werden verdiente. Rechts von diesem Hammerwerke eine halbe Stunde fängt der oben erwähnte Berg Dobratsch sich ganz sanft an, zu erheben. Hier beym Anfange ist blos Schober, welcher einen Trümmerstein bildet. Ganz in der Ebne fand ich ein warmes Bad, wovon die Quellen aus erwähnten Kalkschober entspringen, und nur eine halbe Stunde von Villach entlegen sind. Ich fand da ein Haus mit zwoen Schwemmen,

*) Siehe den Valvasor und Bäsching, an den angeführten Orten.

men; so wie man sie für die Pferde braucht, mit einem hölzernen Gatter umgeben, worinn sich diejenigen badeten, welche sich das Wasser nicht besonders wärmen liessen. Als ich den 24. Sommermond 1780 da war, um das Wasser zu untersuchen, so zeigte mir mein Wärmemesser nach reaumurischer und fahrenheitischer Leiter, 24 nach ersterer, und 85½ Grad nach letzterer; es war damals ein warmer Tag, und das Queckfilber stieg in der Sonne auf 28 reaumurische Grade, und im Schatten fiel es auf 25, folglich war das Badwasser damals um 1 Grad kälter, als der Dunstkreis. Der Einsturz des Dobratsch soll diese warme Quelle sehr geändert haben.

Paracelsus und Rolandus haben schon dieser Quelle Erwähnung gethan, aber mit mehrerem Lobe, als man ihr heut zu Tage geben kann. Indessen ist es möglich, daß sie mit jenen Zeiten viel von ihrer Güte verlohren haben kann.

Das Wasser ist klar, ohne Geschmack und Geruch, doch gab es damals einen Dampf von sich, die Quellen sind beständig, und machen keinen andern Bodensatz als die Kalkerde, die sie mit sich führen. Die eingegossenen Mineral- und Pflanzensäuren machen keine Aenderung. Die Auflösungen des Queckfilbers, und Silbers machen das Wasser etwas milchfarbig, wovon die davon entstehende Haut auf dem Wasser eine dunkle Regenbogenfarbe machte. Der Veilchensaft, und die Lacmustinctur machte nur eine geringe vergängliche Aenderung, welche mehr der flüchtigen Mineral- oder Luftsäure zuzuschreiben ist, als irgend etwas anderem. Das geflossene Weinsteinsalz, machte eine schwache Perlfarbe mit dem Wasser. Die Hornlauge, Galläpfelauflösung, das Farbeholz u. s. w. machten keine Aenderung, so wurde auch das blaue Papier nicht geändert, noch viel weniger, daß ich durch silberne Platten oder andere dazu schickliche Mittel Schwefel darinn hätte entdecken können. Ich nahm nur 20 lb. von dem Wasser, und untersuchte es durch die Distillation. Nach aller Regel erhielt ich daraus nicht mehr als 10 Gran einer Kalkmergelerde, welche, nachdem ich sie unter der Mufel geröstet hatte, keine Spur von Eisen gab. Das Salz, welches ich nach dem Filtriren und gehöriger Abdünstung erhielt, war kaum 4 Gran eines unreinen Bittersalzes. Aus diesem sehr geringen Bestandtheil ersieht man klar, daß, wenn dieses Wasser ja einige Wirkung hat, so besteht solche blos in dem wenigen flüchtigen Mineralgeist; denn die natürliche Wärme ist in keine Rechnung zu bringen, indem man sich meistens das Wasser wärmen lassen muß.

Von diesem Bade nahm ich meinen Weg aus dem Trag- ins Geil- thal zu; bey Villach kommen die zwey Thäler zu Ende, wo sich dann die Geil in die Trag ergießt. Da mein Weg gegen Abend gerichtet war, so um- gieng ich den Berg Dobratsh, wo ich denn von dem eingestürzten Berge alles kalkartig und hüglich fand; allein alle diese Trümmer sind schon überwachsen, und wieder mit Ortschaften besetzt. Nachdem ich bis gegen Suet Canzian kam, wandte ich mich auf die andere Seite der Sila oder des Geilflusses. Zwi- schen Arnoldstein und Färnitz muß ebenfalls einmal ein grosser Einsturz des Gebirges vorgefallen seyn, indem die Ueberbleibsel mehr als merklich noch da liegen; und ob man gleich weder etwas schriftliches, noch aus der mündlichen Ueberlieferung in Erfahrung bringen kann, so ist doch nicht zu zweifeln, daß der Einsturz dieser Gebirge eben so beträchtlich, als jener des Bergs Do- bratsh gewesen seyn sollte.

Die Ursache, warum hier so grosse Einstürze der Berge geschehen sind, mag wohl blos darinnen zu suchen seyn, daß die jährlichen öfteren Regen- güsse, nachdem die Berge von Wäldern entblößt sind, solche der Verwitterung aussetzen, und sodann auch das tiefere Einschneiden der Flüsse, wobey die Ge- birge immer mehr von ihrer natürlichen Masse verlieren, und senkrechter wer- den. Alles dieses Gebirge allhier ist von einem schwärzlichgrauen Kalksteine, so habe ich auch solches über das ganze Gebirg Na-Koren, oder sogenannten Wurzen gefunden; da hier ein Theil der Alpkette wie eingesunken oder er- niedriget ist, so hat man aus dem Geil in das Oberkrainer Thale eine Her- strasse geführt. Der Marmor ist nicht selten in diesem Gebirge, so wie auch Kalk- und Trapschiefer; von letztern hat man hin und wieder deutliche Pro- ben seiner zeitlichen Entstehung, man darf nur jenes Geschiebe davon untersu- chen, welches auf der Südseite sich befindet. Bevor ich noch Prsile oder das Geilthal verlasse, muß ich noch die dortige Landestracht beschreiben.

Die Kleidung eines Mannes besteht in einem gespitzten Hut, um den Hals tragen sie ein grosses weisses Kres, dann einen Brustlatz, wor- über ein Hosenträger geht, darüber ein kurzer Rock; die Beinkleider kurz, und weit, an den Füssen Strümpfe mit geschnürten Schuhen. Die Weiber haben eine Art Kopftuch, welches mit ins Gesicht hangenden Falten eine kleine Haube vorstellt, um den Leib ein kurz geschnürtes Leibel, mit einer grossen Halskresse. Der Rock reicht nur bis an die Knie, das kleine schmale

Vor-

Vortuch oder Schürze ist, wie der Rock, mit farbigen Bändern besetzt. Von dieser Tracht haben die Deutschen ihren Hanswurst und Columbina ganz gewiß geborgt, denn die Kleidung, bis auf die langen Hosen, ist eben dieselbe. Man sehe auf der National- und Gebirgkarte dieses Landes, wo solche unten zu Anfang abgebildet sind. Ich hatte einmal das Vergnügen einer Hochzeit dieser Leute beyzuwohnen; alles kam geritten; jeder Bursche hatte sein Mädchen vor sich auf dem Pferde sitzen. — Ihre Tänze sind ungemein heftig, wobey ein Blödsinniger sich nicht wenig ärgern kann, indem bey der kurzen Kleidung der Weiber, die Hälfte des Körpers beym Springen ganz nackt erscheint. Sie haben jederzeit ihre Vortänzerinnen, welche sich von allen übrigen Frauenzimmer durch grosse mit Bändern geflochtene Zöpfe zu unterscheiden wissen. Ob es gleich unter ihnen schöne Gesichter giebt, so sind sie aber dennoch oft durch die Unsauberkeit überaus verstellt. —

Da ich stets rechts an dem Trappfluß meine fernere Untersuchung des Landes fortzusetzen gesinnet war, so nahm ich meinen Weg zu dem Fakersee. Dieser ist unbeträchtlich, mit hüglichten Gebirge umgeben, wovon das mehreste Kalk ist, doch giebt es auch Schiefer und Trapp. Von hier aus kam ich nach Rosenbach, wo sich wohl eingerichtete Stahlhämmer befinden; der Betrieb ist dermalen stark davon, allein allem Ansehen nach möchten sie von keiner langen Dauer seyn, weil sie in kurzer Zeit einen Mangel an Kohlen leiden werden. Da hier nun die Hauptalpenkette stets rechts liegt, so hat man eine angenehme Aussicht über die hüglichte Fläche nach Klagenfurt zu. Der Boden dieser Fläche ist blosser Dachschober, ohne Zweifel vom Trappfluß, der ehedem hier floß. Nach einigen Stunden Wegs in dieser Fläche wandte ich mich in das Gebirg der Selenitze und Loibel, um zu denen Slavenske Lame oder Windisch Bleyberg zu gelangen; bis dahin hatte ich weissen und grauen Kalkstein, sehr selten etwas Mergel und Thonschiefer.

Das hiesige Bergwerk steht erst seit 55 Jahren, und wird von 4 Gewerken betrieben, welche in allen 50 Arbeiter halten, sowohl zur Ausbeute als zur Scheidung und Schmelzung, welches alles vollkommen nach dem oben beschriebenen deutschen Bleyberg behandelt wird. Der Lohn eines Mannes ist 15 Kreuzer des Tages, Hutleute und Schmelzer ausgenommen, welche mehr haben.

Die Lage dieses angehenden Bergwerkes ist in der kalkigen Alpkette in einem engen Thal. Alles wird stollenweise behandelt, und die mehresten Stollen davon sind gegen Mitternacht in das Gebirge gerichtet. Ich habe die tiefesten dieser Stollen befahren, und dabey gefunden, daß die Erze hier nie anders als zufälligerweise in Mugel und Putzen brechen. Die Steinart, worinn sie brechen, ist ebenfalls der weißgraue Kalkstein, worinn sich oft Gipsspath findet. Die Erze sind erstens eben der groß- und kleinspriesige Bleyglanz, wie zu Deutsch-Bleyberg, bey welchen etwas weisser Gallmey mit einbricht. Cristallisirten Bleyglanz habe ich nicht gefunden, aber wohl cristallisirten Bleyspath, so wie auch derbes Bleyerz, als:

1.) Plumbum spatosum cristallisatum album, cristallis capillaribus inordinatim sparsis. Dieser fadenartige weisse Bleyspath ist halb durchsichtig, unordentlich, in kleinen Höhlen des Bleyglanzes gelagert, manchmal haben die Spitzen dieser Cristallen eine abgestumpfte Fläche, wie ein Griffel. Wo er sich in den Höhlen befindet, da ist auch jederzeit Gallmey dabey.

2.) Plumbum spatosum cristallis niveis hexaëdro prismaticis. Gegenwärtige Cristallen sind eben so weiß, wie vorgehende, und sehr klein, doch kann man die sechs Flächen davon an dem Prisma bemerken.

3.) Plumbum spatosum cristallisatum cubicum cinereum. Nur halb durchsichtig sind diese cubische Bleyspathcristallen, die Farbe ist recht aschgrau. Sie sitzen zum Theil frey in kleinspeisigem Bleyglanz, welcher mit Gips und Gallmeyocher gemischt ist.

4.) Plumbum spatosum cristallisatum irregulariter virescens. Die grüne Farbe an diesem Bleyspathcristallen ist ganz blas, die Figur ist aber ganz unordentlich, selten sind die Cristallen über einige Linien lang, und ebenfalls in kleine Höhlen eines schwarz zerfressenen Bleyglanzes gelagert. An einigen habe ich gefunden, daß die grüne in eine gelbe Farbe übergeht. Das Stücke, was ich in der Grube zu meiner Sammlung abbrach, besteht aus Bleyglanz mit weißstrahligen Gipsspath und Gallmey gemischt.

Sonst

Sonst habe ich von Erzarten nichts besonders merkwürdiges bey diesem Werke beobachtet. Die Erze überhaupt genommen, sind leichtflüssig, weniger zinkisch, als zu Deutsch-Bleyberg, und erfordert die Schmelzung ebenfalls allhier, daß die Schliche auf 50 lb. im Centner Halt gebracht werden. Die jährliche Erzeugniß in diesem Werke ist dermalen noch gering, indem sie noch selten auf 1000 Centner steigt.

Von diesem Werke aus wollte ich gegen Mittag über das Gebirg ins Oberkrainer Thal setzen; allein da alles einförmig kalkartig war, nahm ich meinen Weg der Landstraße zu, welche über den Loibler Berg geht. Bis zu dem am Fuße des Bergs gegen Mitternacht gelegenen Hammerwerke fand ich nichts als Kalkschiefer, und dergleichen Trümmersteine. Das hier befindliche Eisenwerk hat nur ein paar Schläge, überhaupt ist an der Arbeit nichts besonderes, das angeführt werden könnte, ohne in unnütze Wiederholungen zu verfallen. Eine kleine Stunde von diesem Werke vor der Kette in der Ebne liegt ein kleiner Ort, Förlach oder Vörlach genannt, wo sich mehr als 500 Gewehrarbeiter befinden, wovon einige nichts als Röhre schmieden, andere nichts als Schlösser, oder die Schäfte dazu machen. Insgesammt machen diese Leute eine ansehnliche Fabrik aus, und verfertigen für den größten Theil der kaiserlichen Armeen das Schießgewehr. Ich habe vieler ihre Arbeit gesehen, und muß gestehen, daß sie mich nicht jederzeit befriediget, allein die Schuld liegt nicht ganz an den Arbeitern, sondern an dem sehr geringen Preise, welchen man ihnen darauf setzt; denn wenn man gut zahlt, so machen sie auch recht gute Waare, nur der englischen ist sie noch nicht an die Seite zu setzen, indem es ihnen nicht allein an dem gegossenen Stahl fehlt, sondern sie wissen auch nicht die ächte Polirung zu geben. Jetzt, da es Friede ist, haben sie wenig Arbeit, und so sind viele genöthigt, sich auf die Verfertigung kleiner Eisenwaaren zu legen.

In dieser Gegend liegen noch einige Stahl- und Eisenhämmer, wovon jene von Billerza oder Feistritz am besten eingerichtet sind, aber auch bey allen diesen habe ich nichts besonderes gefunden. Im übrigen besteht die ganze Gegend aus Schoder, der ohne Zweifel von dem Trappfluß und denen Wildbächen aus der Alpkette herbey gebracht worden. Ich fand ihn an einigen Orten über 100 Lachter hoch.

Von hier aus erstieg ich das Gebirge gegen Morgen, um es durch zusuchen. Die Hauptberge bestehen aus dem Kalkstein, zwischen welchen Hügel von Quarztrümmerstein, Schiefer, selten Trapp, und ganz weisse Quarzfelsen liegen. Ein paar mal fand ich dunkelbraunen Porphyr mit Basalt; an einigen Orten hat man eine Spur von Kupfer und Bley entdeckt; man hat mich auch selbst an Ort und Stelle geführet, um darüber zu urtheilen, ob man sich in einen Bau einlassen könne, oder nicht. Allein ich habe es damals für nichts weniger als hofnungswürdig gehalten, und vollkommen davon abgerathen; nun habe ich Gelegenheit es öffentlich zu bestätigen, da man meinen Rath nicht befolget, und mit verlohrner Mühe und Unkosten hat aufhören müssen. Denn wer sollte sich wohl Hofnung machen können, in einem sehr geringen eingesetzten zeitlichen Gebirge, wie jenes war, anhaltende Erze zu finden, da rings herum nichts als ursprüngliche Kalkgebirge stehen, welche uns schon durch so viele hundert Jahre sattsam erwiesen haben, daß Bley und noch weniger Kupfer jemals angehalten, oder bauwürdig in diesem Gebirge gewesen sey; nicht einmal bey uns in dem zeitlichen Geschiebe von Vor- und Mittelgebirge; und wenn sich auch Anzeige und lohnende Ausbeute fand, so war es jederzeit ohne Dauer, wie denn in dem ganzen Landstrich, der über der Bergkette gelegen ist, jetzt aller Bergbau ein Ende hat. Thon und Kreide sind nicht selten in diesem Gebirge, so auch grauer oft wie aus Schichten bestehender Hornstein. Ein paar mal traf ich auch Gestellsteine an, bey einem war Thon mit eingemischt.

Aus diesem Gebirge wandte ich mich abermals gegen Norden in die Ebne von Klagenfurt. Man versicherte mich, man habe in dem Abfall des Gebirgs magnetisches Eisenerz (Ferrum retractorium) gefunden, allein ob ich gleich in eben der Gegend herum gesucht habe, so sind mir doch keine Anzeichen dazu aufgestossen, um solches bestätigen zu können. Da ich meinen Weg nach Swet Mancta fortsetzte, so hatte ich nichts, als zeitliche Hügel, welche von den Steinrissen der Alpkette gebildet wurden; wo nicht frischer Kalkschober aufgesetzt war, da waren sie schon mit fruchtbaren Wiesen bedeckt. Hier fand ich einen sehr grossen und weissen Quarzfelsen ganz frisch von dem Kalkgebirge herunter gestürzt; ein gewisses Zeichen, daß aller Orten hier das hohe Kalkgebirge mit fremden Steinarten durchsetzt sey. An diesem Gehäng des hohen Gebirges setzte ich meine Untersuchungen über Kamen oder Stein nach Bleyburg zu fort. Die Fläche ließ mir keine andere Steinart als

Kalk-

Kalkschober und eben solche Breccia gewahr werden, manchmal war letztere so fest, daß sie zu Mühlsteinen gebraucht werden könnte. Nicht weit von dem kurz vorher erwähnten Orte befinden sich ein paar kleine Seen, welche aber mehr Teichen zu vergleichen sind, und wie man mich versicherte, nicht jederzeit Wasser haben.

In dieser Ebne fand ich aller Orten bewachsene und bebaute Flußbetten, welche ohne Zweifel von Zeiten das Wasser der Wildbäche, welche in der Landessprache Bistra oder Bisterzé genannt werden, faßten, die sich von dem Gebirge O'ver, spiza-verh, und Rugo herabstürzen. Aus der Ebne von Bleyburg, nicht weit von dem Ufer des Trappflusses, bestieg ich dieses Gebirge, welches aus dem allgemeinen weißgrauen Kalkstein besteht. In dem Schluchten Ostwärts fand ich häufig Geschiebe von Schiefer und Thon, worinnen ich verschiedene gefärbte grobkörnige Kiesel, manchmal auch grünen und braunrothen Jaspis fand.

Aus diesem Gebirge wandte ich mich Nordwärts zu dem hohen Berge Petza. Südwärts befindet sich in diesem mächtigen Kalkberg ein Bau auf Bley, welchen man die Bärengrube nennt. Aus dem Graben Tschernpotok oder Schwarzenbach bis zur Grube, welche beynahe senkrecht in die Kalkfelsen eingetrieben ist, mögen wohl über 100 Klafter Höhe seyn. Der Weg zur Grube ist beschwerlich. Der eingetriebene Stollen ist regelmässig gebaut, und so auch, so viel es thunlich ist, die Seitenauslenkungen darinn. Die ganze Arbeit wird mit 4 Mann betrieben, die ein Jahr ins andere 300 Centner Bley erzeugen, welches im Lande verkauft wird. Gänge habe ich in dieser Grube, so wie nirgend in dem Hauptkalkgebirge gefunden; sondern die Erze brechen in Mugeln, und Putzenweise, und zwar nicht mächtig, meistens in Kalkspath. Ich habe kein anderes Erz, als den grobwürflichten Bleyglanz gefunden. Die Aufbereitung der Erze zu Schliche ist eben so, wie ich zu Deutsch-Bleyberg erwähnt habe, und so auch die Schmelzungsmethode. Der Innhaber dieses kleinen Werkes hat an dem Fuße des Bergs Eisenhämmer, welche mit vielem Vortheil betrieben werden könnten, wenn nicht die Flossen von Huttenberg und Friesach so weit hergeholt werden müßten, denn hier gebricht es weder an Wasser noch an Holz. Das ganze Werk ist noch von keiner langen Dauer, denn ich fand die Gebäude dazu ganz neu, des Verwesers Haus ausgenommen. Das ganze Werk begreift in sich ein Zerrennrennfeuer mit einem Walaschhammer, einen Streck- und zween Zeinhämmer, vier Dratzüge, und fünf Nagelschmiedenfeuer, wo bey einem jeden Feuer fünf paar Arbeiter sind.

Die Einrichtung des ganzen ist mehr zu loben, als zu tadeln, denn beynahe alles ist nach neuer Behandlungsmethode eingerichtet, nur die Mannszucht bey den Arbeitern taugt nicht, welcher Fehler aber fast bey allen Gewerken herrscht, indem das Weglaufen von einem Herrn zum andern, wie auch das Schuldenmachen, noch nicht so eingeschränkt ist. Das Schuldenmachen aus Unglück sollte mit öffentlicher Sammlung unterstützt werden, aber das, welches mit Vorsatz, liederlichem Lebenswandel, und häußlicher Verschwendung geschieht, sollte jederzeit die Strafe des Diebstahls nach sich ziehen. Als ich hier im Werke war, machten sich die Beamten Hofnung, daß ihr Herr ein nicht weit davon entlegenes Werk mit Eisengruben kaufen würde, wo sodann mit eigen erzeugtem Gut die erwähnten Hämmer mit besserem Vortheil betrieben werden könnten.

Der Bach, der hier durch das Hammerwerk fließt, hat den Namen Miiß, obgleich ein Seitenbach, der sich darein ergießt, Zhern-potok, oder Schwarzenbach, so wie auch das Hammerwerk genannt wird. Ich verfolgte ersteres Wasser gegen Süden seinem Ursprunge nach. Anfangs hatte ich nichts, als den gemeinen Kalkstein, als ich einmal hinter die Kette, oder das hohe Kalkgebirge kam, wurden die Berge sanft ansteigend, und nun fieng der Schiefer von allerley Gattung an, dann endlich blosses Felsgebirge, welches sich gegen Westen dehnte, wo es, so wie gegen Osten, mit dem Kalkgebirg umgeben war.

Die erste merkwürdige Steinart, die mir zu Gesichte kam, war ein kleinkörniger Granit, von Farbe schwarzgrau. Seine Bestandtheile waren: kleinkörniger Quarz mit eben so gebildeten schwarzen Basalt oder Schörl, wenig Glimmer, und in einem Stücke, welches einem Schuh im Vierecke hatte, waren halbe Zoll grosse, weisse Feldspathcristallen, Zollweit aus einander stehend eingemischt, wovon die Figur aus länglichten Vier- und Fünfecken bestunden; oft aber hat solcher auch keine bestimmte Figur. Dieser Granit kommt dem granites nigricans cum quarzo albo fragili des Wallerius nah.

Ein anderes daran stossendes Gebirg, hat eine dem äusserlichen Ansehen nach etwas ähnliche Steinart. Es war ein sehr festes Gemisch von

grauen

grauem Quarz mit wenig schwarzen Schörlcristallen, und hin und wieder mit grossen Feldspathcristallen eingestreut, welche die vier- aber selten die dreyeckige Figur hatten. Das besondere an diesem Feldspath ist, daß die halben Zoll dicken Cristallen mehr rund, als eckig sind, wovon der Kern durchsichtig und fleischfarbig, der ein bis zwo Linien dicke Rand weiß und undurchsichtig ist. Die Italiäner nennen diesen Stein Breccia pidochiosa, wenn er klein gesprengt ist, wie er auch hier oft zu seyn pflegt, und also diesem Kopfinsekt ähnlich sieht. Ich habe niemals einen Glimmer dabey bemerkt, folglich gehört er denn auch nach der Bestimmung der Schweden mehr zu dem Trümmersteine, als zu den Granitarten. In eben diesem Gebirge befindet sich eine etwas ähnliche Steinart mit eingemischt. Ihre Bestandtheile sind halbe und mehr Zoll lange Würfel von grauem Feldspath, wovon der Kern durchsichtig grau, der Rand aber milchweiß und undurchsichtig ist; dieser macht drey Viertel des ganzen aus: dann etwas Quarz, schwarzer Schörl, und ungemein selten Glimmer. Ich hielt zu Anfang den weissen Rand des Feldspaths für eine Verwitterung, allein auch der Kern von grossen Stücken dieses Granits hat mir eben dieses gezeigt. Ich habe diesen sowohl als erst erwähnte Steine im Gebirg nicht anhaltend, sondern meistens mit Quarz- oder Felsschlefer abgesetzt gefunden. Die Verwitterung davon giebt einen grauen Thon, so daß, wo das Gebirge nicht prallich ist, sich eine besondere Art Flöze bildet.

Da mir dieses Gebirg sehr merkwürdig vorkam, und alle Achtung der Untersuchung zu verdienen schien, ob es nicht auch metallhaltig wäre, so setzte ich meine Untersuchungen weiter fort. Die Abwechslung war in einer Strecke von ein paar Stunden wohl zehen, und mehrerley, bald Granit, Schlefer, Trümmersteine, Gneis oder Gestellsteine mit Thon, Kalkstein mit Glimmer u. s. w. abwechselnd; allein ob ich mich gleich stets in den Einschnitten der Wildbäche hielt, um zu erforschen, ob bey der Ablösung zweyer verschiedenen Gebirge nicht wo eine Spur auf Metallgänge zu finden sey, so habe ich doch aller angewendeten Mühe nichts, als ein wenig zerstreuten, unbedeutenden Eisenstein entdecken können. Indessen war es mir angenehm, bey diesen Untersuchungen einen Granit zu finden, der dem orientalischen beynahe gleich kommt. Es war il granito rosso orientale der Italiäner. Doch ist er eigentlich nicht im strengen Verstande mancher Mineralogen Granit zu nennen, besonders nach der Bestimmung der Schweden, indem ich niemals

Oryctogr. Carniol. III. Th.   O   an

an den übrig gebliebenen Arbeiten der alten Römer, Griechen u. f. w. weder in Rom, noch in andern Städten Italiens, einen Glimmer in der Einmischung dieses sogenannten Granites gefunden, sondern die Bestandtheile waren blos rother Feldspath, durchsichtiger Quarz (quarzum hyalinum) und schwarzschuppichter Schörl; und so ist gegenwärtige Granitart aus eben diesen Theilen zusammen gesetzt. Es ist ganz ungezweifelt, daß um einen dauerhaften Granit zu haben, niemals Glimmer dabey seyn muß, und wäre nicht der gegebene Lehrsatz der Schweden so allgemein angenommen, daß der Glimmer als ein Hauptbestandtheil des Granits anzusehen sey, so würde ich mich nicht genau an diese Bestimmung gehalten haben. Denn man sieht wohl, daß sie nicht den Stein recht kannten, den die Italiäner Granito (Kernstein) nannten, sondern sie belegten ihre Steinarten mit Namen nach Willkühr, welches ihnen leichter fiel, als uns zu errathen, was sie damit haben wollen; Der Feldspath, welcher meistens blaßroth, aber auch zum Theil weiß ist, macht zwey Drittel des Steins aus; das übrige ist Quarz und schwarzer Basalt. Was mancher mit der unbestimmten Bedeutung des Worts Schörlglimmer haben will, weiß ich nicht, denn zu welchem Körper können zween Geschlechtsnamen passend seyn? Allein die Untersuchungen, die so obenhin geschehen, haben die reisenden Mineralogen oft wenn sie eine schwarze Einmischung im Granit fanden, in Zweifel gesetzt, welchen Namen sie ihm beylegen sollten. Um also etwas zu sagen, so hat man einer Sache eine Benennung gegeben, womit man doch zum Theil hat wahr bestimmen wollen. Diese Benennung des Schörlglimmers ist dem blätterichten Schörl des Vesuv, Basaltes spatosus nigrescens ebenfalls völlig wider den Sprachgebrauch gemein. Ich werde ein andermal mehr Gelegenheit haben, mich darüber zu erklären.

Zwischen dem letzt erwähnten Granite bricht eine Abart desselben, welche mir noch nicht zu Gesicht gekommen. Der Bestandtheil ist Feldspath mit durchsichtigem Quarz, sehr wenigem Basalt, und eisenschüssigem Thone, dessen mir aber so viel zugegen zu seyn scheint, als zur Bindung der Theile nothwendig ist, so wie bey dem Geisberger Steine in der Schweitz, der nichts als ein Granit ist, welcher nebst seinen gehörigen Bestandtheile Steatit hat. Die oben angeführte Granitart hat sehr viel ähnliches mit derjenigen, welche Charpentier bey No. 3. in seiner mineralogischen Geographie von Chursachsen Seite 267. anführt, nur daß bey dem unsrigen kein Glimmer, sondern

blos

bios Basalt zugegen ist. Mit diesem Steine bricht auch häufig ein Gemisch von Quarz, schwarzgelbem Glimmer, und länglichten Schörlcristallen. Von Anfang hielt ich den darin sitzenden Glimmer für Hornblende, welche hier im Gebirge auch nicht selten ist, besonders eine recht kleinschuppichte mit Quarz gemischt.

In diesem erwähnten Granitberge habe ich viel schwarzen Schiefer gefunden; manche Stücke sahen ganz pockennarbig aus, wenn ich sie das erstemal zu Gesichte bekam, deswegen hielte ich es für den sogenannten Sternstein, und glaubte sicherlich eine Versteinerung vor mir zu haben. Auf der obern Fläche dieses Steins, so weit die Verwitterung wirken kann, sind lauter runde Vertiefungen, so wie die Schlacken beym Eisenschmelzen oft haben, wenn Eisenkörner darinn stecken; bey andern bemerkte ich anstatt dieser Vertiefungen eben gebildete Erhabenheiten, wie bey den versteinten Madreporen; in einem frischen Bruche kann man nichts merken, so gleichförmig ist alles. Sollte es bey dem Thon nicht eben so zugehen, wie manchmal bey dem kalkartigen Erbsenstein geschieht, daß in währender Hartwerdung einige Theile durch schwächere oder stärkere Anziehungskraft sich eher bilden? oder haben vielleicht die rund gebildeten Theile des Körpers etwas fremdartiges in sich, welches nach den allgemeinen Gesetzen der Natur sich zu dem Mittelpunkte bestrebt? ich habe wenigstens durch einige damit angestellte Versuche nichts entdecken können.

In dem Vicentinischen bricht ebenfalls ein solcher Stein, den man dort Basalto verrucoso zu nennen pflegt, allein auch dieser schmilzt nicht für sich im Feuer, folglich mag wohl vieles davon bloßer Thon seyn.

Eh ich aus diesem Granitgebirge gieng, fand ich auch hin und wieder eine Menge Schichten aus Quarz, Thon, Glimmer, mit und ohne Feldspath bestehend, oder sogenannten Gneise, welche mit allen jenen, die im Sächsischen Gebirge brechen, vollkommen ähnlich sind, durch ihre oft verschiedenen Mischungen. Wer sich also Sammlungen davon machen wollte, würde sie hier eben so vollkommen erhalten können, als wenn er sie aus Sachsen kommen ließe. Im übrigen muß ich gestehen, daß hier die verschiedenen Gneise sich nicht so verhältnißmäßig in ihrer innerlichen Bildung verhalten, wie man in andern Ländern beobachtet haben will. Denn ich fand den Gneis bald grob, bald feinkörnig auf dem Granit aufsitzen, ja manchmal war er so, daß ich die Quarztheile sehr klein, und den Feldspath gar nicht mehr fand, so aufgelöst

löst war er schon. Aus dieser so grossen Aehnlichkeit der Gebirge und Steinarten mit den Sächsischen, sollte man doch die weitern Untersuchungen nicht unterlassen, ob mir gleich keine Entdeckungen von Metalle gelungen waren, denn was kann man wohl in einer so kurzen Zeit thun, als ich mich dabey aufhielt; ich glaube es wäre sehr zum Vortheil des Staats zu wünschen, daß die Bergwerkskammer das ganze Gebirge durch Kenner durchschürfen ließ, wie das Bergamt Hydria vor 20 Jahren mit dem Unterkrainerischen Gebirge that. Eine solche Arbeit kann zwar fruchtlos ablaufen; allein da die Unkosten dabey gering sind, und immer sehr beträchtlicher Vortheil daraus erhalten werden kann, so wäre wohl in jeder Rücksicht eine solche Unternehmung lobenswürdig; denn wie kann man in einem Staate, wo man auf Vernunft Anspruch macht, wohl verlangen, daß jede Unternehmung glücken soll? Oder wer kann so verkehrt denken, daß er eher eindrnten wollte, als ausgesäet ist?

Hierauf setzte ich meine Untersuchung in diesem Gebirge nordostwärts fort. So lange als ich noch in diesem stücklichten Schiefer- und Granitgebirge, welches nichts, als die Vorgebirge der Kalkkette bildet, war, fand ich noch alles mit Wald bedeckt. Mein ferneres Aufsteigen führte mich wieder in das Kalkgebirge. Die Gränzen dieser Gebirge waren häufig mit rothem Thone besetzt, worinnen ich oft etwas von einem Porphyr ähnlichen Gestein fand, auch einen groben Wetzstein mit Glimmer, oder eine Art Gneis.

Da ich nun wieder das Hauptgebirge erreichet hatte, fand ich den vorigen gewöhnlichen Kalkstein ohne Versteinerungen. Der Berg, den ich bis zu seiner Spitze zu steigen hatte, hieß Ursulaberg. Es befindet sich auf demselben eine Kirche, welche dieser Heiligen gewidmet ist. Ich mußte hier mit meinem Begleiter, dem Schürfer, über Nacht in einem einschichtigen Hause bleiben. Bey dieser Gelegenheit sahe ich einen Auftritt, der bey uns etwas ungewöhnliches ist. Es kamen einige Herumstreicher, die hier zu Lande Plaischer genannt werden, aus der Ursache, daß sie mit Lumpen oder zerrissenen Mänteln behängt sind. Sie begehrten Speise vom Wirthe mit vieler Keckheit; man mußte sogleich, mit wem man zu thun hatte, es wurde ihnen etwas gegeben; allein an die Bezahlung war nicht zu denken. Als ich davon benachrichtigt wurde, wollte ich, man sollte sich dagegen setzen; allein der Wirth sagte mir: „mein Herr! sie gehen Morgen fort, ich bleibe hier; folg„ich ihnen, so kann es mich mein Haus kosten. Es ist besser, etwas weniges

„hin-

„hinzugeben, als alles zu verliehren." Ich muß gestehen, seine Antwort überzeugte mich, daß es viel klüger war, was er that, als wenn er meinem Rathe gefolgt wäre, und sich widersetzt hätte. Dieses Gesindel blieb in der nahe gelegenen Waldung über Nacht, weil die Gränzen von Krain und Kärnthen hier sind, und sie in dergleichen Gegenden mehr Sicherheit haben, da sie wohl wissen, daß ein Gericht in das andere nicht gern Eingriffe macht, um die Weitläuftigkeiten mit der Erlaubniß dazu zu vermeiden. Da ich am folgenden Morgen den Berg ganz zu besteigen gedachte, widerrieth man mir solches, ausgenommen wenn ich einige Mann zur Bedeckung mitnähme. Allein dies machte mir zu viel Umstände. Ich gieng ganz allein, ließ meinen Begleiter mit dem Gelde, was ich bey mir hatte, zurück, und bestieg also den Berg bis zu seinem höchsten Gipfel, in den Gedanken, wenn ich von diesen Leuten angepackt würde, ich ihr Vorhaben vereiteln wollte. Allein ich bekam keinen einzigen zu sehen, und konnte also meine Untersuchungen ganz ungestört vornehmen.

Auf diesem Berge konnte ich jenes ganze Granit- und Schiefergebirge dessen ich oben erwähnt habe, vollkommen übersehen. Ich sah, wie die Alpkette, welche ich aus Karnien bis hieher verfolgt hatte, zu Ende gieng, und mit einem andern Zweige, welcher nach Süden streicht, hier einen Winkel wie ein V machte, und in diesem Winkel des hohen Kalkgebirges waren die erwähnten Granitberge gelagert. In einer solchen eingeschlossenen Lage, wo alle verwitterte Theile der Berge sich durch Hülfe der Nässe ruhig niederlassen können, muß man wohl nach aller Wahrscheinlichkeit verborgene edle Gänge vermuthen, denn ich bin weit entfernt zu glauben, daß es nicht in allen Gebirgsarten Gänge geben könnte, die Erfahrung hat mir es sattsam bewiesen. Wie oben gesagt, würde ich sie in ursprünglichen Gebirgen seltener suchen, als in andern, welche zeitlichen Herkommens sind. Im Granit habe ich dieses mehrmalen bey einer beträchtlichen Höhe gefunden, wie man aus meiner mineralogischen Lustreise sehen kann; aber im alten Kalkgebirge, wo niemals Versteinerungen angetroffen werden, ist mir noch niemals eine zu Gesichte gekommen. Gegen Osten hatte ich ein hohes Gebirge vor mir, welches mit Waldung völlig überdeckt war, und den Namen Bacher führt. Man hat mich versichert, daß es nur ein paar Klaftern niedriger ist, als der Ursulaberg, worauf ich mich befand. Ich hatte aus vielfältiger Erfahrung alsbald gemuthmasset,

masset, daß jedes Gebirge, welches eine etwas beträchtliche Höhe hat, und mit Waldungen bewachsen ist, jederzeit Schiefer- oder Granitgebirge sey, wo im Gegentheil die Kalkgebirge bey einer solchen Höhe schon meistens ganz kahl sind. Nachdem ich hier, so wie auf andern hohen Gebirgen, Beyträge und Verbesserungen zu meiner Gebirgkarte genommen hatte, setzte ich meinen Weg über den Berg hinunter in das Thal nach Osten zu, um zu wissen, wie weit, und wo der Kalkstein ein Ende nehmen würde. Auf einer Strecke von mehr als 4 Stunden, die der Berg an Höhe hat, fand ich nichts als Kalkstein und rothen Marmor, mit schönen weissen Spathadern durchsetzt, oder rosso di Francia. Erst da, wo ich zu dem Marmor gelangte, welcher beynahe die halbe Höhe des Bergs erreicht, fand ich eisenschüssigen Thon, welcher von dem verwitterten Kalkstein entstund. An dem Fuß des Bergs fand ich auch verschiedenen trümmerartigen Marmor ebenfalls von rother und grauer Farbe, oder Breccia antica rossa et cenericcia der Italiäner. Alles dieses lag nur hin und wieder auf dem Kalksteine zerstreut, oder aufgesetzt. Als ich nun ins Thal gelangte, zu dem Ort Slavenigradez oder Windisch-Gräz, *) so sahe ich, wie sich eine halbe Stunde davon der Kalkstein in dem Granite verlohr, und also hier der gegen Norden laufende Zweig der kalkartigen Alpkette ein vollkommenes Ende nahm. Nun machte ich einige Untersuchungen gegen den Tragfluß, und einen Theil des Gebirges Bacher bis zu dem Orte Reisnika zu. Ich fand dieses zu Anfang etwas flötzartig mit Kalk und Schiefer gemischt, nachgehends aber granitartig, welche letzte Steinart das Gebirge gegen Osten bildet.

Aus dieser Gegend des Flusses, der mir die Gränzen meiner Untersuchung setzte, wandte ich mich gegen Süden, um noch ferner in dem oben angeführten Winkel der Kette die Gebirge zu untersuchen. In meinem Vorrücken hatte ich die Kette rechts, wo der Ort Lubno oder, welchen die Deutschen Laufen nennen, liegt, und ein Mittelgebirge ist, welches aus dem Bacher heraus streicht, und den Namen Smrcka hat, wegen der Gattung von Waldung, die solches bedeckt. Dieses Gebirg ist zum Theil Geschlebe des höhern, aus Quarz, Schiefer, Gestellstein, Gneis, auch oft mit zeitlichen
Kalk-

*) Büsching a. a. O. und Kindermann.

Kalksteine ohne Versteinerung gemischt. Marmor Calino oder Micaceo, dann grosse ganze schwarze Marmorlagen. Als ich dieses Gebirge zum Theil durchgangen war, gieng ich über die Savina oder Saußfluß auf das Vorgebirg des hohen Berges Luß zu, welcher die Kalkkette mit bilden hilft, und auch nichts als Kalk ist. An seinem Fuße fand ich viel Thon und Schiefergeschiebe in welchem gefärbte Hornsteine lagen. Nun wandte ich mich gegen Morgen, wo ich nach Gorni - grad oder Oberburg kam. Bis dahin ist ebenfalls nichts als Geschiebe, wo dann rings herum die Kalkgebirge sich einer über den andern aufthürmen. Dieses hohe, unfruchtbare, und an einigen Orten von Schnee nie entblößte Gebirge, ist jenes, welches die Gränzen von Krain, mit der Windischen- oder Steyermark bildet. Bey allen dem fand ich in dem Abgrunde dieses Gebirges ein enges Thal, oder eine sogenannte Schluten mit Namen Shulza oder Sulzbach, nebst einigen Bauerhütten mit den gesundesten Einwohnern. Hier findet man die herrlichsten Wasserfälle, welche ich schon von der Schneibe des Gebirgs aus Krain gesehen, noch besser aber gehöret hatte. Da hier alles geschlossen war, so wandte ich mich wiederum nach Oberburg zurück. Dieser Ort hat kaum 200 Seelen, aber der Stolz, die Ueppigkeit, und die Verschwendung eines ehemals gewesenen Bischoffes in Krain, hat hier eines der prächtigsten Gebäude aufgeführt, dergleichen in keinem von den drey angränzenden Herzogthümern zu finden ist, wovon noch die hinterlassenen Erben der Schulden wehklagen, und die Greise in den Bauerhütten stossen noch wegen der von diesem Bischofe zu dieser Arbeit erzwungenen Frohndienste die ärgsten Flüche aus. Wie konnte es doch jemals einem Menschen einfallen, bey einem Lustschlosse, welches auch hier auf das prächtigste angelegt worden, eine Kirche nach dem letzten römischen Geschmack und Pracht zu bauen, worinnen einige tausend Menschen Platz finden, da doch nur wenige Menschen in dieser Wüsteney wohnen! Gewiß nur einem Uebermüthigen, der keine Empfindung gegen den armen Nebenmenschen hat; welcher dabey oft umsonst in Schweiß seines Angesichtes hungrig, und wie ein Sklave arbeiten muß. Darum ist es auch klar zu ersehen, wenn man Staaten bereist, die aus verschiedenen Religionen bestehen, welche Einwohner die ärmsten sind. Jederzeit fand ich jene bey meinen Reisen durch Europa, welche die Diener davon mit Gütern überhäufen, und durch angehäufte Feyertage, und schwärmerische Wallfahrten die Hälfte ihrer Lebenszeit mit Müssiggang verschwenden, wodurch dann die Kostbarkeit und Tyranney solcher Religionsmiß-

bräuche

bräuche entstand. Wie weise sind nicht jene Fürsten, welche den Ueberfluß in solchen Fällen einschränken! wo kann einem Kirchenvorsteher nicht der Ueberfluß der Pracht, sondern die gute Bildung seiner Geistlichkeit und Glaubensgenossen mehr in die Sinne fällt. Wie viel bey einer solchen Verfassung die Religion und der Staat gewinnen kann, wird sich wohl in kurzem bey uns zeigen.

Nachdem ich diese Gegend, in welcher ich nichts als Kalk und Thongeschiebe gefunden hatte, durchgangen war, wandte ich mich gegen Morgen, wo ich zu einer berüchtigten Kirche kam, welche einzeln da steht, und häufige Wallfahrten dahin geschehen. Auch hier ist noch eben die Steinart bis Nazareth, wo ein Mönchskloster auf einem Kalkfelsen liegt. Ich wollte es besuchen, da ich aber erfuhr, daß es Goldmacher darinnen giebt, stund ich von meinem Vorhaben ab, so wie nun auch sie ihrer Kunst gute Nacht gesagt haben, indem ihr Laboratorium beynahe das ganze Gebäude in die Asche gelegt, also Hab und Gold flüchtig geworden. Um diese Gegend habe ich sehr ordentlich gelagerte Schichten von schwarzfesten Kalksteine angetroffen. Die Hügel, welche dieser Stein stücklicht und prallicht machte, waren in manchen Gegenden wie durch die Kunst aufgeführte Mauern. Die Kalkschichten hatten selten über ein bis zween Schuhe von Mitternacht gegen Mittag streichend, und das Verflechten von Westen nach Osten. Zwischen den Schichten habe ich viel Thon mit Stinkstein gefunden, ich zweifle nicht, das man bey strengerer Untersuchung nicht auch Steinkohlen entdecken sollte, da ich auch an verschiedenen Orten Schieferlagen fand, die mir viel Anzeige dazu gaben.

Meinen fernern Weg richtete ich zu dem Gebirge von Fashka zu, welches meistens noch kalkartig war. Eine Stunde von diesem Orte liegt der Steinberg oder Kamcua-gora, welcher viel von dem Saxum amnigenum, oder eisenschüssigen Sandsteine des Linne' hat. Die dortigen Einwohner benutzen ihn sehr. Sie theilen solchen in ordentliche Platten, welche sie zu Feuerherden, Stuben und Backöfen brauchen. Naß läßt er sich leicht bearbeiten, und trocken ist er von geringer Schwere, folglich leicht fortzubringen. Mich wunderte indessen sehr, daß er das Feuer so gut aushielt, indem er sehr viel Eisenocher enthält. Linne' sagt, daß dieser Stein in einigen Gegenden von Schweden zu eben dem Gebrauche angewendet wird, und in Abgang dessen, bringen

sie

fie ihn durch die Kunst hervor, wenn sie Sand unter freyen Himmel aufschütten, und eine Zeit liegen laffen, bis er zusammen gekittet ist. Aus dieser Gegend gegen Mittag liegt die Fläche von Cell oder Cilly, welche beträchtlich ist, die ich aber diesmal noch nicht unterfuchte, sondern nur einen Theil des hüglichten Gebirges, welches sie umgiebt. Ich fand sie meistens kalkartig, aus Trümmersteinen bestehend, welche mit den anstoffenden Schieferbergen von Nordost nach Südwest streichen. Die mehresten bestanden aus Schichten, welche ein Fallen von 50 Grad hatten.

Die mehresten dieser Schieferberge waren von Holz entblößt, und mit Weinbergen besetzt; mein Weg, der nun über das Ende des Bergs Smreka, (von den vielen Tannenholz mit welchem er befetzt ist, fo genannt,) und Infchu gieng, ließ mich nichts, als thonigtes Wefen mit den rothen Ofensteinen entdecken, welche Gattung von Gebirgsart bis zu dem Orte Shustan oder Schönstein anhielt. In dieser Gegend, und bey dem dortigen Schloffe bricht zwischen dem Thon und Schiefer ein schöner weisser Kalkstein, welcher in Sand zerfällt. Da der hier beym Schloffe ftehende Fels fehr blendend ist wegen feiner eingemischten Spaththeile, so glaube ich wohl, daß der deutsche Name mehr hiervon, als von der flavischen Benennung herrühre. Ganz fein nadelförmige Hornblende mit Quarz und Trapp gemischt, fand ich in ziemlich groffen Stücken zerftreut; der Stein war ungemein feft, und manchmal mit feinem Kiefe gemifcht. Noch niemals habe ich ein fo festes Gewebe von Hornblende gefunden, als dieser Stein war. Eine halbe Stunde von hier in der Ebne fand ich ein Schmelzwerk mit einem Stichofen, welcher unbenutzt da stund, und einem Gewerken gehörte, deffen Ausbeute feiner Gruben ihn noch nicht in die Nothwendigkeit gefetzt hatten, fich deffelben zu bedienen. Nach einer Stunde Weges kam ich auf den Berg Pushnig, wo erwähnter Gewerk einen Bau auf Gallmey und etwas filberhaltigen Bleyglanz trieb. Obgleich der Stollen damals, als ich dort war, nicht bebauet wurde, so befuhr ich ihn doch, allein die Anficht davon fchien ungemein wenig hoffen zu laffen. Ich verfolgte nun diefes gemifchte aus Kalk und Schiefer bestehende Gebirge, noch einige Stunden weiter gegen Weften, wo ich abermals zu einem filberhaltigen Bleybau, welcher im Etinignadaberg eingetrieben ist, kam; allein ich konnte diefen Bau, der eben auch nicht bearbeitet wurde, nicht befahren. Indeffen that ich es doch auf dem Schungaberg, wo auch Stollen auf

Oryctogr. Carniol. III. Th.   P   eben

eben das Metall betrieben wurden. Auch hier sahe ich, daß wenig Ausbeute gemacht, und die erwünschten Anstalten nicht getroffen wurden, deren dergleichen Werke benöthiget sind. Da weder der Innhaber noch seine Leute wahre Bergmännische Kentnisse besassen, so ist auch ersterer dadurch verarmet. Die Erze brechen, soviel ich abnehmen konnte, bey diesen sehr oft verwirrten Bau in Pußen, nur ein einziges mal wurde ich gewahr, daß etwas in einer Kluft anhielt, und sich gangartig verhielt. Da ich Gelegenheit hatte, mich einige Zeit mit dem Innhaber zu besprechen, hörte ich die bittersten Klagen von ihm, wie wenig er von dem Kammerbeamten mit guten Rath und That wäre unterstützt worden. Diese Klagen waren nicht die ersten, die ich über den Geiz und die Unwissenheit hörte; schon öfters, auch von andern Gewerken, habe ich dieses erfahren; und da mir alles persönlich und örtlich genugsam bekannt ist, so wünschte ich sehr, daß man dergleichen übelgesinntes Beamtenvolk ausser Stand sezte, seinem Nebenmenschen und dem Staate zu schaden. Es ist kein Haß, den ich gegen dergleichen Leute etwa ungerechterweise hege, eben so wenig, als weise Geseze, den Dieb wegen seiner Person verfolgen; sondern Wahrheit lenket meine Wünsche dahin, daß es besser sey, ein Ungerechter esse schwarzes Brod, als daß er zwanzig andern durch seinen Unfug Gram verursache, die hundert mal mehr verdienen glücklich zu seyn, und dem Staate mehr Nußen schaffen, als er. Ein sehr betrübtes Beyspiel von einem solchen Fall ist im Lande mehr als zu sehr bekannt.

Nachdem ich diese Gegend untersucht hatte, wandte ich mich gegen Morgen zurück, und sezte über den Berg Hraska-gora, welcher aus Kalkstein, Felsschiefer, Sandstein und Kieseltrümmersteinen besteht. Alles herumliegende kleine Gebirge war eben so gemischt, bis in das hohe Gebirge des Bachers. An dem Fuße dieses Berges, nach Westen zu, fand ich ein Eisenwerk, welches aus einen Hohofen besteht, welcher eilf Monat lang geht, zu diesem wird der Stein bey Lachmund in Kärnthen geholt, wovon der Centner 27 Kreuzer zu stehen kommt. Ein Schmelzer hat 10 Gulden monatlich, der Kohl- und Erzgeber aber, 8 Gulden; nebst diesem Ofen ist ein Zerrennfeuer, und 4 Schläge, Eisengattungen zu schmieden. Alle 3 Stunden wird bey dem Ofen auf Flossen gestochen, wovon ein Flossen 4 bis 5 Centner am Gewicht hat. Die Erze brauchen doppelte Kohlengebung zur Schmelzung. Der Abgang beym Zerrennen und Ausschmieden, ist von 18 bis 20 vom Hundert.

Die

Die Erze erfordern das Rösten und Waschen. Ein Hammer hat 200 Pfund am Gewicht. Aus einer Flosse werden 3 Brocken gemacht, oder Cartisch, welcher durchs Feuer wieder in 4 oder 6 Theile getheilt wird, wovon aus dieser groben Gattung Eisen, allerley kleine Eisenstangen geschmiedet werden, als t lama da caro, riga, tondini, ottanguli, quadrati u. s. w. wie man sie nach Italien verlangt; auch fürs Land wird eigentlich die Eisengattung vorgeschrieben. Die Einschränkung des Verkaufs ausser Landes hat immer dieses Werk mehr in Verbau als Nutzen gehalten, indem die ganze Erzeugniß nicht höher als 2400 Centner erlaubt war; allein unter der jetzigen Regierung hat sich alles geändert, und nun steht einem jeden frey, mit seinem Werke zu machen, was er will, und so auch zu verkaufen, wohin er kann; dieses ist es in der That, was der Handlung und dem Staat ersprießlich, und der menschlichen Freyheit am angenehmsten ist. Die betrübten Beyspiele des Zwangs sind aus der alten, so wie aus der neuen Geschichte, genugsam bekannt, und es wäre wohl nicht überflüssig, hier ein Wort davon gesagt zu haben.

Der hier beym Werke fliessende Wildbach Miss kömmt aus dem Gebirge von Süden; um nun zu wissen, aus was für einer Steinart das hiesige Gebirge bestehet, untersuchte ich diesen Bach, so weit als es thunlich war. Das Hauptwesen davon war ein weißgrauer Granit, welchen die Einwohner Heydenstein nennen, wegen der Aehnlichkeit seines Gemisches aus Quarz, Feldspath, Glimmer, und etwas Schörl mit dem Mehl, welches man aus dem Heydekorn erhält. Diese Steinart bricht oft in ganz regulären Platten, wodurch die Verwitterung, wie eisenschüssige Salbänden einsizt. Seine Farbe ist oft etwas veränderlich, und nachdem das Gemisch von einem Bestandtheile mehr oder weniger in sich hat, ist er weißgrau, weißschwarz, oder bläulicht. Die Italiäner nennen ihn Granito grigio. Zwischen diesem Granit fand ich auch den Granitello der Italiäner aus Quarz, Feldspath, und wenigem Basalte bestehend. Der Kalkspath war in den Klüften des Granit nicht selten, und zwar meistens mit zwölf Flächen cristallisirt. Ein blätterichter Granit, worinn Glimmer, Quarz und Feldspath, Messerrücken dicke Lagen ausmachten, brach auch hier häufig. Ich habe nicht die geringste Einmischung von Thon gewahr werden können, um ihn unter die Gneisarten rechnen zu können. Gestellstein habe ich auch vielmal gefunden; die Abarten waren folgende: Einer aus Eisenrostfärbigem Quarz mit weissem Glimmer bestehend, welcher wie ein gebrannter

ter Stein aussieht; dann aus weissen Quarz, und großschuppichten Glimmer, worinnen manchmal kleine Granaten eingemischt sind; drittens aus weissem Quarz mit ganz feinem Glimmer, aus Schichten bestehend, welche etwas grünlich gefärbt sind; manchmal findet man auch ein wenig Feldspath dabey. Wenn dieser Stein geschliffen ist, so kömmt er dem Bänderachat ähnlich. Zwischen diesem Gestellstein fand ich schönen weissen Quarz mit Feldspath, und grünen Steatit, oder Speckstein, dieser Stein brach wellenförmig und kann für einen Gneis gelten. Niemals habe ich noch ein Gebirge gefunden, wo die Hornblende so häufig bricht, als hier; ganze Felsen, ja ganze Theile vom Berge bestehen meistens aus selbiger. Die gemeinste Art war, schwarze grünlichte aus feinen Blättern bestehende Hornblende, Corneus spatosus viridescens Wallerii, welche mit einem weissen feinkörnigen Quarze gemischt, und schichtweise mit letztem gelagert ist. Da nun die weissen Schichten des Quarzes mit den schwärzlichen der Hornblende immer abwechseln, und doch auch oft mit ganz weissen Adern durchsetzt sind, so erhält dadurch der Stein das Ansehen eines Schnürelerzes. Diese ganze Gesteinart bricht in Schichten, oder in recht ordentlichen vireckigten Platten. Eine Abänderung dieser Hornblende ist ebenfalls ein Gemisch mit Quarz, aber nicht in Schichten gelagert, mehr zusammen gehäuft, und weniger Quarz enthaltend, welcher wellenförmig darinn steckt.

Die dritte merkwürdige Art ist eine schwarze sehr glänzende Hornblende, welche in Punkten, wie auch in Schichten, in einem schmutzigen Quarze steckt. Diese Steinart bricht trappartig, und bildet beträchtliche Felsen von einer grossen Härte. Gegen das Ende meiner Untersuchung des Wildbachs Miļs, fand ich zwischen dem Granit noch ein paar andere Arten Hornblende, nämlich eine recht glänzende von schwarzer Farbe, die Figur aber vollkommen dem Aehrenstein, Talcum acerosum Linnei, den ich von Rochlitz aus Sachsen hatte, ähnlich, nur mit dem Unterschiede, daß er in einem weissen Glimmer liegt, wohingegen hier die Blende mit Quarz gemischt ist, nur das Strahlichte habe ich nicht an unserer Hornblende so gewahr werden können, wie an dem sächsischen, den ich doch eher für eine Hornblende, als für einen Amiant halte, vielleicht ist er das Mittelding von beyden. Die letzte Art der Hornblende, die ich fand, sah dem Säulensteine ganz ähnlich, sehr glänzend und schuppicht; sie war in einem Gemische von Stein, der aus Quarz und kleinen Granaten wie etwas eisenschüssigen Thon bestand; überhaupt war diese Steinart sehr fest.

Die

117

Die Unterſuchung mit den erwähnten Hornblenden hat mir doch einen groſſen Unterſchied gezeigt, gegen diejenigen, welche Wallerius anführt, indem ich nie einen ſolchen Eiſengehalt heraus gebracht habe. Hätte dieſes bey dem unſrigen wie bey dem ſchwediſchen ſtatt gefunden, ſo wäre es der Mühe wohl werth geweſen, in den Gegenden, wo ſich die Hornblende ſo häufig findet, genaue Unterſuchungen anzuſtellen; denn was könnte erwünſchter für das letzterwähnte Eiſenwerk ſeyn, als wenn man in der Nähe ergiebige Eiſengruben hätte. In der That iſt es ſehr zu wünſchen, daß man in einem ſo gemiſchten Gebirge, beſſere und mehrere Unterſuchungen machte, als bishero geſchehen iſt. Denn obgleich die mehreſten Bergwerke der Welt durchs Ohngefähr und nicht durch Kunſt und Fleiß entdeckt worden, ſo giebt doch die geſunde Vernunft genugſam an Tag, wie viel eher man bey guter Gebirgkenntniß und fleißigem Nachſuchen, und durch chemiſche Verſuche zu Entdeckungen gelangen kann, als wenn man blos es auf den Zufall ankommen läßt. Ordentlich ſtreichende Gebirge, verſchiedene Abwechslung derſelben, wo dann zwiſchen ſolchen die beſtändige fruchtbare Früchte ſich ſtets einſetzt; eine ſolche Lage der Gebirge muß wohl geſchickt ſeyn, Erze zu erzeugen, wer ſollte wohl alle Hofnung aufgeben, daß alle Unterſuchungen fruchtlos ausfallen ſollten?

Hierauf wandte ich mich gegen Norden auf das Gebirge. Nicht weit vom Werke mußte ich ſchon bergan ſteigen, wo ich zu Anfang meiſtens Geſchiebe von gröſſern antraf; vier ganze Stunden daurte dieſer ſteile Weg, bis ich auf den Rücken des Gebirges kam, welcher bis auf einen ſehr ſchmalen Strich allenthalben mit Holz beſetzt war. Man ſehe den Plan und Proſpect dieſes Gebirges auf der 5ten und 6ten Tafel, worauf nicht allein der Weg, ſondern auch die Gruben des oben erwähnten Werkes, und deſſen Förderungsweſen der Erze über dieſe Anhöhe angezeigt ſind. Dieſe Methode das Erz zu führen, iſt lange nicht ſo vortheilhaft als jene, welche ich von Hüttenberg in Kärnthen in meiner mineralogiſchen Luſtreiſe erwähnt habe.

Auf meinem ganzen zurück gelegten Wege auf dieſes Gebirge, welchen Theil des Bachers man die Reifnicker Alpen zu nennen pflegt, habe ich nichts, als eben aus dem Wildbache Mils angeführten Granit, und die übrigen Steinarten gefunden; nur auf der Koppe des Bergs war er viel weiſſer, welches aber auch blos von der Verwitterung herrühren mag. Hier auf dem Mittelpunkte dieſes Berges hatte ich für meine Mühe, daß ich einige Stunden im

Schnee

Schnee waben mußte, eine vortrefliche Aussicht. Ich übersah mit Hülfe meines englischen Sehrohrs den größten Theil von Steyer- und der windischen Mark, sodann auch den Berg Schekel auſſer Gräz nach Norden zu, wo Ließganig den Meridian über den Berg Wechsel nach Wien zog. Zu wünschen wäre es gewesen, daß ich gehörige Hülfe und Werkzeuge gehabt hätte, um solchen bis ans Meer zu ziehen. Von dem Stande wo ich war, geht der Zug in gerader Linie auf dem Berg Grintouz in Krain, und von diesem auf den Shnesnik oder Schneeberg, und ferner zum Seeufer; mit diesen erwähnten Standpunkten würde man gewiß den Meridian so richtig als möglich erhalten; und dann würden unsere Karten auch mit der Zeit in Ansehung der gehörigen Grade zur Vollkommenheit gelangen. Darum ist auch die Karte von Steyermark, welche nach des erwähnten Ließganig Wahrnehmungen entworfen worden, die richtigste. Kindermann hat selbige auch bey seinem geographischen Abrisse zum Grunde gelegt.

Von dem Rücken dieses Berges wandte ich mich gegen Norden dem Thale zu. Nach ein paar Stunden zurückgelegten Weges gelangte ich zu jenen Eisengruben, welche das Erz zu erwähnten Werke liefern. Ich wunderte mich hier nicht wenig, daß man das Hammerwerk über den ganzen Berg gesetzt habe, da es mit viel mehr Vortheil auf der Seite, wo sich die Gruben befinden, stehen könnte, indem es weder an Wasser, noch Holz fehlen kann; allein ich erfuhr bald, daß die dortigen Gruben noch nicht 60 Jahre lang entdeckt wären, dahingegen das Werk schon viel älter sey, und man habe vor dieser Entdeckung die Erze aus der dortigen Gegend, wo sich das Werk befindet, hergeholt; allein da sie keinen Anhalt hatten, war man genöthiget, sie in solcher Ferne aufzusuchen. Indessen zweifle ich doch nicht, wenn einmal das ganze Werk in beſſern Stand kommen sollte, daß man nicht die Unkosten mit Aufrichtung eines Hohofens nicht weit von der Grube darauf verwenden sollte, wo dann das Fuhrlohn um die Hälfte, mit Ueberführung der Floſſen anstatt des Erzes erspahrt werden könnte.

Die Gruben liegen an dem Gehänge oder Abfall des Gebirgs der Reifnicker Alpen, oder gewöhnlicher sogenannten Bacher gegen Mitternacht. Da der Bau neu ist, und der Verschleiß ungereimterweise eingeschränket war, so ist man auch mit demselben noch nicht weit gekommen. Er wird stollenmäſſig betrieben; nur selten ist man kleiner Gesenke benöthiget. Drey
vom

vom Tage eingehende Stollen haben ihre Richtung nach Often auf einem zertrümmerten Erzstocke, welcher nicht in die Tiefe hält, indem man schon tiefer einen Untersuchungsbau fruchtlos angeleget hat. Spuren von Erze gegen Nordosten haben auch einen dritten Bau mit wenigen Nutzen verursacht. Die Arbeit wird hier schichtenmäßig betrieben, und dem Mann monatlich 6 fl. gegeben. Es ist wohl hier für die Arbeiter ein elendes Leben im Winter, weil sie sich wie in einer Wüsteney von aller menschlichen Hülfe entblößt finden, und auch wegen dem Schnee ist es nicht möglich, dazu zu gelangen. In den Jahren 1779 und 1781 war ich bey diesem Werke, und nur das letztemal erlaubte mir das Wetter im Ostermond zu den Gruben zu kommen, nachdem ich in der Tiefe auf dem Gebirge keinen Schnee erblickte, aber die Waldung verbarg mir so viel, daß ich vier starke Stunden darinnen waden mußte, ehe ich die Gruben erreichen konnte.

Der eigentliche Bau ist so regelmäßig, als es die Umstände auf ein so geringes Metall, wie Eisen ist, zu bauen erlaubt. Die Steinart überhaupt ist sehr feste, und ist ein

Steatites argillaceis particulis arcte cohaerentibus durus viridescens. Wallerii. Dieser sogenannte Steinthon, welchen man unrechtmäßig auch Speckstein zu nennen pflegt, macht einen grossen Unterschied gegen letztern aus, indem gegenwärtiger ungemein fest, und im Bruche rauh und nicht glatt ist. Diese Steinart kann von den Arbeitern nur durch Schießen überwältiget werden. — Nebst dieser Steinart befindet sich auch noch gewöhnlich

Argilla lapidea cristallisata multiangularis mit ein. Dieser cristallisirte Steinthon kömmt in der Farbe einem Topaskiesel sehr nahe. Die Farbe ist gelbgrün, die kleinen Cristallen sind eben so, oder braun gefärbt, wie die granatartigen Schörlcristallen in den Laven des Vesuvs. Ihre Härte ist so groß, daß sie das Glas ritzen, und schmelzen nur schwer durch Zusatz. Das Gemisch von einem solchen Stein ist aus oben erwähnten beyden Steinarten mit wenig reinem Kalkspath und Quarz, dann etwas kupferhaltigem Magneterze zusammen gesetzt. Sollte man in Ansehung der Lage und der Bestandtheile dieses vorgeschobenen in das Thal sich erstreckenden Gebirges nicht mit Grund urtheilen können, daß es aus der Verwitterung des Granits entstanden sey, da er das Gebirg in der Höhe durchaus bildet? Ich glaube, man kann dieses mit mehr Wahrscheinlichkeit behaupten, als wenn man sagt, der Granit
ist

ist auf dieses Thongebirge aufgesetzt, wie man es von dem ursprünglichen Kalkſteine hat behaupten wollen. Man weiß an mehrern Orten aus der Erfahrung genugsam, daß die Auflösung der mehreſten Gebirge ſich in Thon verwandelt. Warum wollte man hierinn was widerſprechendes finden? Nehmen wir einmal die allgemeine Erfahrung von den Erzgebirgen in Europa zu Hülfe; durchaus wird man finden, daß die Erze beynahe jederzeit an Orten entſtanden ſind, welche als zeitliches Gebirg angeſehen werden müſſen. Die Erzgebirge in Hungarn, Bannat, Siebenbürgen, in Sachſen, im römiſchen Reich u. ſ. w. z. B. ſind doch gewiß nichts anders, als Vor - und Mittelgebirge, und wie ſehr ſind nicht dieſe gemiſcht? Wer indeſſen nicht mit genugſamen Unterſuchungen die Bergwerke Tyrols, und beſonders Kärnthen, Salzburgiſche und Schweitzer durchwandert iſt, könnte gleich hier mit einem Gegenbeweiſe auftreten und ſagen, in den letztern Ländern giebt es Erze an dem höchſten Gipfeln der Berge, wie ich ſelbſt in meiner mineralogiſchen Luſtreiſe ſattſam erwieſen habe. Wahr iſt dieſes, aber auch auf dieſem hohen Gebirge, wo Erz ſich befindet, iſt die Steinart meiſtentheils zeitlich mitten im Granit; wenn die Erze auf ſo beträchtlichen Höhen brechen, wie in Kärnthen auf der Goldzeche und Waſchgang, im Salzburgiſchen zu Rauris, in Helvetien bey Seſſam; ſo ſind es nichts als ſchmale Gänge, welche ſich in den Spalten dieſer hohen Berge, (die aber in ihrer Nachbarſchaft noch höhere haben,) mit Gneis, Spath, Quarz u. d. durch Hülfe der Auflöſung gezeigt haben. Da nun in dergleichen Gegenden wenig Platz iſt, ſo iſt auch der Bergbau von weniger Bedeutung; und da die Spalten der Gebirge niemals tief halten, ſo iſt auch das die Urſach, warum ſolche Bergwerke bald wieder ein Ende nehmen. Niemals habe ich auf dergleichen Anhöhen Erzſtöcke gefunden, wohl aber tiefer im Gneis oder Thonſteine, wie in Kärnthen zu Huttenberg u. ſ. w. Indeſſen ſehe ich doch die Möglichkeit davon ein, wenn zum Beyſpiel auf einem ſehr hohen Granit- oder Kalkgebirge, das iſt, wenigſtens 1000 Klafter Seehöhe in einem Umkreiſe viel hohe Kuppen oder Hörner hervorragen, und daß ſolche, wie eine groſſe Ringmauer in der Mitte eine Vertiefung bildeten, wo dann durch die tägliche Verwitterung Einſtürze geſchehen, welche ſich wieder durch Hülfe des Waſſers zu einer Maſſe bilden, die Gneis, Breccia werden kann, und alſo auch in ſolchen Erzſtöcke bilden könnten, ſcheint mir wohl wahrſcheinlich. Freylich wird dieſes ſich ungemein ſelten ereignen, indem die Waſſer in dergleichen Höhlen kleine Seen bilden, aber niemals von langer

Dauer

Dauer ſind; denn durch den Druck der Schwere findet das Waſſer bald einen Ausweg, und wenn er vom Anfang noch ſo gering iſt, ſo wird er bald ſehr beträchtlich. Wenn alſo dergleichen natürliche Becken geöfnet werden, wird alles aus denſelben in die Thäler geführt. Hundert ſolche Beyſpiele habe ich im Gebirge gefunden, wo ehedem eine Zeitlang kleine Seen geſtanden haben müſſen. —

Was ich oben von dem Granitgebirge geſagt habe, gilt auch von dem urſprünglichen Kalkgebirge. Ich habe es mehr als 200 Meilen weit verfolgt, und jederzeit nur die Erzſtöcke da gefunden, wo die zeitliche Verwitterung mit dem Kalkſchober angelehnte Vorhügel bildeten: fand ich aber Erz in einer beträchtlichen Höhe, wie ſich zum Beyſpiel in Krain in dem urſprünglichen Kalk Eiſen findet, ſo ſteckt derſelbe nur in den bey der erſten Entſtehung überlaſſenen Klüften und Höhlen, wo dann von Tag der erzeugte Thon eingeſchlämmt wird, und zur Erzeugung des Eiſens, das ſeinige beyträgt. Allein wenn das auch geſchieht, ſo iſt die Erzeugung des Metalls ſehr gering, und der Bau auf ſelbiges von kurzer Dauer, wie man nunmehr durch die Erfahrung in unſerem Lande genugſam überwieſen iſt. Ich gehe zu unſerer oben erwähnten Grube zurück.

Die Erze, welche hier in erwähnten Thonſtein brechen, iſt erſtens der Magnet:

Minera ferri attractoria nigra, ſeu Magnes mineralis.

Das Magneterz kömmt in dieſer Grube ſelten vor. Es iſt ziemlich derb, und im Bruch etwas ſchuppig, manchmal auch körnig wie criſtalliſirt, jederzeit aber mit Eiſenocher durchſetzt. Am Gehalt iſt es ziemlich reich, ſeine Farbe iſt ein ſchmutziges ſchwarzbraun. Das folgende iſt eben auch ſelten, Linné beſchreibt es folgendermaſſen:

Ferrum retractorium nigrans ſubſcintillans, compactiſſimum.

Dieſes Erz iſt wohl das derbeſte Eiſenerz, das man ſich nur vorſtellen kann, das gediegene, welches Pallas auf ſeinen Reiſen in Sibirien gefunden, ausgenommen. Sein Gehalt iſt über 70 bis 80 lb. im Centner. Im Bruch iſt es etwas blätterich, und bricht in der Grube in ſehr unbeträchtlichen Knauern, mit der oben erwähnten criſtalliſirten Bergart umgeben; hier ſind dieſe Criſtallen ganz braun wie Granaten, und machen eine Umhüllung des ganzen Erzes. Der friſche Bruch hat viel ähnliches mit dem derben Wißmutherze. Folgende Erzarten ſind aber ſehr gemein, als:

Ferrum retractorium nigrans, particulis subgranularis inæqualibus Linnéi.

Auf dieses Magneterz ist eigentlich der ganze Bau gerichtet, und ist also das allgemeine Erz der Gruben. Es bricht meistens derb, und sein Gehalt ist von 50 bis 60 lb. im Centner, nachdem es mehr oder weniger mit seiner Bergart gemischt ist. In den Spalten des Erzes sitzt in kleinen verschobenen Würfeln cristallisirter Gipsspath. Der Bruch ist körnig und ungleich, die Farbe aber ganz schwärzlich. Man hat von Anfang diese sehr ergiebige Erze nicht zu schmelzen gewußt, allein heut zu Tage wird unter der Verwendung des Innhabers das beste und weicheste Eisen daraus verfertiget, welches zum Drazziehen ungemein geschickt seyn würde, wenn man mehr Nutzen dabey gefunden, Drathziehen einzurichten. Manchmal ist dieses Erz etwas weniges kupferschüssig, welches aber doch zu wenig ist, um in der Schmelzung dem Eisen nachtheilig zu seyn, indem das Eisen ohnehin sehr weich ist. Ich habe Stücke von diesem Erze gefunden, worauf sehr schöner Malachit saß, dieser aber erzeugt sich nur da, wo es in der Grube kleine Klüfte giebt, und das Wasser die Kupfertheile ansetzen kann. Nebst diesem gemeinen Magneterze findet man es auch cristallisirt. Wallerius nennt es

Minera ferri cristallisata (retractoria) octoëdrica.

Die achtflächigen Cristallen sind hier klein und sehr zusammen gehäuft, mit weissem Quarz und der gewöhnlichen Bergart untermischt. Ich habe die Cristallen dieses Magneterzes auch manchmal vielseitig gefunden, loß aber, und ganz frey niemals. Was ich am meisten bewunderte, war, daß jederzeit ganz feiner Kalkspath darinn zu finden ist. Woher mag doch wohl solcher seine Entstehung haben, da nirgends Kalkstein angetroffen wird? Sollte er vielleicht von dem Feldspath herrühren, wenn solcher mit dem Granit verwittert? Die Kalkerde ist freylich nicht die eigentliche Grunderde des Feldspaths, aber daß er nicht ganz ohne sie sey, können einige chemische Versuche genugsam beweisen.

In den Stollen, wo dieses letztere Erz bricht, ist ein Durchbruch des ganzen Hügels gemacht worden, auch sind hier die Erze mehr mit der thonigten Bergart gemischt, als in den übrigen Gegenden des Baues, welches bey der Schmelzung mehr Beschwerlichkeit macht. Ich wünsche diesem Bau eine lange Dauer, aber allem Ansehen nach wird es wohl nicht geschehen, wenn man nicht wieder in andern Gegenden dieses Gebirges Erz entdeckt.

Denn

Denn ich bin der Meynung, daß, sobald man ein wenig weiter einbrechen wird, wird man an das Granitgebirge kommen, wo dann alles ein Ende haben dürfte.

Aus diesem Gebirge wandte ich mich gegen Norden, dem Tragflusse zu. Je tiefer man kömmt, desto gemischter wird das Gebirg. Schiefer von allerley Gattungen, Thonstein, manchmal etwas grauer Kalkstein und weisser Granit, welcher aus durchsichtigem Quarz mit starckblendendem weissem halbdurchsichtigem Feldspathe, und grossem silberfarbigem Glimmer bestund. Dieser Granit ist ziemlich brüchig, indem der gewundene Glimmer, welcher darinn steckt, jederzeit Risse und Spalten verursacht, und die feste Bindung hindert. Ein paarmal habe ich eine Abänderung dieses Granits gefunden, wo mir der Feldspath beynahe unmerklich vorkam, dafür aber mit Steatit gemischt war.

Da ich nun Willens war, das Gebirg des Bachers zu umgehen, so konnte ich dieses doch nur in so weit ausführen, als es der Tragfluß zuließ, welcher ihn von Westen nach Osten zu bestreicht. Die Gebirgarten von Soldenhofen, so wie von der andern Seite des Flusses von Lawamund aus, bis Sanct Oswald, war meistens verschiedene Schieferarten, als Quarz und Thonschiefer, wie dann auch Granit von groben Gemische, überhaupt sehr viel Murksteinarten, aber nicht solche, welche aus blossen Glimmer und Granaten bestehen, sondern letztere waren in Quarz oder glimmerigen Schiefer eingemischt. Hornstein ist selten, aber desto mehr Gneis und Gestellstein, welche letztere Arten das angelehnte Geschiebe des Bachers ausmachen.

Als ich nun zu Ende des Bachers kam, befand ich mich in der schönen Fläche, welche mittagwärts von Marburg liegt, sich gegen Morgen immer mehr ausbreitet, und den Anfang der grossen ungarischen und croatischen Fläche ausmacht, welche beyde Länder beynahe ganz bildet. Ich habe hier auf dieser Fläche meistens nichts als Thonerde mit wenigem Sandstein gefunden, welche erstere bald mehr bald weniger sandig war, und ziemlich fruchtbar ist. Nachdem ich diese Fläche bis in die Gegend von Pettau durchsucht hatte, wandte ich mich abermals gegen Enden in das Gebirge zurück. Ehe ich dahin kam, mußte ich den kleinen Fluß Pulsgau übersetzen, um zu dem Orte Na-gori zu kommen. Das kleine Vorgebirge, welches ich hier fand, war meistens Geschiebe von Thonschiefer mit Kalkstein. Nachdem ich nun etwas mehr nordwärts gieng, fand ich das Gebirge meistens aus Kalk, überhaupt wie die folgenden in dieser Gegend ganz flözartig, hin und wieder

Versteinerungen von ganz gemeiner Art. Auch hier mußte ich über die Drana, einem andern kleinen Fluß setzen; dieser, und der letzterwähnte haben ihren Ursprung in dem Bachergebirge. Nun erreichte ich einen Kalkberg, der über die übrigen kleinen Gebirge hervorragte, und in der Höhe wie eine Aushöhlung hatte; die Einwohner haben ihm den Namen des heiligen Donatus beygelegt. Dieser Heilige wird bey den dortigen Einwohnern als ein Beschützer wider das Donnerwetter angesehen, und daher haben sie denn auch ihm zu Ehren auf dem Gipfel des Bergs eine Kirche gebaut, weil dieser Berg, wie überhaupt die dortigen Gegenden von Ungewittern sehr mitgenommen wurden, um den zornigen Himmel dadurch zu bestechen. Da aber niemals hier zu Lande eine Kirche ohne Thurm, welcher mit einem eisernen Kreutze versehen ist, gebaut wird; so wurde auch hier solches nicht unterlassen. Die guten Leute wußten nicht, daß sie eine Wetterstange ohne Ableiter errichtet hatten, und gleich im ersten Jahre schlug der Donner heftig ein, und das Gebäude wurde sehr ruinirt. Das Zutrauen aber auf ihr dagegen wirkendes Opfer, that, daß sie zu mehrern malen den Schaden ersetzten. Demohngeachtet erfolgte ganz natürlich das Einschlagen allermal wie zuvor, es kamen sogar einige Personen dabey ums Leben. Itzt hätten sie Ursache gehabt, da sie in ihrer Einfalt nicht wußten, warum sie von diesem widrigen Zufällen so hart verfolgt wurden, sich wie die Tartarn thun, an denjenigen verehrten Sachen zu rächen, welche ihnen nicht in der Noth halfen. Aber die guten, unbefangenen Seelen dachten eben das, was die Missionarien in ihren Lettres édifiantes so vielmal sagen: „Es war zu unserm Heile, unglücklich zu seyn." Jetzt haben die Einwohner, ob sie gleich einsehen sollten, daß Donat nichts besser ist, als ein anderer, um die Plage abzuwenden, dennoch eine Kirche am Fusse des genannten Bergs geweiht. Hieraus kann man sehen, wie die Vernunft mit den besten Grundsätzen gegen ein so abergläubisches Volk scheitern müßte, wenn man sich unterstünde, ein physisches Mittel, wie ich einmal im Sinn hatte, dagegen im Vorschlag zu bringen. Und wer sollte nicht wenigstens aus Mitleiden alle Kräfte aufbieten, in solchen Fällen mit Rath und That an die Hand zu gehn; bey Menschen, die es ihrer guten Gemüthsart wegen allein, tausendmal werth sind. Und wie viel Gutes könnte nicht Vernunft und Wahrheitsgefühl bey rechtschaffenen Landpriestern in solchen Fällen stiften! Freylich kann man durch die Aufklärung nicht allen widrigen Begegnissen vorbeugen, doch aber hätte zum Beyspiel der eben gedachte Vorfall, eine treffliche

liche Gelegenheit dadurch grossen Nutzen zu schaffen, werden können. Die natürliche Lage dieser Gegend ist eine Hauptursach der daselbst ausbrechenden Ungewitter, indem die nicht weit davon gelegenen hohen Gebirge die Gewitter aufhalten und in die Ebne zurück stossen. Als ich mich im Jahre 1780 den 7ten des Heumonds daselbst befand, entstund ein solches Ungewitter, welches alle Feldfrüchte von 21 Dörfern völlig vernichtete. Der Hagel war so groß, daß Vögel davon erschlagen und alle Fenster der Häuser zerschmettert wurden, von Rogatez bis Marasdin zu. Es war nichts als allgemeiner Jammer und Wehklagen der armen Leute zu hören; wobey ich mit nicht geringer Empfindung, ohne helfen zu können, diese Oede durchreisen mußte!

Die Steinart des hier befindlichen kleinen Flötzgebirges, war für mich ganz neu. Es war ein weißgrauer ziemlich fester Stein, welcher aus Trümmern oder kleinen Körnern von Kalk, Kiesel und andern fremden Theilen bestand, die durch Kalkspath zusammen gebunden waren. Recht wunderbar sahen manche Felsen davon aus; die ganze Oberfläche war wie mit kleinen runden Kugeln besetzt, welche kieselartiger Natur sind, und von der Verwitterung nicht verschont bleiben. Bey Lepoglawa oder Lupoglawa und Krapina, (Büsching Geographie Theil 3. pag. 182.) habe ich diesen Stein seltener, in ordentlichen Schichten gefunden, wo er nach aller Wahrscheinlichkeit durchs Wasser mag abgesetzt worden seyn, wie ich durch fernere Untersuchung bey Rogatez, von meiner gehabten Muthmassung hinlänglich überzeugt wurde. Denn so wie das Gestein in der Höhe etwas mürb von Tag ist, so wird es fester und feinkörniger, je tiefer man kömmt, bis man seine ursprüngliche Unterlage erkannt, welches zu Anfang des Puldgaubach Granit seyn soll. Nun sollte man wohl fragen, warum hier die Natur nicht nach den Gesetzen der Schwere wirke, indem die feinen Theile unten, und die gröbern oben liegen? Eine Frage, die ich zu erörtern nicht im Stande bin; und ich habe oft gewünscht, eine richtige Erklärung davon zu hören. Wären die untern feinen Schichten mit grobem Gestein gemischt, so könnte man verleitet werden, zu glauben, daß eben diese gröbern Theile die Stütze des Ganzen ausgemacht, und die feinern Theile durchgelassen hätten, um die letzten Schichten zu bilden, oder daß die Schichtenbildung zu verschiedenen Zeiten geschehen sey. Trapp und Thonschiefergebirge durchsetzten aller Orten diese Steinart, für welche ich keine bessere

sere Benennung weiß, als Sedimentstein, weil nicht allein die oben erwähnten Bestandtheile allein ihn bilden, sondern es ist auch Schiefer, Thon, Trapp, Sandstein, und was nur immer vom Wasser zusammgeschwemmet werden, und durch die Gesetze der Schwere sich mit dabey einmischen kann. Indessen habe ich selbige nur ein paarmal mit Versteinerungen gefunden; ein Zeichen, daß diese Steinart in spätern Zeiten durch Hülfe der süssen Wasser entstanden seyn mag, und daß sich durch die Verwitterungen der höhern Gebirge die kleinern Theile davon noch täglich in die Tiefen niederlassen, und den erwähnten Stein bilden. Was ich eigentlich von Versteinerungen gewahr wurde, waren Chamiten, Herzmuscheln und dergleichen.

Zwo Stunden von Krapina liegt ein berühmtes Warmbad oder Tepliza (von teply warm) von lauter Thonhügeln umgeben; manchmal enthalten diese Hügel guten Sandstein. Dieses Bad wird ziemlich stark besucht, nur ist die Einrichtung durchaus kroatisch, nehmlich unrein und verwahrloset. Die Badenden zahlen hier nichts, dafür sieht man auch alles in Verfall, und allen Unfug von Unreinigkeiten treiben. Man stelle sich vor: am hellen Tage eine Menge Menschen nackt im Bade, welches einer Pferdeschwemme ähnlicher sieht, welche den halben Leib mit Kuhhörnern besetzt haben, die statt der Schröpfköpfe dienen, und in das Bad ausgeleert werden, so daß das Ganze ein wahres Blutbad vorstelle. Kann man sich je wohl was unreiners einbilden! Man kann sich hier eine gute Vorstellung der Tartern machen, denn alles sieht ihnen hier stark ähnlich. Wenn hier die Blutsauger andere Menschen schröpfen, so brauchen sie kein Licht, um die Luft im Schröpfkopfe zu verdünnen, sondern das Horn hat ein Seitenloch an der Spitze; daran ist eine kleine Klappe von Leder, sobald nun der Operateur mit dem Munde die Luft heraus gezogen hat, fällt die Klappe zu, und das Horn bleibt hängen. Eine recht einfache, aber auch so viel möglich unsaubere Methode.

Abtheilungen hat das Bad drey, mit verschiedenen Quellen. Das erste, welches gegen Osten liegt, ist offen, ohne Dach. Der Wärmemesser zeigte mir 36 Grad Wärme nach Reaumur; das Wasser ist hell, und hat einen etwas üblen Geschmack; der Geruch ist schweflicht, ob ich gleich eigentlich durch Versuche keinen Schwefel habe entdecken können. Die Schwere dieses Wassers ist um einen Grad mehr als des übergezognen. Bleyextract und Bleyzucker machten das Wasser weiß, und setzten Flocken an den Boden des
Gefäß-

Gefäſſes. Das Kurkumapulver und Weinſteinöl machten nichts, eben ſo der Eiſenvitriol. Die Auflöſung des Silbers ließ ein wenig einen Niederſchlag mit dem Waſſer merken. Die Lacmustinctur, Veilchenſaft u. ſ. w. wurden röthlich. Dieſe Veränderung, als auch der Niederſchlag des Silbers aus der Salniterſäure zeigen richtig die Luft- oder Vitriolſäure an.

Die fernern Verſuche haben mir die darinn befindliche Mergelerde und ein abführendes Salz gezeigt, wie Kranz in ſeinem Geſundbrunnenbuch, Seite 116 angemerkt hat.

Das zweyte Bad welches bedeckt iſt, und an erſtem wie an dem dritten anſtößt, hat bey den Quellen 32½ und davon entfernt 32 Reaumurſche Grade an Wärme, im übrigen iſt es eben das Waſſer wie vorgehendes.

Das dritte hat einen Grad mehr Wärme als letzteres, die Beſtandtheile ſind eben dieſelben.

Von dieſem Bade wandte ich mich zwo Stunden weit in lauter ſandigten Thonhügeln gegen Nordoſten zu, wo ich zu der alten verfallenen Stadt Krapina kam, allwo noch die Ueberbleibſel des alten Schloſſes der Gebrüders Zheh, Leh und Meh zu ſehen ſind. Dieſe drey Brüder ſollen zufolge den Nachrichten einiger Geſchichtſchreiber die Stammväter der Böhmen, Pohlen und Moscowiter ſeyn. Hier und um die Gegend habe ich in den Thonhügeln nicht allein Sediment- und Sandſtein gefunden, ſondern auch dunkelbraunen Hornachat. Drey Stunden weiter in dieſem Thongebirge gegen Norden fand ich ein anderes Warmbad, welches den Namen Szmerdehe oder Stinkbad führt. Es ſind drey ſtarke Quellen, welche daſſelbe ausmachen. Es wird nicht gebraucht, und ob es gleich einen viel ſtärkeren Schwefelgeruch von ſich giebt, ſo iſt es doch weniger wirkſam als das eben beſchriebene. Die Lage des Waſſers iſt zwiſchen gemiſchten Gebirgen von Thon und Kalk. Der Wärmemeſſer zeigte mir 25 Grad Wärme. Da ich hier aber bey einer ſehr üblen Witterung eintraf, ſo unterließ ich, fernere Verſuche damit zu machen, und beruffe mich bloß auf Lalangue's ſeine, welcher eine eiſenhaltige Kalkerde, ſchwefelichte Theile mit einem abführenden Salz darinn entdecket hat.

Von hier aus wandte ich mich in eben dem Gebirge nach Oſten zu, wo ich bey dem Kloſter Lepoglaws, in die groſſe Fläche von Kroatien kam, welche ich über Warasdin durchſetzte, um drey Stunden von dieſem Orte

zu

zu einem sehr gebräuchlichen Warmbad zu kommen, welches in eben dem Striche vom Thongebirge liegt, das von Sagrab kömmt.

Der Name des Bades ist die Warasdiner Tepliza, seine Lage ist zwischen den Hügeln einer kleinen Ebene. Das Gebäude, welches darüber gesetzt ist, ist neu, wohl und reinlich bestellt, obgleich in dem gemeinen Bade ebenfalls, wie in der Krapinaner Tepliza geschröpft wird. Die Quelle dieses Badwassers ist einen guten Flintenschuß vom Badgebäude entfernt, und wird durch Röhren dahin geleitet. Die in ein viereckigtes Gemäuer eingeschlossenen Quellen sind sehr stark, und der Dampf davon läßt den Schwefel an dem Gemäuer hängen. Der Versuch mit dem reaumurischen Wärmemesser zeigte mir 46½ Grad über dem Gefrierpunkt, oder 136 nach Fahrenheit. Da nun diese Wärme zum Baden zu groß ist, so läßt man, nachdem die Badzimmer vollgelassen sind, das Wasser abkühlen, bis der Kranke die Wärme erleiden kann. Indessen geschieht alles dieß ohne Wärmemesser; man kann sich also leicht vorstellen, wie unordentlich der Grad der Wärme von einer Badzeit zur andern seyn muß. Ich hätte gern dem Bade einen Thermometer verehrt, wenn nur jemand da gewesen wäre, der sich damit hätte abgeben wollen.

Das Wasser ist klar, und hat einen sehr matten Geschmack, mit einem schweflichten Geruche. Aufgelößtes Weinsteinsalz macht das Wasser trüb, und giebt ihm eine schmutzige Milchfarbe. Bleyessig macht es schwärzlich wie eine schlechte Dinte, so auch der Bleyzucker. Der Eisenvitriol macht es ganz schwarz. Das Kurkumapulver behält darinn seine Farbe. Die Lacmustinctur wird röthlich. Das kräftigste aller Mittel die Bestandtheile eines Wassers zu kennen, ist, Silber in Scheidewasser aufgelößt. Macht die Solution mit dem Wasser eine Opalfarbe, ohne Schuppen fallen zu lassen, so enthält es Vitriolsäure, wird solches aber weiß mit Flocken, so hat es Salzsäure in sich, wird aber der Bodensatz veilchenfärbig oder schwarz, wie der Fall bey meinen Versuchen war, so ist man eines Brennbaren gewiß überwiesen. Nachdem ich das Wasser noch eine Weile hatte stehen lassen, bekam ich einen schuppichten Niederschlag, der ebenfalls schwarz war, so wie auch die Quelle selbst einen etwas schwarzen Bodensatz fallen läßt. Lalangue, der mit diesem Wasser die Distillation vorgenommen, hat Kalkerbe und etwas Mittelsalz darinn entdeckt, auf dessen lateinische Abhandlung ich mich berufe, indem ich hier nicht Gelegenheit fand, mich damit abzugeben.

Der

Der Nutzen dieses Bades, wie auch jenes von Krapina, ist nach aller Erfahrungen in Ausschlägen sehr groß, so auch in geschwächten Gliedern; geringer in andern Krankheiten. Man kann auch bey Kranz in seinem Gesundbrunnenbuche nachsehen, wo davon ausführlich gehandelt ist, besonders aber von dem üblen Mißbrauche, den man davon macht.

Bey den warmen Quellen in diesem Landstriche habe ich jederzeit erfahren, daß diejenigen, die auf 36 und mehr Grade warm waren, einen Schwefelgeruch gaben, oft ohne daß ich selbigen entdecken konnte. Sollte nicht vielleicht die Ursach darinn liegen, daß, wenn das Wasser mit dem Schwefel geschwängert ist, und über einen Kalkboden läuft, solcher alles vermöge seiner Verwandtschaft mit sich nimmt, und nur bloß noch etwas des flüchtigen Oeles fahren läßt, den man bey allen Quellen gewahr wird, ohne mit chemischen Mitteln den Schwefel entdecken zu können? Hat nun eine Quelle eine geringere Wärme, so wird man auch diesen widerwärtigen Geruch nicht gewahr. Sollte es wohl unwahrscheinlich vorkommen, wenn man alle warme Quellen von aufgelößten Kiesen herleiten wollte? Wenigstens glaube ich nicht, daß es warme Quellen giebt, die nicht jederzeit etwas von einer Vitriolsäure in sich hätten, obgleich andere Bestandtheile die Oberhand behaupten.

Von diesem Bade kehrte ich wieder in die grosse illyrische oder ungarische Fläche zurück, welche ich hinter dem Gebirge von Steyermark bis an die Donau verfolgte, so wie ich sie von dem Savaflluß bis zu dem erwähnten Bade durchwandert hatte. Dieser 100 Stunden lange Erdstrich hat mir nicht das geringste für die Mineralogie merkwürdiges gezeigt, als einen beständig thonigten mit Sand gemischten Boden; die wenigen Hügel, die vorkamen, waren eben so wie jene von Krapina; kam etwas Kalkstein vor, so war er voll unbedeutender Versteinerungen. Ich verließ also diese Fläche, und wandte mich wieder ins Gebirge von Warasdin, und von da aus in jenes von Viniza, um wieder Rogatez oder Roitsch zu erreichen.

Von diesem Orte gieng ich gegen Süden. Das Gebirge, oder besser das Geschiebe kleiner Hügel, bestand zum Theil aus Then, dessen Schiefer, Sandstein, Kalk, und dem erwähnten Sedimentstein, wo von letztern die Farbe aus dem Blauen ins Weisse fiel, je nachdem die Schichten verschieden waren. Ich hatte Gelegenheit grosse Anbrüche davon zu sehen, wo die Steinarten

arten unter einander in der Lage abwechselten, so daß man nicht sagen kann, welche Steinart, ob der Schiefer oder der Kalkstein, in dieser Gegend die angebohrne sey, denn es ist auch noch möglich, daß die nicht weit davon entlegenen Granitberge mit ihrer Grundsohle unter das dermalen bekannte Gebirge wegstreichen; Indeß ist das Hauptwesen der höhern Berge in dieser ganzen Gegend der Kalkstein, wie man aus der Karte ersehen kann. Eine Stunde von Rogatez, hinter einem kleinen Dorf Suct Kri'h oder heil. Kreutz genannt, liegt zwischen kleinen Hügeln von Thon und Kalk gemischt, eine Sauerquelle (Kisla Voda oder Kisla Studenz) welche vor Zeiten mehr als jetzt gesucht wurde. Die eigentliche Steinart ist ein kalkartiger Sedimentstein, welcher manchmal sehr fest ist; wenn er blau anstatt weiß einbricht, so ist er mehr kieselartig, und bildet eine Gattung Sandstein, wovon der Kern jederzeit mehr blau ist, als der Umkreiß. Die Oberfläche der ganzen herumliegenden Gegend, ist mit Thon, der manchmal mergelartig ist, bedeckt. Obgleich die Hauptquelle zum Fassen eingeschränkt ist, so giebt es doch noch hin und wieder im Schlamm andere kleine Quellen, welche aber nicht geachtet werden. Die Einfassung der Hauptquelle ist wie ein Ziehbrunn beschaffen, von Kalkstein, mit einem Gatter umgeben, worbey diejenigen die Obsicht haben, welche das Wasser in gläsernen Flaschen verschicken. Bey diesem Brunn sah ich eine noch wohl erhaltene Statue, welche den Johannes von Nepomuk vorstellt, mit folgender Unterschrift:

SanCto Ioanni statVa à Collegio pharMaceVtico aVstrIaCo Viennensi
   strVCta.

Hieraus konnte ich sehen, daß dieser Sauerbrunn schon im Jahre 1532 genutzt wurde, warum aber das Apothekercollegium von Wien, dieses fromme Opfer gemacht hatte, war mir nicht einleuchtend. Daß es ohne Eigennutz nicht geschehen ist, wußte ich wohl, weil kein Opfer noch Gebeth zu einem Heiligen bey uns, ohne diesen ist; ich forschte also nach, wo ich dann bald sowohl durch mündliche Ueberlieferung, als auch durch Schriften erfuhr, daß, nachdem das Wasser entdeckt, und der Nutzen allgemein worden, maßten sich die Wiener Apotheker an, das Wasser einzuschränken, und sich dasselbe allein vorzubehalten, um damit aller Orten Handel zu treiben, wo sie dann aus Erkenntlichkeit, oder aus Furcht diese einträgliche Quelle zu verliehren, ein solches Opfer stifteten. Nachdem sie lange Jahre hindurch dieses Wasser so eingeschränkt

geschränkt hielten, so wurde ihnen das Monopolium zum allgemeinen Besten genommen, und nun steht einem jeden frey, wer er ist, davon so viel zu nehmen, als ihm beliebt.

Die Quelle, wie oben gesagt, ist wie ein Ziehbrunnen eingefaßt, hat keine Tiefe, ist aber sehr ergiebig, zu allen Zeiten stark in die Höhe sprudelnd, und ohne allen Geruch. Das Wasser ist bey schönem Wetter recht klar, sobald es aber regnet, wird es trübe, milchigt und unrein, so daß es ganz unbrauchbar ist. Als ich den 17ten des Heumond im Jahr 1780 da war, war es sehr rein, und zum Verschicken tauglich. Jedoch ist die Vorsicht jederzeit nothwendig, beym Anbruch des Tages die Gefäße damit zu füllen, indem die Erfahrung gelehrt hat, daß die Wasserversendungen zur Mittagszeit genommen, eher verderben; ohne Zweifel, weil das Wasser bey Tage von seiner Luftsäure, mehr als des Nachts verliehret, folglich der Fäulniß mehr ausgesetzt ist. Meine Versuche mit dem Wasser waren folgende:

Ich trank davon über ein halbes Maaß, welches mir den Magen etwas beschwerte, und nach einigen Stunden die Wirkung eines gelind abführenden Mittels zeigte. Der Geschmack ist angenehm, in dem Gaum macht es die Wirkung wie der Champagnerwein, wegen der vielen Luftsäure, die jener in sich hat. Da dieses Wasser sowohl als der erwähnte Wein Kalk, oder Kreide an seinem Entstehungsorte hat, so scheinte es, daß die fixe Luft aus diesen gezogen sey. Als ich den Wärmemesser eintauchte, fiel er auf 12 Grade über den Gefrierpunkt, wo er hingegen im Dunstkreiß auf $17\frac{1}{2}$ Grade stand. Die Versuche mit der Wasserwage zeigten 7 Grad mehr Schwere, als bey distillirtem Wasser. Die mineralischen Säuren wirkten alle ein Brausen, wenn sie eingegossen wurden. Bleyessig machte zu Anfang einen weissen dicken Satz, nach einer Minute wurde das Wasser wieder klar, ohne ein Kennzeichen einer Wolke zurück zu lassen; der Veilchensaft wurde grün gefärbt, die Galläpfel machten es etwas trüb, so auch das Curcumepulver. Die Blutlauge veränderte das Wasser nicht merklich. Die Lacmustinctur wurde aus der blauen in eine etwas merkliche rothe Farbe geändert; das zerflossene Weinsteinöl machte das Wasser gleich milchweiß, von dem Mittelpunkt des Gefäßes bis auf den Boden, so daß der obere Theil des Wassers rein blieb. Der flüchtige Salmiacgeist machte wenig merkliche Aenderung, so auch der distillirte Weinessig, doch nach einiger Zeit machte er einigen kleinen Niederschlag.

Die eingegoſſene Queckſilberauflöſung im Scheidewaſſer machte das Waſſer gleich beym Eingieſſen dick, und gab ihm die Milchfarbe; die Auflöſung des Silbers aber im Scheidewaſſer, machte es nur opalfärbig und geſchwind vergänglich; ein Zeichen, daß wenig Kochſalz und noch weniger Arſenik zugegen ſey. Eingegoſſenes Alkohol ſchlug etwas weniges Selenit nieder; Terpentinöl machte gar keine Aenderung, reine weiſſe Seife löſt ſich nicht gehörig auf. Als ich die Schwefelleberauflöſung (Liquor probatorius) in eine gehörige Menge Waſſer eingoß, ſo wurde es ſchwarz, und gab einen groſſen Geſtank von ſich, als der der Schwefelauflöſung eigen war; ein mehr als gewiſſes Zeichen, daß darinn eine Säure enthalten iſt. Der Verſuch mit Einlegung einer ſilbernen Platte entdeckte mir nichts.

Aus allen dieſen Verſuchen war zu urtheilen, daß hier in dieſem Waſſer kein Schwefel zugegen ſey, aber wohl viele Kalktheile, da der aufgelöſte Schwefel einen ſo ſtarken Schwefelgeruch gab. So zeigte denn auch der wenige Niederſchlag des Selenits, daß Vitriolſäure darinn ſtecke, und ſodann bewieß die Blutlauge u. ſ. w. daß etwas von einem Eiſen darinn ſtecken müſſe. Nachdem ich nun alle dieſe Verſuche am Orte ſelbſt gemacht hatte, ſo nahm ich die Abdünſtung vor.

Zu dieſem Ende nahm ich zwo neue glaſirte groſſe Schüſſeln, deren eine im Boden ein Loch hatte; goß in die untere 12 Pfund des Sauerbrunnens, und fieng die Abdünſtung gelind an, wo ich bald ſah, daß der ganze Boden der untern Schüſſel weiß wurde. Als ich mit der Hälfte des Abdünſtens fertig war, goß ich das Waſſer davon ab, und ſetzte die Abdünſtung noch eine Weile fort, wo ich kaum wenig mehr von einem Niederſchlage merkte. Ich filtrirte alſo den Ueberreſt von einem Pfunde durchs Fließpapier, wo ich mit der von ſich ſelbſt niedergeſchlagenen Erde an Gewichte 250 Gran einer ganz weiſſen reinen Kalkerde erhielt, welche ſich in den Säuren vollkommen auflöſte, und mit der Vitriolſäure einen Selenit bildete. Dieſe dadurch erhaltene Kalkerde iſt viel reiner als Kreide, und ich kann wohl ſagen, daß ich noch nie eine reinere Kalkerde unter Händen gehabt habe. Nun ſetzte ich den Ueberreſt eines Pfundes der Abdünſtung noch mehr aus, und trieb es bis auf 8 loth, wo ich dann wieder einen neuen Satz bemerkte. Ich nahm die Durchſeigung mit dem Löſchpapier noch einmal vor, und erhielt jetzt noch 14 Gran einer ganz feinen leichten aſchgrauen Erde, welche nicht mehr reiner

Kalk,

Kalk, sondern mit einer Kieselerde gemischt war. Die übriggebliebenen 8 Loth ließ ich nochmals in reinen Gläsern abdünsten, und erhielt noch dritthalben Gran der vorigen Erde. Nun ließ ich die Abdünstung so weit fortgehen, bis sich eine kleine Haut bildete, welche mir den Cristallisationspunkt zeigte; ich setzte also das Ganze in die Kälte: allein Cristallen erhielt ich nicht, auch gab das abgehobene Häutchen auf dem Feuer nicht den geringsten Geruch; ich ließ also das Ueberbleibsel an der Sonne gehörig eintrocknen, und in der Kälte zu seinen weißen Nadeln anschießen, wo ich dann gegen 69, ein andermal aber 85 Gran eines Mittelsalzes erhielt, welches durch fernere Untersuchungen aus glauberischem und wenigem muriatischen Salze bestund; dabey habe ich noch ein wenig eisenartiges Wesen bemerkt, welches ich zu Anfang, als mir der Veilchensaft seine Farbe änderte, für bloße Luftsäure hielt. Die erhaltene Erde untersuchte ich erstlich mit dem Feuer, ob sie keinen besondern Geruch von sich gäbe, zweytens ließ ich sie unter der Mufel vollkommen ausglühen, um sie mit dem Magnete zu untersuchen, ob keine Eisentheile darinn enthalten wären; allein ich habe nichts merkliches, weder auf die eine noch auf die andere Art, entdecken können. Folglich wenn einige Weine mit diesem Wasser schwarz werden, so rührt es nicht vom Eisen her, sondern von dem im Weine enthaltenen Schwefel.

Nach einem Jahre habe ich zu Hause mit 15 Pfund dieses Wassers obige Versuche wiederholt, und im Ganzen eben keinen merklichen Unterschied gegen meine erstern Versuche gefunden, die angemerkt zu werden verdienten. Die Destillation dieses Wassers hat mir gezeigt, daß es den zehnten Theil an firer Luft enthalte, welches ihm dann den starken flüchtigen säuerlichen Geschmack giebt.

Die Wirkungen dieses Wassers sind nicht sehr groß, doch wird viel davon nach Italien versandt. Kranz führt in seinem Gesundbrunnenbuch die Nachricht von zween Aerzten an, was das Wasser für einen Nutzen habe. Was aber die Zerlegung davon betrift, ist wohl wenig daraus zu wissen, was ein Säuerlingsalz, absorbirende Dcheerde, Sauersalz und dergleichen sey. Nur wäre zu wünschen, wie schon im erwähnten Buche gesagt wird, daß man bey der Verschickung des Wassers, mit mehr Aufmerksamkeit verführe, als man zu thun pflegt. Die Gefässe werden lange nicht vorsichtig genug verwahrt, daß beym Ueberführen die fire Luft nicht völlig verfliege. Es ist hier gebräuch-

gebräuchlich, das Wasser in eine länglichrunde 6 Pfund haltende gläserne Flasche zu füllen, an deren kleine Oefnung eine bleyerne Schraube angebracht ist, die mit ein wenig Harze oder Terpentin angeschmiert und zugemacht wird, und darüber wird ein wenig Papier mit einem Siegel befestiget. Bey einer solchen schlechten Versorgung kann man sich wohl einbilden, daß die saure Kraft des Wassers, welche bloß von der darinn enthaltenen Luftsäure herrühret, nicht lange erhalten werden kann, folglich das Wasser in kurzer Zeit seine Kraft beynahe ganz verliehrt. Stopfte man aber die Flaschen mit Kork zu, und vermachte sie mit gehörig dazu zubereitetem Peche, so würde man es unverändert erhalten, in die Ferne verschicken können. Das Einschmieren des Terpentins in die bleyerne Schraube giebt mit der Zeit dem Wasser einen etwas unangenehmen Geruch und Geschmack, und so ist auch das Bley sehr unschicklich, denn durch die Säure löst sich doch etwas davon auf. Ich habe dergleichen Flaschen mit dem Wasser ein ganzes Jahr durch aufbehalten, und gefunden, daß es im 1sten Monat seinen säuerlichen Geschmack beynahe schon ganz verlohren hatte, nach 2 Monaten war schon nichts mehr davon zu spühren, und nach vier Monaten war das Wasser ganz widerwärtig. Nach einem Jahre war es untrinkbar, und etwas trübe, mit einem geringen Bodensatze. Es wäre wohl sehr zu wünschen, daß man eine bessere Besorgung damit vornähme, wenn auch gleich der Preiß etwas erhöht werden sollte. Gegenwärtig kostet eine gefüllte und vermachte Flasche am Orte 8 Kreuzer; allein die schlechten Wege bis zur Hauptstrasse nach Cell oder Zilli machen, daß es in dem dasigen Orte, welcher nur einige Meilen davon entlegen ist, noch einmal so hoch zu stehen kommt, und in Laybach muß man die Flasche mit 20 Kreuzer bezahlen.

Aus der Gegend dieses Sauerbrunnen wandte ich mich gegen Süden zu dem Sodlafluß über das Gebirge von Susem oder Susenheim zu, welches kalkartig war, aber meistens aus Trümmersteinen bestand, bis an den Fuß, wo der oben erwähnte Sedimentstein aus seinerm Kern bestehend, wieder zum Vorschein kam; hier war er meistens gelb, und hatte Trappkörner mit eingemischt. Nachdem ich meinen Weg weiter über Rosiza bis Podsredo fortsetzte, so fand ich vieles Geschiebe von Thonschiefer, Kalk und Trapp, wo ich zwischen dem Thongeschiebe etwas unterirdische Holzkohlen entdeckte. Der Kalkstein enthielt hin und wieder eine Menge Versteinerungen, welches dann bis zu dem Savaflusse, wo der Ort Breschize liegt, anhielt, und so verhielt
es

es sich auch bis in die Fläche von Sagrab oder Agram. Von dem Orte selbst und seiner Gegend, habe ich in meinem Schreiben vor 8 Jahren Meldung gethan, in dem zweyten Bande der Schriften einer Privatgesellschaft in Böhmen, also habe ich hier nichts zu wiederholen. Es streicht von dort aus ein sanftes Gebirg aus Thon, Kalk und Sandstein von Süden nach Nordosten gegen die Donau zu, und endet sich eben so, wie es bey dem Sabaflusse angefangen hat. An dem Gehänge dieses Gebirges, drey Stunden von Sagrab sind zwo sehr heisse Quellen, welche man Stupiza zu nennen pflegt. Bey Kranz ist eine ausführliche Beschreibung davon, nur daß auch hier wie bey seinen übrigen Beschreibungen, das Oertliche nicht erwähnt ist. Die Quellen entspringen in einem kalkthonigen Boden. Den Grad der Wärme fand ich hier 46 nach Reaumur; indessen mag wohl dieser warme Grad nicht jederzeit gleich seyn, denn Lalangue, welcher solche bey Kranz anzeigt, giebt nur bey einer Quelle 43 und bey der andern 40 an. Als ich ihn zu Warasdin über diesen Unterschied befragte, so erhielt ich zur Nachricht, daß er für seinen Wärmemesser nicht gut stünde, indem er ihn nicht gemacht. — Uebrigens wird dieses Bad nicht viel geachtet, und die zum Gebrauche desselben gemachten Anstalten sind auch nicht viel werth.

Nun wandte ich mich westwärts in das Gebirge des Wachers, welches das beträchtlichste in der ganzen Gegend ist. Es besteht ganz aus einem weißgrauen derben Kalksteine, welcher mir in der Höhe keine Versteinerungen merken ließ, indessen war hier meine Untersuchung zum Theil eingeschränkt, da alles mit Wald besetzt war. Auf der Mittagseite war es prallicht und bis in die Sava kalkartig, allein nordwärts war es am Fusse mit Thonschiefer und Sedimentstein belegt. Der daran gränzende Berg westwärts Rudnik genannt, war ebenfalls kalkartig, aber aller Orten mit einem röthlichen eisenschüssigen Thone belegt. Ich habe nicht in Erfahrung bringen können, ob hier jemals auf Eisen gebaut worden, da mir der Namen des Berges dieses anzuzeigen schien; denn Rudnik soll so viel heissen, als Erzberg. Doch habe ich hin und wieder reichhaltiges Bohnenerz gefunden, und vielleicht kömmt einmal die Zeit, daß man mit mehreren Fleisse nachsuchen wird, wo dann bey Entdeckung hinlänglichen Erzes ein Eisenwerk hier sehr gut in Aufnahme kommen würde, indem es nicht an Wasser, noch weniger an Holz gebrechen würde, wegen dem nahe gelegenen Wacher, welcher ganz damit bedeckt ist. Man hat mich nach der Hand berichtet, daß allda in einer tiefen Einöde, wo

ich

ich ein von mehr als 100 Jahr lang aufgehobenes Karthäuserklosters mit Namen Glirah fand, ein Hammer betrieben worden wäre. Nach einiger Zeit als ich wieder hinkam, und um Urkunden fragte, so war nicht das geringste gegenwärtig: dieses Kloster war den Jesuiten in die Hände gekommen, von denen es jetzt dem Hofe anheim gefallen, wo dann natürlicherweise dergleichen Urkunden als unbedeutend verworfen worden.

An dieses Gebirg stößt der etwas höhere Berg Lisza an, welcher ebenfalls aus Kalkstein besteht. Dieser ist so sanftfallend als letzter, und mit schönen Wiesen bedeckt. Nordwärts fand ich eine nicht sehr beträchtliche Potaschensiederey. Von dieser Gegend bis Planina hatte ich nichts, als den Sedimentstein, der nachdem er in seiner Mischung grössere Theile hat, auch einen vollkommenen Trümmerstein bildet. Hier ist ein kleiner Berg, welchen man na-Lisa nennt, ich fand den aus Kieselkörnern und Kalk bestehenden Sedimentstein hier auf eine besondere Art gelagert. Es waren lauter ein bis drey Schuh lange Schichten, welche in der Mitte einige Zoll an Dicke hatten, und nachgehends zugespitzt zugiengen; Sie waren gelagert, daß sie der Figur eines zerdruckten Wespennests ähnlich kamen. Mehrerer Deutlichkeit willen habe ich bey der 2. Tafel 13. Figur eine Abbildung davon gegeben. Wo dieser Stein der Verwitterung ausgesetzt ist, ist er ganz mit runden Körnern wie Erbsenstein übersetzt. Es ist nicht so leicht den Stein zu beschreiben, als er gleich sehr merklich in die Augen fällt; denn er macht ein wahres Mittelding zwischen Sand- und Trümmerstein aus, seine Verschiedenheit ist sehr groß; in vielen Gegenden, wenn ich verwitterte Stücke aus der Erde hervorragen sahe, hielt ich sie anfangs niemals für ein natürliches Gemisch, sondern jederzeit für ein altes Malter, oder Mauerkütte, welches mit recht grobem Sande verfertiget zu seyn schien, so viel Aehnlichkeit hatte dieser Stein mit letzterm. Ueberhaupt fand ich, daß diese Steinart niemals etwas beträchtliche Höhen ausmacht, sondern die höhern Berge als Velki-Gosje, Lakauz u. s. w. waren jederzeit grauer Kalkstein. Nachdem ich mich mehr südwärts wandte, hörte dieser Sedimentstein ganz auf, und statt dessen stellte sich Thonschiefer mit etwas Quarz, und manchmal auch Hornstein, welcher eine Art Nagelflue der Schweitzer machte, ein, welcher den Berg Rud und den Fluß Lakauz bildet, wo rückwärts der etwas beträchtliche Lorenziberg liegt. In des erwähnten diesem Schiefer, als auch in den noch umliegenden Hügeln, welche aus eben

dem

dem Steine bestehen, hat man vor Zeiten auf Bley gebaut; allein, als ich das letztemal da war, waren alle Stollen verlassen, und nur noch einzige vier Mann beschäftigten sich mit der Haldenklauberey. Dieses Werk wurde einige Zeit sowohl vom Landesfürsten, als auch von Gewerken gebaut, allein es war niemals erträglich genug, daß der Bau die Fortsetzung verdient hätte. Und so hat dann die Bergkammer das ganze Werk sammt den Hütten einem in Steuermark bauenden Gewerken geschenkt, der es nun noch ein oder zwey Jahre behalten wird, um allen Nutzen daraus zu ziehen.

Als ich vor 13 Jahren noch bey dem Bergwerk Hybria stand, war dieses Bleywerk jenem untergeordnet. Dabey hatte ich Gelegenheit den wenigen Nutzen dieses Werkes einzusehn, vermöge der geringen Erzeugniß. Die Erze waren groß- und kleinkiesiger Bleyglanz, welcher im Centner etwas über 20 bis 30 Pfund Bley gab, aus welchen man nicht mehr als ein loth Silber erhielt. Da ich ein paarmal die Gegend, wo dieser Bau betrieben wurde, als auch jene von Budno-Vass, wo ich noch ein paar alte Stollen fand, durchgangen bin, so konnte ich sehr leicht aus dem von Erforschung der Natur unsrer Gegend gemachten System einsehn, warum dieser Bleybau so bald aufgehört hatte. Genugsam überzeugt, daß bey uns der Thonschiefer zeitiger Entstehung, und niemals Kalkgebirg auf solchen aufgesetzt sey, ward ich also mehr als überzeugt, daß die Bleyerze, welche sich nur putzenweis im Schiefer fanden, nicht in das Kalkgebirg halten würden, da aller Orten die kleinen Hügel von Schiefer an das derbe Kalkgebirg angelehnt waren, und so gab es auch die Erfahrung. So bald man mit Auslenkung der Stollen dem letztern Gebirg nahe kam, schnitten sich auch die Erze vollkommen aus. Herunter zu, am Fusse des Bergs Laukautz fand ich etwas Ofenstein, und nicht weit davon einen Stichofen, wo die übrigen Erze noch aufgeschmolzen wurden. Der Zusatz beym Schmelzen war ein kalkartiger Eisenkies. Auch hier war die Röstung vor der Schmelzung nothwendig. Von hier gieng ich über ein anderes Gebirg nach Lak zu, welcher Ort dicht an dem Savaflusse liegt; alles war kalkartig, nur hin und wieder brach an dem Ufer schwarzer Schiefer mit grossen Quarzadern. Versteinerungen habe ich an verschiedenen Orten im Kalk und Schiefer gefunden.

Als ich diese Gegend vollkommen durchgangen war, nahm ich meinen Weg gegen Abend dem Savins oder Sauflusse zu. Ich setzte über das Gebirg Velki-Gosje, wovon der Fuß des Bergs in den Fluß, und den Bach

Krashenza hält. Alles war kalkartig, selbst auch auf der Abendseite des Flusses, wo ich ein sehr altes Warmbad antraf. Einige wollen wissen, daß es schon zu des Kaiser Tiberius Zeiten im Gebrauche gewesen sey. Es ist zu bedauern, daß man vor vierzig Jahren die alten Gemälde in dem Badezimmer, welche einer alten abgelebten Frau Aergerniß gaben, ausgelöscht hat. Was man mir davon sagen konnte, bestund darinn, es wären Gemälde gewesen, welche noch das Heydenthum anzeigten, folglich noch aus den Zeiten vor der Ausbreitung des Christenthums im Lande herrührten. Es soll viel geschriebenes dabey gewesen seyn, welches man für gothische Schrift hielt. Vielleicht hat dieses Bad den Römern seine Einrichtung zu danken, und ohne Zweifel würde man auch eine Jahrzahl gefunden haben. Wenigstens ist es aus den Nachrichten, die ich von einer der bey dem Bade angestellten Personen erhielt, wahrscheinlich.

Das Gebäude mit den Quellen des Bades, liegt auf der Mitternachtseite des Bergs Stroshjé, welcher aus ganz festem Kalksteine besteht. An dem Fuße desselben, wo die Tepliza oder das Warmebad liegt, ist ein rother, grauer Thon- und Kieselschiefer mit Glimmer gemischt angelehnt. Diese Steinart besteht aus blossen Trümmern, und macht das Bette des Bades aus. Die zwey Gemächer, in denen gebadet wird, sind nicht geraumig, und etwas tiefer angelegt als der Ursprung der Quellen. Ich habe der Quellen drey gefunden. Sie hatten ihre Oefnungen in einem schobrigen Gesteine, wo bey erster Quelle nichts als Schiefertrümmer waren. Der Vortheil, der hier ist, die Quellen rein zu haben, um Trinkwasser davon zu nehmen, habe ich anderwärts im Lande nicht gefunden. Diese und die folgenden Quellen befinden sich in den Seitenwänden des grossen Bades; der Schober ist so fest, daß er die Grundmauern des Gebäudes trägt. Der Boden des Bades selbst ist mit schönen Quadersteinen gepflastert, worauf sich weder Schlamm noch Gewächse erzeugen, wenn es auch eine lange Zeit stehn bleibt, ohne abgelassen zu werden. Mein erster Versuch, den ich mit dem Wasser anstellte, war die Messung der Wärme. Ich ließ das Bad ablaufen, um jede Quelle besonders untersuchen zu können.

Die erste, welche sich beym Eingange des Badezimmers befindet, hat nach dem Wärmemesser des Reaumur, etwas weniger als 29, und nach Fahrenheit 97 Grade. Die zwote Quelle, welche eben in der Seitenwand des Badezimmers ist, hatte nur einen reaumurischen Grad mehr als erstre.

Die

Die dritte Quelle, welche ein paar Schritte von der letztern entfernt ist, war die wärmste, und hatte 30 und einen halben reaumurische, oder 101 fahrenheitische Grade. Als ich das ganze Badezimmer wieder anlaufen ließ, um die Wärme davon ebenfalls abzumessen, so fand ich, daß es 98 Grad nach Fahrenheit hatte. Ehe ich diesen Versuch machte, untersuchte ich die Schwere jeglicher Quelle mit der Wasserwaage, ich fand keinen Unterschied zwischen allen dreyen, sondern das Wasser hatte beynahe die ganze Leichtigkeit des übergetriebenen Wassers, bey eben dem Grade der Wärme. Es hat weder Geschmack noch Geruch, und ist sehr leicht zum Trinken; die Quellen sind beständig, und leiden weder durch Veränderung der Jahrszeit noch durch die Witterung das geringste. Nun nahm ich die Versuche mit den Auflösungen vor.

Das Scheidewasser und der Salzgeist machten mit Wasser der ersten und dritten Quelle nichts, nur mit der zwoten machten sie eine etwas wenig merkliche Gährung. Das Vitriolöl in das Wasser der ersten Quelle eingegossen, machte nichts; mit der zwoten entstand ein Brausen: als es aber in die dritte gegossen wurde, so stieg der hinein gehaltene Wärmemesser um sieben Grade. Die Auflösung des Bleyes machte das Wasser aller drey Quellen sogleich milchicht. Das Gilbenholz machte wenig merkliches; eine hinein gehaltene silberne Platte und blaues Papier, litten keine Aenderung. Die Hornlauge machte mit erster und zwoter Quelle nichts, aber das Wasser der dritten wurde ein wenig trübe, doch konnte ich auf keine Eisentheile schliessen, weil auch das Pulver der Galläpfel, und die Auflösung des Zinks ohne Wirkung blieben. Der Veilchensaft wurde mit allen Quellen etwas roth gefärbt, so veränderte sich auch die Lacmustinctur; ein gewisses Zeichen einer freyen Säure. Der Salmiacgeist machte mit erster und dritter Quelle nichts, mit der zwoten aber jagte er ein wenig Lufttheile aus. Die Schwefelleber (Liquor probatorius) machte mit der ersten Quelle nichts, das Wasser der zwoten wurde auf eine kurze Zeit milchicht, bey der dritten Quelle aber merkte ich einen starken Geruch.

Das im Scheidewasser aufgelöste Quecksilber machte das Wasser der ersten und zwoten Quelle nur auf ein paar Minuten weiß, allein bey der dritten Quelle blieb die Milchfarbe etwas mehr beständig. Die Silberauflösung veränderte die erste und dritte Quelle nicht, aber mit dem Wasser der zwoten merkte man eine geringe Veränderung; ein Zeichen, daß wenig oder kein Kochsalz darinn stecke, noch weniger Arsenic. Die reine Seife löste sich im Wasser ziemlich gut auf. Terpentinöl machte nichts, so blieb es auch mit dem Alkohol unthätig.

Nach diesen gemachten Versuchen, nahm ich die Untersuchungen mit der Abdünstung vor. Zwölf Pfund Wasser der ersten Quelle gaben mir nach gehöriger Behandlung nicht mehr als 3 Gran einer etwas gemischten Erde, welche durch Versuche mit dem Feuer, weder Arsenic noch Eisen spüren ließ. Salz erhielt ich etwas über 2 Gran; eben so behandelte ich das Wasser bey zwoten und dritten Quelle, wo ich von 12 Pfund Wasser 5 Gran Salz, und 4 Gran eben solcher Erde, wie bey erster Quelle erhielt. Das Salz war sehr gemischt, aus muriatischen Glaubersalz und Selenit zusammengesetzt; bey vollkommener Anschiessung wurde ich keiner andern bestimmten Figur gewahr, als einer sternförmigen. Ich habe nach einiger Zeit eben die Versuche mit der Destillation in meinem Ruheorte vorgenommen, aber nichts veränderliches dabey gefunden, welches angemerkt zu werden verdiente, als daß der ganze Mineralgeist jederzeit verlohren gieng, folglich in Abgang dessen, auch jene Veränderungen mit der Auflösung nicht geschahen, welche die fixe Luft an Ort und Stelle hervorbringt. Aus diesem läßt sich schlüssen, wie wenig auf Wasseruntersuchungen zu halten ist, wenn sie nicht bey der Quelle geschehen. Die Wirkungen dieses Bades müssen also bloß in der gelinden Wärme, und in der dabey befindlichen Luftsäure bestehen. Ich habe es selbst einige Zeit gebraucht, ohne die geringste Aenderung an meinem Körper zu spühren, denn mit einer Krankheit war ich nicht behaftet. Indessen sahe ich, daß die Kranken, welche mit mir badeten, in Gliederreissen, Podagra, Steifigkeit der Glieder viele Linderungen spürten; doch half es denen Kindern nichts, welche den Scorbuth, und die englische Krankheit hatten. Auch das Einspritzen des Wassers in die Wunden mit oder ohne Beinfraß nützte nichts; doch nahmen dergleichen Kinder etwas an Vollkommenheit zu, so, daß ihnen die Nahrungsmittel besser gedeihten und das Wachsthum beförderten. Leuten, die von Schlagflüssen getroffen sind, nützt es bloß wegen seiner gleichen Wärme, ohne die Bewegung der gelähmten Glieder merklich herzustellen; befinden sich Schmerzen dabey, so werden sie gelindert. Bey Ausschlägen, als Krätze und dergleichen, hilft es mit einer gehörigen Diät. Man hat hier den Gebrauch, die Badezeit auf 21 Tage anzusetzen. Allein man muß sich nach den

Umstän

Umständen der Krankheit, und nicht nach den Vorschriften richten, welche ein gewisser ehemals im Bade sehr berüchtigter Quacksalber, der einen Paracelsum spielte, und nicht die geringste Kenntniß vom Wasser hatte, dort schriftlich hinterließ.

Das über dem Bade angebrachte Gebäude, ist meistens aus Holz verfertiget, gesund, luftig und rein, die Lage des ganzen Bades überhaupt ist auf einer kleinen Anhöhe, wo man die reinste Luft athmet. Nur wäre zu wünschen, daß bey dem Gebäude mehr Ordnung angebracht würde. Sollte es doch einmal dem Innhaber des Bades in Sinn kommen, ein ordentliches Gebäude einzurichten, so wünschte ich sehr, daß er die universal- als auch die deutsche öconomische Encyclopädie zu Rathe zöge, um nicht das Geld unnütz weg zu werfen, wie unkundige Verwalter bey jenem von Noumestu gethan haben; wovon ich zu seiner Zeit ein mehreres sagen werde. Eben so wäre auch zu wünschen, daß das Land oder der Eigenthümer der dortigen Herrschaft einen Fahrweg von ein paar Stunden baute, wodurch das Bad noch einmal so stark besucht werden würde, als es jetzt geschiehet, wo in Ermangelung dessen, viele Gebrechliche, die nur geführt werden können, es verlehren. Wenigstens fehlte solcher noch im Jahr 1781, als ich das leztemal da war.

Von diesem Bade wandte ich mich gegen Mitternacht, bald links bald rechts der Savina hinauf. Die Vorhügel bestanden meistens aus Fels- oder Quarzschiefer, wo hingegen die rückwärtigen Gebirge aus Kalkstein, und Marmor bestanden. Ein paarmal fand ich etwas Marmor salino der Italiäner bey dem kleinen Ort Laschko, welchen die Deutschen Tiffer nennen. (Kindermann a. a. O.) Weiter hin fand ich nichts als Kalkstein, weniger Schiefer, welcher jederzeit mit einer fruchtbaren Erde bedeckt ist. Ehe ich an die Stadt Celle kam, fand ich hin und wieder im Geschiebe des dortigen kleinen Gebirgs etwas Eisenerz, welches gebaut, und zu dem Eisenwerke nach Kamelk geführt wird. In eben dem angeführten kleinen Gebirge fand ich eine ganz besondere Steinart, welche mit einem versteinten Holze viel ähnliches hat, wofür dieselbe auch von vielen gehalten wird. Einige Stücke dieses Steins bestehen aus lauter wellenförmigen Platten, welche gips- und kieselartig sind, und zwischen den Blättern, welche ganz einer Holzrinde, oder den Jahrringen eines Baums gleich sehen, stecken ganz kleine Cristallen. Verwandeln sich nun solche Blätterlagen in ein ganz compactes Wesen, so schlägt der Stahl Feuer daran; wo hingegen die Blätter weich und zerreiblich sind, nicht. Ueberhaupt halte ich diesen Rindenstein für eine Abart der Lithomarga oder des Steinmergels. Tiefer in der Erde verhält sich der Stein ganz anders; da ist er fest und ganz hornartig, hat aber ebenfalls ein holz- oder rindenartiges Ansehen mit vielen Querbrüchen. Von Farbe ist er blaubraun, dahingegen ersterer mehr weiß ist. Den unterirrdischen Holzkohlen sieht diese Steinart am aller ähnlichsten.

Von hieraus kam ich zur Hauptstadt der Winden, welche Celle oder Zelle, auf deutsch Cilli heißt, (S. Büsching und Kindermann,) und welche die Römer Colleja nannten. Jetzt ist es ein kleines ödes Städtchen, worinn man noch einige in Stein gegrabene Denkmäler der Alten findet. Der Stein, den sie zu diesem Gebrauche nahmen, ist der Marmor salino, oder der körnige Marmor der Steinbeschreiber. Von den Aufschriften konnte ich wenig mehr lesen, alles war schon verstümmelt. An vielen Häusern sahe ich dergleichen Steine eingemauert, aber auch hier war nichts heraus bringen. Die Römer haben sehr wohl aus der Erfahrung gewußt, welche Steine am wenigsten verwittern, um ihr Andenken zu verewigen. Zuweilen war es Granit, Porphyr oder Basalt; aber meistens dieser erwähnte Marmor, weil er mehr gips- als kalkartig, und leichter zu bearbeiten ist, und dennoch der Verwitterung sehr widerstehet. In dem Rhätischen und Norischen Alpen fand ich noch viele ihrer Werke aus diesem Steine verfertigt.

Da ich in der erwähnten Stadt weiter nichts Merkwürdiges fand, untersuchte ich die umliegenden Gebirge, welche gegen Westen aus einem leichten weißgrauen Thonstein bestehen. Ich glaube, daß dieser Stein ungemein geschickt seyn muß, die Feuerhitze auszuhalten. Ich weiß nicht, ob er in der Tiefe eben so brüchig seyn wird, wie ich ihn auf der Oberfläche fand; wenn dieses wäre, würde man freylich keinen guten Gebrauch davon machen können, aber ich zweifle nicht, daß man ihn nicht im ganzen Felsen finden sollte; und da ich mit allem Grunde aus dem wenig entdeckten einen Topf oder Lavetzstein in der Tiefe vermuthe, so wäre es wohl zu wünschen, daß man kleine Versuche darauf machte. Der oben erwähnte Thonstein ist auch meistens mit etwas Glimmer und Eisenmulm durchmischt. Hin und wieder fand ich in diesem Thonsteingebirge auch einen dunkelbraunen Porphyr, mit gegliederten schwarzen Schörlkristallen. Woher eigentlich dieser Porphyr seinen Ursprung habe, weiß ich

ich nicht, denn hier war er nur zufälligerweise eingemischt. Bey einer Mühle hatte man einen grossen Einbruch in dem Berg gemacht, wo ich nichts als Gestellstein gewahr wurde. Da dieser Einbruch am Fusse des Gebirgs gemacht war, so kann es vielleicht seyn, daß das Thongestein darauf aufgesetzt ist. Von diesem Gebirge wandte ich mich nordwärts nach Voinik fort, (S. Kindermann) auch hier herum war noch meistens das Gebirg flözartig, aus Schiefer und Trapp bestehend; als ich weiter kam, stellte sich der ursprüngliche Kalkstein wieder ein. Bevor ich noch Roinize oder Ganowitz erreichte, fand ich das Gebirge meistens mit Waldung und Erde bedeckt, nur vermittelst der Wildbäche konnte ich die Gebirgarten bemerken. Das meiste war Gestellstein, gelbschmutziger Quarz, Quabratstein, grauer Thonschiefer, welcher zum Häuserdecken sehr geschickt ist. Indessen fehlte doch auch der Kalkstein nicht, welcher ganze Striche durchs Gebirge forthielt. Seine Farbe war bald weiß, bald grau, mit starken Spathadern durchwebt. Trümmerstein sowohl von Kalk als aus Quarz bestehend, war auch an vielen Gegenden mit eingemischt. Auch habe ich an ein paar Orten dieser Gegend recht gute Steinkohlen gefunden, und in nicht gering anhaltenden Lagen unter der Dammerde, wo sie ohne alle Mühe zu gewinnen sind. Zwischen diesen eben angeführten Orte Roinize und Wisterza, oder Feistritz, hörte der Kalkstein bis in die Pettauer Ebne beynahe ganz auf, und stellten sich folgende Steinarten in dem dortigen etwas niederen Gebirge ein, als schwarzgrauer Trapp von verschiedenem Gemische. Einer war etwas ins grüne fallend mit braunen Flecken besetzt, welche mir durch Versuche Eisen gaben; ich halte sie für Granatmutter. Eine andere Art hatte viel feinen Kalk mit eingemischt, wo die braunen Flecke weniger zu sehen waren; oft konnte man auch in diesem Trapparten Glimmer bemerken. Die dritte Steinart, welche ich noch häufiger fand, war weißgrauer Gestellstein, mit vielem blauglänzenden Murkstein durchsetzt; ein paarmal fand ich auch recht dichtschuppichte Hornblende in den Wildbächen, wo sie aber ihren Entstehungsort hatte, habe ich nur erst zwey Stunden weiter im Granit gefunden. Hier, bevor ich noch zum Granit gelangte, fand ich einen kleinen Hügel von Metallmutter (Saxum metalliferum Linné:) oder Gneis, sein Gemisch war gewöhnlich Quarz mit Thon, wobey sich auch Glimmer befand. Der hiesige Granit war der weisse, aus gröbern Gemisch mit Basalt, wovon die fünf und sechsseitigen Säulen oft einen Zoll und mehr im Durchschnitte hatten. Der Glimmer, welcher in grossen und sehr glänzenden Schuppen

pen brach, hatte oft seine Blätter dachziegelartig gelagert; den Feldspath kann man in dem Gemisch nur schwer erkennen. Eine Abweichung dieses Granits habe ich in eben der Gegend mit gegliederten Basaltsäulen gefunden, welche aber nicht die Dicke der vorgehenden hatte; überhaupt war auch letzter Granit nicht so weiß.

Die merkwürdigste Steinart dieser Gegend war für mich der grüne Granit, oder Granites virescens des Linné. Der Quarz war meergrün, der Feldspath aber weißlicht, so wie auch der wenige dabey befindliche Glimmer. Dieser Stein ist sehr dicht, nur der Glanz der Theile im frischen Bruche läßt sich was abnehmen, und ist ungeschickt eine gute Politur anzunehmen. Hin und wieder fanden sich auch Trümmersteine von Schiefer und Granit, oder was letztere betrift, eigentliche Gneisarten.

Hier in diesem Gebirge, wo ich die erwähnten Granitarten fand, hatte ich die Reifnicker Alpen, welche im Bacher liegen, vor mir. Um also das Gebirg des Bachers ringsum kennen zu lernen, wandte ich mich westwärts, wo sich dann auf einmal das Gebirg ganz änderte, und statt des Granits, stellte sich dichter weisser Kalkstein ein. An ein paar Orten stand der Kalk so dicht mit dem Schiefer- und Granitgebirge an, daß man die Theilung sehr genau abnehmen konnte. Nach einer kurzen Zeit erreichte ich den Ort Vitaine oder Weitenstein, (Kindermann a. a. O.) wo auch rings herum nichts als eben der Kalkstein fortsetzte. Da man damals im ganzen Lande beschäftiget war, Strassen anzulegen, so sah ich oft, wie die Steinarten sich hin und wieder einige Klaftern tiefer in der Erde verhielten. Man sprengte eben, als ich an den Ort kam, grosse Felsenstücke von Kalkschichten, zwischen denen ich einen recht reinen Hornstein Zoll dick einsitzen sah. Da er nun mit seiner Unterlage, welche Kalk war, ein Ganzes ausmachte, und die Schichten waagrecht lagen, so konnte kein Mensch zweifeln, daß er nicht auf eben dem Orte erzeugt seyn sollte. Nach der Hand fand ich auch in einem andern Bruche nicht weit davon kleine Mergelnüsse im Kalkstein, worinn kleine Quarzcristallen saßen.

Nachdem ich weiter westwärts fortrückte, hörte der Kalkstein wieder auf, das Gebirg wurde niedrig, und nicht mehr prallicht, und nun stellten sich allerley Thonschiefer, Trapp und Gneis ein. Alles war mit einer Thonerde über-

145

überzogen, wo man nichts als Weingärten angepflanzt hatte, welche eher Eſſig als Wein lieferten. Hier, wie beynahe in der ganzen windiſchen Mark ſahe ich nichts als Gereith brennen, wodurch die Waldungen ungemein hergenommen werden. Ich zweifle nicht im geringſten, daß in dieſem Lande die Bevölkerung zunehmen, und man aus Noth die Baufelder werde erweitern müſſen. Ich erforſchte durch die Taufbücher, welche mich ein paar Geiſtliche ſehen lieſſen, daß in Zeit von 75 Jahren der Bevölkerungsſtand um $\frac{1}{2}$, ja manchmal bis auf $\frac{3}{4}$ geſtiegen ſey, alſo kein Wunder, daß die Waldung dem urbaren Acker hatte weichen müſſen; nur wäre zu wünſchen, daß die Regierung des Landes, den vor das menſchliche Geſchlecht ſo verderblichen Weinbau nicht ſo einreiſſen lieſſe, welcher die Länder arm, und die Unterthanen zu liederlichen Leuten machet, ſo, daß wo Getreyde oder Graß wachſen könnte, niemals ein Weinſtock ſtehen bleiben ſollte. Ich werde anderswo Gelegenheit haben, den Herren Kameraliſten ihre falſche Rechnungen zu beweiſen, indem ſie die Anhäufung des Menſchengeſchlechts zu ſehr beförbern, und niemals glauben, daß es ein Fleckchen auf dem Erdboden gebe, das ſchon genug bevölkert ſey. Wäre es doch eben ſo leicht, die Ländereyen zu vergröſſern, als die Menſchenzahl zu vermehren! Wie glücklich würden unſere Nachkommen nicht ſeyn!

Bey Fortſetzung meiner Reiſe in dieſem kleinen flötzartigen Gebirge, gelangte ich abermals zu einem warmen Bade, welches den Namen von einem dabey gelegenen Landgute hat, und Noua Hiſha, oder Neuhauß heißt, ob ſich gleich die Einländer bloß des Worts Tepliza bedienen. Das Warmbad mit ſeinem Gebäude iſt zwiſchen lauter Hügeln, welche mit Wald und Weinreben bedeckt ſind, in einer recht ſumpfigten und ungeſunden Gegend angelegt; Gebäude und alle Einrichtungen ſind mit der Gegend einſtimmig. Hier verräth noch alles das ſchmutzige und barbariſche unſerer vorigen Zeiten; und ich muß geſtehen, daß ich mich noch bey keinem Bade, die Krapinaner und Sagraber ausgenommen, mit ſo vielen Widerwillen aufgehalten habe, als hier. Ein jeder Tag ſchien mir ein Jahr zu ſeyn. Ich will mich auf die Ordnung und Einrichtung der Wohnungen und Badſtuben nicht einlaſſen; nur ſo viel muß ich zur Warnung eines jeden, der das Bad braucht, ſagen, daß er beym Eintritte ins Waſſer auf ſeiner Hut ſey, nicht einen Fuß zu brechen, oder im Umfallen zu ertrinken. So ordentlich iſt der Boden des Badezimmers eingerichtet; nichts als Felſen und hingeworfene Steine, die das Pflaſter vorſtellen ſollen, liegen da.

Oryctogr. Carniol. III. Th.   T   Der

Der Berg, woraus die Quellen entspringen, und in den Boden des Bades ihr Wasser herausprudeln, ist ein muschelmarmorartiger Stinkstein von weißgrauer Farbe, spathartig und fest; er nimmt eine ganz gute Politur an. Die Versteinerungen die ich darinnen fand, waren zwoschalig, und gehörten meistens zum Geschlecht der Chammuscheln. Der Fuß des Berges selbst, wo das Badezimmer steht, besteht schon meistens aus einem schwarzgrauen schuppichten Trapp, und daraus bestehen auch die daran gränzenden Hügel, welche nebst dem Trapp noch viel Thonschiefer haben. Das Wasser des Bades ist klar, ohne viel widrigen Geschmack noch Geruch, und beym Stillstehen macht es nicht den geringsten Satz; ich habe auch weder in- noch ausser dem Bade, wo das Wasser hinläuft, etwas frembartiges darinn bemerken können. Die Wasserschlangen, und Kröten leben ganz gut in der gemäßigten Wärme dieses Wassers, welches ich auch in dem oben zulezt beschriebenen bemerkt habe. Ich trank ein halb Maaß davon, es hatte aber nicht die geringste Wirkung auf meinen Körper. Wenn man es kalt werden läßt, so ist es eben so gut zum trinken, als ein anderes gemeines Wasser, nur ist es ein wenig matt im Geschmack. Die Quellen des Bades sind nicht jederzeit gleich beständig, sondern bey regnerischem Wetter fließt kaltes Wasser zu, welches aber leicht abgewendet werden könnte, wenn der Eigenthümer mehr Sorge für das Gebäude trüge, und nicht alles der lieben Natur überließe. Die Versuche, die ich an verschiedenen Gegenden des Bades mit der Wasserwage machte, zeigten mir, daß es einen halben Grad schwerer sey, als gemeines distillirtes Wasser. Der Wärmemesser stieg auf 29 und einen halben reaumurischen, oder 97 und ein Viertel fahrenheitische Grade. Als ich mich eines Tages badete, und ein starker Regen einfiel, sah ich durch Hülfe meines Thermometers, daß das Wasser sehr abgekühlt wurde, und 7 Grade an Wärme verlohr. Die Versuche mit den Auflösungen waren folgende:

Die Lacmustinctur wurde von der im Wasser befindlichen freyen oder Mineralsäure etwas roth. Das eingetunkte blaue Papier machte nichts, so auch die Tinctur des Gilbenholzes. Der Veilchensaft wurde grünlich, die Tinctur der Galläpfel machte nur wenig oder gar keine Aenderung; ein Zeichen, daß wenig Eisen darinn enthalten sey, so verhielt sich auch die Berliner Lauge. Eingegossenes Scheidewasser jagte ein wenig Luft aus dem Wasser, der Salzgeist machte nichts, wo hingegen das concentrirte Vitriolöl eine Gährung hervor brachte. Das in Scheidewasser aufgelößte Silber gab dem Wasser auf der

der obern Fläche eine Milchfarbe, welche wie geronnene Milch aussah; ein gewisses Zeichen, daß etwas Kochsalzsäure darinn enthalten sey. Eben eine solche Auflösung von Salpetergeist und Queckfilber in der Wärme zubereitet, machte das Wasser nur ein wenig opalfarbig, zeigte also die Säure weniger, als erstere an. Die Weinsteinauflösung machte ebenfalls das Wasser nur auf der Oberfläche etwas opalfarbig, welches aber bald wieder vergieng; ein Zeichen, daß wenig fremde Theile im Wasser stecken, welche niedergeschlagen werden könnten. Der Bleyzucker machte das Wasser weiß, woraus sich keine sichere Bestimmung der Bestandtheile machen läßt. In das Wasser geworfener bolognesischer Phosphorus, und die Auflösung der Schwefelleber, verursachte einen sehr häßlichen Gestank; ein Zeichen, daß die flüchtigen Theile durch eine im Wasser befindliche Säure aufgelöst wurden. Rothgefärbte Bänder eine Zeit ins Wasser gelegt, wurden beynahe ganz entfärbt; eine Beobachtung, die ich auch bey dem vorigen angeführten Mineralwasser gemacht habe. Diese Veränderung mag wohl meistens die entwickelte Luft verursachen, indem andere Säuren in zu geringer Masse darinn enthalten sind.

Der fressende Sublimat machte keine Aenderung; so konnte ich auch an eingetunkten silbernen Platten nichts gewahr werden. Der hinein gegossene Weingeist zeigte mir keinen merklichen Niederschlag. Das flüchtige Alkali oder der Salmiakgeist gab beym Eingiessen einen Schwefellebergeruch, aber die Farbe des Wassers wurde nicht im geringsten geändert, welches bey innhabenden Kupfer hätte geschehen müssen. Nachdem ich diese Versuche gemacht hatte, schritte ich zur Abdünstung.

Aus drey Maaßen, oder zwölf Pfunden des Badewassers, in einem rein glassirten Geschirr bis auf 1 Pfund abgedünstet, und durchgeseiget, erhielt ich 5 Gran Kalk, und 3 Gran Kieselerde, welche geröstet mir kein Eisen entdecken ließ. Das Durchgeseigte ließ ich weiter abdünsten bis auf 2 Unzen, wo ich es dann wiederum filtrirte, und noch einen Gran gemischte sehr leichte Erde erhielt. Als ich nun mit der Abdünstung bis zur Cristallisation fortsetzte, so erhielt ich ohne bestimmte Figur ein eben so gemischt Salzes, wie aus dem zuletzt beschriebenen teplitzer Wasser, am Gewicht 5 Gran. Ich habe nach einiger Zeit in meiner Wohnung die Destillation mit eben der Menge Wasser vorgenommen, aber keine andere Aenderung bemerkt, ausser daß ich statt 5, nicht einmal drey Gran muriatisches gemischtes Salz erhielt; ein Zeichen,

daß

daß die Bestandtheile nicht jederzeit in gleicher Menge im Wasser zugegen sind. Der Verlust bey der Destillation, welchen man vielleicht für fixe Luft ansehen kann, beträgt $\frac{1}{17}$ des Ganzen; auch dieses Bad hat eben die Wirkung, als letztbeschriebenes, und aus den innhabenden Bestandtheilen kann man sogleich sehen, daß bloß die Wärme des Wassers und der innhabende Mineralgeist oder die Luftsäure die einzige gute Wirkung hervorbringt.

Indessen sind alle gute Wirkungen, welche die Bäder auch hier zu Lande hervorbringen können, mit den Aerzten des Landes einem gleichen Schicksale ausgesetzt; man erinnere sich, was ich von der Kirche des Berges Dobratsh gesagt habe. Geneset ein Kranker durch ein solches Bad, so rechnet man es niemals dem Wasser zum Verdienst, sondern meistens ist ein Stück Holz, welches ein Bildniß vorstellt, daran schuld; An einer Seitenwand des Bades befindet sich ein solches, und man sieht Krücken aus Holz, oder aus Wachs gebildete Gliedmassen dabey hängen.

Das einzige habe ich noch bey diesem Bade anzumerken, daß es eher einen Ausschlag bewirkt, als das vorgehende, wie mir selbst widerfahren ist. Ob aber diese Wirkung allezeit erfolge, kann ich nicht behaupten; ich hatte nur ein einzigesmal gebadet, und bekam ihn schon, wohingegen in dem vorgehenden niemals. Ich glaube, wenn dieses durch mehrere Beobachtungen erwiesen wird, so ist bloß der in grösserer Menge darinn enthaltene Mineralgeist daran schuld, folglich ist es für jene, welche mit Krätze oder andern Ausschlägen behaftet sind, nützlich. Noch wäre dabey zu wünschen, daß die Aerzte das Trinken des Badwassers empföhlen, welches sie aber aus nicht genugsamer Kenntniß ausser Acht lassen. Ich hoffe, man wird mir diese kleine medicinische Anmerkung, welche einigermassen nicht hieher gehört, zu gute halten. — Ich wende mich aber zu meinen eigentlichen Gegenstande. —

Man wollte mich versichern, daß sich zwo Stunden vom letzt erwähnten Bade eine Quelle befand, welche ein Wasser enthielt, das einen Weingeistgeruch habe. Mir fiel die Erzählung des Polybius und Herodotus u. a. ein, welche Quellen erwähnen, die einen weinigten Geschmack hätten; allein es ist ihnen eben so wenig zu glauben, als ich von der Unrichtigkeit dieses Vorgebens durch die Erfahrung hinlänglich überwiesen wurde. Das vorgebliche Wasser mit dem Weingeistgeruche war weiter nichts, als eine etwas eisenhaltige unreine Sauerquelle, wo ich so wenig Wasser fand, daß ich kaum zum

trinken

trinken genug hatte. Es kann seyn, daß sie sonst stärker ist, aber gewiß allezeit unbedeutend, denn sie ist in einem morastigen thonigten Boden gelagert, wo von allen Seiten anderes Wasser zubringen kann. Dergleichen unbedeutende Gewässer habe ich vielmal an Orten gefunden, wo es eisenschüssigen Schiefer gab; aber der Geschmack war ziemlich geistig, denn dergleichen natürliche Quellen können niemals unter der Erde angetroffen werden; wenn auch die Bestandtheile, die dazu erfordert werden, dahin geriethen, so kann doch keine Gährung statt haben.

Nun wandte ich mich aus dieser Gegend südwärts in einem kleinen Flößgebirge fort, welches aus schwarzem mit Glimmer gemischtem Trapp, Kalkstein, Thonschiefer, und allerley Trümmersteinen bestand, welche letztere von gemischter Art waren, nämlich kalk- und glasartig, manchmal war auch Hornblende mit eingemischt. Dieses Gebirg war oft ein wenig stücklicht, und hielt bis in die Fläche von Schautz an. Letztern Ort nennen die Deutschen Sachsenfeld, ohne Zweifel von dem lateinischen Worte, Campus Saxosus, welches der Slave durch kamnit'e pole ausdrückt, indem das ganze Feld aus Stein, oder Schoder bestehet, der durch die Verwitterung der Steine schon mit etwas Erde bedeckt ist, so daß sich anjetzo sogar Getreidefelder an diesem Orte finden. Dieses Feld, welches sich bis Shostan erstreckt, und ein paar Quadratmeilen in sich faßt, hatte nicht das geringste merkwürdige für die Naturkunde; aller Orten konnte man noch verschiedene Fußbette gewahr werden, welche einstmal der Savina oder Saufluß gebahnet haben mochte. Nun nahm ich meinen Weg gerade nach Süden zu, um zu dem Savafluß zu gelangen. Ich war willens, denselben so lange zu verfolgen, als er der Schiffahrt zum Theil hinderlich ist. Mein Weg gieng im Gebirge neben den oben angeführten Magdalenaberg nach dem Ort suct Jakob zu, alles war bey nahe grauer Kalkstein, und in der Tiefe war nur wenig Schiefer zu finden. Vom letzten Ort gieng ich nach Sagur, wo noch immer der nämliche Stein forthielt. Von da gelangte ich in einer halben Stunde zu dem angeführten Flusse; ich verfolgte ihn eine Strecke weit gegen Osten bis zum Ausflusse der Savina in die Sava, welche Gegend man die Steinbrücke nennt. Warum man sich hier dieses Namens bedient, weiß ich nicht, denn niemals hat eine Brücke da gestanden. Wahrscheinlich glaube ich, mag es daher rühren, daß der Fluß, durch das hinein gestürzte Gebirg, zu Anfangs ganz, oder zum

Theil gesperrt worden; und vielleicht diente dieser Einsturz statt eines Dammes, auf den man über den Fluß kommen konnte. Noch heut zu Tage sieht man die Ablösung vom Gebirge, wo der Einbruch geschehen ist, wie auch noch grosse Felsenstücke, welche im Flusse liegen, und gleichsam natürliche Brückenpfeiler vorstellen. Nun verfolgte ich den Fluß aufwärts nach Westen zu: fünf Stunden Weges, die ich stets am Hauptschlage des Flusses machte, sah ich, mit wie vieler Mühe und grossen Unkosten man vor Zeiten gesucht hat den Fluß schiffbar zu machen. Man stelle sich ein sehr reissendes Wasser zwischen hohem Kalkgebirge, welches aus senkrechten Felsenwänden bestehet, und ungemein eingeschränkt ist, vor, so kann man leicht begreifen, daß ein solcher Fluß, wo stets die verwitterten Kalkfelsen sich hineinstürzen, ungemein grosse Unkosten zur Wegräumung und Aufrechthaltung des Hauptschlags verursachen muß, wie man bey dem Einbruch von Prusnig sehen kann, wo man sogar genöthigt war, einen Kanal in dem Fluß zu bauen, um das Wasser zu fangen, und von den im Fluß liegenden Felsen abzuleiten, um den schmalen Schiffen einen sicheren Weg zu bahnen. Bey grossem Wasser kann man indessen über alles das weg. — Nicht weit von dieser Gegend in einem Graben habe ich ein paar alte Bingen angetroffen, wo man vor Zeiten auf Bley gebauet hat, um das Werk in der Thelin, wovon ich weiter unten reden werde, zu unterstützen. Die ganze Strecke von der sogenannten steinernen Brücke, bis zu dem Ort Ponowitsh, wo der Fluß breiter, und die Fahrt mit weniger Gefahr verknüpft ist, und so bis zum Einfluß der Lublanza sich gleich verhält, bestehet aus grauen Kalkstein, der hin und wieder viel Tuffstein erzeuget; nur ein paarmal fand ich etwas Mergel und Thonschiefer. — Nun auch ein Wort von der hiesigen Schiffahrt auf diesem Flusse.

Von der Regierung Kayser Karls des sechsten an, hat der Hof alles mögliche gethan, um Schiffahrt und Hauptstrassen in unserem Lande, so wie in den übrigen Provinzen des Reichs herzustellen. Vor dieser Epoche war Krain für Wien wie unbekannt. Die Reisen zur Hauptstadt waren jederzeit für den Eingebohrnen, beschwerlich zu unternehmen; sie konnten nicht anders geschehen als zu Fuß oder zu Pferde, um die so beträchtlichen Klippen und unwegsamen Berge zu übersteigen. Um so viel weniger gelüstete es jemanden von den angränzenden Provinzen zu uns zu kommen, und so war auch der genannte Kayser der erste des Habspurgischen Hauses, der Krain besuchte.

Seine

Seine Thronfolgerin setzte die angefangenen Werke der Schiffahrt und des Straffenbaues bis zu ihrem Ende fort. Es wurden an Krain zur Verbesserung der Schiffahrt jährlich beträchtliche Summen vorgeschossen, welche in den letzten Jahren dazu verwandt und nicht verwandt wurden, ohne daß nur der dritte Theil dieser Summe dem Hof jemals wieder anheim geflossen wäre. Der Vorsteher war nicht im Stande alles zu leisten, was mit recht verlangt werden konnte. Man hatte aber den Fehler begangen, den Mann seiner eigentlichen Bestimmung, welche der Altar, aber nicht die Nautick war, zu entziehen. Die Geldsummen, welche ihm bey diesem neuen Geschäfte anvertrauet wurden, verleiteten diesen Mann zur Raserey des Goldmachens, welches einmal einen solchen Einfluß auf mich hatte, des Lebens unsicher zu werden, wenn man nicht mit Händen und Füssen von den Kanzeln gewehrt hätte. Indessen war diese Geschichte überaus komisch; nur so viel will ich sagen, daß die Verschwendung dieses Mannes und meine anatomische und zootomische Arbeiten den Stoff zur empörenden Komödie gaben. — Der grosse Castriotto warnt seine Freunde in seiner letzten Lebensstunde mit folgenden Worten: „Verbannet fern von euch die Sterndeuter und Goldmacher" — Wie weise war diese Lehre! — Doch wieder zur Sache. —

Die ganze vernünftige Welt sahe, daß das diesem Manne anvertraute Geschäfte, die Aufsicht über die Verbesserung der Schiffahrt in seinen Händen gemißhandelt wurde; und daß er beträchtliche Geldsummen durch kindische Thorheiten versplitterte, so, daß wenn ein müssiger Kopf alle Abderitenstreiche der Welt hätte bekannt machen wollen, so würde er Stoff genug gehabt haben, einen dicken Band damit anzufüllen; und gewiß für dieses Jahrhundert würde man unglaubliche Dinge aufgedeckt haben.

Indessen als ein Theil der Arbeiten dieses Mannes in andere Hände fiel, giengen dem Publikum die Augen immer mehr auf, wie unnütz das Geld verwandt war. Bey alle dem hatte sein Bruder, ebenfalls Mitglied der verkehrtdenkenden, für das menschliche Geschlecht noch zu spät erloschenen Gesellschaft, die angewohnte unverschämte Dreistigkeit, ihn in einem Werk, welches den Titel führt: Briefe, hydrographischen und physikalischen Innhalts aus Krain zu vertheidigen. Um diese unbillige und verblümte Vertheidigung an den Mann zu bringen, mußte unser für die Naturhistorie unbedeutender Zirknizersee den Stoff hergeben. Denn was der Verfasser von diesem See sagt, ist von Steinberg in seiner Beschreibung desselben, und von mir im ersten Theile der Oryctographie, besonders was von letzterem und seinen Vorgängern übernatürliches und gekünsteltes darüber geträumt war, widerlegt worden. Indessen ist es augenscheinlich, daß es dem Verfasser der Briefe um die vier ersten Zuschriften zu thun war, wo zwar nur von dem zum Theil mißlungenen Abzapfungsgraben, auf welchen gegen ein Viertel Million Gulden verwandt worden, die Rede ist; doch hat diese Unternehmung in eben dem Verhältnisse gleiches Schicksal mit der ganzen Schiffahrt unseres Landes, wie man im ersten und zweyten Theil dieses Werks, was die Abzapfung des hiesigen vor der Stadt liegenden Morasts belangt, ersehen kann. Ueber die mündlichen Fragen, die der Verfasser der Briefe, in Betreff der mißgerathenen gebauten Schleuße an mich gethan hat, findet man die Erläuterung im zweyten Bande; und es ist bekannt, daß im Jahr 1782, als die Arbeit vollendet war, meine Angabe von der ganzen Welt richtig befunden worden.

  Man hatte kaum gedacht, den Savafluß schiffbar zu machen, um die verfallenen und zum Theil mißlungenen Arbeiten der Alten herzustellen, als man schon im voraus einen Theil des Geldes auf die Erbauung von Schiffen verlangte, welche man eher für die See, als für einen mit Klippen angefüllten Strom bestimmt zu seyn glauben konnte. Alle diese ziemlich ins kindische fallende nautilische Vorbereitungen waren zu groß und zu klein; zu groß von der Lublanza oder Laybachfluß an, bis nach Sisek, wo man aus der Gebirgskette in der grossen Fläche von Illyrien sich befindet, und wo die Sava oder der Saustrom durch die Kupa oder Kulpfluß verstärkt wird: zu klein vom letzt benannten Orte bis nach Belgrad oder Weissenburg, wo der Fluß in die Donau sich ergießet, indem solche Schiffe eben so vieler Leute zur Führung benöthiget hatten, als die, der Natur des Flusses angemessene weniger kostende und im Lande gebräuchliche, eine dreymal grössere Last tragen könnten. Und wem kann es nur einfallen, Schiffe mit Segeln gebrauchen zu wollen, in einem oft reissenden und sehr gekrümmten Flusse, der zudem noch meistens mit dichten Waldungen an seinen Ufern begränzt ist? Ich selbst habe den ganzen Strom, nach seiner Länge mit solchen untauglichen Schiffen befahren, aber Segel waren niemals darauf zu gebrauchen; und nun sind diese kostbaren Schiffe, zu deren Einrichtung auch Kirchenschätze beygetragen, schon von einigen Jahren her, in die Vergessenheit gerathen, ohne jemals den allergeringsten Nutzen geleistet zu haben.

Indes-

153

Indeſſen ſo gewiß als es allgemein ausgemacht iſt, daß ein Theil der Glückſeligkeit eines Staats von ſchiffbaren Flüſſen abhängt, ſcheint es doch aus der Erfahrung bey uns mehr als erwieſen zu ſeyn, daß die ſo beträchtlichen Summen, welche man ſchon auf dieſe oben erwähnte kleine Strecke des Fluſſes verwandt hat, niemals den geringſten Nutzen ſchaffen werden. In der That wäre es auch für das Land ſowohl, als für den Staat bey weitem erſprießlicher, wenn man von Breishje oder Rann aus, gegen die überſtehende Fläche, wo die Beſchwerlichkeiten der Schiffahrt anfangen, eine Straſſe gebauet hätte, die ohne beträchtliche Vorgebirge durch das Johanni Klingenfelſer Thal, oder über Kaſtainutz nach Laybach führte, ſo hätte alles, was auf dem Strohme zu führen iſt, durch ſolche Wege hinüber gebracht werden können, wo dann der Unterkrainer (Dolcinſk,) als auch das angränzende Kroatien eine Straſſe erhalten hätte, auf welcher die Nationsproducte weit leichter zur Hauptſtadt des Landes, als auch nach der See hätten gebracht werden können, welches jetzt nicht ſo geſchehen kann. Und geſetzt nun, die Fracht für dieſen kurzen Weg von 10 bis 12 Meilen käme höher zu ſtehen, ſo hätte dieß wenig zu bedeuten, da doch auf dieſem Strome beynahe nichts als Wein geführt wird. Gewiß iſt es, wenn alle diejenigen Feldmeſſer und Flußdirectoren ohne Partheilichkeit für ihre Arbeit geweſen wären, auch gehörige Kenntniſſe vom Steinreiche gehabt hätten, wie leider noch heut zu Tage zum Nachtheil der Monarchie ſelten einer beſitzt, wie erſt vor kurzem ein angeſehener Mann, ſehr ungereimt über die Entſtehung des Schobers geſprochen hat, ſo würden ſie jederzeit dieſe dem Staate ſo koſtbar kommende, und fruchtloſe Unternehmung widerrathen haben, da alles heut oder morgen durch einem bevorſtehenden Einſturz des bey uns ſo verwitterten Kalkſteines gewiß vereitelt werden muß. Oder es müſſen Millionen angewandt werden, um es zu derjenigen Vollkommenheit zu bringen, die ihm heut zu Tage noch ſehr mangelt.

Ich hoffe, man wird mir dieſe Epiſode die ich hier eingeſchaltet habe, nicht verargen. Es iſt weder perſönlicher noch ſonſt eine Art von Haß, der mich angetrieben hat, ſolches zu ſagen, ſondern es geſchah ohne allen geſchminkten Schein, dem Lande und der Wahrheit zu Liebe, um denjenigen aus dem Schwindel zu helfen, welche dieſe Verſchwendung einer Unterſtützung werth gehalten haben. Derjenigen, welche noch Partheygänger der verloſchenen Geſellſchaft ſind, mag ich gar nicht erwähnen, denn dergleichen Blödſinnige den-

Oryctogr. Carniol. III. Th. U ken

ken weder richtig, noch sind sie dem Landesfürsten getreu; ob ich gleich für gewisse einzelne Mitglieder, die die Partheylichkeit hassen, gewiß alle mögliche Hochachtung hege, so wie ein jeder der billig ist, sie für rechtschaffene Männer halten wird und muß. — Ich wende mich aber nunmehr wieder zu meinem eigentlichen Gegenstande.

Links und rechts am Ufer der Sava war immer nichts, als eben der erwähnte Kalkstein. Nur eine Stunde vor Lithia und Suet-Marten, wie die Berge niedriger wurden, stellten sich statt des Kalkes, Marmor, Tufstein und Quarzschiefer ein. Der letzte Schiefer hatte oft eine Nagelflüre eingeschlossen, dieses währte bis zu dem Vorgebirge Bresgona, wo sich ein bloß sandiger Schiefer einstellte. Zwischen diesem Orte und der Gegend von Lithia habe ich einen verlassenen Eisenbau gefunden, der vor Zeiten viel Bohnenerz gab, welches sehr ergiebig gewesen seyn soll. Ohne Zweifel ist dieser Bau verlassen worden, weil das Werk Kerka oder Gurk zu weit davon entfernt liegt; hier aber ein Werk anzulegen, würde schwerlich die Waldung erlauben. Indessen um es der völligen Vergessenheit zu entreissen, wollte ich es nicht, so wie noch viele andere verlassene Bergbaue unberührt lassen. Valvasor sagt: im Litheyer Boden oder Letye finde man Queckſilber; allein mir ist es nicht vorgekommen, aller Mühe ungeachtet, auch habe ich von andern keine Nachricht darüber erhalten können.

Hierauf wandte ich mich gegen Statenck, wo das Gebirg etwas sanft anstieg, sehr abwechselnd und gemischt war, bald Kalk, bald Schiefer; über den dortigen Bach Reka fand ich alte Halden vom Bleyschmelze. Hinter Slatenck südwärts, traf ich noch Pingen und Stollen an, wo vor Zeiten reicher Bleyglanz erbauet worden. Den Nachrichten zufolge, welche ich noch vor 17 Jahren in Hydria von einem dortigen alten nun verstorbenen Beamten, der dabey Gewerk war, erhalten habe, so war bloß üble Wirthschaft, und auch zum Theil Mangel an gehörigem Geldvorschusse Ursach, daß dieser Bau ins Stecken gerieth. Indessen findet man in diesem Gebirge keine Gänge und Stockwerke, ausser zerstreut in Putzen und Mugeln, und manchmal als eine Art Seifenwerke. Der eigentliche Bergbau, welcher gegen Osten zu liegt, heißt: in der Malnik, wo ein starker Bach, welcher in die Sava fließt, von dem Berge na Gralil'h kömmt. Die Stollen, die ich zum Theil noch vor 15 Jahren offen fand, waren an der Zayl sieben; als: der alte und neue

Jo-

Josephi, Ahati, Barbara, Leopoldi, der obere und untere alte Stollen, von denen die letzten nahe an dem Sauſtrome eingetrieben waren. Alle waren in ein ſchieferiges, oft ſehr gemiſchtes Vorgebirge getrieben. Auf dem ſogenannten Berge Huben, der nahe am Bache iſt, fand ich eine alte Bingen mit Ueberbleibſeln von einem Schmelzofen; auf der andern Seite des Baches aber, waren alte Schmelzhütten. Auch in dieſer Gegend fand ich noch überall beträchtliche Halden. Eine kleine Stunde oſtwärts iſt ein anderer Bach, der ſich ebenfalls in die Sau ergießt, Paſilgrabe genannt. Es herrſcht hier eben das Gebirg, und eben dieſelbe Steinart. Auf der Pianke-gore ſah ich auch noch einige zerfallene Stollen, wovon eine mit Namen Friedrich noch zum Theil offen war. Oberwärts von dieſem Gebirge, gegen Süden zu, kam ich noch auf einen alten Eiſenbau, Preska genannt, welcher ebenfalls ganz verlaſſen iſt. Allem Anſehen nach mag hier in der ganzen Gegend ſehr ſtark auf Bley gebauet worden ſeyn, wie ich aus einigen Nachrichten des Ober-Wellacher Archives weiß, welche ſich aus dem ſechszehnten Jahrhunderte herſchreiben, da ein gewiſſer Herr von Lamberg, Richter zu Stein Oberberg war. Nunmehr wandte ich mich aus dieſer Gegend weſtwärts in dieſem hügelichen Flötzgebirge fort, und kam in die ſogenante Schlutten, den Zhernepotok; hier fand ich den Schiefer blau, grau, feinkörnig, mit Glimmer gemiſcht, und zum Wetzſtein ganz tauglich, hin und wieder war auch Trapp, und etwas blauer Dachſchiefer. Die Anhöhen dieſer Hügels hatten viel rothen, oder beſſer fleiſchfarbigen gefleckten Marmor, welcher wie es ſcheint, auf den Schiefer aufgeſetzt iſt. Indeſſen fand ich doch letztern nur in der Tiefe, und an dem Gehänge der Kaltberge; die Italiäner nennen ihn occhio di civetta, (Eulenauge.) Der hieſige Marmor wechſelt mit einem weißſandigen Kalkſtein ab; iſt etwas ſpathartig, und nimmt eine ziemlich ſchöne Politur an. Ich hielt mich nunmehr rechts ins Gebirge gegen den Stangenwald zu, und kam auf dem Hrib-Tehlin, wo ich abermal zwo alte zerfallene Stollen fand, woſelbſt man vor dem ebenfalls auf Bley gebauet hatte. Stein und Gebirg waren das nämliche mit dem vorher angeführten, und es hält bis zur Hauptſtadt des Landes an, wie ich ſchon in dem zweyten Theile dieſes Werkes bemerkt habe. In dieſer Gegend liegt der kleine Ort Jablanz, wo eine ſchöne ob zwar kleine eingeſchloſſene Ebne liegt. Es ſcheint mir ſehr gewiß zu ſeyn, daß hier einmal ein kleiner See geſtanden habe; denn, nachdem ich meine Unterſuchungen weiter fortgeſetzt hatte, entdeckte ich eine Spur von verſteinten

Fluß-

Flußkonchilien. Auch fand ich nachher einen sehr festen Kalkstein, der mit dem Stahle Feuer gab, und mit den Säuren nicht brauste, ausgenommen, wenn man ihn zu Pulver zerrieb. Dieser Stein war grau, und sah hornartig aus. Gegen Osten lag der Kalkstein mit röthlichem Schiefer schichtweis auf einander gesetzt. Von dieser Gegend an, über Radiganza, und dem ganzen Berg Mogonik, den ich durchsuchte, fand ich nichts als rothen Gneis, aus Thon, Quarz und etwas Glimmer, durchaus in schiefrigen Lagen bestehend; manchmal war es aber ein fester Fels, der einem sehr guten Ofenstein von rother Farbe bildete. Dieses Gebirge ist aller Orten mit noch höhern Kalkbergen umgeben. Man kann also ziemlich gewiß glauben, daß auch Gneis zugegen seyn könne, ohne daß er eben aus dem verwitterten Granit entstanden seyn müsse. Ausgenommen, man ließ nur jenes Gestein dafür gelten, wo sich noch Feldspath vorfindet.

Ich kehrte nun aus diesem Gebirge zurück, und wandte mich wiederum gegen Abend zu, wo ich meistens nichts als Kalkgebirge hatte. Nach einigen Stunden kam ich nach Setitshana, wo sich noch ein Mönchkloster befindet. Hier wurde das Land etwas flacher, und war mit guter thoniger Dammerde bedeckt. Indessen konnte man doch aller Orten den Kalkstein gewahr werden, welcher bald ganz, bald aus Trümmern bestund. Zwischen diesem Kalkstein findet man viel mit Kalk gemischte Thonerde, oder groben Mergel, worinn hin und wieder Eisenmodererz steckt, welches gegraben, und zu den Eisenwerken nach Oberkrain, von welchem ich im zweyten Bande geredet habe, geführt wird. Man kann sich leicht vorstellen, wie gering der Nutzen seyn müsse, welchen die Gewerke davon ziehen, da das Erz 6 bis 8 Meilen auf der Achse zugebracht werden muß, da ausserdem der Gehalt desselben gering ist; selten hat es 30 bis 35 Pfund im Centner. Hier findet man auch in den Klüften des Kalksteines grosse Stücke von einem Eisenrostfarbigen Spath, der fest ist, und eine gute Politur annimmt. Ich habe im letzt erwähnten Kloster grosse Flußsteine bey Säulen angewandt gefunden. Als ich mich hierauf nach Süden wandte, kam ich zu dem Ursprunge der Kerka, oder wie es die Deutschen zu nennen pflegen, zum Gurkflusse. Hier fand ich ein ganz natürliches Wasserbecken, wo der Fluß auf einmal so mächtig heraus kommt, daß er gleich kleine Schiffe trägt. Die hiesige Gegend ist ungemein schön. So wie der Fluß aus den Felsen kommt, schlängelt er sich in einer sehr angenehmen hüg-

lichten

lichten Fläche eine Strecke weit fort, bis zu einem Eisenwerke, welches ebenfalls den Namen Gurk führt. Dieser kleine Fluß führt ungemein viel Tufstein mit sich, sonst ist alles kalkartig. Der Gewerk des dortigen Eisenwerkes hat den ganzen Fluß mit einem Damme von Holz gesperrt, um das Wasser auf seine Hämmer zu leiten; allein jetzt sieht man nichts mehr von Holz, alles ist mit dem Tuf überzogen, und scheint ihm eine Dauer, vielleicht auf ewige Zeiten zu geben. Die Lage dieses Hammerwerkes ist sehr vortheilhaft, was das Wasser anbetrift, sowohl, als in Ansehung der Erze. Ob es gleich keinen eigentlichen Bergbau an einem Orte besitzt, so fehlt es doch in der ganzen Gegend nicht an gutem Wassererze; der Gewerk, der im Kopfe nicht richtig ist, führt mit seinem Werke eine solche elende Wirthschaft, daß es zu verwundern ist, wie er es noch aushält. Ich glaube mit Recht das hiesige Eisenwerk für das vortheilhafteste in ganz Krain halten zu können. Es fehlt hier an weiter nichts, als an jemand, der die Sache gehörig verstünde. Einmal hatte der Gewerk von dem Bergamte einen Provisor vorgesetzt bekommen, welcher in 3 Jahren durch gute Oekonomie und bessere Schmelzungsmethode alle Schulden ziemlich abstieß. Mich wundert, daß man einen solchen Menschen zu wichtigen Geschäften, besonders dieser Art, nicht auf immer für unmündig erklärt. Wie heilsam würde nicht ein solches Geboth manchen Familienvorstehern in unserem Lande werden, da so vielen die Köpfe so gewaltig verdrehet sind! Als ich vor 6 Jahren an diesem Orte war, und das Werk besah, gab ich mir alle Mühe, den Mann zu überweisen, wie fehlerhaft seine ganze Einrichtung sey, und wie leicht man in vielen Stücken mit geringen Unkosten, welche noch dazu bald reichlich ersetzt werden würden, abhelfen könnte. Aber ich hatte Steinen geprediget! Und wär' ich Orpheus gewesen, und hätte die Felsen wirklich bewegt, wären doch diese organischen Geschöpfe nur noch mehr angewurzelt!

Ein ganzes Werk besteht in einem Stückofen, welcher aus gut fliessendem Erz schlechtes Roheisen erzeugt; indem er um einige Schuh zu tief steht, wo bey grossem Wasser die Grundmauern damit befeuchtet sind. Ein grosser Wälasch, eine Strecke und Zeinhammer, und einige Nagelschmiedefeuer, wo vier Paar bey einem Feuer sind. Alles, was hier bey diesem im höchsten Grade elenden Werke erzeugt wird, ist schlechtes Stangeneisen und Nägel, welche im Lande verkauft werden. Die Erzeugniß vom Jahre 1780 war

war 592 Centner geschlagenes Eisen, und 292 Centner, oder 181 Sagel oder Wasel Nägel; das Jahr darauf sind um 78 Centner weniger erzeugt worden.

Gegen Mitternacht von diesem Werke trieb man einstens einen ordentlichen Eisenbau, welcher aber nicht dauerte. Auf der andern Seite des Flusses finden sich bey Ombrus in einem mergelichten Boden viel unterirrdische Holzkohlen, allein bis jetzt hat man sie zum Schmelzen noch nicht anwendbar gefunden, weil sie zu wenig brennbares in sich haben. In dem ganzen Striche von Unterkrain waren vor Zeiten mehrere kleine Hammerwerke zerstreut, die aber alle eingegangen sind. Nun stellte ich meine Untersuchungen westwärts an, wo bey Malarazina und Zobelsperg ein starker Bach, aus dem Boden Uschemarie kömmt. Alles ist hier kalkartig mit viel Thon versehen, in welchem der Eisenstein nicht selten ist. Wenn der Thon auf der Oberfläche sandig ist, so findet man in der Tiefe einen rothen Sandstein, der zum Ofenstein sehr tauglich ist, wie denn auch bey dem oben angeführten Werke zur Fütterung des Stückofens kein anderer gebraucht wird. So wie hier der Boden aus Kalk, worunter ein schlechter Marmor steckt, gebildet ist, so ist er auch um die ganze Gegend von Vishna-gora oder Weichselberg. Nur hat der Boden ausserdem auch noch viel Lehm, und daher kömmt es, daß der Kalkstein oft ganz weiß und sandig ist. In diesem Gebiete findet man allerwärts für das Wasser natürliche Saugelöcher. Als ich mich etwas gegen Süden wandte, kam ich aus den kleinen Thon- und Sandsteinhügeln in etwas beträchtliche Kalkberge. Auf einem solchen Berge steht noch ein Tabor oder eine Kirche, mit halben Thurme versehen, und mit ein paar starken Ringmauern umgeben. Man nennt dieses Lazhna-gora oder Lazhenberg, welches so viel bedeutet als Hungerberg. Dieß war vor Zeiten eine kleine Festung, wohin sich bey den Einfällen der Sarazenen die Bauern mit ihrem wenigen Haab und Gut flüchteten. In Siebenbürgen fand ich die mehresten Kirchen auf diese Art befestiget; auch hier zu Lande sind diese Tabors oder Lagerörter bey den alten Kirchen noch sehr gemein. Unter der oben erwähnten Kirche befindet sich eine sehr geräumige Höhle oder Grotte, von welcher Valvasor in seinen Merkwürdigkeiten des Landes Krain Erwähnung thut. Der Eingang in dieselbe liegt gegen Abend, so wie sich denn auch diese beträchtliche tieffallende Höhle gegen diese Weltgegend fortneigt. Alles besteht aus grossen Kalkschichten. Ihre beträchtlichste Höhe möchte 10 bis 12, und die entfernteste Tiefe

Tiefe nicht über 20 Klafter haben. Als ich anfangs hinabstieg, wo mir das Sonnenlicht noch hinlänglich leuchtete, fiel mir eine ganz besondere Erscheinung auf, die ich noch in keiner Grotte vom Lande gefunden hatte; es waren lauter runde cristallklare Säulen. In der Entfernung hielt ich sie für Tropfsteine, allein ich und ein nicht weit davon wohnender Geistlicher, der bey mir war, wurden in unserer Vermuthung getäuschet, denn statt Tropfstein, waren es blosse Eissäulen, die ein und mehr Schuh im Durchschnitte hatten, und in der Mitte hohl waren; an der Oberfläche, oder am Umkreise dieser Säulen sah man lauter 5 oder 6 eckigte Cristallen, welche sich mit ihren Spitzen zu dem Mittelpunkte hinneigten. Diese Cristallen schienen lauter Röhre zu seyn, so wie ich oft bey dem im Eis verwandelten Wasser bemerkt habe. Eine Abbildung davon findet man in den Mémoires de l'academie des sciences de Berlin. Woher diese Cristallisation herrühren mag, habe ich nicht erforschen können. Ohne Zweifel muß das Wasser mit etwas salzigen Theilen geschwängert seyn. Vorher, eh ich noch zu dieser Grotte kam, gab mir der Geistliche, mein Begleiter Nachricht davon, indem er zu behaupten suchte, es wäre nicht an dem, was Valvasor sagt, daß es Eis in der Höhle gäbe, indem er schon funfzehnmal darinn gewesen sey, und nie welches angetroffen habe. Man kann sich leicht einbilden, daß er nicht wenig in Verwunderung gerieth, als er in meiner Gegenwart das nämliche bestätigt fand, weswegen er ganz kurz vorher Valvasor'n der Unrichtigkeit beschuldigt hatte. In der ersten Ueberraschung, beym Anblicke der Eissäulen sagte er zu mir, er wisse nicht, wie es käme, daß er sonst nie, als eben heut zum erstenmale die grossen Eiszacken habe antreffen können. Allein die Ursache war nicht schwer zu finden; er hatte die Grotte jederzeit nur im höchsten Sommer besucht, wo schon alles geschmolzen war; Als er aber mit mir hinein gieng, war es in den ersten Frühlingstagen. Da diese Grotte jederzeit ohne Wasser ist, woraus vielleicht der Name Hungerberg mag entstanden seyn, so verfolgte ich solche aller Orten, so weit sie gieng. Sie hat an manchen Gegenden recht reine weisse Stallaktiten, die oft mit einem ganz grünen Ueberzuge bedeckt sind. Der dortige Geistliche hat ein paarmal Versuche gemacht, vermittelst geschnittener Formen, aus den Tropfen erhabene Figuren zu erhalten, allein es ist nichts daraus geworden. Ueberhaupt scheint es, daß unsere Kalksteine nicht genug feine Theile dazu besitzen.

An dem Fuße des Bergs, wo sich die Grotte befindet, ist eine andere kleine Höhle, worein sich ein starker Bach verliehrt, nachdem er mehrmalen in die Erde hinein, und wieder aufs neue empor gestiegen ist. An diesem Graben setzte ich meinen Weg weiter fort, bis zu der Pfarrkirche Suet-Kazire, wo ehemals Georg Dalmatinus, evangelischer Pfarrer, der eigentliche Apostel der lutherischen oder reformirten Lehre in Krain war. Er wurde am allerheiligen Tage im Jahr 1585 der hiesigen Gemeinde als Pfarrer vorgesetzt. Doch mag er, wie ich dafür halte, nicht der erste von dieser Religion bey diesem Kirchsprengel gewesen seyn, indem man aus einem schriftlichen Processe gefunden hat, daß ein Kirchendiener eine Foderung an die verwittwete Pfarrerinn machte. Der jetzige Pfarrer, welcher zwar ein eifriger Katholik, doch ein sehr bescheidener Mann ist, versichert mich, so wie ich es auch aus dem Zulaufe seines Volks beym Gottesdienste sah, daß man seit einigen hundert Jahren immer die beste Aufführung unter dem Volke in diesem Kirchsprengel beobachtet hat.

Ich habe noch einige Sümpfe in dieser Gegend gefunden, wo man den Eisenstein gewaschen hat, auch traf ich ein paar alte Bingen an. Allein die Transportunkosten haben dem Bau ein Ende gemacht. Eine halbe Stunde von der Kirche ist der Kalkberg Medwiza oder Bärenberg, an dessen Fuße sich ein periodischer Brunnen befindet; als ich hier war, floß kaum so viel Wasser, daß man zu einem Trunke genug hatte; alle umliegende Einwohner aber versicherten mich, daß sobald trockenes Wetter einfällt, dieses Wasser ungemein häufig herausbringen soll. Da diese Begebenheit dem dortigen Landmanne sehr wunderbar vorkömmt, so hat denn auch diese Quelle von ihm den bedeutenden Namen Huditsh oder Mala-woda, das ist, Teufelswasser erhalten. Mein fernerer Weg gieng zu dem Gebirge, worauf sich Triak, oder das Schloß der vor Zeiten so berühmten Grafen Auersperg befindet. Nach der Aussage der alten Schriftsteller, soll noch vor der christlichen Zeitrechnung an diesem Orte die Stadt Aurupium oder Aurupenium gestanden haben, welche eben nicht gar sehr beträchtlich gewesen seyn mag, da hier wenig oder kein Wasser zu haben ist, und auf einem Felsen wie dieser, auch keine grosse Volksmenge Platz hat. Das ganze Schloß, so wie man es sieht, und welches Valvasor im XI. Buche des dritten Bandes ganz abgebildet hat, mag vor Zeiten eine gute Vestung abgegeben haben, denn die Herren davon sind

jeder-

jederzeit als tapfere Krieger gegen die Türken gebraucht worden. Man zeigt noch die Häute von den Köpfen des Herrn Herbert. Auersperg, welcher der evangelischen Religion zugethan war, und seines Adjutanten, welche im Jahr 1575 bey Budlhko in die Gefangenschaft der Türken gerathen waren. Da die Familie sie auslösen wollte, und für die 2 Köpfe 3000 Gulden angebothen, so ließen die Türken ihnen die Köpfe abschneiden, wo dann die Familie nicht allein um diese tapfere Leute, sondern auch ums Geld kam, und nichts als die Haut dieser Köpfe erhielt. Ich kann diese Behandlung den Türken nicht besonders zur Last legen! Getaufte können eben so gut Barbaren seyn wie Beschnittene. Wie jämmerlich behandelten nicht die spanischen Wütteriche die unschuldigen Amerikaner; Cortes, den Kayser Montezuma, und der blutdürstige Pizarro den Inca Atahnalpa, nachdem er alles Gold seines Reichs erhalten hatte: Und bewiesen wohl die Christen eine bessere Denkungsart, wenn sie tausende ihrer Brüder aus ihrem Mittel verjagten, oder wenn sie konnten, lieber mordeten? Aber woher kam das? Man hatte sie gelehrt, und das glaubten sie, was man sie gelehrt hatte, sie thäten Gott einen Dienst daran! sie erwürben mit jedem Dolchstiche eine Stufe von der in dem Himmel führenden Stiege! Die oben erwähnte Familie war auch in dem funfzehenden Jahrhundert der lutherischen oder evangelischen Religion, so wie der größte Theil von Krain zugethan. Hier wurde auch für diese Religion in einem tiefen Gewölbe Gottesdienst gehalten, welches ich noch vor einem Jahr besah; die Mahlerey war von alten Zeiten her, denn die Hälfte der Kapelle war mit der Geschichte des alten Testaments, und das übrige mit Heiligen geziert, folglich mußten die Katholiken schon vorher ihren Gottesdienst darinn gehalten haben. Ueber diesem Gewölbe ist noch ein anderes sehr kleines, worinn die Grafen Auersperg den schon erwähnten Dalmatinus versteckt hielten, wo er die Bibel ins Krainerische übersetzte. Ich fand auch noch hier einen Revers von ihm, wo er betheuret, nichts als ein erbares Leben zu führen, und den Katholiken nicht das geringste in den Weg zu legen; allein der damalige Bischoff, Thomas Chron, war intolerant, und verfolgte manche Familien ungemein hart. Als Stadthalter wollte er alles mit dem Schwerd richten, als ob nicht der Verlust aller Güter und des Vaterlandes genug gewesen wäre! Sein Sprichwort war immer: Terret labor; aspice praemium, und in der That hat er auch sein Bisthum nicht wenig fett gemacht. Man sehe das mehrere von diesem Bischofe bey Valvasor im VI. und VIII. Buche, Seite 668.

In der Gegend dieses Schlosses findet man aller Orten auf dem grauen Kalke gelbweissen und rothbraunen Thon, welcher auf der obern Fläche einen Schiefer macht, in der Tiefe aber einen festen Sandstein; doch ist es auch manchmal ein grober Jaspis von rother, selten grüner Farbe. Aller Orten bey diesem Thongeschiebe habe ich einen rothbraun gefleckten Marmor gefunden, der aber keine sonderlich gute Politur annimmt. Kleine Quarzkristallen, welche hier zu Lande Strelza oder Donnerkeil genannt werden, fand ich hin und wieder, wie auch bey Suet Kazian. Da ich meinen Weg weiter gegen Abend fortsetzte, traf ich auch immer eben diese Steinart. Die Kalkgebirge waren hier etwas beträchtlicher, doch aller Orten wie eingesunken, und hohl. Die Gegend um Nadlishek zeigt viel solche kleine Cristallen, welche durch die zeitlichen und beständigen Wässer manchmal gegen den Cirkniser See geführet werden. Da ich nun nach der Zeit, als der erste Band der Oryctographie erschienen ist, mehrmalige Untersuchungen in dieser Gegend angestellt habe, so kann ich auch von allen dort bisher vorfindigen Quarzcristallarten vollkommene Nachricht geben.

1) Sechsflächige Pyramiden zusammen gehäuft, oder auf ungestalten Körpern aufsitzend, ganz milchfarbig und undurchsichtig; manchmal ist aber nur das Ende der Pyramide so gefärbt, und das übrige durchsichtig.

2) Cristallen aus 18 Flächen, wovon die Pyramiden und das Prisma ein jedes sechs Flächen hat. Die Flächen an diesen Cristallen sind manchmal ungleich. Ich besitze welche, wo ein und zwey topasähnliche darinn sitzen. Ein Freund und Kenner der Naturgeschichte besitzt einen eben so gebildeten Cristall, wo im Prisma ein Wassertropfen, und ein kleiner schwarzer Körper eingeschlossen ist. An den Seitenflächen des Cristalls sind ein paar kleinere eingewachsen.

3) Cristallen aus 18 Flächen bestehend, ganz durchsichtig, wo in der Mitte des Prisma eine weisse coagulirte Materie steckt; manchmal haben diese Cristallen auf den Seitenflächen des Prisma Eindrücke.

4) Cristallen, welche ein Prisma aus sechs Seitenflächen haben, die Pyramide aber dreyfach, wovon ein jeder Theil seine sechs ungleiche Flächen besitzt.

5) Ein Cristall von etwas unreiner Farbe, der ein Prisma von zwo breiten und vier schmalen Flächen hat. Die Pyramide hat eben so viel, und

ist

ist in zween Theile gespalten. In diesem Spalte steckt ein anderer kleiner Cristall, schief abwärts, welcher auch noch einen andern Seitencristall, der aus dem Prisma hervorragt, ebenfalls spaltet. Man sehe es aufder 2. Taf. 14. Fig.

6) Weißbrauner, aus 18 Seitenflächen bestehender Cristall, wo auf der Spitze der Pyramide ein aus eben so viel Flächen bestehender Cristall sitzt, welcher gleichsam einem Knopf macht.

7) Ganz durchsichtige, aus 18 Flächen bestehende Cristallen, wo die 12 Flächen der Endspitzen ordentlich ausgehöhlt sind. Manchmal geben die Aushöhlungen dem Cristalle das Ansehen, als ob er aus Blättern zusammen gesetzt wäre; und ein andersmals hängen zween solche Cristallen mit dem Prisma oder der Säule zusammen. Ich kam auch in dieser Gegend auf Cristallstücke, wo nicht die Seitenflächen der Endspitzen, sondern jene der Säule nach der länge Aushöhlungen hatten. Da oft diese Cristallen innerlich Brüche haben, so stellen die zurückprallenden Lichtstrahlen wie blaue Steine das Licht dar.

8) Ganz wenig durchsichtige Cristallen, welche 18 Flächen zeigen, bey denen alle Kanten, so wie die Flächen glatt gebogen sind. Diese Cristallen sehen einem zugeschnittenen Fette ähnlich, so, daß sie auch wie schmierig anzufühlen sind. Alle diese oben angeführten Cristallen sind meistens weiß, und ganz durchsichtig, doch giebt es auch einige, die ins Schwarze fallen.

9) Ein ganz durchsichtiger Cristall, wovon die Säule oder das Prisma aus sechs 1½ Linien breiten, gleich grossen Flächen besteht. Die 12 Flächen der Endspitzen oder Pyramiden laufen etwas ungleich zusammen. Mitten in der Säule stellt sich ein milchweisser Flecken dar, an Grösse von 3 Linien, der vollkommen die Figur eines 18 flächigen, oder des beschriebenen Cristalls hat. Da dieß bis jetzt das einzige Exemplar ist, und ich noch um keinen Preiß einen zweyten erhalten konnte, so habe ich auch mein Exemplar noch nicht zerschlagen, um richtig zu wissen, ob eine Höle oder ein zweyter Cristall darinn enthalten sey. Benedikt Franz Hermann, in dem zweyten Bändchen seiner Reisen, durch unsere und andere Länder, erwähnt dieses Cristalls, und anderer Seltenheiten meines Naturalienkabinets, welches er durchsah. Er sagt Seite 13. „Wenn ich noch ein Stück erhalten hätte zum Zerschlagen, um zu „sehen, ob es einen Kern hat oder nicht? wäre erstres, (es sollte aber heissen „letzteres, und ist bey ihm nur als ein Schreib- und Korrecturfehler anzusehen) „so bekömmt Torbern Bergmanns System dadurch einen gewaltigen Stoß."

Es ist einem jeden bekannt, was letzterer Schriftsteller in Nov. actis reg. soc. Upsal. vol. 1. pag. 150 - 155. und Tab. IX. in seiner Abhandlung variæ cristallorum formæ a spatho orto, explicatæ davon gesagt hat, daß nämlich die Spathcristallen jederzeit einen Mittelkern haben. Nun aber bey unserm Cristall scheint es ganz gewiß eher eine Höhle, als ein Kern zu seyn. Wenn also letzteres wäre, so würde freylich das System a Iuxtapositione nicht jederzeit statt haben; indessen kann es doch auch seyn, daß Bergmann nur diese Bildung beym Spath, und nicht beym Quarze vermuthet. Ich habe zu mehrerer Deutlichkeit auf der 2ten Taf. bey Fig. 15. eine genaue Abbildung davon gegeben. Sollte ich so glücklich seyn einen zweyten zu erhalten, auf welchen ich schon einen verhältnißmässig grossen Preiß gesetzt habe, so werde ich nicht ermangeln nach gemachter Untersuchung davon Nachricht zu geben.

10) Habe ich noch eine genauere Beschreibung von jenen Cristall zu geben, von welchem ich im 1sten Bande Seite 144 - 145. geredet habe. Da ich seitdem mehr Stücke in der ganzen Gegend gesammlet, so hatte ich auch Gelegenheit, auf die Spur seiner Entstehung zu kommen. Der Cristall ist an Grösse verschieden, nämlich von ein paar Linien bis über einen Zoll; er bildet eine sechsflächige Säule oder Prisma; an jeder Kante der Säule steht eine kurze, aus ebenfalls sechs Flächen bestehende Pyramide. Manchmal hat die Säule an jedem Ende sechs solcher Pyramiden, manchmal auch nur an einem, wo sich statt dessen, gleichsam ein neuer Ansatz eines solchen Cristalls befindet. Ist letzteres nicht, so befindet sich in der Mitte dieser sechs Pyramiden eine Vertiefung, woraus sich ebenfalls eine solche wieder empor hebt; jederzeit aber ist sie doch etwas kleiner als die übrigen. Auf der 2ten Taf. Fig. 16. 17. ist solcher im Plan und Prospect abgebildet.

Nun ein Wort von der Entstehung dieses so wunderbaren Cristalls. An mehr als an einem unvollkommenen Stücke habe ich gesehen, daß ein solcher Cristall aus sieben andern besteht, welche nach der Länge zusammen gewachsen sind, so, daß man bey manchen an einer jeden Seitenfläche nach der Länge die Fügungen von zween Cristallen mit ihren Kanten gewahr wird. Da nun die Fügung so weit geht als das Prisma dauert, so ist ganz natürlich, daß die Endspitzen in der Runde von einander zu stehen kommen. Und da in dem Augenblicke der Bildung, oder Cristallisation alle Säulen sich gleich geschwind bilden, so fliessen auch die Seitenflächen so zusammen, daß sie nur

einen

einen Körper machen; geschieht aber solches nicht, daß durch was immer für eine Ursache einige Säulen im Anschuß unterbrochen werden, so bleibt an den Seitenflächen der allgemeinen Säule der Länge nach, mehr oder weniger tiefer Zwischenraum, und so sieht man wohl auch, daß eine einzelne Säule wie gegliedert ist. Diese Cristallen sind niemals durchsichtig, sondern von einem schmutzigen Wasser, und finden sich sehr selten unter der Dammerde, ohne auf etwas aufzusitzen; vollkommene Stücke, wo man was deutliches abnehmen kann, sah ich nur einzige zwey, und dennoch fehlt bald dem einen bald dem andern etwas an seiner regulären Bildung.

Aus dieser Gegend kehrte ich gegen Nordost zurück, zu einem starken Bach, der bey den Einwohnern keinen andern Namen als Bach, Potok führt. Aller Orten fand ich hier noch einige Cristallen in dem Thon, obgleich sonst das Gebirg ganz kalkartig war. Bey dem Berge, worauf Rabo steht, kam ich in eine schöne aber schmale Ebne, die sich gegen Süden hält, und gegen vier Stunden an Länge hat. Diese ganze Ebne wird Dobro-pole, oder Gutfeld genannt, welches auch die Benennung des Hauptorts dieser Fläche ist. Diese ganze Ebne bietet dem Auge sehr klare und deutliche Merkmale dar, daß sie vormals das Bette eines Sees war. Die rings herum liegenden Kalkberge, welche einem Damme, oder einer Einfassung des Sees ähnlich sehen, geben der Fläche das Ansehn, als ob noch Wasser darauf stünde; In den die Gegend umschliessenden Kalkbergen, sind ebenfalls Gro..en und Sauglöcher fürs Wasser, wenn sich eines ergießt; alles sieht jener Gegend, worinn sich der Cirknizer See befindet, völlig ähnlich, nur daß die Gebirge ein wenig niedriger sind. Nachdem ich nun in dieser Ebne fortgieng, kam ich zu Ende des oben erwähnten Bachs, der sich bey dem kleinen Orte U'Paniquah unter Felsen verliehrt, und dann sinkt. Da ich hier das Wasser verlohr, so versicherte man mich, daß ich in einer halben Stunde wieder dazu kommen könnte, wenn ich in die Grotte von Podpetsh (welches so viel heißt, als unter dem Ofen, denn die Krainer nennen jederzeit grosse glatte Abstürze von einer Felsenwand Petsh,) gieng; da natürlicherweise mein Augenmerk durch die Nachrichten des Valvasor dahin gerichtet war, eilte ich auch gleich dahin. Hier befindet sich ein kleines Dorf von etlichen Häusern, wo dann dabey die Oefnung der Grotte nach Südosten zu, in das gerabstehende Kalkgebirge führt. Der Eingang der Grotte ist ebensöhlich und geräumig, welches man anderwärts

selten

selten antrift. Die dortigen Einwohner halten ihre Brechelstuben mit dem Ofen darinn. Aller Orten waren die Wände der Grotte, so wie der Boden sehr glatt, schmutzigbraun und ohne Tropfstein. Als ich den Stein untersuchte, fand ich, daß es blosser Stinkstein (Lapis suillus) war. Valvasor, der diese Grotte mit ihren Gängen und dem See, bis auf seinen vergrösserten Maaßstab im IV. Buche genau beschreibt, und durch eine gute Zeichnung erläutert, hat auch bemerkt, daß diese Höhle keinen Tropfstein hat. Woher aber dieses kommt, konnte er nicht einsehen, da seine Kenntniß im Steinreiche sehr eingeschränkt war. Auch ich wußte nicht, daß der Stinkstein untauglich sey, Tropfsteine zu bilden, die blosse Erfahrung überwieß mich hier; denn in dieser Grotte, so gut wie anderwärts, sieht man, daß aller Orten Wasser von oben herunter tröpft; folglich fehlt es an den Erzeugungsmitteln nicht. Es hat also das Ansehen, daß das Wasser nicht im Stande sey von diesem Stein viel aufzulösen, wegen des Phlogiston, das mit dem Kalksteine verbunden ist.

Ich untersuchte diese Grotte im Frühjahre, das Wasser war aber damals ziemlich groß, und hinderte mich, daß ich links nicht so weit kommen konnte, als es im hohen Sommer möglich ist, doch rechts erreichte ich das Ende, so wie es Valvasor anzeigt; Die Grösse und länge ist bey weiten nicht wie er sie angiebt. Links fand ich einen starken Bach, der sich über die Felsen stürzte, und ein grosses Geräusche machte. Eben dieses Wasser soll jenes seyn, welches sich, wie oben erwähnt, bey U'Paniquah in der Erde verliehrt. Die dortigen Einwohner nehmen hier ihr Wasser, und wenn der Einfluß geringer wird, holen sie es bis aus dem See, der sich in dieser Höhle befindet. An ein paar Orten fand ich doch etwas ganz weniges von schmutzigem Tropfsteine; ohne Zweifel war hier noch etwas von reinem Kalkstein vorfindig.

Von dieser Höhle gieng ich über die Fläche von Dboro-pole zu einer andern Grotte, die ostwärts bey Kumpole liegt. Auch diese Höhle, welche nichts besonders hat, enthält einen See in sich, der mit jenem von Podpetsh unter der Erde eine Vereinigung haben soll. Die Entfernung des einen von dem andern ist eine Stunde Weges. Diese Grotte hat mehr Tropfsteine als die vorige, und so ist auch der Stein, welcher sie bildet, meistens unreiner Marmor. Ohnweit dieser Grotte in dem kleinen Vorgebirge hat

man

man vorzeiten für das letzt erwähnte Hammerwerk Gurk, oder Kerka einen ziemlich reichen traubenförmigen Eisenstein gegraben, welcher sich gleich unter der Dammerde vorfand. Nachdem ich die ganze Gegend ausgegangen war, bis Kukava-vas, und nichts als Kalkstein von verschiedener Farbe, und noch eine Menge kleine Sauglöcher oder Grotten antraf, wandte ich mich gegen Norden über das kleine Vorgebirg nach Schuschenberg oder Susemberg, auf deutsch Seisenburg, (Valvasor und Büsching a. b. a. O.) Hier in dieser Strecke hatte ich lauter sanftes Gebirg, welches meistens ein graubräuner Kalkstein bildete; doch fand ich auch hin und wieder etwas Thonschiefer, der meistens von braunrother Farbe war. Um die Gegend des letzt erwähnten Ortes, fangen die Gebirge an mehr schiefrig zu werden, und sind mit Weinreben besetzt. Hin und wieder fand ich kleine etwas gelbe durchsichtige Kieselsteine, die ihre Entstehung bloß im Thon hatten, denn letzterer lag auf dem Kalkfelsen auf. Als ich über die Kerka gesetzt hatte, gieng ich in diesem kleinen oft flötzartigen Gebirge fort, bis Treben oder Trefen, wo nicht weit bey Sueta Margaretha der kleine Fluß Temeniza sich in die Erde verliehrt. Man sehe die lithologische Karte des ersten Bandes, welche das enthält, was von der Mittagseite des Savaflusses liegt. Der erwähnte Bach, oder kleine Fluß Temeniza bleibt nicht lange unter der Erde, sondern kömmt, nachdem er eine halbe Stunde unsichtbar geworden, bey Verh pezhio wieder heraus, wo er abermals eine Stunde Weges auf der Oberfläche macht, und sich dann wieder ohnweit Goriska-vas in die Erde verkriecht, ohne Zweifel kommt er bey dem Schloß Luknia, wo eine kleine Grotte ist, wieder aus der Erde heraus; obgleich hier das Wasser diesen Namen nicht mehr behält, sondern von den Einwohnern Przhna genannt wird, so ist doch gewiß, daß es nur dieses Wasser, und kein anderes seyn kann. Nach einer kurzen Strecke Weges verliehrt es sich endlich bey Salog in die Kerka. Den Kalkstein fand ich hier meistens in beträchtlichen Schichten, nach verschiedenen Weltgegenden streichend. Als ich mich in eben dem Kalkgebirge ostwärts dem Kerkafluß aufwärts hielt, bemerkte ich hin und wieder Kalkschiefer, Thon, und in dem Kalksteine Versteinerungen; nachdem ich über den Fluß setzte, kam ich zu dem Bach Schushiza, wo nahe daran ein Warmbad (Tepliza) gelegen ist. Die Lage dieses Bads, welches das einzige dieser Gegend ist, das in Krain genutzt wird, ist auf einer hüglichten Gegend, die aus einem zeitlichen Kalksteine besteht, welcher in Schichten von ein bis zwey Schuhen dicke bricht, und die Neigung

von

von Norden nach Süden hat. Aller Orten trift man in diesem Steine eine Menge Seeschalen verstreut. Da der Stein manchmal recht fest ist, so nimmt er auch eine gute Politur an, wie man denn im Bade die Stafeln davon verfertiget findet; in dem mehresten Steine aber sind die Seeschalen nicht recht versteint, sondern nur kalzinirt.

Das hiesige Bad hat durch die Vorsorge des Innhabers, welchem die ganze Gegend gehört, ein prächtiges Gebäude bekommen, ohne daß er jemals für sich viel Nutzen davon zu gewarten hätte. Allein unglücklicherweise haben Leute darüber die Aufsicht gehabt, welche die besondern hiebey erforderlichen Kenntnisse nicht hatten. Man begieng die Thorheit, auf drey verschiedene Abtheilungen von Bädern niedrige Gewölber zu setzen, um darüber zum Theil die Zimmer der Gäste zu haben. Da aber die Abdünstung des Wassers sehr eingesperrt ist, so sind zwey Bäder sehr unleidlich, und die Dämpfe verbreiten sich in dem ganzen Gebäude; ein Umstand, der den dortigen Aufenthalt sehr widerwärtig und nicht allerdings gesund macht, indem sich die Feuchtigkeit allenthalben in das Gemäuer einsetzt; und in dem dritten Jahre nach der Einrichtung war das Bodenholz der Zimmer verfault, und fieng an einzustürzen. Als ich im Herbste des 1780sten Jahres das erstemal dieses Bad besuchte, waren alle Gänge des Gebäudes feucht, alle Thore so angeschwollen, daß man selten vermögend war, eines zu sperren. Für den Innhaber davon ist es betrübt, daß kein anderes Mittel übrig bleibt solches zu verbessern, als einen Theil des Gebäudes nieder zu reissen. Das Wiederherstellen desselben kann immer auf 12 bis 15000 Gulden zu stehen kommen.

Die Quellen dieses Bades entspringen aus Felsen, welche aus weißgrauen mit Versteinerungen angefüllten Kalksteine bestehen. Da die Quellen senkrecht aus dem Felsen kommen, und das Gebäude gerade darüber gesetzt ist, so kann man auf dem Ursprung desselben nur so viel sehen, als es der Raum der Badegewölber erlaubt. Das ganze Bad theilt sich in zween Theile, so wie die Quellen gelagert sind, das ist, in Velka oder Mala Tepliza, oder in das große oder kleine Warmbad. Ueber die ersten Quellen ist ein schönes geraumiges und noch ziemlich hohes Gewölbe geführt, rings herum sind schöne aus Marmor verfertigte Stafeln geführt, wo man nach Belieben sich tiefer oder niedriger setzen kann. An einem Ende des Gewölbes ist eine geraumige Oefnung gelassen, und so hat man verschiedene Ein- und Ausgänge.

Dieses

Dieses wird das Herrn- oder Heinrichsbad genannt, welches auch das gesundeste ist. Die Wärme der Quellen dieses Bades ist 30¼ nach Reaumur, oder nach Fahrenheit 100⅞. Ueberhaupt aber, wenn das Bad ganz angelaufen ist, hat es nach Fahrenheit 100 Grade. Die Schwere des Wassers gegen das überzogene ist wie 16 zu 17.

Das zweyte Bad, welches die übrigen Quellen einschließt, ist ebenfalls mit einem Gewölbe bedeckt, das aber um die Hälfte zu niedrig ist. Dieses ist eben so gut gepflastert wie ersteres, nur an jenen Orten nicht, wo die Quellen hervorsprudeln. Der Wärmemesser zeigt bey der Quelle ebenfalls 30 Grade nach Reaumurischer Leiter, nach Fahrenheit aber 99¾. Im Durchschnitte aber, wenn das Wasser zum Baden angelaufen ist, 86¼ Grad nach Fahrenheit. Die Schwere des Wassers ist wie vorgehendes. Das Bad führt den Namen des Mittelbades, oder mala Tepliza. An diesem Bade ist noch ein kleineres- und niedrigeres angehängt, worinn das Wasser von dem zweyten aufgenommen wird, indem es keine besondere Quellen hat; es wird das Josephbad genannt, und ist meistens für die Armen bestimmt; natürlicher Weise etwas kälter als ersteres.

Das Wasser aller drey Bäder hat weder Geschmack noch Geruch; im Trunke habe ich keine besondere Wirkung gespüret. Es macht keinen besondern Bodensatz; aller Orten, auch selbst an den Wänden des Bades setzt sich die Conferea tontinualis Linné', oder Quellengrasleder an, welches die Einfalt für ungesund und kupferartig ansah. Die angestellten Versuche mit dem Wasser des ersten und zweyten Bades waren folgende:

Die eingegossene Salpetersäure machte auf einen Augenblick etwas Jähen, diese aber verschwanden bald, doch wurde ein wenig fixe Luft ausgetrieben. Die concentrirte Vitriolsäure machte etwas mehr ein Aufbrausen mit Geräusch. Mit der Salzsäure bemerkte ich nichts. Die Lakmustinktur wurde ein wenig roth gefärbt, so auch der Veilchensaft; letzterer doch viel weniger, so, daß es kaum merkbar war, um eine darinn befindliche Mineral- oder Luftsäure zu erweisen. Ich muß anmerken, daß man hier zu Lande auf einen durch Zinn blau gewordenen verfälschten Veilchensaft mehr hält, als auf einen unverfälschten röthlichen. Die Unwissenheit in der Chemie macht, daß oft die

Aerzte von den Apothekern getäuschet werden. Der Extract aus dem Berlinerblau, und das Pulver der Galläpfel ließ mich nichts merkliches abnehmen, folglich war auf einen darinn befindlichen Eisengehalt nichts oder doch sehr wenig zu schliessen.

Das Pulver der Kurkume behielt seine gelbe Farbe beständig, und es war folglich nicht das geringste eines Laugensalzes zu bemerken; das feuerbeständige Alkali machte mit dem Wasser nicht die geringste Aenderung, nachdem ich auch solches 48 Stunden ruhig stehen ließ; der flüchtige Salmiakgeist wirkte dabey ebenfalls nichts merkliches. Destillirter Weineßig verhielt sich eben so.

Frischbereitetes Kalkwasser gab mir nicht die geringste Spur, daß ein Alaun noch Selenit im Wasser enthalten sey. Aufgelöstes Quecksilber im Scheidewasser gab einen gelben Niederschlag, der sich gleich in die Höhe erhob, und blieb eine kurze Zeit in dieser Gestalt. Nachdem ich aber alles ruhig stehen ließ, so verschwand endlich die Farbe ganz, und das Wasser wurde so klar wie vorhin; ein Zeichen, daß nur eine sehr geringe Portion Vitriolsäure darinn enthalten sey. Wäre etwas beträchtliches von Salzsäure darinn gewesen, so würde ich einen käsigten Niederschlag erhalten haben. In reinem Wasser aufgelöster Bleyzucker ließ mir nichts wahrnehmen, indem das Wasser davon weiß blieb, und wenig Niederschlag machte, der sich auch wieder beynahe vollkommen auflösen ließ. Silber im Scheidewasser aufgelöst, machte mit dem Wasser ein wenig weisse Opalfarbe, die sich durch 24stündige Ruhe beständig erhielt. Diese Veränderung konnte ich mehr der wenigen Auflösung durch die Quecksilber- oder Vitriolsäure, als der Kochsalzsäure zumuthen, ob zwar die letztern durch fernere Untersuchung dennoch auch merkbar geworden. Aufgelöster Quecksilbersublimat ließ nicht die geringste Veränderung an dem Wasser gewahr werden. Die reine Seife löste sich im Wasser gut auf, und gab mir weder auf Selenit noch etwas anders ein Zeichen. Die Schwefelleber, oder der sogenannte Liquor probatorius gab mit dem Wasser den unleidlichen Gestank, der ihm wie den faulen Eyern eigen ist. Ich ließ solches durch 24 Stunden ruhig stehen, wodurch sich ein geringer Bodensatz einstellte. In das Wasser gelegte silberne und eiserne Platten litten keine Aenderungen; also ist an keine Schwefel, noch viel weniger Zementwasser zu gedenken, wie
einige

einige vermuthet haben. Bey der Auflösung der Schwerspatherde in der Salzsäure zeigte sich eine kleine Trübigkeit; ein ebenfalls gewisses Kennzeichen einer darinn enthaltenen Vitriolsäure. Das Pulver der Kurkume machte durch 24 Stunden mit dem Wasser nichts, als daß es hellgelb blieb. Der blaue Vitriol in Wasser geworfen, wurde vom Anfang weißblau, nach einer Zeit aber, wurde das Wasser wieder ganz hell. Der Eisenvitriol machte das Wasser eisenrostschmutzfarbig; indessen wurde das Wasser nach 24 Stunden beynahe ganz klar, mit einer spielenden Haut überdeckt. Die Auflösung des Alauns und der Kalkerde benutzte ich nicht, indem ihre Kennzeichen zu unsicher sind.

Alle diese hier angezeigten vorläufigen Versuche habe ich sowohl mit der Velka als mala Tepliza angestellt, und die dabey errichteten Abänderungen so wenig bedeutend gefunden, daß sie keiner Erwähnung verdienen; es ist ganz gewiß, daß beyde Quellen nur einen einzigen Ursprung haben, wie man mich dort aus der Erfahrung versicherte, daß das Wasser von Osten seinen Zufluß habe, und wie ich auch selbst erfuhr, daß die Quellen in sehr trocknen Zeiten weniger Wasser geben, ob es gleich beständig die Wärme von 100 fahrenheitlschen Graden hat. Aus dieser Begebenheit ist zu schließen, daß der grössere Zufluß des kalten Wassers jederzeit so viel entzündbare Theile auflöse, als ihm zur Wärme nothwendig sind; denn geschähe dieses nicht, so müßte das Wasser eine veränderte Wärme haben. So hat man vor 2 Jahren einen neuen Durchbruch des Wassers durch einen neuen Thon bemerkt, wo auf einmal das halbe Bad damit bedeckt war, und dennoch blieb die Wärme unverändert.

Noch ein Wort von der Abdünstung und Ueberziehung. Ich nahm 12 Pfund Wasser von einer jeden Quelle, und ließ solches bis auf gehörige Eindickung abdünsten, wo ich es dann durch Papier seigte, und darauf gegen 3 Gran einer grauen Kalkerde mit etwas wenigem Thone gemischt fand. Nach der Röstung dieser Erde konnte ich nicht das geringste von Eisen gewahr werden. Als ich aber alles übrige durchgeseigte Wasser bis zur Cristallisation abdünsten ließ, erhielt ich gegen zwey Gran eines ungestalten Salzes, welches ein gemischtes glauberisches Salz war. Nach einiger Zeit nahm ich dann endlich die Ueberziehung mit 20 Pfund dieses Wassers vor. Als ich das Gefäß, worinn das Wasser enthalten war, in das Sandbad that, fand ich tubulirte Blasen, um die darinn befindliche Luft zu erhalten, vor. Das Gewicht davon betrug mit dem Entwichenen den 39sten Theil vom Ganzen, ohne die geringste Spur zu hinterlassen, bey angestellten Versuchen etwas Frembartiges bey sich zu haben. Nachdem beynahe alles Wasser übergezogen war, seigte ich den Ueberrest durch, wo ich dann in eben dem Verhältnisse das oben erwähnte Salz und Erde erhielt. Nicht allein aus diesem letztern Versuche, sondern vor 9 Jahren, als ich auf die 100 Pfund des Wassers überzog, habe ich genau das wenig enthaltene Salz entscheiden können, und also gefunden, daß es ein gemischtes Mittelsalz des Glauber mit etwas muriatischem Salze ist.

Aus alle dem sieht man, wie einfach dieses warme Bad ist, und daß seine Bestandtheile keine besondere Wirkung auf dem menschlichen Körper haben können, die Erwärmung ausgenommen. Da nun der Fürst, dem dieses Bad gehört, alles mögliche angewandt hat, um den Gebrechlichen Hülfe zu leisten, so hat er auch nicht ausser Acht gelassen, es durch einen der Sache kundig seynsollenden Mann auf seine Unkosten chemisch untersuchen zu lassen. Diese Versuche brachten dann endlich auch eine lateinische und deutsche Beschreibung aufs Tapet, unter dem Titel: Thermarum Tœplicensium in inferiori Carniolia existentium examen et usus; — Gleich auf dem Titelblatte stehen folgende Verse aus dem Ovid:

Quodque magis mirum, sunt, qui non corpora tantum,
Verum animos etiam valeant mutare, liquores.

Hätte doch auch das Wasser die wunderbare Wirkung gehabt, des Verfassers falsche Begriffe in wahre zu verwandeln! Allein alles zusammen, was er von den Bestandtheilen des Wassers angiebt, ist falsch. Ist es wohl möglich, 83 Grad Wärme dem Wasser anzudichten? Und weil der Boden des Bades von der oben erwähnten Conserva fontinali nur grün aussieht, so ergreift er dieses, und will durch Versuche behaupten, das Wasser enthalte Kupfer, welches dem Menschen nachtheilig wäre, weil es die grauen Kalksteine grün mache, und so eine Menge Unwahrheiten mehr! Dies gilt denn auch von dem, was der Verfasser von dem Nutzen des Bades sagt. Sechs und funfzig der

schwe-

schwersten Krankheiten an der Zahl sind hier angeführt, für welche das Bad gut seyn soll. Wie groß ist doch nicht die Charletanerie in der Medicin, und wie unzulänglich! und dennoch ist dieß noch nicht ein Drittel der Heilkunde. Jeder Sohn des Aeskulap, wenn er ein Mittel erfindet, oder ein altes oft mehr schädliches als nützliches aus dem medicinischen Staube hervor holt, läßt es unter seinen Händen zum Universal werden. Möchten doch einmal die Grossen der Erde diese Kunstgriffe mehr kennen lernen, um diesen Koloß von Betrügereyen zu Boden zu stürzen!

Ich hoffe, kein gesunder Mensch kann mir die Widersprüche gegen den Verfasser, ja er selbst nicht für Verläumbung erklären; denn die Wahrheit kann nicht unterdrückt werden, und darf es auch nicht. Ein jeder der Sache Kundiger weiß, daß das Kupferwasser, oder die warmen Bäder, welche Kupfer enthalten, der Gesundheit ungemein nachtheilig sind, und gewiß ist es, daß schon mancher von dem nützlichen Gebrauche dieses Bades, sobald er die Beschreibung davon gelesen, davon abgehalten worden. Es wäre also zu wünschen, daß der so freygebige Fürst, der alles mögliche auf dieses Bad verwendet, ein Verboth ergehen ließe, das erwähnte Buch nicht mehr auszutheilen, sondern so viel möglich zu unterdrücken. Die vielfältigen Krankheiten, die der Verfasser darinn angiebt, haben ohne Zweifel als Lockspeise dienen sollen, viele Badegäste dahin zu bringen, um den Herrn desselben dadurch zum Theil zu entschädigen. Allein man weiß schon aus der Erfahrung, wie nachtheilig dergleichen Angaben sind. Es ist zwar hier nicht der Ort von medicinischen Sachen zu reden, es soll von mir, oder von einem andern, der mehr Zeit dazu hat, ein andersmal mehr gesagt werden; so viel aber will ich doch anführen, als höchst nothwendig von den Krankheiten zu wissen ist, in welchen das Bad ohne Nachtheil gebraucht werden kann. Z. B. nach des Sauvage Bestimmung.

In Gliederreissen, Rheumatismus idiopaticæ et symptomaticæ, genus XXII. species 1. 2. 3. 5. 10. 11. Arthritis spec. 2. 4. 5. 7.; im Schlag, genus 39. spec. Apoplexia pituitosa et litteratorum; in Lähmungen, Paralysis, genus 41. spec. 2. 3. 4. 5. 6. 9. 12. 14.; in Beschwernissen der Rippengegenden, Hypochondriasis, genus 44. spec. 3. 4. 5.; in Krämpfungen, Spasmi, genus 46. spec.

spec. 1. 2. 3. 4.; in der Engbrüstigkeit, Asthma, genus 52. spec. 4. 5.; in der Kolik, Colica, genus 55. spec. 1. 3. 4. 7.; in Mutterbeschwerungen, Hysteria, genus 59. spec. 2. 4. 5. 7.; in der Austrocknung, Atrophia, genus 66. spec. 1. 4.; in den englischen Krankheiten, Rhachitis, genus 79. spec. 2.; in Haut-Hals- und andern Drüsengeschwär; Scabies, scrophula Elephantiasis, lepra, genus 80. u. s. w.; währender Heilung der Venusseuche ist es ebenfalls dienlich, so wie auch in der Gonorrhee, aber nicht im Gleet der Engländer. In allen Gattungen des Zipperleins ist es ausser dem Anfalle dienlich.

Was ich hier im Vorbeygehen von den Krankheiten erwähnt habe, für welche das Bad gut ist, gilt auch von den oben angeführten Tepliger von Neuhauß und Tiefer, wie man leicht aus den Bestandtheilen abnehmen kann. Hiemit sey genug von diesem Bade gesagt; Nur noch etwas von der in der Gegend wohnenden Nation der Hotshewer oder Gottschevern.

Dieses Volk soll aus Franken gekommen seyn; sie reden unter sich ein altes verdorbenes Deutsch. Ihre Tracht ist einfach, wie man sie auf der Nationalkarte abgebildet findet. Die Männer tragen runde Hüte, ein Hemd mit einem breiten Kragen, welches wie ein Gres über den Rock hängt. Das Hemd haben sie lang über die Hosen, wie die Wallachen, die Beinkleider ebenfalls lang, selten kurz; an den Füssen meistens Stiefel oder Schuh, um den Leib einen türkischen Wamms, mit einer Binde von blauer Wolle, und darüber einen glatten Rock mit Ermeln. Bärte tragen sie nicht so häufig mehr, die Haare aber fliegend. Die Weiber haben im Sommer einzige zwey Kleidungsstücke, ein etwas gekrauztes Hembe, und ein Tuch auf dem Kopf, um den Leib eine blau wollene Binde. Im Winter haben sie darüber einen wollenen Kaftan, oder einen Zippelpelz mit Schuhen und Strümpfen. Das ist nun wohl die einfachste Kleidung der Welt; doch aber hat bey allem dem das schönste hiesige Mädchen für den Fremden keinen Reiß, so wenig schön sind sie mit aller ihrer Simplicität, und so ungemein unsauber, und elend lebt dieses Volk. Oft bleiben die Männer ein ganzes Jahr mit ihrem schlechten Zigeunerhandel von dem Weibern entfernet, und lassen sie im Elende schmachten. Man kann in Krainland von dem Gottschevern sagen, was man in Deutschland von den Juden sagt, nämlich, daß sie das

schlech-

schlechteste Volk vom Lande sind, und ihr Handel und Wandel ist so gering, daß kaum zween dabey reich geworden. Es wäre sehr zu wünschen, daß sie ihr ödes Feld bauten, bey ihren Weibern blieben, als daß sie Krankheiten, und schlechte Sitten nach Hause bringen.

Aus dieser Gegend setzte ich über den Bach Shushitza und den Rekafluß, um nach Sateska oder Einöde zu gelangen; Alles ist hier kalkartig, mit ganz rothen kleinen Thonhügeln überdeckt. Der Gesundbrunnen, welcher von Valvasor so wie von andern Gegenden des Landes erwähnet, ist nichts als reines Wasser, ohne mineralischen Zusatz. Alles aus Kalkstein hier bestehende Gebirg, bricht in grossen meistens ebenfällig liegenden Platten, welche auch den Fluß Kerka durchsetzen, und oft staffelweise abfallen, so daß sie bey grossem Wasser schöne Abfälle des Wassers machen. Versteinerungen sind nicht selten in diesem Steine.

Da ich hierauf meine Untersuchungen gegen Norden richtete, kam ich in das Gebirg na Kameno, welches ebenfalls ganz kalkartig ist. Bey dem Orte Germulle kam ich zu dem kleinen Fluß Nodola, der nicht weit davon sich in die Kerka verliehrt. Ich verfolgte ihn bis zu seinem Ursprung. Hier fangen die Kalkhügel meistens an, in Schiefer überzugehen, welcher aller Orten den rothen Thon zur Decke hatten, der nachgehends meistens röthelartig wurde.

Diese Rötheleerde, Terra damascens des Linné, oder nach den Alten die Adamserde, indem sie in Wahn stunden, Adam, welches in Indien jederberzeit nach der Landessprache nichts als Mensch bedeutet, und gewiß von den profanen Schriftstellern von dort ist entlehnt worden, sey aus dieser Erde gemacht worden, wovon aber die Chemie ganz das Gegentheil beweißt, indem die Knochenerde kalkartig ist, und nur so lange schmelzbar bleibt, als ihr die Phosphorsäure anhängt. In dieser Rötheleerde fand ich in der ganzen Gegend den leberfarbigen oder Rötheljaspis, Silex rubricator, der eine ganz gute Politur annimmt; nur auf seiner Oberfläche ist er brüchig, in der Tiefe aber ganz, und recht aus unfülbaren Theilen bestehend. Als ich weiter fortsetzte, kam ich wieder ins Kalkgebirg, wo auf einem Felsen das Klingenfelser Schloß steht. An der Grundsohle dieses Felsen befindet sich in einem natürlichen Becken von Kalkstein eine warme Quelle. Valvasor gedenkt derselben. Das

ganze

ganze warme Waſſer kann wenig genuzt werden, weil ſich meiſtens ein kalter Bach mit einmiſcht, den man nicht ablenken kann, weil die Waſſerbetten gleiche Höhe haben, ſowohl von der warmen als kalten Quelle. Ich unterſuchte das Waſſer im Herbſtmonde, wo es ziemlich warm war. Der Wärmemeſſer zeigte 20 reaumuriſche Grade Wärme an. Die Schwere kam dem überzogenen Waſſer beynahe gleich. Die lakmustinctur wurde röthlich. Die Queckſilber-auflöſung machte es etwas gelblich, welches aber bald wieder vergieng. Das fliessende Weinſteinſalz, der Liquor probatorius, die Hornlauge, die Tinktur der Kurkume, und ſo andere Verſuche mehr machten mit dem Waſſer keine Aenderung. Die Abdünſtung von 10 Pfund gab 4 Gran grauer Kalkerde, und kaum 1 Gran eingemiſchtes Mittelſalz. In vielem kommt dieſes Waſſer mit jenem überein, welches ich zu Anfang dieſes Bades von dem beym Bleberſee gelegenen Bade erwähnt habe. Nun unterſuchte ich auch die Gegend nach Süden; alles fand ich kalkartig, in der Ebne Kalkmergel mit calcinirten Seeſchalen. An dem Fuſſe eines Kalkberges, worauf Staregrab liegt, traf ich abermals ein warmes Waſſer an, welches in allen Stücken jenem von Podlipa, wovon die Nachricht im zweyten Theil nachzuſehen iſt, gleich kam. Aller Orten ſind hier die Vorgebirge mit Weinreben beſezt, deren Saft das Land arm, und den Unterthan liederlich macht. Wie glücklich wäre nicht manches Land der Welt, wenn es keinen Wein gäbe!

Das Erdreich iſt hier immer gleich, ſelbſt bis Noumeſtu oder Rudolphswerth, ſonſt auch Neuſtadl genannt. (Man ſehe Valvaſor und Büſching a. a. O.) Nachdem ich ſchon dieſe Gegend von allen Seiten durchgegangen war, wandte ich mich nach Mokronogo oder Naſſenfuß. In dieſer ganzen Strecke war das Gebirg gemiſcht, bald Kalk, bald Schiefer aus rothem Thon beſtehend, worinn im Grunde der rothe ſibiriſche Felsſtein (Saxum ſibiricum des Linne' ſaß.) Einigemal fand ich auch im Thon einen röthlichen Jaspis mit Quarz, der ſchichtenweis einbricht, mit einem Streichen von Oſten gegen Weſten; der Thon ändert hier oft ſeine Farbe aus dem Rothen ins Grüne. Die etwas niedern Hügel beſtanden meiſtens aus einem Hornſchiefer, der aller Orten mit Röthelſchiefer durchſezt war; ich fand ſolchen gegen 8 bis 10 Stunden weit anhaltend. Steinmark ſah ich verſchieden gefärbt, da brach zwiſchen der Jaspis im artigen Mittelſteine, von welchem ich ſchon im erſten Theile

geredet

geredet habe. Gegen Westen traf ich häufig die Schiefererde Humus schistosa des Linné an, zwischen welcher sich manchmal ein gemeines rothes Eisenerz befindet. Nordwärts besteht das hügliche Gebirg aus Trümmern von Schiefersandstein, manchmal Kalk. Hier findet sich ein Bach, welcher bey Bresie vorbeyläuft, und Mirna heißt. Die hier anstehenden Hügel enthalten Bleyglanz in Putzen. Vor 40 Jahren baute hier ein Hutmann aus Tyrol, der seinen Lebensunterhalt fand; nach der Zeit lößten ihn der Sache ganz unkundige Leute ab, welche um ihr Geld kamen, und nun das Werk im Stiche gelassen haben. Ich fand noch ein paar alte zerfallene Stollen, sonst nichts. Eine Stunde von diesem Bau befindet sich noch ein anderer, der bey Sweta Trojitza, (deutsch heil. Dreyfaltigkeit) liegt, auch dieser war verlassen. Das Gestein ist ein sandigter Stein, Mergel von gelblicher Farbe; hin und wieder fand ich vieles Geschiebe vom grauen Trapp, welcher ganz flötzartig fortstrich. Bey Gabreli war alles schieferartig; von der dortigen Kirche gegen Norden stand ein ganzer Hügel von guten Steinkohlen. Als ich mich abwärts von solchem ins Thal begab, kam ich am Fusse desselben an eine schöne weisse Walkererde, Terra fullonum, sie war ungemein fein und schmierig, sehr tauglich die Hände zu waschen. Ich war ganz vergnügt über den Fund, indem wir eine Tuchfabrik im Lande haben, die eine grosse Menge Seife verbraucht; ich nahm also einige Stück mit zur Probe. Allein man sagte mir, sie wäre nicht anwendbar, indem, ob sie gleich die Fettigkeit der Wolle wegnehme, so bliebe doch zu viel davon in der Wolle hängen, und mit dem Wasser könnte man sie nicht genug herausbringen: Allein mir scheint es, daß sie die Arbeiter deswegen verwarfen, weil es mit der Seife leichter, und ohne Zweifel für sie, aber nicht für ihren Herrn, vortheilhafter ist. Wenn man diese Erde gegen die englische hält, so bemerket man keinen andern Unterschied, als daß die unsrige aus feinern Theilen bestehe, und sich fetter anfühlet. Da sie nun der Argilla Lithomarga des Linné, oder dem sogenannten Meerschaum nahe kömmt, so machte ich auch im Feuer mit derselben Versuche; sie verhielt sich aber nicht wie der Meerschaum, sondern wie eine gute Walkererde sich jederzeit zu verhalten pflegt. Ohnweit dieses Hügels fand ich eine ganz schwarze Erde, welche vermuthlich der Humus tinctoria ist. Ich bin sehr geneigt zu glauben, daß sie die verwitterten Steinkohlen bilden können. Hier gieng ich über den Bach Hineza und Bisterza, um nach Rakonnig zu gelangen. Auf diesem Wege traf

traf ich die Gebirge sehr veränderlich an, oft aus gelben Kalkstein, Köchel-
schiefer, mit Trümmerstein aus Quarz bestehend, abwechselnd; oft bestunden die
Hügel auch aus blossen Thonschiefer. Auf einem der Hügel fand ich eine
Kirche mit schwärmerischen Pfaffen, wo Frauenzimmer mit der Religionsgott-
heit Unfug trieben, allein unter der jetzigen weisen Regierung, hat man sie
wie Pulver zerstreut. Da hieher viele Wallfahrten geschahen, so stunden
die schwarzen Röcke ganz gut. Auf dem Thore, der nun öde stehenden Kirche ist folgendes zu lesen: eCCe refVgIVM eXtat DeVotIs peregrInIs.
Dieses für das arme gemeine Volk so rührende Chronostichon machte bey mir
die stärkeste Empfindung des Abscheues und des Betrugs, den man mit seinem Nebenmenschen treiben kann. Stelle man sich in der grössten Arbeitszeit
einen Haufen armer Landleute vor, welche zu vielen tausenden, hieher, und
an viele andere Wallfahrtsörter des Landes hinlaufen! Abgemattet und noch
dazu meistens ausgehungert, kömmt, von dem Wahnsinne der schwarzen Röcke
gelockt, dieses halb blinde Volk seinen letzten Heller zu opfern, und für dieses
oft nicht einmal einen Unterstand bey übler Witterung zu geniessen; denn nur
der Wohlhabende hat bey den Religionshirten Platz. Voller Drangsal und
Armuth hoft hier das Volk seine Umstände fürs Zeitliche und Ewige zu verbessern, wo indessen seine Wirthschaft zu Hause stecken bleibt; und nebst alle
dem wird es noch von ruchlosen Predigern in Zweifel gesetzt, welches der beste
Gnadenort sey. Vor eilf Jahren hörte ich einen solchen Betrüger mit einigen
Freunden in der Kirche von Shalostna-gora oder Trauerberg eine Geschichte
beym Altar erzehlen, daß eine Kranke, nachdem sie alle weltliche und endlich
auch geistliche Mittel, als verschiedene Wallfahrten u. d. angewandt, doch erst,
als sie zu diesem Orte kam, genesen seyn solle; — folglich, setzte er hinzu, ist
hier der wahre Ort u. s. w. Was kann wohl schändlichers in dem Tempel
des Herrn getrieben werden?

Meine fernern Untersuchungen setzte ich zwischen Nordwesten fort, nach
Podwarst, wo das Gebirg wiederum aus rothem Felsen bestand, mit weiß-
gelbem Kalksteine durchsetzt. Auch hier fand ich eine kleine Quelle im Morast, welche etwas Wärme hatte; allein nachdem ich einige Versuche angestellt hatte, fand ich sie ganz so wie jene von Starograd, wovon ich zuletzt geredet habe. Nachdem ich mich von hier rechts ins Gebirg wandte,
fand

fand ich alles kalkartig. Bey Ky waren grosse sehr beträchtliche Schichten von schönem schwarzen Marmor mit weissen Spathadern durchsetzt, welche manchmal einen Zoll an Dicke hatten. Gegen Norden fand ich wieder das Gebirg aus Röthelstein bestehend, zwischen dem sich die schönste rothe Bolarerde befindet, die zum Anstreichen sehr brauchbar ist. Ueber dieses Gebirg kam ich in die Schluchten Wodize-gladic genannt, allwo eine Glashütte ist, welche aus zeitlichen Mangel das Holz nicht über 12 Jahre wird aushalten können. Die Gläser, welche hier gemacht werden, sind in der Chemie sehr brauchbar, wie ich denn zu meinem Gebrauch alle daselbst verfertigen lasse. Da man sie weniger weiß macht, um die Potasche zu erspahren, so lösen sie sich auch von den Säuren weniger auf.

In dieser Schlucht hört das rothe Schiefergebirg auf, und es stellt sich dafür fester grauer Kalkstein ein, welcher den hohen Berg Kum oder Kumberg bildet. Dieses ist der höchste ausser der Kette gelegene Berg, und ist gewiß um 100 Klaftern höher als der berühmte Broken auf dem Harz. Auf dem Gipfel sind abermals zwo Kirchen, wo man mir eine jungfräuliche Wundermilch zeigte, welche von der heil. Agnes herrühren soll. Auch lernte ich hier ein besonderes Mittel wider das Halswehe. Arme Bauern kamen her, und stellten sich unter den Glockenthurm. Einer davon band sich den herabhangenden Strick um den Hals; ich lief zu, und glaubte, er wollte sich erhängen, allein er lachte über meine Sorge, und sagte zu mir: „Herr! ha„ben sie Vertrauen, und binden sie sich eben einen solchen Glockenstrick um „den Hals, und ziehen sie so lange damit, bis die Glocke einen Laut von sich „giebt, so werden sie für jetzt, und allezeit vom Halswehe bewahrt bleiben." Allein man kann sich leicht einbilden, daß ich solches nicht that, denn ehender, als ich solches würde zuwege gebracht haben, würde ich wohl am kurzen Athem, und nicht am Halswehe den Geist haben aufgeben müssen. Wer Wucher und Handel in Kirchen treiben sehen will, der komme hieher, da kann er es auf alle Arten erfahren. — Diesem Wunderorte zu liebe sind erst im Jahr 1782. 31 Personen ertrunken, als sie über den Savastrom setzen wollten.

Von diesem Berg aus wandte ich mich gegen Osten dem Savaflusse zu, und verfolgte solchen rechts (wo bey Razhah (S. Valvasor) das Felsgebirg in den Fluß ausstreiche) bis dahin, wo er unter Thurnamhart in die Fläche gelangt,

gelangt; man sehe die Karte im ersten und dritten Theil. Diese ganze Strecke besteht aus Hügeln von Kalkstein, welche nur selten mit Thonschiefer untermischt sind. Versteinerungen habe ich viele gefunden, selten ganz, und meistens calcinirt. Nachdem ich ein paar Stunden in der Fläche zurückgelegt hatte, kam ich zu dem Ort Kastainouza, welchen die Deutschen Landstrasse nennen. Seinen rechtmässigen Namen hat es von den vielen da herum wachsenden Köstenbäumen her. Bey diesem Ort ist ein Kloster, welches von vielen hundert Jahren her einen Stiftbrief besitzt, wo es heißt: in dem Thal der Tepliza; ich habe aber nirgends eine rechte warme Quelle finden können, als eine halbe Stunde davon, wo eine sehr geringe laue Quelle ist. Dieses Kloster hat vor 50 Jahren ungemein viel gelitten von einer Rotte türkischer Räuber, deren Anführer der berühmte Haram-Birhitz war, der doch endlich auch durch Verrätherey seinen Kopf verlohren. Merkwürdig ist auch aus dortigen alten Schriften zu sehen, daß der Weinbau erst im 15ten Jahrhundert angefangen hat, und nun dermalen zum Unglück der Unterthanen so allgemein ausgebreitet ist. Von diesem Ort aus kam ich wieder gegen Osten in ein ganz kalkartiges Gebirg, welches zu Ober-Uskoken gehört. Ich habe im ersten Theil Seite 39. 40 ein paar Orte von den dortigen wohnenden Uskoken gesagt, allein ihre Kleidung bin ich übergangen, ich will also ein paar Worte davon sagen.

Der Blah oder Uskok trägt auf dem Kopfe eine rothe oder schwarze Kappe. Ein kurzes Hemd, vorn offen, darüber einen Wamms mit Ermeln und Schlingen, nach hungarischer Art; die Beinkleider eben so. An den Füssen wollene Socken mit geschnürten Sandalen (Opanke.) Die Haare am Kopfe gescheitelt und geknüpft, oder auch mehr als halb geschoren. Die Weiber tragen auf dem Kopfe einen von Leinwand gemachten Bund oder Turban. Die Haare in zwey Theile geflochten, und vorne herabhangend, mit vielen Korallen und messingenen Knöpfen geziert, welches oft kein geringes Gewichte ist. Der Kopf und Halsschmuck sind Münzen, Knöpfe u. d. g. Ein grobes Hemd, welches bis über die Knie reicht, und vorn offen ist. Dieses Hemd ist jederzeit mit grüner, rother, oder blauer Wolle an dem Ermel und um den Hals gestickt. Vorn haben sie ein Vortuch, eine Art wollenen Teppichs, mit Franzen geziert, worüber eine wollene Binde um den Leib, so wie die Männer, über die Schinbeine Halbhosen mit wollenen Bändern mit Quasten versehen gebunden haben. An den Füssen eben die Opanke wie die Männer.

Männer. Man sehe die Figur der Usokoken auf der Nationalkarte. Vor 15 Jahren sahe ich noch eine bequemere Weibertracht, in dem niederen Gebirge des Schlosses Thurnamhart. Die Weiber hatten wie einen Bund auf dem Kopf, wo rechterseits ein Schuh lang von Leinwand gedehntes Horn gieng. Da sie im Sommer nichts als ein Hemd an hatten, welches unter den Achseln und vorn offen war, so ärgerte dieß die liebe keusche Geistlichkeit so sehr, daß sie dieses rohe und arme Volk so lange verfolgte, bis sie eine andere Tracht annahmen.

Sobald man bey Mogrize aus dem oben erwähnten Gebirge kömmt, welches von kurzer Dauer ist, so kömmt man endlich in die schon mehrmal angeführte grosse Ebene von Kroatien; alles fand ich hier kalkartig, und die Nation ganz anders sowohl in den Sitten, Kleidungen, und zum Theil auch in der Religion. Die Kleidung des Kroaten oder Hrovat ist folgende: Der Mann trägt auf dem Kopf eine halbrauche Mütze, oder eine rothe kleine Kappe, wie die Kardinäle zu tragen pflegen; die Haare in Zöpfen oder Knoten, aber dennoch manchmal den halben Kopf geschoren. Ein kurzes Hemd mit weiten Ermeln über die Hosen. Auf dem Leib einen Wamms mit Knöpfen, die Beinkleider weit bis zu den Knöcheln, an den Füssen ebenfalls Opanke. Das Weib hat auf dem Kopf ein vierecklgtes Tuch auf eine besondere Art umgeschlagen, ein langes Hemd mit einem kurzen Oberrock mit und ohne Ermeln darüber. Vorne haben sie bey den Achseln die Ermellöcher, daß man mit den Armen durchfahren kann, welches bey der Arbeit geschieht, wo dann solche auf den Rücken zusammen gebunden werden, über das Hemd einen leinenen Rock, oder auch im Sommer keinen; an den Füssen Schnürschuhe (Opanke) oder im Sommer keines von beyden, wie alle Landleute weiblichen Geschlechts im Sommer nichts an den Füssen tragen. Man sehe auf eben der Karte die Abbildung der Kroaten. So wie hier die Kleidung ist, fand ich sie durch den obern Theil von Kroatien und Hungarn bis zur Donau. Im Sommer ist alles Volk weiß auf dem Felde, indem der Mann ebenfalls nur 3 Kleidungsstücke auf den Leib hat, das ist ein Hut oder Mütze, ein kurzes Hemd, und lange leinene Hosen. Es scheint mir nach allen Berichten der Reisebeschreiber, daß kein Land Siberien oder den Steppen der Tartarey ähnlicher sey, als dieses. Alles noch halb oder ganz wild; dann herum irrende Viehheerden mit ihren Hirten, die mit einer doppelten Flöte Musik dazu machen,

chen, und sich um alle Schätze der Welt nichts bekümmern, wenn er nur seine Tasche mit Kukuruz (Mays) angefüllt hat. Mit Verwunderung habe ich bey allem dem Rohen, das dieß Volk hat, die beste Einstimmigkeit von 3, 6 und mehr Familien, die in einer Hütte beysammen wohnen, beobachtet. Die älteste Frau vom Hause befiehlt mit dem jüngsten Mann immer bey der ganzen Wirthschaft; und ohne Widerrede, ohne Zwietracht gehorchet alles, und alles ist Eintracht. Ich kann wohl sagen, daß mich ihre Aufrichtigkeit und unschuldige Lebensart ausserordentlich vergnügt hat. Ein Frember, er mag seyn, wer er will, wenn er nur ihre Sprache kann, ist bey ihnen nicht unangenehm; jederzeit bin ich ganz allein unter ihnen herumgereißt, ohne den geringsten Anstoß einer Mißhelligkeit gewahr zu werden. Wie getreu ist nicht dieß Volk seinem alten Gebrauch! Hat einer einen Kauf mit dem andern zu machen, so zieht einer seinen Pelz aus, kehrt das Rauche auswendig, und läßt den Gegner darauf schlagen, welches wir na cosmât udareìm nennen; Dieses Verfahren wird dann heiliger gehalten als von manchen, die vor einem hölzernen Herrgotte ihre Betheurung geben.

Von dem letzten Schloße des Herzogthums Krain, nämlich Mogrize, wandte ich mich in lauter Thonhügeln gegen Osten zu dem Ort Szamobor. Von diesem Marktflecken, wo ich alles thon- und kalkartig fand, gieng ich gegen Süden zu, wo ich dann ein anderes Gebirg fand, welches gneisartig war. In diesem Vorgebirge liegt das so bekannte Kupferbergwerk, das ebenfalls Szamobor genannt wird, welches die Kroaten Rutedina oder auch Rudnik nennen. Der Gneis, der hier das Gebirg hauptsächlich bildet, besteht aus Quarz, Glimmer und Thon; in diesem bricht dann ein Mugel und Putzen, ein gelbes Kupfererz. Das Einbrechen dieser Erze ist oft wie in Klüften gelagert, manchmal auch schalicht; oft bricht bey dem Erz ein schöner Bändergips, welcher röthlichbraun und weiß ist. Dieser Gips führt auf Erze, aber enthält niemals solche; so auch nicht leicht ein da manchmal einbrechender schwarzer Schiefer, welcher meistens einen unbrauchbaren Eisenkies enthält. Bey den Erzen bricht auch oft eine Breccia quarzosa, den die dortigen Arbeiter Krahornak und eine Sinopelart Zherlenz nennen. Der graue Sandstein bricht ebenfalls oft mit den Erzen ein. An den Wänden einiger Gegenden der Gruben bricht ein graues Salz ein, welches durch Auslaugung ein wahres Bittersalz giebt. Ich habe einige Versuche damit gemacht, und in

allen

allen Stücken eben das gefunden, was Göttling davon in dem 6ten Bande Crells neuer chemischer Entdeckungen No. VI. gesagt hat, wohin ich also den Leser verweise, um hier nicht das zu wiederholen, was schon so ausführlich gesagt worden.

Der Bergbau allhier ist meistens nur stollenmässig. Da ich verschiedenemal in diesem Gebirge war, so habe ich auch vor 4 Jahren den ganzen Bau aufgelassen gefunden. Jetzt wird er wieder betrieben, doch liegt noch der Johann Nepomucenistollen im Verfall. Zu mehrerer Deutlichkeit findet man auf der 7ten Tafel einen von mir verlangten Grubenriß dieses Werks.

Zu wünschen wäre, daß der dermalige Eigenthümer eigene Waldungen hätte, da er das Holz von andern kaufen muß. So gebricht es auch bey trockner Jahrszeit am Wasser, das bey dem Schmelzprozeße so nothwendig ist.

Die Arbeit des ganzen Grubenbaues wird mit 134 Mann betrieben, wovon 6 davon eine Viertelstunde von der Grube entfernt sind, und bey einem Hoffnungsbau arbeiten, welcher den Namen Christopholistollen führt. Die meiste Arbeit wird nur mit Geding verrichtet. Die jährliche Erzeugniß dieses Werks ist gegen 8000 Centner an Kupfer und drüber.

Zu dem ganzen dortigen Schmelzprozeße sind ein Schleiß- und Schmelzofen vorgerichtet, welche so wie der ganze Prozeß nichts Besonders haben. Unter dem dermaligen Schmelzvorsteher hat sich der Prozeß verbessert, indem man vorzeiten, nachdem die Erze gefüttet u. s. w. zugerichtet hatte, geröstet wurden, wo man ihnen den bey sich habenden nothwendigen Schwefel entzog, welcher den bey den Erzen befindlichen Eisenspath zerstören sollte; allein heut zu Tage wird mit den Erzen gleich zur Schmelzung geschritten, wo dann viele Kohlen erspart und reines Kupfer erzeugt wird. Die Röstungen der Erze hat man schon von 14 bis auf 9 mal zurückgebracht. Ausführlichere Nachricht von diesem Werke zu geben, glaube ich entübriget zu seyn, indem es noch sehr an guter Einrichtung oder Verfassung gebricht, wo aber nicht die Schuld an den Vorstehern, sondern an dem Innhaber davon liegt. Nun auch ein Wort von der dortigen Gegend. Diese hat viel Eisenstein, so daß vor Zeiten sehr darauf gebaut worden, wo dann drey Stunden von Szamabor ein Hohofen stund, der einen starken Betrieb hatte. Der Eisenstein in dieser Gegend ist verschieden, meistens aber Mohrerz. Bey Unter-Okitsch habe ich vor Zeiten viel in Eisenerz verwandelte zwoschaligte Muscheln, Chamm- und Herzmuscheln

schein gefunden, so auch ganz gemeine einschalige; alles dieses unter dem Wasser in einer rothen thonigten Erde.

Als ich mich aus dieser Gegend gegen Norden wandte, kam ich wieder in die oben erwähnte Fläche, wo ich dann für dießmal meinen Untersuchungen ein Ende mit einer Reise in der schönsten Fläche nach Wien machte. Es ist sehr zu bedauern, daß man nicht schon längst die Kommerzienstrasse von Triest und Fiume über Karlstadt anhero nach Wien gemacht hat, dadurch würde der Weg eher verkürzt als verlängert; dabey auch ohne Berge seyn. Und da diese Länder mehr mit Lebensmitteln und weniger mit Geld versehen sind; folglich nach allen Grundsätzen der guten Politik, wenn die Länder auf gleichem Fuß gesetzt sind, sollte auch diese Einrichtung getroffen werden. Die Richtigkeit meiner Angabe kann man durch Liesganigs verbesserte Karte von Steuermark bestätiget finden.

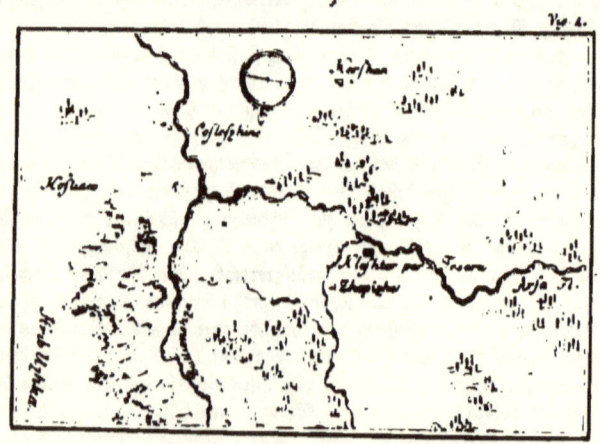

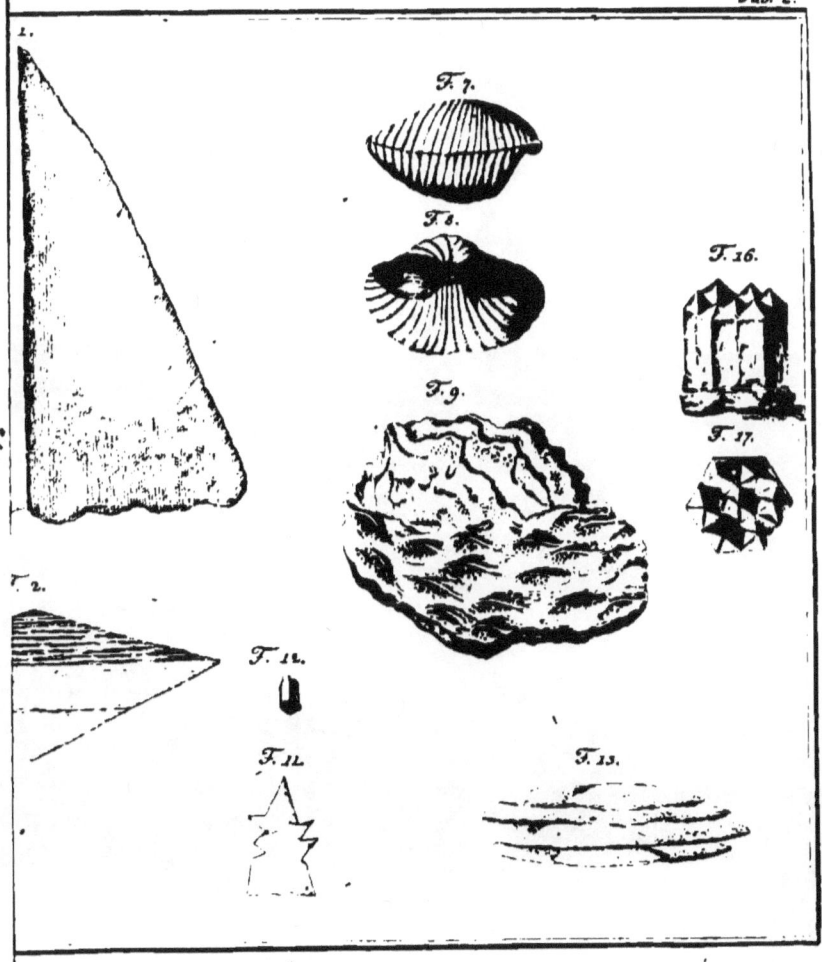

Tab. 2.

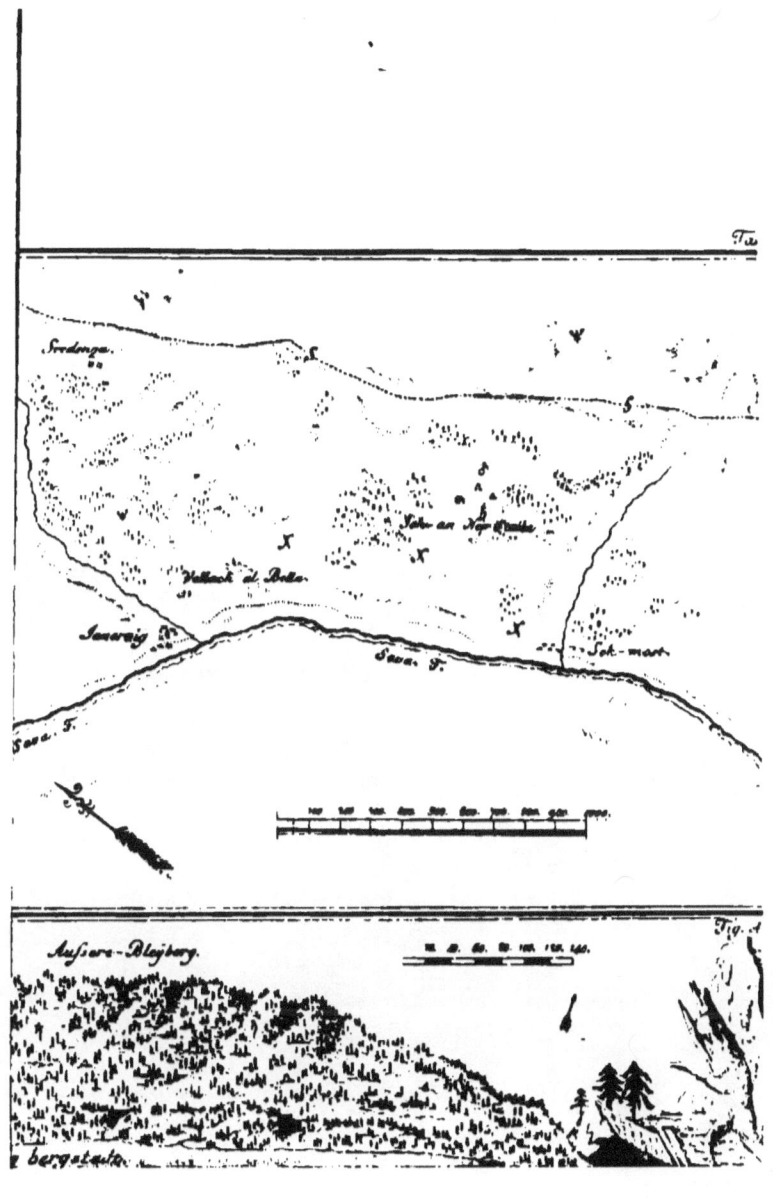

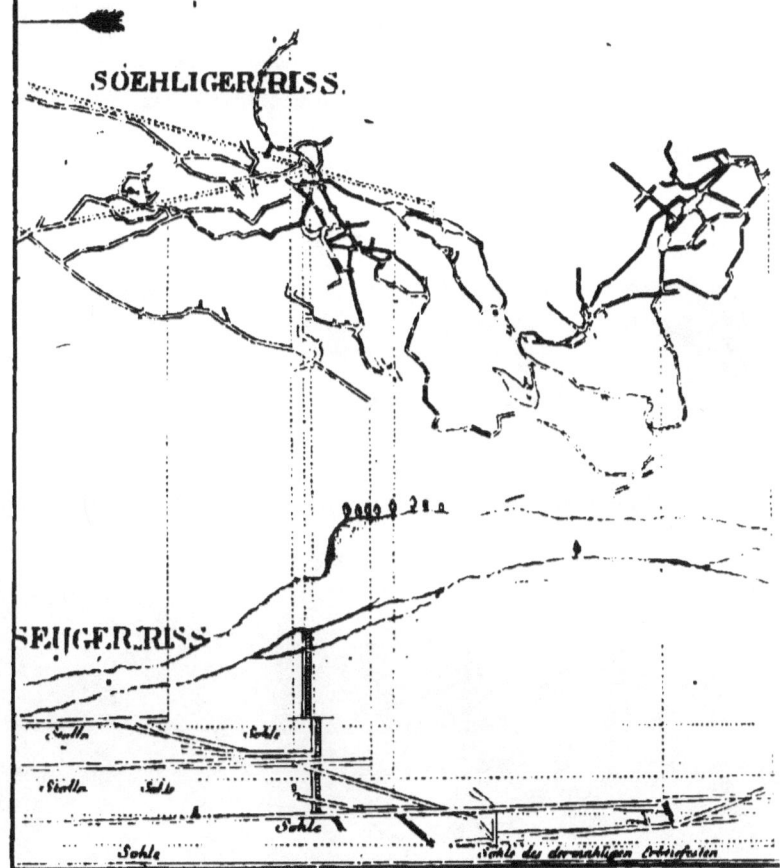

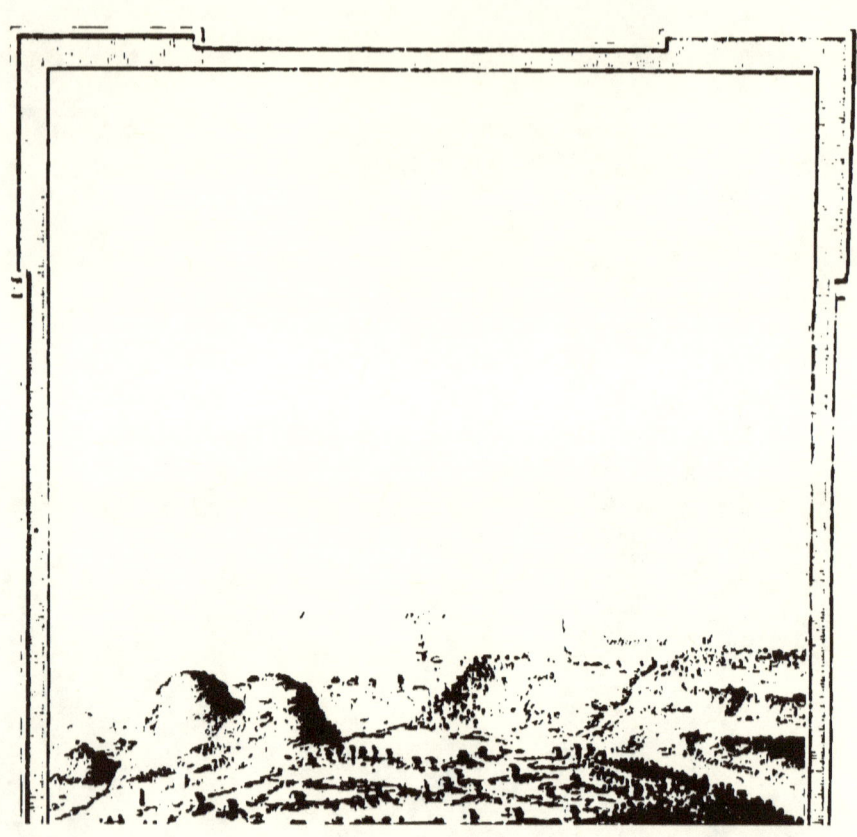

ORYCTOGRAPHIA CARNIOLICA;
oder
Physikalische Erdbeschreibung
des
Herzogthums Krain,
Istrien,
und zum Theil der benachbarten Länder.

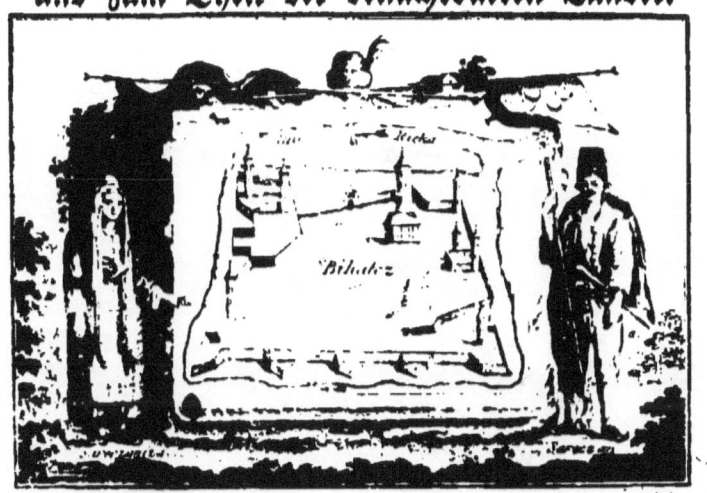

Vierter Theil.

Leipzig,
bey Johann Gottlob Immanuel Breitkopf, 1789.

Bres ufe shele eniga dobizhka, inu bres
neresfnize, ampak is fgol nagnenja tú
povedati kar 'fe je vidilu inu skuffilu,
is Lubesni pruti eni dushcli tiga nar
mogozhneishiga inu nar bél reshtricnigu
Ludftva, od tiga ftariga Sueitá.

        Pelop. II.

Der

unter dem allerhöchsten Schutze

des allerdurchlauchtigsten großmächtigsten

Fürsten und Herrn

Georg des Dritten,

Königs von Großbritannien, Frankreich und Ireland,

Beschützers des Glaubens,

Churfürsten und Herzogs ꝛc.

um

die Aufnahme der Wissenschaften

sich bemühenden

Akademie in Göttingen,

widmet,

aus besonderer Hochachtung und Verflichtung,

gegenwärtigen Theil

seiner

Oryctographie

der

Verfasser.

Erklä-

Erklärung
der Kupfer und Vignetten.

Das Titelkupfer.

Der Wasserfall des Flusses Sluinczizza an den Türkischen Grenzen des Königreichs Bosnien, welcher in einen noch größern Fluß, nämlich die Corana genannt, fällt.

Die Vignetten.

1. Vign. welche die Türkische Vestung Bihátcz im Plan vorstellt.

    a. Ein Serb oder Sareczan, der in seiner natürlichen Tracht als Grenzbewahrer Kayserlicher Seits betrachtet wird, oder auch als Harambasha, bey Ausfällen in Auslande, eben so bewafnet ist.

    b. Eine Kroatin, wie sie sich an dem Unastrom zu tragen pflegen, als bey Novi u. s. w.

2. Vign. Zwey seltsame Versteinerungen: als

    a. Eine Patelle mit gabelartigen Strahlen oder Ribben, die im Mittelpunkt bey einem Knöpfchen sich endigen.

    b. Eine Giehnmuschel, kalkartig versteint.

3. Vign. Ein Seeigel von der Wirbelseite oder Oberfläche, mit und ohne seine Urberdecke vorgestellt.

4. Vign. Eben dieser Seeigel von der untern Seite vorgestellt.

    a. Der Mund des Thiers in der Mitte.

    b. Der After am Rande.

5. Vign. Eine versteinte Kammuschel.

a. Das Schloß.

b. wo noch versteinte Helleiten stecken.

Tafel.

Diese stellet die Fortsetzung der Slavischen Karte des dritten Theils mit seinen Einwohnern, als Zhizhe, Istryanski, Dolenski oder Zitschen, Histreichern, und Unterkrainern in ihrer Landestracht vor.

Vorrede.

Vorrede.

Ganz zufrieden, mein gegebenes Wort halten zu können, liefre ich hier dem Publikum den Vierten und letzten Theil meiner Physikalischen Erdbeschreibung des Herzogthums Krain, und aller angrenzenden Länder; er handelt beynahe nur von dem Königreiche Kroatien, welches aus den Grenzorten der wichtigste Gegenstand für meine Absichten war. Mein Versprechen habe ich also so gut, als es möglich war, erfüllt; ob ich aber auch dem Kenner Genüge geleistet habe, das ist

eine

VIII

eine andre Frage. Ich weiß es mehr als zu wohl, daß vieles eine umständlichere Beschreibung erfordert hätte; allein Zeit und Umstände erlaubten es mir nicht, denn der meine Lage, in welcher ich mich zwanzig volle Jahre hindurch in diesem Lande befand, nicht kennt, der wird sichs unmöglich vorstellen, wie ich doch das habe zu Stande bringen können: ja! man muß es beynahe für ein Wunder halten, daß ich mich darinn so lange habe erhalten können; welches ich mit einigen That=sachen erläutern will.

Ich war jederzeit 9 volle Monate des Jahrs an den be=schwerlichen Dienst eines Professors der Zergliederung, Hand=arzeney und Entbindungskunde, ohne alle Nebenhülfe an=geheftet. Meine Erholungsstunden, diese neun Monate durch, waren meistens nothleidenden Kranken gewidmet, de=nen ich nach Kräften beystand, da das Land kein einziges Hospital besaß, um für Bedrängte als Zufluchtsort zu dienen. Die übrigen drey Monate des Jahrs — denn so viel betrugen die Schulferien — ließen mir zu Beförderung meines Lieblingsstu=diums der Naturgeschichte Reisen machen, welche auch daher mit nicht geringen Beschwernissen verknüpft waren, weil ich sie nur zur bestimten Zeit machen mußte. Die Witterung, die gemeiniglich in diesen Monaten sich immer verändert; die meistens unwegsamen Gebirge, die ich theils zu Fuß, theils zu Pferde übersetzen mußte, machten mir meine Reisen bitter, und benahmen mir alle Gelegenheit, was oft einzelne Prü=fungen fordern, vollständig behandelt zu werden. Stets allein, stets meinem Schicksal überlassen wandelte ich mit meiner Rosinante diese Gegenden durch; wer solche kennt, wie die In=
länder

Länder von Kroatien und Krain, die können es sagen: dem Verfasser hat das Glück wohl gewollt, daß er aller Orten so glücklich durchgeschlüpfet.

Zum Ueberflusse, habe ich endlich auch für diese so schwere und für mich so kostbare Unternehmung, weder vom Lande noch sonst von jemanden eine Unterstützung gehabt, folglich mußte ich alles aus eigenem Fond bestreiten. Obgleich der Hof schon öfters ohne Nutzen, um fremde Länder untersuchen zu können, große Summen verschwendet hat, wo indessen seine eigene Staaten, das der Mühe mehr gelohnt hätte, unkentbar und ununtersucht geblieben: denn er hat noch wenig auf seine Unkosten, wie Rusland, Frankreich gethan, unternommen, um die Monarchie Physikalisch bereisen zu lassen u. s. w. da nicht allein letztere Monarchie auf ihre Unkosten reisen läßt, sondern es beförderten auch noch solche Unternehmungen die Edeln des Staats, besonders die Chemie hat davon große Unterstützung erhalten, wenn man nur auf die Herzoge von Chaulnes, Rochefoucault, und d'Ayen; die Grafen von Lauragais, la Garay, Milly, Tressan und de la Tour d'Auvergne; die Marquisen de Courtenvaux, de Courtivron, die Baron's d'Olbach, Servieres und andre sieht, die mir der Raum nicht erlaubt alle zu nennen, wohingegen man von ostereichischen Staaten beynahe noch kein Beyspiel hat, und nach der heutigen Erziehung nicht so bald zu hoffen ist. —

Hier muß ich noch einen Umstand aufdecken, der mir manche Hindernisse in Weg warf. Nicht genug, daß ich zum Wohl des Staats mein bischen Vermögen und Kräfte aufgeopfert

X

geopfert habe, ich fand auch noch zum Lohn in diesem undankbaren Lande, wo alles was Wissenschaft ist, so wie der Adel in völligem Verfall liegt, ein paar Köpfe ausgenommen, welche sich noch im Lande befinden, nichts als Verlachung, ja besser zu sagen Verachtung war meine Belohnung, und darauf folgten, wie gewöhnlich, tausend Hindernisse, so wohl von meinen meistens gehabten Chefs selbst, welche entweder Hohlköpfe oder gar Bigotten waren, als auch von dem größten Theile des übrigen Publikums, das aus Mangel der guten Erziehung mit verdrehten Herzen begabt ist. Dies betraf nicht allein die Naturgeschichte, sondern auch das Anatomische und Zootomische Fach, das ich bearbeitete: und so ist es eben dem für's Land unsterblichen Historiograph Valvasor nicht besser ergangen, der all sein Vermögen, ob sich gleich der Adel damals auszeichnete, dennoch ohne Dank, wie man es noch heut zu Tag hört, aufopferte; so ist es dem fleißigen Geographen Florianshitsh, so dem berühmten und unermüdeten Naturforscher Scopoli ergangen, wie letzterer es mit seinen eigenen Worten in der Vorrede zu seiner *Flora carniolica* angiebt, wo er erwähnt, welche Theile von Krain für's Pflanzenreich noch zu untersuchen sind. — Restat, sagt er, adhuc Istria fere tota, Aquilejae solum insalubre, Carnioliae inferioris aliqua pars. Tunc medici officium, infirma saepe valetudo, frequentes in Istriam austriacam (viel mehr aber Morlachiae et confine imperium Turcicum) Latronum insidiae, ac millenae calamitates quas Idriae tuli. — Daß dies, besonders das letzte mehr als zu wahr sey, was hier der Verfasser gesagt hat, will ich einen der auffallendesten Beweise geben, welches diesem berühmten Manne und Freunde wiederfahren ist; aber dies hat eben so wenig ihm nachtheilig seyn können, als die böse persönliche Behandlung,

mit

XI

mit der man mir in einer periodischen kritischen Schrift mitgespielet hat, wo doch der Verfasser davon mich höchstens nur der Person nach kannte, und von meiner Herkunft so wenig weiß als jeder andrer, der mich nicht kennt, ja ich gebe dem 12 Louisd'or, der mir beweiset, wessen Geistes Kind ich bin. —

Als Scopoli seine erste Schrift de *Hydrarygro Idrienſi* herausgab, wurde zu Hydria, in seinem damaligen Wohnort, wo er als Arzt angestellt war, das Titelblatt dieses herausgegebenen Werks, durch Anstiftung der alldort so unwissenden Geistlichkeit, welche sich mit ihren anklebenden Lastern darin beschrieben und getroffen glaubten, durch das gemeine Volk an die Schandsäule geheftet — und so ging es mir nicht viel besser, die sieben Jahre meines dortigen Aufenthalts, wo ich stets mit den schwarzen Röcken, Mönchen und dem unwissenden Publikum wegen Aufklärung in Kontrast lebte. Alle diese drey Parteyen suchten Empörungen wider mich anzuspinnen. Die Mönche tobten öffentlich in den Kirchen mit ihren vom Schweis des armen Landmannes gemästeten Maměs gegen mein Betragen, um dem Volk das Gehirn zu verrücken, und es wider mich recht christgeistlich aufzuwiegeln, ja diese liebe Geistlichkeit hat es bey dem Fürst Bischofe in G... und seinem präsidirenden Weihbischof E... so weit gebracht, daß sie mich für einen Ketzer nichts mehr, nichts weniger hielten: worauf das Berg-Personale, durch Aufruhr angeeifert, Deputirte an die Monarchin abschickte. — Allein für das Wohlseyn des Staats, ließ ich es auf alles andere eher ankommen, als daß ich meine Gesinnungen änderte; ich überwand dennoch mit der Zeit, zu

Anfang mit der Unterstützung eines für die Welt nur zu früh verstorbenen großen Gerhard van Swieten, meine Gegner und lehrte sie anders denken.

Indessen ging es mir nicht viel besser in der Hauptstadt des Landes, wo ich als öffentlicher Lehrer stand, und Gelegenheit hatte, für die gute Sache der Aufklärung zu streiten. Da meine Gesinnung jederzeit zum schuldigsten Besten des Monarchen gerichtet waren, so war ich nothwendig mit den meisten in beständigen Widersprüchen, und je mehr Fleis ich in meinem Amt anwendete, und solchen von meinen Schülern forderte, desto mehr wurden mir Hindernisse gesetzt, ja so gar von der niederften Menschenklasse, nemlich von der Laybacher Barbirer-Zunft. Diese war vermögend genug, den Stadtmagistrat, nach den neuen Gesetzen, dahin zu verleiten, daß er sich in Studiensachen mischte, und mir als öffentlichem Lehrer einen Proceß anzuhängen, der freylich mit Misfallen von einer Studienhofkommißion verworfen wurde, aber hingegen von einem hochweisen Appellatorio mit dem Magistrat gleich denkend gesprochen worden. Allein wer ist in diesem Lande, den man nicht über kurz oder lang den zur menschlichen Plage erschaffenen Advokaten in die Hände gespielt hätte? Welche Familie kann sich im Lande schmeicheln, in keinen Proceß verwickelt gewesen zu seyn. Wie lange ist es, daß nicht beynahe alle Edle des Landes gegen ihre beste Beherscherin Theresia auf eine schändliche Art gegen ihren vom Hof gesetzten Chef compromittirt hatten. Doch genug davon, um nicht die wenig Edeldenkende des Landes damit zu beleidigen. — Indessen da keine Partey in der Welt besteht, die nicht auch ihren Anhang hat,
so

so war ich auch nicht ohne denselben, nämlich das arme gemeine Volk. Obgleich solches mich, wie ich oben gesagt, für einen Ketzer hielt, so war es mir doch sehr ergeben, wohingegen die höhere Klasse der Menschen, welche es mit der guten Sache nicht hielten, weniger oder nichts that, (ein paar ausgenommen, wovon einer mein wahrer Freund und ein Beförderer ist alles was Wissenschaft heißt, und ich seiner als eines würdigen Naturforschers im ersten Theil dieser Oryktographie Erwähnung that), da solche meistens mit Schalköpfen angefüllt ist, für welche Klasse ich eine Geisel war, folglich unmöglich geliebt werden konnte, da ich anstatt niederträchtiger Schmeicheleyen, wie ein armes und bey alle dem stolzes Volk von seinen mindern Nebenmenschen verlangt, mit der Wahrheit jederzeit entgegen stand, und ich in diesem Lande die schlechteste Partey immer ergrif, nämlich jene des Monarchen zum allgemeinen Besten, wo dann natürlicherweise ich, durch die Entfernung von dem Mittelpunkt des Staats, ohne Mäcen, durch die politische Kabale, worauf sich kein ehrlicher Mann versteht, manchmal Widerwärtigkeiten erfuhr, die mich aber doch nie unterdrückten; denn la verité si souvent est cruelle, On l'aime, et les hommes sont l'offre par elle.

Diese gegebene Rechenschaft sey also genug, um zu zeigen, daß von dieser meiner unvolkommenen Arbeit nicht ich, sondern die unüberwindlichen Hindernisse die Schuld tragen. Ich will also nun auch von der gegenwärtigen als von meiner letzten Arbeit in diesem Lande eine kurze Erklärung geben.

Die Karte, die ich hier zu diesem Bande liefre, ist etwas vollkommener, in Betref des Geographischen, als jene Karten

XIV

ten der vorhergehenden Bände, indem sie ein Königreich betrift, wovon wir noch niemals einen guten Umriß noch viel weniger etwas genaues davon gehabt haben, *) zumal von jenem Theil dieses Landes, welcher an den Grenzen des Osmanischen Reichs liegt; also folgt hier eine Fortsetzung der Slavischen National-Karte, wovon ich den Anfang im 3ten Theil geliefert habe, wo man also abnehmen kann, daß mit weiterem Vorrücken gegen Mitternacht und Morgen, diese Nation sich auch weiter ausbreite, und aus wahren Slaven, die meistens Serbier und keine Wallachen sind, bestehe, wie ich nach vielen Schriftstellern, und durch tägliche Tradition fälschlich habe behaupten wollen, wie man aus der Vorrede zum 3ten Theil ersehen kann. Erst ein ganz neuer und bewährter Schriftsteller, nämlich der Geschichtschreiber des transalpinischen Dacien, sagt auf der 35 S. 2ten Bands fälschlich von ihnen: — „Vermuthlich gehö-„ren diejenige Wallachen, die wir in Slavonien und Kroatien „zu ganzen Dörfern angesessen finden, zu eben diesem Volke, „ob schon sie dermalen nicht mehr Walachisch, sondern bey-„nahe ganz Slavisch (nein sie haben nichts als Serbisch geredet) „sprechen."

Da ich aber nun seit einigen Jahren mehr Gelegenheit gehabt habe, unter den Serben von dieser ursprünglichen Nation Kenntnisse einzuholen, so habe ich mehr als zu klar eingesehen, daß sie niemals keine Verwandschaft mit den Wallachen, Romuny oder römischen Kolonisten, gehabt haben, welches ich zwar

im

---

*) Sollte aber vor der Ausgabe dieses Bandes eine Karte von diesem Lande von F. A. S. herauskommen, so hat sie mein Copist für ihn entwendet, indem er eben für solchen arbeitet, doch von der Beschaffenheit der Gebürge wird er kein Licht geben können, indem ich solches selbst auftrage.

im 1ſten Theil der Oryktographie ſchon geſagt, daß die Wallachen in Krain, welche Uskoken oder Ueberläufer genannt werden, nicht Wallachiſch, ſondern Slaviſch ſprechen. So nennen ſich alſo mit mehren Recht die Morlaken Premurzi, an der See liegendes Volk, ſo wie die Winden allhier Krainazi, Krainer oder Embler, vielleicht beſſer felſichte Gegendbewohner, die Böhmen Czechen oder Tſchechen heißen. Indeſſen haben doch oft auch benachbarte Nationen nicht unrecht, ihren Nachbarn einen Namen nach ihren Thaten beyzulegen, als viele Nationen ſich ſelbſt oft einen auf eine bloſſe Fabelgeſchichte zu geben befugt ſind.

Die bey dieſem Band befindlichen Vignetten und Titelkupfer, haben ſo, wie in den vorigen, auf den Inhalt Bezug. Was die Schreibart anbelangt, habe ich dieſelbe in Texte ſo wie auf der Karte genau nach dem Jdiom der Nation beybehalten. Der Serb oder wahre Slav und Jllyrier drückt ſtets ſein glagolitiſches w mit ch, der Teutſchen tſch aus, z. B. Pulich leſe Pulitſch, die Kroaten aber mit cz oder auch mit einem bloſen S als Buſim, Sumberak leſe Buſchin, Schumberak, der Krainer und andre Slaven bedienen ſich mit mehrem Recht des zh als Zherna und beym Ausgang der Wörter tſh als Terhitſh oder ſh, der Pohle aber cz, czarny leſe Tſcharny.

Zu Ende dieſes Bandes folgt ein kurzer Anhang, von dem was in der Zeit, als die erſten Bände heraus ſind, neu in dem beſchriebenen Erdſtriche endeckt, und bey den Bergwerken geändert worden, ſo dann auch die Druckfehler der erſten Bände und ein Regiſter. Solten abermal einige auch im 4ten Theil vorkommen, ſo liegt die Schuld ſo wenig an dem Verfaſſer, als

an

XVI

an den vorgehenden, sondern blos an der zu weiten Entfernung vom Druckort, die nicht zuläßt, die Correktur selbsten zu übernehmen.

Mit dem Schluß dieser Physikalischen Untersuchungen verlasse ich also auch für die Naturgeschichte diese so sonderbare Länder auf ewig, um unter einem andern Himmelsstrich neue Endeckungen zu machen, wenn mir die Natur nicht die Kräfte versagt, am Willen fehlt es mir gewiß nicht. Trst oder Triest, den 20. Heumond 1787.

Hacquet.

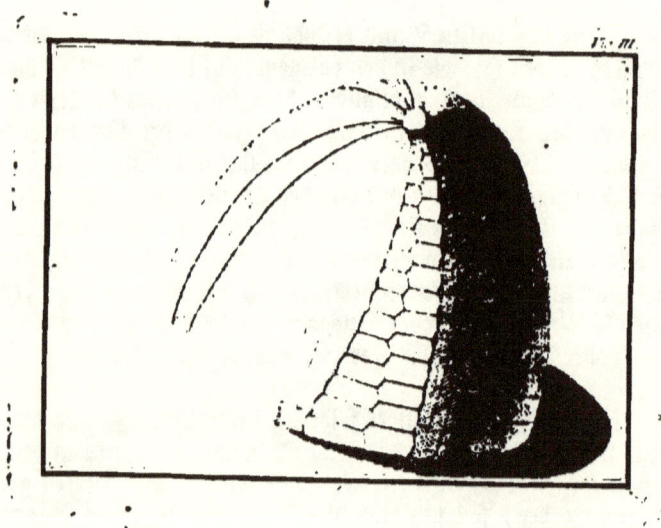

ORYCTO-

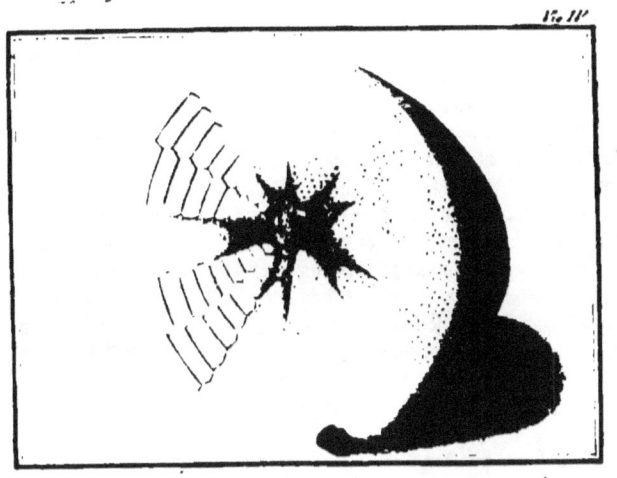

ORYCTOGRAPHIA CARNIOLICA.

Vierter Theil.

Da ich mit dem dritten, oder vorletzten Bande meine Untersuchungen in der illyrischen Fläche vollendet habe, so habe ich also hier meinem Vorhaben gemäß den Anfang wieder mit jenem Theile von Kroazien vorgenommen, der gen O. und S. liegt; um also dieses Königreich ganz kennen zu lernen, und da man von diesem so seltnen, mit mehr als halb wilden Menschen an den O. Gränzen bevölkerten Lande keine eigene Karte hat, so werde ich hier, wie ich vermuthe, mit meiner mühsamen Arbeit dem Leser einen doppelten Dienst leisten, nämlich im geographischen und physischen Fache.

Oryctogr. Carniol. IV. Th.   A   Mein

Mein Erstes war also hier das zum Theil etwas steile Gebirg von Okich (lef. Okitsch), welches sich aus der Fläche emporhebt, zu untersuchen. An dem Fuße des etwas hohen, aber doch nur Mittelgebirges, fand man am Gehänge Alles mit fetter Leimerde bedeckt und mit Weingärten besetzt. Diese Erde ruhet bald auf Schiefer von Thon, bald auf zeitlichem Kalksteine. Unter dieser Decke gegen N. findet sich viel Eisen, Mittererz, und sogenannte Adlersteine (acciccs) u. s. w.; allein da Alles dieß nur als Wasenlaufer angetroffen wird, und sich ein weit größerer Schaden mit Verderbung der Weingebirge ergiebt, als der Nutzen, den man daraus zu schöpfen hoffte, übermiegt; so widerrieth ich dem dortigen Grundinnhaber, der mich ersucht hatte, mit Rath und That an die Hand zu gehen, jemals einen Eisenbau hier anzulegen, indem man nicht allein vom Anhalten der Erze nicht versichert seyn kann, sondern auch die Gegend selbst am Holze keinen Ueberfluß hat, um so viel mehr, da das nahe gelegene Kupferbergwerk Szamobor dessen soviel, als die Gegend hervorbringt, nothwendig hat.

Als ich nun hier das Gebirg ferner untersuchte, und höher anstieg, so kam hin und wieder etwas Porphyr vor, dessen Grund blaßroth war, und weißen Feldspath einschloß; große Anbrüche habe ich davon nicht gefunden. Vielfältig gefärbte Kiesel lagen aller Orten in der weichen Leimerde; Kalcedonkugeln von einer schmutzigen grauen Farbe findet man von der Größe einer Erbse bis zur Mannsfaust; im Grunde ist dieses Gebirg aber ganz schiefrich, mit vielem Quarz durchsetzt, so daß man es mit Recht unter die Ganggebirge rechnen kann. Gegen W., wo das Gebirg sich weiter ausdehnt, wird es ganz kalkartig, und einförmig, und macht das Gebiete von Sumberak (lef. Schumberak) (Siegelburg) aus, wovon im ersten Theile Erwähnung geschah. Da nun dieses letzt berührte, sogenannte Uskokengebirg schon bekannt war; so gieng die Untersuchung nach O., wo man eine Zeit lang in einer Fläche bleibt, durch welche die Heerstraße von Zagrab nach Karlovacz hält; man sehe die beygefügte Karte, und Büschings Geographie tom. III. Diese Fläche, so wie überhaupt der niedere Theil von ganz Kroazien, dies- und jenseits des Savastroms, besteht aus einem bloßen Sedimentsteine (Lapis sedimentosus), der von Farbe weißgelb, kalkartig, und mit vielen Versteinerungen angefüllet ist. Die Bildung dieses weichen Steins besteht, wie von einem Wassersatz zu vermuthen ist, aus bloß feinen horizontalen Schichten. Links, als meine Untersuchung nach O. gieng, hatte ich den Savastrom, und an seinem Ufer gegen N., hinter Zagrab (Agram), eine Reihe von Mittelgebirgen, welche sich sanft, doch manchmal auch steil emporheben, und ihre gerade Richtung gegen Mitternacht bis an den Drau oder Traunfluß fortsetzen. Dieses Gebirg hat auf beiden Seiten große Flächen, nämlich gegen O. und W.; doch letztere ist weniger beträchtlich, da sich dieses Gebirg durch die Vorberge bey tre Kralij und Gratti mit dem Steyerschen zusammenhänget. Dieß ganze Gebirg, welches wie einen Hauptrücken ausmacht, bestehet meistens aus grünlichem Kalksteine, mit und ohne Versteinerungen, dann viel Thonschiefer mit allerley unedeln Kieselarten, und dann an dem Gehänge mit Sand und Sedimentsteinen. Hin und wieder findet man auch gemeines reichhaltiges Eisenerz, aber ebenfalls nicht in der Menge, noch Waldungen hinlänglich, um Bergwerke anzulegen. Vielfärbige Marmorarten hat eben auch dieses Gebirg; aber nicht jederzeit von hinlänglich festem Bestande, um eine gute Politur anzunehmen. Heiße Gesundquellen hat es mehrere, von deren einigen schon im dritten Bande gemeldet worden. Bey Blas Kapolie hat man vor einigen Jahren, als ich diese Gegenden besuchte, einen Bleyanbruch endeckt; allein ich weiß nicht aus was für einer Ursache man keinen Bau darauf angelegt hat; das Erz, das ich sah, war ein sehr reichhaltiger Bleyglanz, so wie der Berg, worinn es brach, ein sanftes, ordentliches Streichen hatte, und Kalk mit Schiefer abwechselte.

Auf der rechten Uferseite der Sava, oder zwischen diesem Flusse und der Kupa, oder Colapis der Römer, wie man beym Plinius sehen kann, ist alles wassereben bis zu Ende der Landspitze bey Sißek oder Siscia der Alten, Büsching a. a. o., allwo der Kupa, oder Kulpafluß sich in den Savestrom ergießt. Zwischen Goriza und Petezenize fand ich in der welchen Leimerde einen eine halbe Lachter großen Stein hervorragen; als ich solchen genauer ansah, so bestand er aus einer bloßen Zusammensetzung (Congeries) von Mies- und Tellmuscheln, welche noch ihre vollkommene Farben hatten; wären sie mehr versintet gewesen, so würden sie dem Bleyberger Muschelmarmor, wovon ich anderwärts schon geredet habe, sehr ähnlich gekommen seyn. Im Grunde auf dieser Ebene konnte ich nichts anders gewahr werden, als Thon von allerley Farben, manchmal etwas Schiefer, und allgemein den kalkichten Sedimentstein. Wenn man den Fluß Kupa oder Sißek übersetzt, um sich nach Petrinja, Büsch. a. a. o., zu wenden, so fängt die mit vielem Eichenwalde bedeckte Fläche an sich zu verlieren, und es entstehen lauter sanfte Thonhügel, welche im Grunde noch immer den erwähnten Kalkschiefer oder Sedimentsteine mit Versteinerungen einschließen.

A 2   Petrinja

Petrinja ist ein ganz offener Ort, und nicht eine Vestung, wie Büsching und viele Andere gesagt haben, der sich von Tag zu Tag vergrößert, und der Sitz von meistens Alt- und Neugläubigen (Stari, inu nova Virzi), welche aus Kroaten, Serbiern, Armeniern, Macedoniern, u. s. w. bestehen, die insgesammt ihren öffentlichen Gottesdienst haben. Auch ist hier der Sitz eines Brigadiers, indem von hier aus bis nach Zermanien, an den Gränzen Dalmaziens, bloß militärische Regierung bestehet, die freylich nicht jederzeit die beste ist, wie ich es in einem Schreiben aus Zermanien, das sich in dem siebenten Hefte des geographischen Magazins befindet, erwiesen habe; allein dermalen wird unter dem großen Reformator Joseph ein ganz neues System mit mehr Menschlichkeit eingeführt, wo also eigens dazu angestellte Menschen das Oekonomische des Landes zur Besorgung haben, und nicht mehr der Ackerbau unter dem Befehle des Stocks steht, wie vorher.

Bey Petrinja kömmt ein kleiner Fluß, der den Namen der Stadt führt, von Mittag aus dem Gebirge von Zrin her. Als ich diesen Fluß untersuchte, so zeigte sein herbeygeführter Schoder, daß er aus einem sehr gemischten Gebirge käme; ich hielt ihn also einer genauen Untersuchung werth. bevor ich aber solches unternahm, gieng die Untersuchung nach O. über Letowanecz bis zum kleinen Fluß oder Bach Sziuna, wo man ganz aus dem Vorgebirge kommt; bis dahin findet man nichts als zeitlichen Kalkstein mit vielen kalzinirten Schaalthieren angefüllt. Da dieser Stein von einem zeitlichen Niederschlage aus dem Wasser seinen Ursprung hat, so ist er weder zum Bauen der Häuser, noch auch der Straßen anwendbar: indessen macht doch seine Verwitterung eine fruchtbare Erde, welche die Hügel von der ganzen Fläche bedecket. Da nun Alles immer gleichförmig war, so wandte ich mich zurück gegen W. über die Hügel von Szvinijcza zu dem Talubier Kloster bey Kamogovnja stets an dem Bache Szuna. Hier fieng sich das Geblrg an gegen S. W. zu erheben, und bestand zu Anfange aus Kalkstein, welcher mit Thon und Hornschiefer abwechselte. Wendet man sich gegen Mittag, so kommt man immer in ein stärkeres Gebirg, welches Porphyr, Quarzschiefer, und viele Hornsteinarten mit sich führet. Bis zu dem kleinen Marktflecken Zrin, (der einmal den vierzehnten Gränzort von Krain gegen die Osmanen ausmachte; in dem siebzehnten Jahrhunderte muß er größer gewesen seyn, als dermalen, indem er in novi, inu stari, oder Alt- und Neu-Zrin eingetheilt wurde, zuletzt aber nur Zrin-var oder Neu-Zrin genannt wird:

bey

bey Valwasor kann man nachsehen —) war das Gebirg stets gleich. Gegen W. an diesem Orte befindet sich das höchste Gebirg, das in dieser ganzen Gegend ist und wird sehr prallicht; es bestehet größtentheils aus Thon und Hornschiefer. Wenn man die Wildbäche dieser Gegend untersucht, so findet man bey deren Einschnitte ins Gebirg, daß die obern Schichtenlagen der Birge aus Quarzadern, Thon, und in der Tiefe aus festen Hornschiefern bestehen, deren letztere am Stahl heftig Feuer geben; im Bruche feinschaalicht, und von ziemlich glattem und festen Bestande sind. Daß dieses Schiefergebirg eine zeitliche Entstehung habe, daran ist um so weniger zu zweifeln, als es gewiß ist, daß man in den obern Lagen öfters noch Abdrücke von Fahrenkräutern findet. Warum man aber solche nicht auch in dem Hornschiefer findet, glaube ich, ist bloß, daß die festere Steinart die Abdrücke mit der Zeit verliert, so wie auch in der Tiefe durch den Druck und Abgang der mehrern Feuchte der Thonschiefer hornartig wird. Kirwan hat mit allem Rechte den Vorwurf gemacht, daß man wenig noch diese Steinart, und ihre Abänderungen chemisch untersucht habe. Die analytischen Versuche, die ich durch den nassen Weg gemacht habe, haben mir gewiesen, daß, je dichter und kompakter der Thon oder Schiefer wird, desto weniger faßt er Kalk in sich, und besteht größtentheils aus Kiesel- und Alaunerde mit etwas Eisen gemischt. Wie mag es doch zugehen, daß, nachdem man klar sieht, daß der Schiefer, eben derselbe dem Ansehen nach, in der Tiefe von einigen Lachtern in eben der Lage und Dicke der Schichten, wie auf der Oberfläche sich verhalte, dennoch seine Bestandtheile und Härte ändere? sollte wohl hier eine Verwandlung vorgehen, so wie es wahrscheinlich in den hohen Kalkalpen von der Natur gezeigt wird, und ich an einem andern Orte aufgezeichnet habe? ——

Aus diesem Gebirge von Jrin wendete ich mich nun gegen O. über Kukuzasarij bis zur morastigen Fläche Papichi (lef. Papischi). Bis dahin fand ich Alles mit einer ziemlich fetten Thonerde und Waldungen besetzt, daß ich wenig von den im Grunde liegenden Steinarten urtheilen konnte. Doch, wo solche am Tage ausbissen, zeigte sich, daß sie einen kalkartigen Sandstein, oder pierre de liais des Monnet machten; indessen zum Kalkbrennen soll er ganz untauglich seyn, ohne Zweifel wegen seiner vielen Kieseltheile und etwas Thon, was er mit sich führt; zum Bauen, wozu er aber schicklicher wäre, wird er nicht gebraucht, indem die Einwohner allhier, welche Serben (Serbski) und keine Wallachen sind, und halb Kroazien ausmachen, wie man weiter sehen wird, sich mit elenden hölzern nen Hütten begnügen. Nebst diesem Sandsteine findet man doch auch den eben erwähnten Sedimentstein mit zwoschaaligen Muscheln. Um dieser morastigen Gegend zu entgehen, gieng die Untersuchung nach S. W. zu der Insel Daman, welche von dem Una- oder Huna- (wie unsere Nachbarn sagen) Strom gebildet wird, und nicht weit davon vor Jeßenovacz bey Usticza sich in den Savafluß ergießt. Da nun ersterer Fluß die Gränzscheidung von dem Osmanischen Gebiete mit dem Königreiche Kroazien macht, so blieb alles fernere Vorrücken gegen S. untersagt, und ich verfolgte nun stets die Gränzen beider Reiche an dem Unaflusse nach W. zu. Am ersten Orte, den ich erreichte, wo ohnweit Hügel oder Vorgebirge von zeitlichem Kalksteine sich erhoben, war Dubicza, wo gerade gegenüber sich das erste Türkische Schloß, das aus einigen Häusern und einem Moche (Mosée) besteht, mit einer dicken Mauer umgeben befindet; auch dieser Ort führt eben den Namen Dubicza. Die Besatzung davon ist ein Heeg oder Hegh, welches soviel als ein Capitaine heißt, nur daß er mehr Macht hat, und ihm ein Paar hundert Mann Besatzung mit einigen unmontirten Kanonen zu seinen Befehlen stehen. Hier, so wie in den übrigen Gränzstädten und Schlössern, ist die Charge des Befehlhabers bey den Osmanen auf den Sohn erblich. Von Dubicza aus bis an den erwähnten Fluß über Szlabinie bis Kostainicza ist nichts, als zeitlicher oder Muschelkalkstein, von der Farbe weiß. Man findet unter solchen viel Rogensteine; was darunter am merkwürdigsten war, ist eine Art Kalksinder, oder sogenannte Osteocola, der in Mugeln bricht; wenn man ihn zerschlägt, so zeigt sich, daß er aus einer gefalteten Schichtenlage besteht, welches der Ostrea plicata ähnlich sieht; allein wenn man genauer betrachtet, so zeigt sich ein spathartig-versteintes-erzförmiges Gewebe, welches ganz einer Eschara gleich kommt; die Bestimmung könnte folgende seyn: Helmintholitus, milleporée Escharée, membranacée plane, punctis contiguis quincuncialibus, Linné. Nie würde ich diese Versteinerung darinn vermuthet haben, wenn ich nicht von ohngefähr ein Stück zerschlagen hätte, worinn ich Spathkrystallen anzutreffen glaubte. Der oben erwähnte Ort Kostainicza, welcher vor Zeiten der funfzehnte Gränzort gegen die Türken für Krain war, ist ziemlich lang, dicht an dem Ufer der Una gebaut, indem er gegen N. wegen dem steilen Vorgebirge sich nicht ausdehnen kann. Er bestehet aus sechs bis sieben hundert kleinen, meistens nur hölzernen Häusern, welche zum Theil im Wasser auf Pfählen stehen. Dieser Ort ist wegen seiner vielen falschen Münzer, die er vor zwanzig Jahren noch hatte, berüchtiget. Die Zigainer-Race, welche diesen Unfug

fug trieb, machte sowohl kaiserlich als türkisches Geld, besonders sehr schlechte Aspres, welche Scheidemünze doch bey den Osmanen das beste Silber enthält. Allein seit der letzten Bestrafung, wo auch der ganzen Gemeinde angedeutet wurde: „beym fernern Rückfalle solle der ganze Ort verheeret werden.", hat sich dieser Unfug nicht mehr ereignet, indem ein jeder Einwohner auf des Andern sein Thun und Lassen ein aufmerksames Auge hat, um nicht die Bestrafung von Sodoma und Gomorra auch hier, ohne Ausnahme, unschuldig zu leiden.

Vor diesem Orte auf einer Insel liegt das Kontumazhaus (das auch zu Zeiten als Kastel oder Handelshaus gebraucht wird) für die ganze Gegend, so weit das kaiserliche Kroazien an die Una gränzt. Da hier im ganzen Orte nur ein Haus besteht, um beherberget zu werden, so kam ich auch über Nacht mit Türken, Serbiern u. s. w. gemeinschaftlich auf ein wenig Stroh zu liegen. Ein Muselmann, der neben mir zu liegen kam, sprach, als er in der Frühe sich gewaschen und gebetet hatte, zu seinem mitreisenden Bosniaken von griechischer Religion — Beide waren von Jaiza — „Nachbar, was glaubst, ich bin sehr schwach geworden, „da ich nichtes Warmes und kein Fleisch zu essen habe; sollte ich nicht ein Raki „(Art Brandwein) trinken; freylich verbiethen es mir meine Religionsgesetze, „aber es ist doch keine so große Sünde, wenn ich nur bey Vernunft bleibe." Da der Grieche ihm sein Vorhaben guthieß, so ließen sie sich eine gute Portion davon schmecken, welche sie mit Vergnügen ausleerten. Aus diesem kann man ersehen, daß auch der gemeine Türk von Tag zu Tag, so wie der Katholik, klüger, und sich nicht mehr so sehr an die ungereimten Gesetze, welche wider den nothwendigen Lebensunterhalt streiten, bindet, indem die Gesetzgeber nur jederzeit ihren Bezirk, wo sie sich befanden, vor Augen hatten, ohne zu bedenken, daß andere Himmelsgegenden anderer Gesetze benöthigt sind. Daher hält der Italiener, der so leicht ohne Fleisch und fette Nahrung in seinem heißen Klima leben kann, es niemals im kalten Norden so aus; folglich kann man mehr als klar abnehmen, daß andere Länder andere Gesetze brauchen, und keine allgemeine für den ganzen Erdkreis Statt haben können.

Von Kastainiza ferner gegen W. zu hat man stets eben solche Kalkgebirge, und nichts als die Serbische Nation, das ist, durch den ganzen Gränzstrich bis zum Meere, welche schon unter dem Namen Uskoken im dritten Bande beschrieben, und auf der Karte abgebildet worden. Unter diesen Serben giebt es

auch

auch einige Kroaten, welche eine ganz andere Tracht, und auch eine abgeänderte slavische Sprache von der, die jene, welche über den Savafluß wohnen, haben. Der Mann, der hier ein Gränzbewohner (Sareczan), oder Sareshaner genennt wird, hat folgende Kleidung: auf dem Kopfe eine rothe Kappe, Rakezin, besser Racezin, welche Einige nach verdorbener Mundart Kopiza nennen; die Haare geflochten; um den Hals nichts; am Leibe ein Hemd mit weiten Ermeln, welches aber über die Ellenbogen aufgezogen ist; darüber ein kurzes gefärbtes Leibchen mit vier Reihen dicken Knöpfen besetzt; die Brust jederzeit ohne Hülle; lange Beinkleider mit Bastschuhen; einen Kaftan von grünem Tuche; über das ganze den rothen Mantel; wenn es nicht regnet, auf die Schulter gelegt; um den Leib einen gefärbten wollenen Gürtel, worinn zwey Pistolen, ein Hanjar (Hanshar) oder großes Messer, und ein kleines Pulverhorn steckt; das Gewehr lang, auf türkische Art, mit dem gebogenen Kolben und mit Messing beschlagen.

Das Weib hat hier eine ganz eigene und besondere Kleidung. Auf dem Kopfe hat sie eine Haube, welche mit Werge ausgestopft ist, und die Figur einer Dogekappe macht, nämlich gebogen und etwas zugespitzt, an dem untern Rande ist sie mit bunter Wolle gestickt, und mit Nadeln von gefärbtem Glase besetzt; wenn sie aber in der Kirche, oder sonst im Aufpuze erscheint, so hat sie ein langes leinenes Tuch, das an den Enden mit gefärbter Wolle gestickt ist, darüber gleichsam einen Schleier, wovon aber die Enden über die Brust bis zum Bauche hängen; um den Hals nichts; ein langes Hemd an dem Leibe, welches vom Hals getheilt herunter läuft, und an dem herunter gehenden Spalt ebenfalls mit roth oder schwarz gefärbter Baumwolle gestickt ist, wie auch die weiten Ermeln auf den Näthen und am Rande; darüber einen langen weiß oder auch gefärbten Leibrock, worüber ein zweyter rother oder blauer ohne Ermel kommt, und also ein Kaftan ist; um die Lenden eine Binde von blauer oder rother Wolle, worinn meistens eine Pistole und Hanshar steckt; dann ein schmales Vortuch von gefärbter Wolle, wie die Serbinn; an den Unterschenkeln Halbhosen mit Binden umwunden, und an den Füßen Bastschuhe, so ganz wie noch die alten Römer auf den Schaubühnen vorgestellt werden. Man sehe von Beyden die Abbildung auf der beygefügten Vignette des Titelblatts, an der Seite der Westung Bihacz.

Die wenigen niedern Gebirge, welche gegen Votinia am Sannafluß sich erheben, bestehen noch stets aus dem zeitlichen Kalksteine; nun fangen sie an mit

Schie-

Schiefergebirge abzuwechseln, und so mit weiterm Vorrücken wird der Kalkstein auch fester, daß man auf solchen einen Einbruch angelegt hat, wo der Stein auf der Una im Schiefer zum Kirchenbaue nach Kostainicza geführt wird. Nach einigen Stunden erreicht man Dvor oder Podovor, wo der Fluß Czirovacz in die Una sich ergießt. Hier hört das Kalkgebirg ganz auf, und dafür stellt sich ein Thon = und Hornschlefergebirg ein, welches sich auf der S. W. Seite des letzt erwähnten Flusses zum Mittelgebirge erhebt. Da das ganze Ufer des Stroms mit Csardaken oder Czardaken (auf Pfählen stehende Wachhäuser) besetzt ist, so ist hier ein Hauptmannsposten, da gegenüber die kleine türkische Stadt Novi liegt, die mit einer starken Mauer und einem seichten Graben gegen die Landseite umgeben ist; ohne die kleine Vorstadt hat sie ohngefähr 50 bis 60 Häuser, 2 Moscheen, wovon die Eine noch nicht ganz ausgebaut ist; eine öffentliche Schule, welche seit ein Paar Jahren eingeführt worden, um das Arabische und Türkische zu lernen, welches die Einwohner hier selten können, das Haus des Begh und seiner zwey Söhne einschließt. Die Vorstadt hat ebenfalls eine Moschee; doch wird alles nur von Muhametanern bewohnt. Die ganze Besatzung besteht aus dem Begh, der, so wie alle Muhametaner allhier, zwey ausgenommen, nur ein Weib hat, einem Disdar, einigen Agas, und 300 Gemeinen mit 14 unmondirten Kanonen.

Gegen Mittag wird dieser Ort von der Una, und gegen Morgen von dem Sannafluß eingeschlossen, so, daß er beynahe die herrliche Lage von Beugrad oder Belgrad hat. Da nun hier der Fluß keine Breite hat, so kann man mit einem Jeden vom Orte sprechen, ohne daß man nöthig hätte über den Fluß zu setzen. Da man den Türken erlaubt hat, auf der kaiserlichen Seite von einem etwas mineralischen Brunnen Wasser zu holen, so wußten sie, daß ich hier im Gebirge Mineralien suchte; sie brachten mir dann auch einige Erze zu sehen, welche in ihrem Gebiete vorkamen: es war Bleyglanz im Schiefer, und was sie am besten glaubten, war ein gelber krystallisirter Eisenkies in langen Zapfen, wo die vieleckigten Krystallen auf einander gedrängt waren. Dieser Kies bricht, so wie auch das erwähnte Bleyerz, zwey Stunden vom Sannaflusse gegen Mittag in einem Mittelgebirge, das ich übersehen konnte. Da die Leute sehr für das Ding eingenommen waren, einen Nutzen davon einzuziehen, so überwies ich sie wegen dem Kies, daß es nichts sey. Was aber das Bleyerz anbetraf, konnte ich ihnen nichts sagen, ausgenommen, ich sähe den Anbruch, welches sie wünschten; allein die fünftägige Kontumaz hielte mich ab; denn ich hatte keine Zeit zu verlieren, sonst würde ich ihnen wohl den Gefallen erwiesen haben, das Oertliche zu untersuchen; denn als Ekar oder Arzt hat man viel mehr Vorrecht und Achtung bey unsern Nachbarn, als andere Menschen, die dieses neidvolle Handwerk nicht treiben.

Aus der Beschreibung, die ich nun hier von der Lage des türkischen befestigten Städtchens Novi, welches aber doch die Berge der kaiserlichen Seite halten, oder, wie man sonst zu sagen pflegt, bestreichen oder dominiren, gemacht habe, wie auch aus der Charte ersieht man, daß es eine starke Tagereise von dem Ausflusse der Unna oder Buna in den Fluß Sava, und eine halbe von Kostainicza entfernet, gegen S. O. liege; folglich kann man sehen, wie die, dem Anscheine nach, so gegebene ausführliche topographische Beschreibung des Königreichs Bosnien, welche ein Ungenannter in dem 1 Bande des ungarischen Magazins beym 17 Artikel geliefert hat, falsch sey, wie ich weiter unten zeigen werde. Da Büsching, und auch alle seine Nachschreiber, der Welt von diesem Königreiche nichts Aechtes geliefert haben, so war ich nicht wenig vergnügt, einmal eine ausführliche Beschreibung davon zu sehen. Um von der gänzlich falschen Beschreibung eine Probe zu geben, so will ich des Verfassers eigene Worte hersetzen. S. 154 heißt es: — „Bey dem Ausflusse der Unna, welche bey Jeßenowaz in die Sava „fällt, steht Novigrad (unsere erwähnte Bestung Novi). An der Sana, „Kostainicza gegenüber, ist dieser Ort stark befestigt, mit einem tiefen Wasser-„graben und 16 Kanonen versehen. Man kann ihm aber sehr leicht beykommen, „indem die ganze Gegend eben ist, und ringsherum starke Waldung hat." — Ganz das Gegentheil: ringsherum Gebirge und wenig Wald. Wer sollte nicht in der Vermuthung stehen, daß der Verfasser dieser Beschreibung nicht Alles selbe gesehen haben, da er so zuversichtlich davon schreibt, und wie man einen jeden Ort zur Eroberung dieses Landes anzugreifen hätte. Allein das Ganze ist eine Farce, und ohne Zweifel auf die Erzehlung eines griechischen Handelsmanns, der das Land zum Theil bereiset hat, von einem Historienliebhaber aufgeschrieben, und so für Langeweile der Welt zur Belustigung hingegeben, wie man dem bösen und christlichen Erbfeinde ein schönes Land auf eine leichte Art wegnehmen könne. — Doch zu unserm wahren Gegenstande zurück.

Vor Novi nahe an der Unna am Fuße des Vorgebirgs befindet sich in der Ebne in einem leimigten Boden eine etwas mineralische Quelle, welche aber blos nur ein wenig Vitriolsäure von aufgelösten Kiesen in sich hat. Die Türken so-

wohl,

wohl, als Griechen kommen dahin, sich zu baden, und die Ausschläge zu heilen. Da die Quelle ganz offen und frey ist, so habe ich dem dortigen Innhaber den Rath gegeben, eine kleine Hütte darüber zu bauen, um den Badenden mehr Gemächlichkeit zu verschaffen; der Nutzen könnte doppelt von den Nachbarn, die sich dessen jetzt nur zur Nachtzeit bedienen, eingebracht werden. Allein, da hier noch Alles in beynahe ganzer Wildheit lebt, so möchte dieß wohl so bald noch nicht geschehen.

Hier von dem Ufer der Una und des Wildbachs Spirovacz erheben sich allmählich sanfte Thongebirge, welche man auch Ganggebirge zu nennen pflegt; ohne Zweifel blos aus der Ursache, daß sie mehr als andere Gebirge Erze und Gänge einschließen; daß man aber andern Gebirgen solche nicht absprechen kann, habe ich sattsam mit Thatsachen an andern Orten erwiesen; folglich ist auch in diesem Stücke die Regel nicht ohne Ausnahme. Die Richtung und Bildung dieser Berge laufen meistens in Schichten nach allen Weltgegenden. Es ist wahrscheinlich, daß an diesen Gebirgen die untern Lagen zuerst, und die obern zuletzt gebildet worden sind, folglich durchs Anschwemmen: denn in der Tiefe fand ich auch hier die schieferichte Steinart hornartig, meistens weniger schwarz, als den Thonschiefer, der noch von wenigerm Bestande zu seyn pflegt. Sollte die Farbe von einem Phlogiston wohl herrühren, wo kömmt solches doch hin? oder verliert es nur durch die Länge der Zeit seine Farbe? oder wenn dieß geschieht, sind wohl die offenen Klüfte hinlänglich, daß solches verfliegen kann? vielleicht ist wohl dieses zu vermuthen, daß alles harzige und brennbare Wesen in dem Steinreiche von dem Thierreiche herrühre? Die beständigen Veränderungen durch unzählbare Jahre, die auf der Oberfläche unserer Erdkugel vorgehen, können ja mit der Zeit auf ebenen Gegenden wohl Berge von 6 bis 800 und mehr Lachter hervorbringen. Warum könnte also diese nicht auch Gänge und brennbare Stoffe einschließen? Ich gedenke hier nur der entstandenen Berge durch die nassen und nicht trockenen Wege. Denn es ist aus dem Aetna, dem Pic de Teneriffa u. s. w. bekannt, wie hoch die Entstehung der Berge durch Feuer sey. Bergmann bemerket in seiner physikalischen Geschichte der Erde, daß die sphärische Gestalt der Erde durch die höchsten Gebirge nicht mehr verändert würde, als die einer Kugel von zwey Schuhen im Durchmesser durch die Erhöhung eines Sandkorns. So was hätte uns doch schon lange überführen sollen, wie wenig der Mensch im Stande sey, das Innere der Natur zu erforschen, da unsere tiefsten Schächte in die Berge noch nicht über 500 Lachtern geteuft worden; wie soll man also behaupten können, diese oder jene

Steinart mache den Kern (nucleus) des Erdbodens aus. Dergleichen Prämissen gehören in das Reich Latium, wo man weiß, was in andern Welten vorgeht.

Vor Novi gegen S., wo ich das Gebirg bestieg, fand ich die schiefrichte Steinart mit Thon und Waldungen bedeckt. Dieses Gebirg führt den Namen Srebernjak, welches soviel als Silberberg bedeutet. Als man vor Zeiten die Gränzörter weiter über die Una hatte, und man seinen Bergbau mit aller Sicherheit treiben konnte, welches aber aufhörte, nachdem die Osmanen nahe an dem Gebirge über die Una die Gränzen ihres Reichs setzten, wurde der Bau wegen Beunruhigungen und Mordthaten, welche die Türken mit Einfällen von Räuberbanden ausübten, von den Bergleuten verlassen. Noch vor 15 Jahren hat man einen Versuch damit gewagt: allein die Beunruhigungen währten noch; und so hat man es beym Versuche gelassen: allein bey der Regierung Josephs könnte dieser Bau wieder aufgenommen werden, indem eine jede Mißhandlung auf das schärfste an den Nachbarn gestraft wird. Freylich wird man mir sagen, welcher Begh wird im Stande seyn, die Zügellosigkeit seines Pöbels im Zaume zu halten, da das Volk, wo nicht ihn selbst, doch seine Güther oft mißhandelt und verheeret, wie es erst vor einigen Jahren dem Begh von Bihách oder Bihitch geschehen, und die untergeordneten Agas eine lange Zeit gegen solche in Feindschaft gelebt, bis der Begh durch Freunde (Beutel mit baarer Münze angefüllt) bey der Pforte zuwege gebracht hat, den Ungehorsamen ihren Sold einzuhalten; und hätten unsere Nachbarn nicht einen Krieg mit uns zu besorgen gehabt, so würde vielleicht die Feindschaft noch weiter vorgegriffen haben: aber dem Allen ohngeachtet kann man mit einer gehörigen Gränzwache heut zu Tage allem Unfuge vorbeugen; und da man eben nicht benöthigt ist, seinen Weg zu diesem Gebirge unter der Vestung, wo man dem kleinen Gewehr ausgesetzt ist, zu nehmen, sondern den Weg gegen O., dem Bache Chirovacz zu, eben so leicht und kürzer bahnen kann, als er dermal zu der Una führt; so fallen alle diese Bedenklichkeiten weg, welche der Bergmann hier für sein Leben hat. —

Als ich zwey Drittel Anhöhe dieses oben erwähnten Berges Srebernjak erreicht hatte, fand ich die ganz verwachsenen Halden der vor Zeiten bearbeiteten Gruben beynahe unkennbar. Aus den jungen Bäumen, welche darauf standen, konnte ich schließen, daß solche schon 20 bis 30 Jahre Wachsthum haben müssen, und wer weiß, wie lange diese Halden öde gelegen sind, bis sich darauf die Erde

gebil

gebildet hat, wo sodann der Saamen erst seine Nahrung fand, um einen Baum von dieser Größe hervorzubringen; denn einige von diesen Buchbäumen hatten einen Fuß im Durchschnitte. Indessen konnte weder Mundloch der Stollen, noch alte Pingen erkannt werden, wenn nicht ein alter Serb, der bey mir, und mein Wegweiser war, in seinen jungen Jahren einen tapfern Harambascha gemacht hat, nicht noch die Gegend gewußt hätte, wo er einmal bey seinen nächtlichen Streifereyen das Unglück gehabt, durch das Dach eines Stollen, worinn die Zimmerung verfault war, auf die Sole zu fallen. Dem ohngeachtet wußte er sich doch niemals zu erinnern, daß man je allda ordentlich gebauet hätte. Als ich nun die Halden untersuchte, so fand ich an dem Gesteine eine Spur, daß man auf einen silberhältigen Bleyglanz gebauet habe: ob man auch andere Silbererze hier mag gefunden haben, dieß blieb mir unerforschlich, indem die verlassenen Stollen ganz zugefallen waren. An dem Fuße der Halden, allwo ein kleines Wasser herausquillt, sah man ganz deutlich, daß es etwas Mineralisches mit sich führe, indem es eine gelbe Guhr, als wie von Auflösung der Eisenerze zu geschehen pflegt, absetze. Ohne Zweifel waren dieses noch die Grubenwasser, welche von der Zeit des Bergbaues zurück geblieben sind, und diesen Ausweg stets behalten haben. Da hier über das ganze Gebirg eine Leimerde zur Decke dient, so erzeugen sich aller Orten kleine jaspisartige Kiesel von der Größe einer Bohne, welche dann in verschiedenen Gegenden des Gebirgs, besonders an dem Fuße der Halden, wo die ausquellenden Wasser mit mineralischen Theilen geschwängert sind, recht seltsame Trümmersteine, oder besser Pudding der Engländer machen, indem die einzelnen Theile, welche solche bilden, meistens rund, glatt, und nicht scharf sind, wie es sonst bey den Breccien zu seyn pflegt. Die Stücke, die ich von diesem Stein polieren ließ, haben gewiesen, daß er eine der schönsten Polituren annahm.

Von diesem Gebirge, wo die türkischen Gränzen stets links bleiben, nämlich gen S. W., folgte ich dem Wildbache Czirovacz gegen W. N. zu, und ich mußte hier den Unastrom verlassen, indem bey dem Friedensschlusse unter Kaiser Karl dem VI. im Jahre 1739, wo man Alles wieder verlor, was man 1718 beym Paßarovizer gewonnen hatte, unsere Nachbarn ihr Wort nicht hielten, oder die Friedensrichter nicht verstanden hatten, da der Unafluß für die Gränzscheidung zwischen der Pforte und dem Hause Oesterreich, oder zwischen dem Königreiche Bosnien und Kroazien bestimmt war: allein die Osmanen, aus Nachläßigkeit ihres

ihres Gegentheils, giengen zwey Stunden über Novi über den Strom gegen
W. und nahmen Besitz von allen unsern Gränzschlössern, die wir gegen sie hatten,
so daß sie dermal uns als eine Warmauer gesetzt sind. Da zur selbigen Zeit das
Ministerium sich wenig um die Lage der Länder bekümmerte, so wußte man ein
ganzes Jahr in Wien nicht, daß die Vestung Bihátch mit den andern festen
Schlössern in den Händen der Muselmänner wäre: als man es erfuhr, schickte
man Abgeordnete in diese Vestung, dagegen zu protestiren; allein sie wurden so
übel aufgenommen, daß Einer oder Zween das Leben dabey verloren; und nun
haben die Türken ein Stück von Kroazien, welches sich in das Herz vom Lande
einlenkt, so daß dadurch die Lika wie halb von den übrigen abgeschnitten ist, wie
man auf der Charte sehen kann.

Die fernere Untersuchung blieb also in dem Schiefergebirge, welches sich
stets gleichförmig blieb, und hatte seine beständige Richtung von O. in W., so
wie auch die Bäche, welche solches durchschneiden. Mit Verfolgung des oben
erwähnten Baches Czirovacz gegen N. bis zum Velebiska Ricka hatte ich beständige Ebne zur Rechten, wo aber nach einer halben Stunde Wegs man die
Zriner Gebirge erreicht, welche eben mit ihrem Rücken von Morgen in Abend streichen. Auf dem isolirten Berge, der hier vorkömmt, ist ein kleines festes Schloß
gebaut, mit Namen PeRl, welches vor Zeiten auch ein Gränzschloß gewesen ist.
Dieses kann mit 400 Mann Besatzung sich eine Zeit lang wehren; nur den Fehler hat es, daß es nicht mit genugsamen Wasser versehen ist. Seine Lage, welche
eine sehr schöne Aussicht verschaffet, ist beynahe unzugänglich; allein heut zu Tage
läßt man alle diese Bergschlösser eingehen, indem der dagegen stehende Feind im
gleichen Gewichte sich verhält, wie Imer, den der Monarch gegen W. im
Froschlande hat.

Die Gebirge gegen W. des oben erwähnten festen Schlosses, dem Bache
Stupnicza aufwärts, bestehen meistens aus sehr regulairen Thon- und Horn-
schiefergebirgen, manchmal wechseln solche mit etwas Kalkgebirgen ab. An eini-
gen Orten in dieser Gegend kömmt auch blaßrother Porphyr vor, wovon der
Grund Jaspis oder Hornstein war, und der darinn sitzende Feldspath bald fleisch-
färbig, bald weiß ist. Von diesem Gebirge wandte ich mich wieder zu dem
Bache Czirovacz gegen S. Dieser Bach schneidet alle die Mittelgebirge gegen
W. an ihrem Grunde durch; die Steinart ist allhier ganz entblößt, wo man dann

an

an ein Paar Orten Ausbisse von gelbem Kupfererze findet; obgleich, wie ich weiter erwähnen werde, man in dieser Gegend Bergbau auf dieses Metall trieb, so findet man doch hier keine Merkmale eines jemals gewesenen Baues; indessen sind die Anbrüche schön, und verdienen alle Achtung. — Bey weiterem Vorrücken dieses Bachs gegen N. W. erreichte ich den aus einigen Häusern bestehenden Ort Guosdansko oder Quosdansky, wie man heut zu Tage schreibt, welches aber ein Fehler ist, indem der Serb sich keines q bedienet, obgleich vor dem u das g einen solchen Laut hat, und auch in den alten Schriften mit g jederzeit geschrieben ist; denn Gnosd heißt soviel als ein großer Wald: Viele nennen auch diesen Ort Reglovicho-Kula oder Regloultscher Thurm, wovon das alte Schloß, welches hier auf einem Berge stehet, in neuern Zeiten ohne Zweifel von den Türken einen runden Thurm erhalten hat; allein heut zu Tage ist Alles ohne Bedachung, und seinem völligen Untergange nahe. Dieß war einmal das dreyzehnte Gränzschloß. Ohnweit von hier fand ich eine Kirche, und in einer hölzernen Hütte einen Geistlichen von der katholischen Gemeinde, der noch von der Zeit des allhier betriebenen Bergbaues geblieben ist, und in der Einöde mit einigen seiner Glaubensgenossen ein trauriges Leben führet: da solche alle Tage weniger werden, so wird er zuletzt wohl auch davon ziehen. Dieser hatte die Landestracht angenommen; daher hielt ich ihn für einen Popen oder Ofa der Serbier; allein er war ein Deutscher, aus Kärnten gebürtig, und der arme Mann war so gefällig für mich, daß er, meinen Hunger stillen zu können, das Beste, was er hatte, hergab, nämlich ein Stück Rehfleisch, welches er schon seit zwey Monaten für die Osterfeyer aufgespart hatte. Ich erhielt von ihm viel Unterricht von dem verlassenen Bergbaue, der einmal hier betrieben ward; da er mich für einen vom general Commando Abgeordneten ansah, der das verlassene Bergwerk besichtigen, und wieder aufnehmen sollte, so gab er sich auch die Mühe aller Orten mitzugehen, um mir die aufgelassenen Gruben u. s. w. zu zeigen, und von der besten Seite vorzustellen; allein die Kenntnisse fehlten mir von diesem verlassenen Baue nicht, da ich vor achtzehn Jahren bey dem Bergwerke zu Idria gestanden habe, und von da, so wie von Ungarn aus, Bergleute dabey waren, die ich kannte, so hatte ich auch von solchen hinlänglichen Unterricht eingeholet.

Die Gebirge waren hier durchaus die nämlichen, das ist, ordentliche Ganggebirge, aus Schiefer und Quarz bestehend; unser Weg war gegen S. gerichtet, an dem Bache Guosdansko bis Glaviza-Macdan; in dieser kurzen Strecke

fanden

fanden wir noch sehr häufig Halden von Schlacken, welche aber schon mit fruchtbarer Erde überzogen waren. In dem funfzehnten und sechszehnten Jahrhunderte, als die Familie Keglovich hier auf ihrem Eigenthume den Bergbau trieb, sollen 17 Schmelzöfen an diesem Bache im Gange gewesen seyn, welches auch aus den vielen Schlacken, die noch gegenwärtig zu sehen sind, ohne zu gedenken, was der Bach mitgenommen hat, glaublich ist. Allein die nachgehends beständig währenden Kriegstrubeln haben den Bau eine lange Zeit ins Aufliegen gebracht; denn dadurch war die ganze Gegend von Menschen verlassen, die theils umgekommen, theils in die Sklaverey der Osmanen geriethen. Von diesem Bache in einem Seitenthale gegen W. gelangt man nach einem kurzen Wege von einer Stunde in eine ziemlich enge, aber aller Orten mit Walde bewachsene Schlucht, zu dem ersten, aber auch zugleich zu dem von jeder Zeit her ergiebigsten Baue von Silber und Bley, welcher die Leopoldsgrube genannt wird. Die Halden fand ich vor dem Mundloche des Stollens noch sehr groß, aber die Grube oder Stollen ganz verfallen und ersäuft, so daß ich nicht einen Schritt weiter dahin gelangen konnte: das Geblrg, worinn der Bergbau betrieben war, hatte sein Streichen W. N. in S. O., und so sollen auch die Gänge ihr Streichen gehabt haben, als man vor 15 Jahren den wieder angefangenen Bau, der mit 150 Lachtern weit betrieben war, verließ. Als ich nun die Halden untersuchte, was die Grube für Erze und Gesteine führte, so fand ich Erstens einen kleinspißigen silberhaltigen Bleyglanz, (galena particulis minoribus) in weißem Quarz, Thonschiefer, und großschuppichten Eisenspath, und zu Zeiten auch gelb Kupfererz mit eingemischt. Wie man aus dieser Mischung sieht, so braucht es hier bey diesem Erze eine genaue Scheidung, um beym Schmelzprozesse durch den hohen Ofen keinen Wolf oder Zusammensinderung zu bekommen; wie es bey der letzten Schmelzung vor 14 Jahren geschehen ist, und ich noch die vom Schmelzbeamten versteckten Ofensäue oder Wölfe gefunden habe. Der Eisenspath, den ich hier fand, sah schon meistens braunschwarz aus von dem bey sich habenden entwickelten Braunsteine (magnesia).

Von dieser Grube gegen S. O. über dem anstehenden Berge eine starke Stunde weit hat man einen starken Kupferbau gehabt, welcher unter dem Namen Cornellistollen bekannt, und vor 15 Jahren gegen 200 Lachter weit betrieben war; nicht allein dieser Stollen, sondern viele andere waren hier auf Kupfergänge betrieben, wie auch an dem Bache Czirovacz, welcher letztere einen überaus

aus mächtigen Erzgang hatte. Aus den verwachsenen Halden dieses Cornelli-ſtollens ſieht man klar, daß hier vor Zeiten der ſtärkſte Umtrieb war. Die hier brechende Erze, welche ich ſchon ſeit langer Zeit kannte, und auch noch in den Halden Spuren davon fand, waren folgende: Erſtens, gemeines gelbes Kupfererz (minera cupri flava) in Quarz mit etwas Schiefer gemiſcht. Dieſes Erz iſt oft in ſehr großen und mächtigen Mugeln gebrochen, ſo daß manches Stück zu ein und mehr Zentner wog, und mehr als 30 und mehr Pfund Projent gab. Zweytens, braunes Kupfererz (minera cupri cinerea), ebenfalls auch im Quarz, doch auch manchmal Eiſen und Kalkſpath dabey, und alſo mehr Feuer, als erſtere Gattung, brauchte, um es zu Kaufmannsguth zu machen. Dritte Art, gelber und leberkupferkies (pyrites cupri) in Thon- und Hornſchiefer. Dieſe letztere Gattung iſt ſeltner gebrochen, denn das gemeine Erz der Gruben war das gelbe Kupfererz. Ein noch zufälliges Erz allhier war das ſogenannte gemiſchte Erz, nämlich minera cupri verſicolorata. Das Vielfarbige, das dieſes Erz hatte, beſtand in einer Miſchung von gelbem, braunem und kieſigtem Kupfer-erze mit Eiſenſpath in Quarz und Schiefer; manchmal war auch Bleyglanz mit eingemiſcht. Die zuletzt hier erbauten Erze hat man zum Theil hier und zu Szamobor verſchmolzen. Was die beſondern Bergarten, die allhier in den Gruben gebrochen haben, anbelangt, ſo waren es meiſtens Abänderungen von Quarz, Kryſtallen u. ſ. w.

Von dem übrigen Verfahren des hier geweſenen Bergbaues weis ich nichts zu ſagen. Was aber deſſen Alterthum betrifft, ſo mag er doch ſchon über 300 Jahre mit mehrmaligem Aufliegen durch die feindlichen Einfälle im Umtriebe ge-weſen ſeyn; denn die gräfliche Familie Keglovich ſoll dabey vielen Reichthum er-worben haben, und ohne Zweifel war dieſer Bergbau, und nicht die wenig frucht-bare Gegend Schuld daran, daß dieſe Familie hier ihren Wohnſitz aufſchlug; denn ſehr einſam mag doch wohl dieſe Gegend jederzeit geweſen ſeyn. Nun glaube ich doch auch mit allem Rechte, hier die Urſachen anzuführen, warum dieſer Bau in den letzten Jahren, nämlich 1771, abermals ins Aufliegen gekommen iſt.

Dieſer Umſtand ſcheint mir allerdings von zu großer Wichtigkeit zu ſeyn, als daß ich über ihn ohne weitere Erörterung weggehen ſollte. Einen Bau auf-zulaſſen muß doch einer von folgenden Beweggründen zugegen ſeyn. Erſtens, Mangel am Erze, und daß ſolches nicht ergiebig oder unſchmelzbar ſey. Zwey-tens, rens, daß solches wegen der Tiefe unmöglich an Tag gebracht werden könne. Drittens, Mangel am Holze und Wasser, so daß dessen Herbeyschaffung den zu hoffenden Nutzen überwiege. Viertens, Mangel an Lebensmitteln und Menschen u. s. w. Allein von alle dem kann hier nichts angeführt werden; denn diese Gebirge fallen sehr sanft, und bestehen aus einem ordentlichen Streichen, aus Thon, Hornschiefer und Quarz; sind also wahre Erzgebirge, wo es an reichen Erzgängen nicht fehlen kann. Alles ist mit den schönsten Waldungen von Laubholz überdeckt, wo aller Orten Bäche durchströmen; und folglich Waschwerke und Schmelzöfen u. s. w. angelegt werden können. Die Erze, die hier ohnehin meistens an einer gewissen Anhöhe brechen, erfordern keine Pumpe, noch Triebwerk, indem der Bau noch jederzeit mit bloßen Stollen betrieben worden; und wenn es auch einmal dazu kommen sollte, solcher Kunstwerke bedürftig zu seyn: so ist auch diese nothwendige Vorkehrung keine unüberwindliche Sache; denn es fehlt nirgends weder am Wasser, noch an andern Hülfsmitteln, die hier die Natur dem Mineral- und Pflanzenreiche eben so wenig versagt hat, als sie auch nutzbare Thiere und Menschen dahin in Ueberflusse gepflanzet hat. Also wo liegt da hier die Schuld des Verfalls dieses Bergbaues, wird man fragen? gut! ich wage darauf zu antworten, und zwar Erstens, gebe ich die Schuld den politischen Gebrechen in der Verfassung, die nun unter der jetzigen Regierung ganz weggefallen; denn die beständigen Einfälle unserer Nachbarn in das käiserliche Gebiet, wo sie ungestraft geraubt und gemordet haben, sind bereits gehoben, und die Furcht an den Gränzen, wo dieser Bergbau gelagert ist, das Hab und Guth, so wie das Leben zu verlieren, ist vollends verschwunden; denn dieses Besorgniß hat natürlicherweise Mißvergnügen unter den arbeitenden Mann gebracht, so daß er lieber sein tägliches Brod verlor, als hier nicht allein von den Nachbarn, sondern auch noch von den halb wilden Unterthanen sich täglich in der Gefahr sah, mißhandelt zu werden, oder wohl gar sein Leben zu verlieren. Zu diesen bekannten Unfugen haben auch ohne Zweifel die da angestellten Grubenvorsteher das Ihrige beygetragen, dem Boue Tod zu sprechen, mit unrechtangebrachten Seitenschlägen in den Gruben, wie man mich versichert hat, wo man ordentlich den Erzgängen ausgewichen ist, um in Verbau zu gerathen; ferner mit Auslassung eines Gegenbaues oder Lutwerkes um Luftwechsel zu verschaffen, der in den Kupfergruben abgieng, wodurch der Bau ins Stecken gerieth, nachdem die entwickelten Schwaden oder Feuerluft sich mit den Grubenlichtern entzündeten, und die Arbeiter verbrannten; dann die Unbequemlichkeit in solchen halbwilden und einsamen Gegenden

zu

zu leben hat gewiß viel vermocht, von dem dortigen Erzbaue eine üble Schilderung zu geben, da der Bergmann jederzeit ein Fremder war; denn der Einwohner stirbt lieber vor Hunger, als daß er sich sein Brod unter der Erde verdiene: allein heut zu Tage kann allem diesem abgeholfen werden, wenn man wohl getroffene Maaßregeln nimmt, als gute Ordnung und Mannszucht unter den eigenen Unterthanen zu halten, welches man freylich schon seit mehr als 30 Jahren ins Werk zu setzen gesucht hat, aber, selber! meistentheils zwecklos. Wilde und ungesittete Menschen werden sich niemals durch die Gewalt des allmächtigen Stocks und meistens üble Behandlung eines unphilosophischen Vorstehers civilisiren lassen, wenn sie Wege finden zu entweichen, wie es, selber! noch immer geschieht, und ich mit meinen Augen erst zu Anfange des Frühjahrs 1787 gesehen habe, nachdem der Mißvergnügte von vielfältigen Herrn-Regiments- und Offiziersroboten, Kopfgeld, Beyträgen u. s. w. oft zur Unzeit damit geplagt war, dann Mangel an Lebensmitteln hat, welches letztere beynahe jährlich im Frühjahre, wie ich bey meinen Reisen erfahren habe, eintrifft: denn ich sah, wie diese Leute an Allem die äußerste Noth litten, und beynahe dahin gebracht wurden, sich des Nothrechtes mit der größten Entbehrung zu bedienen; allein da er noch im halbwilden Zustande nicht zu sparen, noch seinen Grund, der in diesem Landstriche des Banates von guter Beschaffenheit ist, zu bearbeiten weiß, so verdient er dennoch in diesem Betracht Mitleid: denn hat er seine Fechsung eingebracht, so wartet er oft, bis der Krainer kömmt, und es ihm ausbricht; so träge ist der meiste Theil dieser baumstarken Menschen. Hat er nun hinlänglichen Vorrath von Lebensmitteln, so wird auf nichts, als übermäßiges Essen und Trinken gedacht, sich zu seinem Feuer zu legen, zu sieden und zu braten, so lange man etwas hat, und die Zeit in der größten Faulheit, wenn nicht mit Herrndiensten, wo er aus Muß beschäftiget wird, zuzubringen; hat er nichts mehr, so verlangt er Vorschuß von seinem Landesfürsten, den er schon zu oft zur Fülle erhalten hat, oder er geräth halb in Verzweiflung, wenn er anfängt vor Hunger schwarz zu werden. So kam bey meiner letzten Reise ein Mann zu seinem Offizier nach Unter-Cziroviez, und sagte: Herr! ich gehe davon, ich habe schon seit fünf Tagen mit Weib und Kindern, deren ich fünfe hatte, kein Brod gesehen. Als man ihm nun darüber Ermahnungen gab, so verfluchte er alle Jene, die ihm nicht mit einer Kugel das Leben nehmen wollten. Nun! was soll man mit einem solchen Menschen, der sich in der Verzweiflung befindet, dem Weib und Kinder am Herzen liegen, anfangen? Gewiß nichts, als Mitleiden mit ihm haben, da ihn seine ganze Erziehung, seine ganze Lehre,

C 2   die

die er von Jugend auf von seinem Popen erhielt, nur immer bey'm Alten läßt, nämlich in der größten Unwissenheit. Die denn so nahe an die Barbarey grenzende natürliche Trägheit zum Denken u. s. w. verstärkt noch mehr diese Uebermacht des gebundenen Geistes dieser unglücklichen Menschen. Man sollte nicht glauben, daß Menschen, welche einen so großen Hang zum Krieg und Jagen, wie diese Serbier, haben, dennoch so sehr der Trägheit ergeben sind. Nie hat Tacitus mit mehrerer Wahrheit geschrieben, als in dem Stücke, wo er sagt: mira diversitate naturae cum iidem homines sic ament inertiam, et oderint quietem. —— Und so hat man beynahe ein halbes Jahrhundert umsonst verschleudert, diese Menschenrace durch den größtentheils sehr unwissenden Vorsteher haben zu civilisiren. Nie wird man Völker eines Staates seinem Monarchen zum Besten auf ein von einem G. B. übel verdautes Systeme, da noch immer die ganze Nation den Fluch seiner vermoderten Beinen nachschickt, nutzbar machen; nein! noch jederzeit hat die Erfahrung gegeben, daß ein solches wichtiges Werk bloß durch die Religionsdiener mit dem besten Erfolge bewirket worden, und so wäre auch hier der wahre Weg gewesen: Erstens, Erziehungshäuser für junge griechische Geistliche anzulegen, welche, sich überlassen, gerade unter die Dümmsten im allgemeinen Verstande von Europa gehören. Bey einer guten Erziehung, Reinlichkeit, ihnen eine kurze gründliche Lehre der Religion und Oekonomie zu geben, wozu ein Bischof Petrovich als Vorsteher kommen müßte; solche gebildete Apostel mit einem gehörigen Gehalt, und nach deutscher Art gebauten Häusern mit etwas Feldbau nahe bey ihrer Kirche eingeräumt, denen zugleich auch nie erlaubt werden sollte, eine andere Frau zur Ehe zu nehmen, als die eine civilisirte Erziehung bekommen hat u. s. w. (denn das weibliche Geschlecht, welches doch die Hälfte der Menschen ausmacht, hat man hier immer außer Augen gelassen: was für ein Fehler!); auf eine solche Art wäre der wahre Weg gewesen, die Nation schon längst umzuschaffen. Denn dieser wenige Wohlstand des Popen, der dermal in Kummer und Noth, so wie seine Gemeinde in der Wildniß lebt, und sie auch darinn erhält, weil er selbst nichts Besseres gelernet, der für eine jede kleine Mittheilung zur Kirche von dem gemachten Raube leichter dieses schwere Verbrechen vergiebt, als wenn der Arme zu nicht gewiß erlaubten Stunden, ein Ey oder was von Fleisch kömmt, genossen hätte. Würde aber ein solcher erzogener Priester in seine vorige Wildheit verfallen, so ist die Entsetzung ein leichtes Vorbeugungsmittel, da man hundert für einen haben kann. Indessen unter dem großen Reformator Joseph ist alles zu hoffen, wie man auch dermal beschäftiget

tiget ist, für diese Nazion ein neues System einzuführen, wo der geistliche Stand wohl nicht in die Vergessenheit kommen wird, denn sonst würden alle möglichen Vorkehrungen nichts fruchten. Denn so lange der Bischof oder Protopope, nur jenen zur Seelsorge stellt, der von ihm die Pfarre erkaufen kann, so lange wird es immer um die Aufklärung der Nazion geschehen seyn, und so lange wird es immer schwer halten, die unterirdischen Schätze der Natur in diesen Gegenden so zu benutzen, und mit der Freyheit, wie man sie in andern Ländern benutzt. Freylich muß man den Vorstehern des Bergbaues einen vermehrten Gehalt gegen andere Gegenden geben, daß, bey widrigem Falle der Auflassung des Werkes, ein solcher Mensch nur mit dem Drittel seines Gehalts anderwärts fürlieb nehmen muß; denn würde man diese Vorsicht nicht brauchen, so könnte es sich wohl wieder fügen, daß man lieber in ein Verbau, als in einen Nutzen gerathe, um in einem civilisirten Lande mit eben dem Gehalt angestellet zu werden. Denn was ich zuverläßig hier von dem Nutzen und gewisser Ergiebigkeit der hier verlassenen Gruben sage, ist nicht auf bloßes Gerathewohl, sondern auf die Kenntnisse des Lokale, und der rechtschaffenen Bergleute Aussage, welche Jahre lang bey diesem Baue gestanden haben, als er im Umtriebe war, gegründet.

Doch von diesem Gegenstande zurück auf die fernere Untersuchung des Landes. Von der Gegend Glavicja-Maidan oder auch nov-Maidan, das ist Neu-Hütte oder Schmelzwerk, indem drey Stunden davon auf der andern Seite des Unaflusses im türkischen Gebiete Stari Maidan oder Alt-Hüttenwerk genannt liegt, (allwo die Osmanen einen guten Eisenbau haben, und unsere Blechschmiede u. d. das ihrige unserm Eisen vorziehen, indem es geschmeidiger ist, folglich für kleine Arbeiten sich leichter bearbeiten läßt,) wandte ich mich mit Vorrückung gegen N. nach Dol. Czirovacz, und fand die Gebirge stets eben dieselben; wie um Gvosdansky, und manchmal wechselten sie durch mit Versteinerungen angefüllten Kalkstein ab; in dem schieferichten Theile des Gebirgs fanden sich Spuren, daß sie noch in ihrem Eingeweide Metalle einschließen, besonders jene, die an dem so oft erwähnten Bache Czirovacz hielten. Ein Serb brachte mir auch hier schöne Kupferkiese, welche der Bach von der W. Gegend herbeygeführt hat.

Von letzt benanntem Orte, allwo die Gebirge sich zu ändern anfiengen, gieng die Untersuchung nach N. an dem Maygabach aufwärts. Hier muß man den Berg Vratnik übersetzen, welcher ebenfalls aus Thonschiefer bestand.

An der Spitze dieses Berges fand ich, daß er ganz mit einem geringhältigen gemeinen Eisensteine, der zugleich auch Braunstein mit sich führte, aufgesetzt war; dieses ist von einem weiten Umfange sowohl in die Tiefe, als auch am Gehänge des Berges, und so wie man aus kleinen Versuchen erfähret, mag solches Erz im Grunde haltig genug seyn, um geschmolzen zu werden, indem es auch hier in dieser Gegend weder am Holze, noch am Wasser fehlt. Von diesem Gebirge abwärts nach W. N. wechselten die Schiefergebirge oft mit zeitlichem Kalksteine ab, und hielten auch kein ordentliches Streichen; oft wurden sie ganz praßlicht mit Werdrückung nach allen Gegenden. Das Gebirg Brubno mag ohne allen Zweifel auch wohl Metallgänge einschliessen, indem man noch nicht gar lange Spuren von Schlacken, und auch gediegenes Eisen gefunden hat, welches dem, was in andern Ländern gefunden worden, ganz gleich kam; allein bergleichen wird man wohl in der ganzen Welt entdecken, wo man einmal, wie zu Anfange der Schmelzkunst geschehen ist, mit kleinem Suppenfeuer auf den Anhöhen der Berge geschmolzen hat, wo dann oft durch verschiedene Zufälle bergleichen geschmolzene Massen unter die Erde kommen, tausend und mehr Jahre oft liegen bleiben; ist also dann ein Wunder, wenn sich die anliegende aufgelöste Steinart anhängt, oder sich wohl auch Krystalle ansetzen? Man kann also mit Zuversicht sagen, daß gediegenes Eisen, Bley, Zinn u. s. w. zu der Fabelgeschichte der Mineralogie gehören, die wirklich schon ziemlich weit gekommen ist, und mit vielem Ansehen von den größten Männern unterstützet wird.

Von dem Gebirge Brubno nach S. zu, kömmt man in die Berge Wichala, Czerdachiz, welche mit kleinen Bächen durchschnitten sind, und meistens aus bloßem Thonschiefer bestehen, die aber aller Orten mit Waidungen besetzt sind; manchmal werden sie mit Kalkbergen übersetzt, die voller Versteinerungen sind. Gegen N. dieser Gebirge ist der etwas höhere Berg Okol, welcher ein bloßes Gemisch von Kalk und Schiefer ist, so weit als man ihn abnehmen kann, und es seine Decke von Leim und Walde zuläßt. Ich habe an ein Paar Orten dieses Gebirgs Eisenocherrerze gefunden, aber weder in Menge, noch am innern Gehalt reich genug. Rückt man von diesem Mittelgebirge weiter gegen W. vor, so werden die Gebirge immer niedriger, und nun ist Alles mit Thon und Leimen bedeckt, so daß man von dem Grundgebirge nicht urtheilen kann. Um doch, so viel möglich, von der Gebirgart etwas kennen zu lernen, habe ich mich stets an dem linken Ufer des Mangaflusses gehalten, welcher von Klaßhiz bis Glina

nach

nach N., hält. Ob man hier gleich immer am Flusse wandern muß, so sieht man doch bey seinem Einschnitte nichts, als etwas Kalk- und Sandschober.

Glina, welches einen kleinen Markt ausmacht, und der Standort des Stabs eines Regiments ist, in welchem das hölzerne Stabsquartier mit einer Schanze wegen der vor Zeiten häufigen Einfälle der Türken umgeben ist, wird dermalen verlaßen werden, indem ein neues ohne alle Sorge in das offene freye Feld angeleget werden soll. Bey meinem kurzen Aufenthalt allhier habe ich die Gelegenheit gehabt, die türkischen Gränztruppen üben zu sehen. Noch viele alte Junazi oder Helden, wie sie sich nennen, fand ich hier, die mit mir in dem siebenjährigen Kriege in Schlesien und Sachsen gedient haben. Diese leute bezeigen jederzeit eine ordentliche Freude, wenn sie einen Fremden sehen, um, was es immer sey, dienen zu können, so arm sie auch oft sind; aber man muß auch gedient haben, um unter ihnen fort zu kommen.

Die Steinarten, die sich hier in der Ebne von Glina u. s. w. vorfinden, und jederzeit eine Ueberdecke von leimen haben (welches denn ohne Zweifel den Namen Glina oder leim hervorgebracht), bestehen aus bloßem Kalksediment mit vielen kaum halb versteinten Schaalthieren von dem Geschlechte der Miesmuscheln, Austern, Muskuliten, Chammuscheln, und einer Menge mikroskopischer Schnecken angefüllt; die zweyschaalichten haben meistens noch ihren natürlichen Glanz und Farbe, so daß man vermuthen sollte, sie wären noch nicht lange aus dem Waßer in die aus lauter feinem weißgelben Kalk bestehenden Erblagen gerathen; manchmal wechselt dieser Kalk, oder beßer Sedimentschiefer mit einem rothen, eben aus dem Waßer entstandenen Sandstein ab: diesen letzten habe ich noch jederzeit ohne Versteinerungen gefunden. Da der Stein im Bruche weich ist, und in großen dicken lagen bricht; so ist er sehr schicklich, da er am Tage hart wird, für Fenster- und Thürsteine zu gebrauchen, wie ich schon einige Probstücken davon gesehen habe. Die Fläche, welche ich hier um Glina fand, erstreckt sich gegen Morgen, Abend und Mittag, und erhebt sich nach einer kurzen Strecke in Vor- und Mittelgebirge, welche aus Kalk, aber doch meistens aus Thonschiefer bestehen. Da hier meine Untersuchung an die Gränze zu gieng, so erreichte ich den ziemlich hohen Berg Tobousko, der meistens aus Thonschiefer bestehet. Von diesem Berge kann man die türkischen Schlösser Busim (lef. Buschim) und Vranograsj oder Vranograd (Rabenschloß), welche beyde unweit des

Flusses

Flusses Glina liegen, sehen. Die Besatzung davon in einem jeden Schloß bestehet aus ein Paar hundert Mann mit einem oder mehrern Agas. Am Fuße des oben erwähnten Berges liegt in einer Schlucht eine Kirche mit ein Paar Häusern, Tilbosk genannt, wo sich dabey eine warme Quelle befindet von 45 Reaumurischen Graden, wo, wie gesagt, eine Kirche mit einem Geistlichen ist, der eigentlich die Aufsicht von diesem Bade hat. Es wird von der Nachbarschaft im Sommer benutzet, im Ausschlage und Gliederreißen, wie auch innerlich genommen, zum Abführen. Da ich keine Versuchmittel damals bey mir hatte, so kann ich auch von den Bestandtheilen wenig oder nichts sagen. Von Geschmack war es mir etwas wenig unangenehm und bitterlich, dabey doch sehr hell und rein. Als ich einige Pfunde in einer irdenen Schüssel abrauchen ließ, so erhielt ich etwas Kalkerde bey Durchsäugung auf dem Fließpapier, und durchs Abdünsten ein Mittelsalz, welches dem Glauberischen ähnlich kam. Die Blüthe des Frühlingsenzian, Gentiana verna Linnei, wurde beym Eintauchen ins Wasser roth. Man hat mich versichert, daß oft die Quelle durch Zufließen von kalten Wassern sehr an ihrer Kraft verliere; ein Zeichen, daß hohle Klüfte ins Bad halten, wodurch das Regenwasser setzen kann.

Von dieser Gegend nach N. über Czemernicza bis Hutinja sind die niedern Berge alle mit Thon und selmen bedeckt; die darunter liegende Steinart ist bald zeitlicher Kalkstein oder Sandfels mit und ohne Schiefer von allerley Farben. In dem Thon liegen allerley Kiesel, welche durch ihre Bindung dem Pechnichinia der Italiener gleich sehen; nebst diesen viel Eisenkuchenerz, minera ferri placentiformis, allein zu geringhaltig, wenn auch Holz zugegen wäre, daß es aufgeschmolzen zu werden verdiente. Je mehr man sich gegen N. wendet, desto mehr werden die Berge sanft, und gegen den Fluß Kupa abfallend, so daß um die Gegend Hutinja und Vninich schon viele Sandhügel von allerley Farben vorkommen. Da nun hier alles sehr monotonisch aussah, so wandte ich mich nach S. zu dem hohen Gebirge Petrova-Gora, wo ich am Fuße dieses Schiefergebirges gegen Mitternacht Anbrüche von ziemlich haltigem gemeinen Eisenstein fand; wenn dieses Erz ein Anhalten hat, so wäre hier ein Eisenbau am rechten Orte angebracht, indem Wald genug da ist, der nicht benutzt werden kann; und so fehlt es auch am Wasser nicht.

Da

25

Da hier die Gränzen meistens mit Waldungen besetzt sind, so habe ich auch manche Meile in dieser Gegend gemacht, ohne die Gebirgart zu erkennen. Als ich die Gebirge der Petrova-Gora ferner anstieg, welche mit ungemein schöner Waldung, wovon die Buchbäume die Höhe und Grade der schönsten Tannen erreichten, besäet sind, dachte ich Anfangs, den kleinen Glinafluß bis zu seinem Ursprunge zu verfolgen: allein da ich stets dem Feuergewehre der Türken ausgesetzt war, welche sich wegen eines Mädchenraubes, wobey einige Bosniaken ums Leben kamen, mit den Slujnern oder Gränztruppen dieser Gegend kurz vor meiner Dahinkunft schlugen, und sich auf alle Art noch immer an den Glauern oder Ungläubigen zu rächen suchten: so war ich gezwungen von meinem Vorhaben abzugehen, und mußte mich immer an den Gränzen halten. Ich übergieng das oben erwähnte Gebirg, welches mit einer fetten Leimerde bedeckt war, worinn sich eben der Sandstein bildete. Hin und wieder fand ich die schönsten Bäume abgeschlagen und zugehauen verfaulen; bey weiterm Vorrücken sah ich ein, daß man wegen Mangel der Straße solche nicht fortbringen konnte. Am Fuße des Gebirgs fand ich an einem kleinen Bache, der wohl das halbe Jahr kein Wasser haben mag, eine neue nach deutscher Art errichtete Sägemühle, welche ich auch stehen sah. Da hier ein deutscher Waldmeister die Einrichtung getroffen hatte, so war es mir sehr auffallend, daß man einige tausend Gulden darauf verwendet hatte; und was dabey noch einen betrübtern Eindruck machte, war, daß man auf einen so kleinen und zeitlichen Bach auch noch dreyßig bis vierzig tausend Gulden verwenden wollte, um eine Holzflöße zu errichten, wodurch das Holz nach der Westung Karlowacz oder Karlstadt gebracht werden sollte, und als ich dahin kam, fand ich auch wirklich Waldleute, welche ein Offizier aus Oberösterreich mitgebracht hatte, um das übel ausgedachte Projekt auf Unkosten des Staates in Ausübung zu setzen. Allein als ich diesen Leuten von dem Mangel des Wassers Unterricht gab, so sank ihnen aller Muth, etwas zu unternehmen, und bedauerten, ihre weite Reise umsonst gemacht zu haben, und wollten lieber solche zurückantreten, als mit unnützen Unkosten so etwas anfangen. Mein Weg, der nun in dem kleinen Hügel von Leimen und gelbschmuzigem zeitlichen Kalkstein bestand, war nach S. über Szirka, Rieka, Kerstina Villa zu dem Blockhause Klokoch gerichtet. Hier hatte ich gerade das zum Theil mit Mauerwerke befestigte Schloß Zettin oder Czetin vor mir. Die Besatzung bestand damals aus 350 Mann und 8 Kanonen, welche einige Agas kommandirten, die dann ihre Barjaktar und Obopacja und Chiaus unter sich haben; auch ein Ora (Oscha) oder Pof ist allhier, welches

Oryctogr. Carniol. IV. Th.　　　　　D　　　　　in

in kleinen Ortschaften bey den Osmanen nicht gebräuchlich ist. Von Klokoch aus gieng mein Weg stets in leimigtem Gebirge über Slivinjak, Kuplenjska Gora und Voinich. Von dieser Gegend aus bis Wukmanich hatte ich wieder viel grauen Sandstein mit etwas Kalk und Kieseln untermischt, aber meistens alles mit Leimen und Waldung bedeckt; hin und wieder fand man auch etwas Eisenbohnenerz; gegen die Kupa oder Kulpa hat man wieder Kalkstein von einem groben Korn und weichem Bestand. Von Mekussie über den Fluß sind noch Spuren von einer Vestung, die schon vor Erbauung von Karlstadt in einem sehr sumpfigten Orte angelegt war, welche Orlicza hieß: allein da kein Bedacht auf Ueberschwemmungen genommen worden, so ist auch in einem Tage Alles versunken. Nun hat man also für eine Vestung einen andern, aber nicht viel bessern Platz gewählt, wo man doch eine Viertelstunde vor Karlstadt auf der Anhöhe von Mekussie eine gesunde und reine Luft, wie auch Wasser, und die Vertheidigung auch mit mehr Sicherheit hätte haben können; denn was nutzt mir eine Vestung, die eine ungesunde Lage hat; eine kleine Blokade nöthigt sie bald sich zu ergeben.

Von erwähnter Gränzvestung richtete ich meine Untersuchung zu dem Berge Winize nach S. zu, nämlich über die Sandhügel von Dubovacz, wo ich in ordentlichen Adern ein gemeines Eisenerz fand. Das Winizer Gebirg aber besteht aus bloßem gelblichten Kalksteine, der sich in einem rothen sehr eisenhaltigen Thon auflöst. Rechts hatte ich den Mresnicza, und links den Coranafluß, welchen letztern ich über Pansko-Sello bis Barilovich, wo ich ihn übersetzte, verfolgte. Aller Orten fand ich hier in dem zeitlichen Kalkgebirge, welches hin und wieder unkenntliche Versteinerungen hatte, Vertiefungen und Klüfte, die durch Einsinken und durch Verwitterungen entstanden sind. Eben so verhält sich das Gebirg, das an Krain reicht. Dieser Kalkstein, welcher wie verfault aussieht, und den ich noch nie so angetroffen habe, wechselt manchmal mit Sandfelsen ab, in welchem vielfärbige Kiesel, und zuweilen auch Jaspis vorkömmt. Rother Thon, oder auch Bolarerde ist aller Orten zugegen, so wie auch in dem Kalke kleine Grotten, oder unterirdische Höhlen. Da der Erdboden hier aus einem sehr eisenschüßigen Thon besteht, so kann man sich leicht vorstellen, wie schwer er zu bearbeiten ist, und wie unfruchtbar er seyn muß, so daß oft die schönsten Ebnen mit Fahrenkraut ganz überwachsen sind. Gegen Velium und Blagag waren die nicht beträchtlichen Gebirge aus bloßem Trümmersteine oder Kalkbreccien mit einer rothen Thonerde gebunden. Da ich mich abermal gegen W. wandte, mußte ich

zwi-

zwischen Premislie und Tersich über den großen Mresniezaflnß setzen, welcher, so unbeträchtlich er auch ist, doch sein Bette sehr tief in den Kalkstein eingegraben hatte. Da ich nun hier hinter die Hauptkette vom Gebirge kam, nämlich hinter die sogenannte Kapella, so wandte ich mich dem erwähnten Flusse nach aufwärts gegen S. bis zu seinem Ursprunge, wo er aus einem Kalkfelsen entspringt. Die Steinart war durchaus die nämliche über Merzcopolie bis Sßluin, das ist, kalkartiger Trümmerstein mit einem weißgelbkörnigen Kalksteine abwechselnd, worinn sich oft allerley gefärbte Horn- und Kieseltrümmer befanden, so daß, wer die Steinart in der Provinz Champagne, die Kreide mit den darin steckenden Flintensteinen ausgenommen, gesehen hat, sie vollkommen gleich findet. Man kann vielleicht von beyden sagen, daß diese Steinart ein blos zeitliches Wesen sey, welches durch die Verwitterung vom höheren Gebirge herbeygeschlemmt worden, oder daß sich von dem freyen Sedimente ganz neue Felsarten in dünnen Schichten unter dem Wasser gebildet haben, wie man dann auch hin und wieder Versteinerungen darinne findet. Einige dieser Schichtenlagen wechselten mit einem seinen etwas kalkartigen Sandsteine ab, der ganz zu Schleifsteine taugte; auch hat man hin und wieder etwas ziemlich gute Feuersteine gefunden, nur daß man ihnen die Zubereitung nicht zu geben weiß, wie man es in Frankreich, und zum Theil in Italien zu geben pflegt: indessen das ganze Geheimniß bestehet in der gehörigen Spaltung, wenn der Hornstein ächt ist, das ist, wenn seine Natur dazu geneigt ist, muschelartig zu brechen; denn geschliffen werden sie nie. Zween Steine werden auf einmal zugerichtet, das ist, es wird ein ordentlicher kleiner Keil mit einem Stahlhammer zugehackt, der aus 5 Flächen besteht, wo dann zu Ende ein solcher Hornkeil in der Mitte von einander gespaltet wird, und also zween ordentliche Flintensteine davon entstehen. So bereiten sie die Karnioler; doch sind solche nicht mit der Genauigkeit verfertiget, wie wir sie aus Frankreich, und England erhalten; daß es aber auch zum Theil an der Steinart fehlt, habe ich selbst erfahren, als ich einem solchen zurichten wollte.

Sßluin (Büsch a. a. O.) ist nichts, als ein Dorf, wo sich der Stab von einem Canton, oder Gränz-Regimente befindet; dabey ist ein Kontumazhaus, und nicht weit davon, allwo die Gränzen sind, ein Kastell, oder Handelshaus, wo die Christen mit den Osmanen ihre Waaren vertauschen, oder auch verkaufen. Vor dem Orte, welcher auf einer Anhöhe eine angenehme Lage hat, steht noch ein altes, nach türkischer Art gebautes Schloß, und war vor Zeiten der

Wohnsitz der Szluiner Grafen. Zwischen diesem Schlosse, und dem erwähnten Orte fließt der Szluinchiczafluß, welcher seinen Ursprung eine Stunde davon aus einer Höhle oder Grotte erhält, und gleich so mächtig ist, daß er einige Mühlräder treibt, nachdem er eine Zeit mit vielen Krümungen in den Kalkfelsen seinen Weg zurück gelegt hat; er verliert sich aber hier in dem beträchtlichen Flusse Corana. Da hier zu Lande alle Flüsse hohe Ufer, und schmale Betten haben, sich auch tief in den weichen Kalkstein einschneiden, so bemerkt man solche nicht eher, als bis man schon an den Rand tritt. Das ganze Land besteht aus kleinen Hügeln, die so untereinander mit Zwischenflächen abwechseln, daß es beinahe wie ein Theater aussieht; auf diesen stehen dichte Wälder, so daß die Flüsse wie verborgen sind, und wegen ihres stillen Laufes auch nicht gehöret werden. Sehr selten ist es möglich, einen Weg an dem Ufer eines Flusses zu finden, indem sie jederzeit mit senkrechten Felsenwänden begränzet sind, und sich schlangenförmig fortwinden. Oft stieß ich bey meinen Untersuchungen auf Flüsse, die ich gar nicht vermuthet hatte; aber so überrascht ward ich in meinem Leben nicht, so weit ich auch auf unserm Erdboden herumgerriset bin, als eben bey Szluin, wo ich von N. an der Szluinchicza herkam; ich dachte nichts weniger, als einen andern Fluß vor mir zu finden, welcher seinen Lauf von O. nach W. hielt, und gerade erstern Fluß abschnitt; und ich konnte solches gar nicht vermuthen, da ich erstern Fluß, am dessen Ufer ich meinen Weg fortsetzte, hoch hatte, und schon vor mir einen Abgrund sah, ohne den zweyten Fluß zu bemerken. Als ich aber aus einigen Wendungen des Hohlweges herauskam, hörte ich ein starkes Geräusch, so daß ich mir vorstellen konnte, ich wäre bereits nahe an einem großen Wasserfalle, welcher mich aber zum Voraus wenig neugierig machte, nachdem ich so viele hundert kleine und große seit mehr als 30 Jahren stets in der europäischen Alpkette antraf. Allein wie angenehm, wie überraschend war es nicht für mich eben das zu finden, was ich nirgends sah. Man stelle sich einen Fluß vor, dessen Breite der Breite des Rheinstroms bey Schafhausen, wo er seinen Wasserfall hat, nichts nachgiebt. Dieser Fluß fällt 10 bis 15 Klafter hoch über, und zwischen senkrechten Felsenwänden durch mehr als 50 Abtheilungen in den noch beträchtlichern Coranafluß, welcher von O. nach W. läuft, und also grade des erstern eben dahin gerichteten Lauf abschneidet. Nun dieser Wasserfall des ganzen Szluinchiczaflusses ist am Grunde durchaus mit einem festen Tuffsteine belegt, so daß sein Absturz niemals abnimmt, wohl aber sich erhöhet. Wer dem letzten Absturze in den Coranafluß hat solcher noch zween Abfälle über die ganze Breite:

da

da der ganze Fluß nicht tief, und nicht reiffend ist, so stehen schon mitten im Flusse bey dem ersten, und zweyten Abfalle einige kleine Mühlen nach türkischer Art, wo die Wasserräder anstatt Schaufeln aus acht Löffeln bestehen. Da nun der Fluß staffelweise sich herunterstürze, so sind auf dem letzten Abfalle am Rande gegen 40 solcher Mühlen, welche auf den hin, und wieder hervorragenden kleinen Felsen mit Tuf überdeckt sitzen. Zwischen diesen Mühlen stürzt sich dann das Wasser in die Coraña mit großem Getöse; doch aller Orten, wo diese Mühlen stehen, stehen zum Theil grüne Gebüsche von Weiden, oder Erlen; und wo der Tuf nur ein wenig entblößt liegt, da ist er mit Wasserpflanzen besetzt. Da man hier auf eine ganz unerwartete Art das Ganze vor Augen hat, nämlich daß man sich gerade mitten vor dem Wasserfalle stellen kann, wenn man an dem rechten Ufer gegen N. des Corañaflusses steht; so hat man ein ordentliches Amphiteater vor sich, welches die Kunst niemals so herrlich hat nachmachen können, als was hier die Natur durch die Zeit bewirket hat. Man stelle sich den Stand in einer Tiefe vor, wo ringsherum nichts als steile Felsenwände sind, wo auf einer Anhöhe links des herabstürzenden Flusses Sluinchicza man ein altes Schloß mit Fallbrücken sieht, u. s. w. welches zu Faustrechtszeiten unüberwindlich war; rechts auf dem gegenüberstehenden Felsenufer von mehr als 50 Lachter Höhe den kleinen angenehmen Ort Sžlutin mit seinem Kontumazhause; dann wie der ganze staffelbühnartige Fluß dazwischen herunterstürzt, und dennoch mit beynahe 60 kleinen Mühlen besetzt ist, so als wenn sie darauf gezaubert wären. Vor Zeiten sind gegen 100 solcher Mühlen gewesen, die aber nun durch Verbeßrung der übrigen zur Helfte eingegangen sind. Diese Mühlen, welche mit grünen Gebüsche hin und wieder abwechseln, machen den Anblick um so viel herrlicher, so daß ich sagen kann, nachdem ich den Wasserfall des Rheinstroms, und mehr als 200 andere beträchtliche in meinem Leben gesehen habe, keiner von allen unserm Wasserfalle gleichkomme in Betref des Mahlerischschönen. Um nur einen Gedanken davon zu geben, habe ich solchen auf dem Titelkupfer dieses 4ten Theils vorgestellt; allein auf einem so kleinen Raume ist es nicht möglich vollkommen ächte Begriffe von dissen Schönheit zu geben; so ist auch hier der Wasserfall nur bey kleinem Wasser, und das auch nicht in seiner ganzen Breite gezeichnet, indem es der Raum nicht zuläßt. Bey kleinem Wasser kömmt der Rand des Flußbettes, wo der letzte Absturz ist, zum Theil ins Trockne; wo dann diejenigen, die sich Mühlen anlegen wollen, nichts anders zu thun haben, als einen Einschnitt in den welchen Tuffstein zu machen, um ein Wasserbette für ihre Mühle zu erlangen, wovon die Wasserräder

räder wie eine Quell ebensöhlig stehen: denn es scheint der Natur der Sache nach, daß das Vette dieses Flußes sich niemals mehr vertiefen, wohl aber erhöhen wird, indem der sich beständig erzeugende Tufstein sich allmählich ansetzt. Vielleicht waren einmal beyde Flüsse in gleicher Höhe, daß der Fluß Corana dem Szluinchicza, welcher schwächer, als ersterer ist, die Gegenwehr gemacht, daß letzterer seinen Schlamm nicht hat absetzen können, und sich also dadurch verschlämmt hat, so daß der Tufstein mit der Zeit einen ordentlichen Damm machte, wie er dermalen besteht. Indessen ist es auch wohl möglich, daß blos bereutwegen die Corana ein tieferes Vette machte, weil sie beträchtlicher ist, und einen geschwinderen Lauf hat; denn die Steinart fand ich bey beyden Flüssen gleich, das ist, Kalk, und der davon entstehende gelbe Tufstein.

Meine Untersuchung von diesem Wasserfalle aus machte ich S. O. zu auf den isolirten Berg Prozor oder Morgenröthe, bey den Norbischen Slaven aber Hireberg, allwo eine Wache steht mit einem Pöller, um bey Einfällen der Türken den Gegenden das Signal geben zu können. Von dieser Anhöhe, welche aus Sandstein und Leimen bestunde, konnte ich abermal eine große Strecke ins türkische Gebiet sehen. Bis zu dem hölzernen Grenzschloß Turian hatte ich stets eine Ebne; die Steinart konnte ich an vielen Gegenden nicht abnehmen, indem alles mit Wald bedeckt war. Da ich nun dicht an die Gränzen kam, so gieng ich bey dem türkischen Schlosse Sturlich, welches 80 Mann Besatzung mit 4 Kanonen, und einen Aga hat, vorbey, und wandte mich gegen W. zu dem Paß Korita, oder Koritencza, wo ich in das hohe Gebirg der Plisevicza (Kahlkopf) kam, und die Corana ihren Ursprung mit einem schönen Wasserfalle aus dem Koszie-Jeszero nimmt. Hier über dem hohen Kalkgebirg, welches die Fortsetzung eines Arms der europäischen Alpkette ist, haben die Muselmänner ein Eisenbergwerk unweit Rabilovacz, wo sie eben so in offnem Feuer ihre Erze schmelzen, wie es Lapeirouse von der Grafschaft Foix beschreibt, und es für eine so vortheilhafte Methode ansieht, die doch gewiß zu Anfange der Schmelzkunde auch in unsern Ländern aller Orten bestanden haben mag, wie noch dermalen in vielen Gegenden der Welt mit dem Luppenfeuer die Eisenerze zu gut gebracht werden, als in Korsika, in ganz Asien, Sibirien, Katalonien, im Dallandischen in Schweden, u. s. w. Das Eisen, was ich von oben erwähntem Eisenwerke gesehen habe, ist so weich, daß man es niemals zu Räderschienen gebrauchen kann. Zum Dratziehen würde es vortreflich seyn, wenn die Leute aller Orten ihn

zu

zu verfertigen wüßten; denn Belehrungen anzunehmen ist ihre Sache ganz und gar nicht.

Von diesem hohen Gebirge übersieht man das türkische Kroazien, welches bis zum Unaßuß reicht, und auch einen Theil des Königreichs Bosnien, welches bis Banjaluka stets gebirgig ist, so wie dann auch die Vestung Bihacz, oder Bihátsj, die vor Zeiten die Hauptstadt von Kroazien war, und in einer ziemlich beträchtlichen mit Hügeln angefüllten Fläche an der Una liegt, und von einem kleinen Arme des Flusses umflossen wird. Die wenige Werke, die sie hat, bestehen in einigen Bastionen mit hohen Mauern, einigen Thürmen, von Graben umgeben. Die Besatzung besteht aus einem Gospodar, oder Capitaine, und Disdar, wo ersterer 800 Mann unter seiner Aufsicht mit 20 Kanonen hat. Man sehe den ächten Grundriß auf dem Titelblate dieses Bandes. Wenn man den dermaligen Zustand gegen jenen vor hundert Jahren betrachtet, als er in den Händen der Krainer war, wie man im 4ten Bande bey Valvasor diesen Ort abgebildet findet; so kann man sehen, daß bis auf ein Paar kleine Vorwerker die Türken gerne alles beym Alten lassen, ja sogar die Kirchen, nur daß zu ihrem Gebrauche die Thürme mit Minareten zum Ausrufen versehen seyn müssen, da sie sich des unleidlichen Getöses der Glocken nicht bedienen. Die Tracht der türkischen Kroaten, und Bosniaken ist, wie jene der Uskoken, welche ich auf der Karte des 3ten Bandes vorgestellet habe, nur daß die schwarze Kappe, die die Türken tragen, meistens mit einem schmalen weißen Tuche umwickelt ist, so wie sie dann auch den ganzen Bart haben. Die Weiber der Serbier aber ebenso, wie die Uskoken, (man sehe solche in erwähntem Bande abgebildet) welche, wie oben gesagt, keine Wallachen, sondern wahre Serbier sind. Die Krainer, und Deutschen haben ihnen diesen unrechtmäßigen Namen angehängt, aus der Aehnlichkeit der Kleidung, die sie mit den wahren Wallachen, oder Rumunzi von Dacien haben, welche aber von römischen Kolonien herstammen, und auch ein römisches Jargon reden; wohingegen die hiesigen das reine Serbische sprechen. Ich glaubte auch zu Anfange, daß sie Wallachen wären; allein als ich besser mich nach der Nazion erkundigte, so lernte ich einsehen, wie sehr ich mich betrogen hatte, welches schon in der Vorrede zum theil erwähnt worden. Es geht mit diesem Völkerstamme, wie mit vielen andern; die angränzenten Nazienen ertheilen ihnen so oft unstatthafte Namen, welche bald auf ihre Tracht, bald auf ihr Thun und lassen u. s. w. einen Bezug haben, ohne auf den wahren Ursprung, oder Herstammen zu sehen; folglich belegen sie solche oft mit Spitznamen, welches bey vielen Völkern große Gehäßigkeit verursachet. So sagt der Horwat zu uns, wenn er recht schimpfen will, paſſ ja Krainacz, (Hunds-Endler) weil der Krainer seinen Namen daher hat, daß sein Land sich am Ende aller Slavonischen Nationen gegen W. befindet; denn od Krai heißt so viel, als am Ende; folglich wenn man einen Krainer nach der Etymologie seines Nennwortes auf deutsch nennen wollte, so müßte er Endler genannt werden. Da nun das gemeine Sprichwort ist, daß der Saum, oder das Ende am Tuche das schlechteste ist, so macht auch dieß der Kroat gegen den Krainer anwendbar: und ganz Unrecht hat er nicht, sagte mir einmal ein Großer. — Mais il y a des honnoites gens par tout, sagt der Normann.

Von dem hohen Gebirge der Plisevicza gieng die Untersuchung gegen S. W. über Velki Gospa nach Panor, wo sich ein starker Bach unter die Erde verliert. Das Gebirg war nichts, als Kalkstein, in der Farbe etwas schwarzgrau, und gab beym Reiben einen etwas Sausteingestank von sich; ein Zeichen, daß es viel Phlogiston in sich hat: hin und wieder findet man doch eine kleine Spur von Steinkohlen. Die Erdart, die man zwischen dem Felsen findet, ist meistens nichts, als eisenschüßiger Thon, wo Eisenbohnenerz mit eingemischt ist. Da ich nun meinen Weg gegen S. über Klachnicza zu dem Paß Klupa gerichtet hatte, so fand ich die nämliche Steinart, wie ich oben erwähnt habe. Von der Hauptkette des Gebirgs sah ich an verschiedenen Gegenden, wie Zweige von der Kette des Vorgebirgs nach S. liefen, um sich mit dem Theile der Kette, welcher Vellebich heißt, und den ich in meiner physikalischen Alpenreise im 2ten Bande beschrieben habe, zu vereinigen. Aller Orten sieht man nichts, als eisenschüßigen Thon, und unterirdische Höhlen, welche die besondere Beschaffenheit des Gebirgs macht, daß es meistens ausgetrocknet ist, und wenig Flüsse hat.

Da ich nun aus dem Ottochanischen, ins Korbatwische, oder Cribasa kam, so hat man ein schönes rundes Thal gegen W. und gegen O. die Schluchten, oder Hohlwege (Kosjc-Troga); in diesem bestehen noch die Rudera eines alten türkischen Schlosses, welches die Likaner aus Mangel des Wassers einnahmen. Die Folge des Gebirges der Plisevicza und Klupa ist das Millater, welches aus eben dem Steine gebildet, und meistens in Schichten gelagert ist. Vor dem Gebirge Ncaglaj und Popstak in der hohen, und beynahe aller Orten oben

Fläche

33

Fläche Glogova unweit Gupacha fand ich einige Ueberreste von alten griechischen Kirchhöfen, wovon die Grabsteine mit Hirschen, Creutzen, und Lilien gezieret waren; ein gewisses Zeichen, daß diese Gegend einmal, und zwar auch von Vornehmen hat sehr bevölkert seyn müssen. Hier sind alle Vorgebirge mit Thon, und Lehm bedeckt, so daß man nur hin und wieder den Kalkstein herausstehen sieht. Gegen N. kam ich in ein beträchtliches Thal Gubavchcropolje, wo mir ein alter Serb, der mein Führer war, mit ein Paar Sareczahnern mit Vergnügen erzählte, daß vor 100. und mehr Jahren allhier ein türkisches Lager von 22000 Mann gestanden habe, und von 500 Uskanern, wobey auch ihre Weiber mitgestritten hätten, überfallen, und, die sich nicht geflüchtet hätten, erlegt, und gefangen genommen worden sind. Nachdem ich mich nun wieder nach O. wandte, kam ich auch in das enge Thal Popina, wovon das Gebirg unrechtmäßig den Namen bey nicht wissenden Geographen erhalten hat: denn die dahier befindliche hohe Gebirge sind: gegen N. Neaglai, und Milla (Siebenberg), gegen Mittag oder mali, und velki Popstak. Oberhalb dem Popinathal gegen S.W. habe ich an einem sonst abhangenden Gebirge, mit noch etwas Wald besetzt, alte verlassene Pingen gefunden, wo man, wie ich noch aus den beynahe unkennbaren Halden abnehmen konnte, einmal hier auf Bley gebauet hatte; warum aber dieser Bau aufgelassen worden, mag wohl mehr aus Ursache der schlechten Nachbarn, als aus Mangel der Erze gewesen seyn, da man hier eben so wenig damals für sein Leben Sicherheit fand, als was oben von Gnosdansskj-Maidan erwähnet worden. Alle Anhöhen sind hier mit einer rothen Lehmerde bedeckt, welche zum Grunde einen solchen Schiefer, und der dann unter sich als den Ursprung Kalkstein hat. Da ich nun hier nicht mehr weiter gegen S. vorrücken wollte, indem ich schon vor einiger Zeit in Zermania war, und von diesem Thale anderwärts Erwähnung gemacht habe; so wandte ich mich gegen O. nach Daugopolje, oder Langesfeld, und dann zu dem Ursprunge der Una ohnweit Kuprievo über das Gebirg, und aus dem Gebiete des Osmannischen Reiches. Bis Ovcha hatte ich immer das nämliche Kalkgebirg, und viel solchen Trümmerstein. Da hier wieder viel ebnes Feld vorkömmt, so war auch alles mit einer rothen Thonerde bedeckt, worinn viele kleine Quarzkrystallen lagen, welche auch hier von den Serben Strelje, oder Donnerkeile genannt werden. Da der Boden sehr kalter Art ist, so könnte viel durch den gebrannten Kalk gebessert werden, da es weder am Holze, noch am Kalksteine fehlt; allein Menschen sind wenig in diesem Lande, und die noch da sind, denken mehr auf Vertheidigung, als Kultur. Auf diesem erhabnen,

Oryktogr. Carniol. IV.Th.   E

nen, ebenen Felde befinden sich einige kleine zerstreute Dörfer, welche von einer besondern Menschen-Race bewohnt sind: man nennt sie allhier Bunjesezi, und sie sind gewiß die beherzteften Menschen von der ganzen Monarchie. Ein Paar dieser Dörfer, welche auf der Karte unter dem Namen Klovinez, und Prubno stehen, haben seit der Empörung von 1755 den Namen St. Peter, und St. Michel erhalten. Da ich nun hier über ein kleines Gebirg gegen N. W. setzen mußte, so kam ich in die schöne Ebne von Corbavia: eine kleine Landschaft, welche ringsum mit Gebirge umgeben ift. Mitten in dem runden Thale liegt ein Hügel aus Kalk- und Lehmerde, worauf der Hauptort des ganzen Landes stehe, nämlich Udbina, welcher aus einem Paar Häusern dermalen besteht, wo ein Hauptmann sein Quartier hat. Vor Zeiten war hier ein türkisches Grenz-Schloß, wie auch ein Franziskanerkloster, wo aber von allem kaum die Spur der Mauer und einiger Gewölber mehr übrig ift.

Am Fuße dieses kleinen Gebirgs entspringt die Fadova, welche die Liku, oder das Land Liza durchwäffert, und bey Belaj sich in den Lickafluß ergießt, der dann nach Lauf einiger Meilen bey Lipovepolje, oder Weißbuchenfeld sich unter die Erde verliert. Von Udbina übersieht man ganz Corbavia. Der Boden ift allhier ziemlich fruchtbar. Die Tracht der Weiber allhier im Sommer ift ein bloses Hemb von grober Leinwand; einfacher kann doch wohl nichts seyn. Von Udbina aus gieng mein Weg auf das Feld von Viedropolje, wo an dem kleinen Bache Billick die Grabstäte des Svet Oxa chch Bajazzet, oder heiligen Waters Schech Bajazzet sich befand; die Türken kommen oft wallfahrten dahin, so auch manchmal die Griechen, welche diesen Muselmann für den heiligen Paul halten, wo dann eine Parthei die andere verspottet, und die von der römischen Gemeinde lacht über beyde. Im Jahre 1495 hielt hier der Bacha von Romelien eine Schlacht wider die Christen, wobey von Seiten der Osmanen dieser Ora chch den Kopf verlor, welchen er aber laut Tradizion aufhob, und unter dem Arme dahin trug, wo er dermalen begraben liegt. Ein Gegenstück zu der Geschichte des heil. Dionysius, wo man also ersehen kann, daß alle Religionen immer das Gleichgewicht in dem Uebernatürlichen erhalten, oder zu erhalten suchen, in so lange sie in der Finsterniß und Unaufklärung gelebt haben.

Aus der Fläche von Corbavia, welche schöne Kornfelder hat, nahm ich meinen Weg gegen N. W. an dem Bache Billick über Debelobrdo, oder

dicker

35

dicker Berg, auf die Anhöhen von Koſſioll, wo eine kleine Kette vom Mittelgebirge, die von O. nach W. ſtreicht, und den Arm des Wellebic, oder Wellebich mit dem Pleſevicza vereiniget, und gegen Szirofa Kula, oder dicken Thurm niedriger wird. Auf dieſem Gebirge hat man die Ausſicht über die Fläche der Graffſchaften Lika, und Corbavia, ſo daß man mehr als deutlich ſieht, wie einmal dieſe Flächen unter Waſſer geſtanden ſind, und daß die kleine iſolirten Berge, (auf welchen noch alte Schlöſſer von den Osmannen erbauet ſtehen,) welche in dieſen ſich zerſtreut finden, einmal nichts als kleine Inſeln waren; würden heute, oder morgen die Grotten, welche die Flüſſe dieſer Länder verſchlingen, zufallen; ſo würde ebenfalls alles dieß wieder zu Seen werden, wie man aus der Karte genugſam abnehmen kann. Alle dieſe Flüſſe ſetzen unter dem Gebirge Wellebich durch, und ergießen ſich in das Meer, wie ich ſchon anderwärts bewieſen habe.

In dem Mittelgebirge, worinn dermalen die Unterſuchung vorgieng, fand ich keine andere Steinart, als Kalk (Breccia) welcher vielfärbig war; dann weiſſen, und grauen, etwas grobkörnigen Marmor, welche Gebirgart ſtets anhielt, über Czerny Blaſzt bis Doline, wo man wieder an dem Fuße der Hauptkette kam, welche man mali Kapela, oder die kleine Kapela nennt. Auf dieſem ganzen Weg war der zerſtreute, und loſe Kalkſtein wie geſchmolzenes Eis in Zacken abgenutzt; die davon entſtandene Erde war röthlicher, mergelartiger letzen. Da es hier in dem Ottochaniſchen iſt, ſo iſt die Tracht auch nicht mehr ſerbiſch, ſondern bey dem Manne militäriſch; auſſer ſeinem Dienſte aber, ſo wie in ganz Kroazien an den türkiſchen Gränzen, wo der Mann für ſein Land in Vertheidigung ſteht, oder wo er ſelbſt auf Morden ausgeht, in ſeiner natürlichen Kleidung und Gewehre. Die Kleidung iſt, wie ich von dem Uſkok, Serb, u. ſ. w. erwähnt. Ueber das hat er jederzeit einen rothen Mantel mit einem großen viereckigten Kragen, der auf den halben Rücken reicht. Wenn es regnet, ſo nimmt er ſolchen in die Höhe, heftet ihn zuſammen, wo dann eine Art Kapuzen daraus entſtehet, die den Kopf bedeckt. Das Weib im Ottochaniſchen hat für ſich eine beſondere Tracht, da ſie keine Serbianen ſind. Ueber das Hemd tragen ſie einen langen ſchwarzen Rock ohne Ermel, vorne halb offen, und iſt eine Art Kaftan; gegen die rauhe Witterung einen ebenfalls ſchwarzen kurzen Ueberrock Jankar, oder auch wohl einen Pelz; auf dem Haupte ein weiſſes leinenes Tuch, wie einen Schleyer; um den Hals auch wohl ein ordentliches gefaltenes Kreß; an den

E 2 Füßen,

Füßen, wie alle im Lande, Baſtſchuhe. Von Doline aus war alles wieder aus urſprünglichem, oder alten Kalkſteine gebildet, der von Farbe mehr grau, als weiß, war, und voller Klüfte und Einſinkungen, ſo daß man in dem ganzen hohen Gebirge kein Waſſer findet. Als ich dieß Gebirg überſetzte, ſo kam ich ohnweit Jeſenicza zu einer ziemlich großen unterirdiſchen Höhle, welche als Schutzort den Raubthieren im Winter dienen mag, indem ich die Gebeine von Thieren fand, welche da verzehrt wurden. Von dieſer Gegend kam ich wieder zu einem beträchtlichen Bache, welcher aus den Felſen der Alpen hervorquillet; allein er blieb nur eine Zeit auf der Oberfläche, wo er ſich wieder, ſo wie alle des Landes, in die Erde verkroch. Da mir nun links, und rechts das Land bekannt war, wie man aus dem oben Erwähnten, und meiner phyſikaliſchen Reiſe erſehen kann; ſo hielt ich mich gegen N. W. an dem Gehänge des großen Kapela-Gebirgs über die Berge Lopat an dem Bache Medevias bis in das Gebirg von Modruſh, wo ſich dieſer Bach wieder unter der Erde verliert. In der Ebne von Ogulin in dem Kalkgebirge von Jerobuick entſpringt, wie zu vermuthen, eben der erwähnte Bach aus der Erde, und geht bey Oſtaria wieder unter ſelbige, nachdem er ein Paar Stunden Wegs auf der Oberfläche gemacht hat. Ogulin, ein kleiner Ort, mit einem auf Kalkfels gelagertem Schloſſe, iſt im Grunde hohl, worinn ſich der Dobrafluß hineinſtürzt, der bey Suchicza an den Krainetiſchen Gränzen entſpringt, und nachdem er ſeinen Lauf eine Zeit unter Mittelgebirg verborgen fortgeſetzt hat, kömmt er bey Poliak wieder heraus, wo er dann nach Lauf einiger Meilen gegen N. O. ſich in den Kupafluß verliert. Die Gebirgsart iſt hier durchaus Kalkſtein, der oft etwas unkenntliche Verſteinerung einſchließt. Da ich meinen Weg nach W. richtete, ſo kam ich an den Fuß des hohen Bergs Klek, welcher von der O. N. Seite leicht zu beſteigen iſt, macht aber ſenkrechte Wände gegen S. W.; da er zur Kette gehört, ſo beſteht er aus bloßem urſprünglichen Kalkſteine.

Auf dieſem Berge hat man eine Ueberſicht über all den Landſtrich, wovon ich oben erwähnt habe. Da bey den ſenkrechten Wänden dieſes Bergs Niemand dazu kann, ſo haben hier die Bienen oft eine ſtarke Niederlage. Vor einem Jahre waren einige Hirtenjungen begierig auf den Honig, welcher dort erzeugt war; und da ſie nicht dazu kommen konnten, ſo nahmen ſie Stricke, womit ſie einen ihrer verwegenen Kameraden herunterließen; allein da er das Uebergewicht bekam, ſo mußten die auf dem Felſen ſtehende nachgeben, und er fiel einige

hundert

hundert Klaftern hinab und wurde die Beute der Raubvögel. Aus diesem kann man sehen, wie viel hier schon die Jugend sich um ihr Leben bekümmert; einer unter ihnen sah es vor, und sagte zu jenem, der sich herabließ: du! wie ist's, wenn der Strick bricht? So bin ich todt, und nichts anders, war seine Antwort! —

Mein fernerer Weg war dem Dobraflúß zu gegen N. W. gerichtet, über Mamulko-Szello zu dem Kaludier Kloster Gomirje. Die Gebirgsart war stets Kalkstein mit Aushöhlungen und mit rothem Lehm, welcher mit rundem Kieselsande angefüllt war, bedeckt; einigemal fand ich etwas Eisenbohnenerz, aber nicht in beträchtlicher Menge: Brecclenfelsen sind häufig, aber ohne festen Bestand, noch feinem Korn, so daß man sie für Mühlsteine nicht tauglich fand. Da ich nun stets gegen N. rückte, über die Gebirge von Verboufko (Weidenfeld); so fand ich hier den Kalkstein meistens ganz grau, und in großen Blättern sich verwittern, wo dann die Gebirge oft die wunderbarsten Vorstellungen machen. Da hier das Gebirg stets einförmig ist, so wandte ich mich von dem Ursprunge der Dobra: der Kupa zu, wo ich die eingeschnittenen Gebirge aus lauter halbmondförmigen Schichten fand. Doch scheint mir hier der Kalkstein von einem zeitlichen Herkommen zu seyn, so wie auch seine Farbe viel dunkler, als der ursprüngliche. Allenthalben war er mit Spathadern durchsetzt, und so dauerte das Gebirg bis Vinicza, wo es über dem Strom eben wurde. Nun wandte ich mich nach W. gegen die See zu. Dießmal ergieng es mir sehr übel, indem ich alles Mögliche versuchen mußte, mich gegen den Wind zu wehren, daß er mich nicht davon trug, und an einen Kalkfelsen todt schmetterte. Wer in Europa Uragans sehen will, der kann sie manchmal des Jahrs hier finden: große Bäume, viele Zentner schwer, durch den Wind davon tragen sehen, so wie auch Platzregen von verwittertem Kalksteine, ist nichts seltenes. Wie viele Menschen, und Thiere haben nicht hier ihr Leben eingebüßt, durch den Wind, der sie viele Lachter weit auf die Felsen todt warf. Der nie so was verfahren hat, wird es schwer glauben; aber er kann sich sattsam überführen. Nachdem sich der Nordwind legte, so erlangte ich den Wildbach Meröla-Bodiza, wo man unlängst in dem Gebirge einen Eisenstein entdecket, und darauf einen Bau betrieben, wie dann auch Schmelzhütte und alle Bedürfnisse errichtet hat, um Eisen zu erzeugen, welches aber sehr kaltbrüchig ist; das aber, wie es scheint, von keiner langem Dauer seyn wird, da es ein Mann in Händen hat, dem es an hinlänglicher Erfahrung fehlt; denn so leicht als man sich den Prozeß der Eisenmanipulazion vorstelle, so ist doch gewiß, daß es einer von jenen ist, der noch lange nicht zu seiner Vollkommenheit gebracht worden, so viel auch schon große Männer die treflichsten Unterrichte ertheilet haben, als ein Schwedenborg, Rinmann u. s. w. Da mir nun hier dieses Gebirg aus vorhergehenden Reisen, wie man aus dem 1sten Theile ersehen kann, bekannt war; so wandte ich mich gegen N. über das Gebirg von Delnize, oder über den hohen Theil der Alpen an dem Lesnizzaflusse nach Brod, welcher Ort an dem Kupaflusse liegt. Hier war immer nichts, als bloser grauer Kalkstein; nur manchmal fand sich zeitlicher Sandstein ein, der mit eisenschüßigem Thone gebunden war. Da die Wasser hier sehr angelaufen waren, mußte ich mir's gefallen lassen, wie an vielen Orten, diesen schnellen Fluß in einem hohlen Baume zu überfahren, und mein Pferd nebenbey schwimmen zu lassen. Oft habe ich an die auferbaulichen Briefe der Väter der Gesellschaft Jesu gedacht, wo sie von Guerre in Aegypten Erwähnung machen, daß man eben so den Nilfluß übersetzen müsse. Hier hatte ich das hohe Gebirg Kuselza-Steina vor mir, welches blos in großen Schichtenlagen gebildet, und grauer ursprünglicher Kalkstein war. Die äussere Bildung dieses Gebirgs war etwas stoffelartig, welche Bildung hier von dem Landmanne mit Polizza beleget wird, das einen Vergleich mit einer aus Brettern gemachten Topfstelle giebt. An dem Fuße dieses so zu sagen senkrechten Gebirges stößt ein sandiger Schiefer an, wo bey der Ablösung mit dem Kalk zwo kleine Lauenquellen unter dem Namen Topla Potokj, oder warme Bäche entspringen; doch sah man das Wasser eigentlich unter dem Kalkfelsen hervorsprudeln. Die Schwere dieses hellen Wassers war von dem reinen Flußwasser nichts unterschieden. Die Wärme nach dem Reaumürischen Wärmemesser 14, und nach Fahrenheit 63¼ Grade über dem Frierpunkte. Als ich die Untersuchung machte, war die Wärme des Dunstkreises 10¼ Grad. Die fernern wenigen Versuche, die ich hier auf Ort und Stelle machte, waren folgende: die Infusion der Lackmustinktur machte eine Röthe, der Feigelsaft beynahe gar nichts, so daß wenig, oder nichts von einer Luftsäure zu bemerken war. Die Quecksilbersolution aus Scheidwasser wurde ein wenig gelb; die mit Silber weißlich; kein Brausen mit keiner Säure konnte ich gewahr werden. Die Schwefelleberauflösung machte nichts, so wie mit andern Probmitteln, welche ich anwendete. Da der Wärmegrad so gering war, so achtete ich es auch nicht der Mühe werth, weitere Versuche damit auf der Stelle zu machen. Nach einer Zeit, als ich die Distillation damit vornahm, erhielt ich nichts, als ein wenig Kalkerde, und von 20 Pfund Wasser kaum mehr als 2 Gran eines Glauberischen Mittelsalzes. Aus diesem ist also zu ersehen, daß diese Quellen von wenig Nutzen seyn können, wie es denn auch schon die Erfahrung erwiesen hat.

Da nun die Untersuchung gegen N. O. gerichtet war, so folgte ich dem Kupaschrome abwärts, wo an dem Ufer ebenfalls Quellen von einem geringhaltigen mineralischen Wasser waren; allein da der Fluß zu weit ausgetretten war, so waren solche beynahe ganz überschwemmt, so daß sie meiner Untersuchung entgiengen. An dem Flusse mit weiterer Vorrückung kömmt man zu dem Orte Kosiel, wo auf einem isolirten Kalkfelsen ein Schloß liegt, welches vor Zeiten sich jederzeit gegen die Einfälle der Osmanen tapfer gewehret hat; allein heut zu Tage ist es nichts mehr, als der Wohnort des Eigenthümers. Hier fand ich auf dem Kalksteine einen rothen Thonschiefer aufsitzen, welcher weiter gegen N. mit einem Ofensteine, und flesigten Trümmersteine abwechselte. Diese Steinart streicht nach S., so daß sie auf der anderen Seite des Flusses wieder emporsteigt, und aller Orten mit weissen Quarzadern durchsetzt ist. Nach ein Paar Stunden vor Polana war der Kalkstein wieder bloß, welcher hier schwarzgrau aussah, und bis zu dem Orte Turn anhielt, wo ebenfalls ein beträchtlicher Bach aus dem Felsen kömmt, und sich in den Lachmafluß ergießt. Alles ist hier im Grunde Kalk mit Thon und rothem Lehm bedeckt, welcher sehr eisenschüßig ist, wie denn auch aller Orten gemeines Eisenerz, oder so genannter Wasenlaufer zu finden ist. Es ist das Erdreich sich hier beständig auf der ganzen hüglichten Fläche von Zhernemet und Metlicka gleich. Nun wandte ich mich westwärts über Koprinje-Dol, oder Messthal, wo ich die Thonerde mit vielen kleinen Kiseln und Jaspisstücken angefüllet fand, welche letztere Steinart sich wohl hier täglich bilden mag, nachdem die oft ganz feine Thonerde sehr viel Eisen hält. Wenn man weiter vorrückt über das Gebirg Weshneviz ohnweit Traunick, so findet man in einer Schlucht eine ganz schwarze, etwas trockne Erde, welche völlig der Basalterde gleich kam, die den größten Theil des Budiner und Leitmeritzer Kreises in Böhmen bedeckt, wo nachgehends bei Lobosiz und Außig die Basaltgebirge davon entspringen, oder auch solche sich wieder auflösen, und erwähnte Erde erzeugen. Allein in unserer Erde fand ich doch nichts von Basalt, sondern etwas Horn und Trappstein, welcher letztere doch ganz der Bruder vom Basalt, oder Säulenstein ist. Da ich mich nun gegen O. S. wandte, so kam ich zu dem Ursprunge des Flusses Boick, der nach Lauf einiger Meilen sich in die Grotte zu Postoina, wie im 1sten Bande erwähnt worden, verliert. Hier findet man al-

ler

ler Orten die Kalkgebirge, welche im Grunde halten, mit Schiefer, und Kalk-
sandsteine bedeckt, wo im letztern allerley gefärbte Kiesel stecken: als Jaspis-
achat, Hornachat u. s. w. wovon Stücke manchmal ein sehr buntes Ansehen haben;
so findet man auch oft schwarzen Hornstein darinn stecken, der, wie große Koral-
lenäste, gabelartig gebildet ist. Nachdem man hier einen großen Theil der Kette
übersetzt hat, so kömmt man auf eine erhabene hüglichte Fläche, wo alles aus
Kalksteine besteht: je mehr man nun von der Anhöhe herabkömmt, desto mehr
finden sich zeitliche Orschiebe von Sandsteinschiefer ein, welcher manchmal Ab-
brücke von Fahrenkraut enthält, als Silago foliis camphorae Dillenii u. s. w.

Zeitlicher Kalkstein findet sich auch hier aller Orten, der von dem Gehäuse
von Schaalthieren angefüllet ist. Manchmal zeigt sich hin und wieder auch etwas Steinkohlen mit vielem Stinksteine. Der Kalkstein war hier aller Orten
sehr fest, so daß er oft am Stahl Feuer gab. Da ich mich nun gerade nach W.
hielt, so kam ich in die Gegend vor Cornial, wo ich zum zweytenmal mit einem
Neugierigen die dortige, gegen W. N. gelegene unterirdische Höhle, oder
Grotte untersuchte. Daß sie die schönste vom ganzen Krainlande sey, habe ich
schon in dem ersten Theile erwähnet; hier will ich sie also versprochenermaßen beschreiben: der Eingang in diese Höhle ist hier beynahe in der Ebne, wo große
Platten von Kalkfelsen die Decke ausmachen; das erste Stockwerk war hier nicht
sehr unbequem beym Hinabsteigen, wo man dann in eine ziemlich beträchtliche Aushöhlung kömmt. Als ich nun hier mich mit einer Fackel ein wenig umsah, verlor ich meinen Führer, der ein Bauer aus dem nächst gelegenen Orte war. Ich
suchte von allen Seiten, aber es war mir unmöglich, solchen zu finden; als ich
ihm zurief, erschien er gleich hinter einer Tropfsteinsäule, die hinter mir war, wo
er aus einer zweyten noch beträchtlichern Höhle hervorkroch. Da die Tropfstein-
säulen wie an den Wänden angehängt scheinen, so hatte ich nichts weniger,
als vermuthen können, daß diese Säulen ordentliche Wände bildeten, und die
Abtheilung von einer Höhle in die andere machten. Da ich nun auch diese zweyte
Höhle besehen hatte, stieg ich mit Strick und Leiterstange in die Tiefe, wo wir
in eine dritte Aushöhlung geriethen, die eben, und noch geräumiger war, als
die erstere. Alles war auch hier mit Tropfsteine von allerlei Art gezieret. Die fein-
röhrigten davon waren alle mit dem geschwängerten Wasser des Kalksteins angefüllt, welches oft ganz schmierig anzufühlen war. Nachdem ich hier eine Zeit lang
in den Winkeln dieses natürlichen Gewölbes herumgeirret, stiegen wir durch eine

senk-

senkrechte Oefnung in eine vierte, fünfte, sechste, und in eine siebende, welche die tiefste war; man kann die Abtheilungen (Concamerationes) dieser weitläuftigen, und wunderbaren Grotte einem Cochliten, oder einer gewundenen Schnecke vergleichen, wo eine Aushöhlung in Schieferlage immer in die andere führt. Eine Beschreibung von dem darinn befindlichen Tropfsteine zu geben, wäre mehr als überflüßig; denn alle möglichen Abänderungen, die Guettard in den Gedenkschriften der Pariser Akademie geliefert hat, befinden sich hier. Krystallisirt habe ich die Tropfsteine auf ihrer Oberfläche nie anders, als dreyeckigt gefunden. Wenn ich eine Abbildung von dieser unterirdischen Höhle hätte geben sollen, so hätte es in mehrern Durchschnitten geschehen müssen, welches aber wegen des Nutzens, den man davon schöpft, überflüßig gewesen wäre; doch ein Vorbild davon mag die Vignette zum erstem Bande dienen, welche die Grotte von St. Servolo vorstellt. Die ganze Gegend hier, welche aus Kalksteine bestehet, so wie der ganze Bezirk, Karst genannt, hat auch vielem Kalkstein; der zu dem Stinksteine gehöret, und so fest ist, daß er meistens am Stahl Feuer giebt. Sein Bestand ist ein ziemlich feines Korn, von Farbe grau, und etwas eisenhaltig, brauft mit den Säuren wenig, und nur dann, wenn man den Stein ein wenig anreibt. Das Sonderbarste ist noch bey diesem Steine, daß er mit vielen einschaalichten Versteinerungen angefüllt ist, nämlich Spindelschnecken von aller Art, helminthoitus trochi, testa conica, anfractibus glabris, aut crenatis, et oblique striatis, Bajeri Orict. Alle diese Schaalen, welche den Stein aller Orten anfüllen, sind wohl behalten, ohne dem, daß sie mit der steinigten Materie angefüllet waren. So sind auch Schrauben-Schnecken, helmintholitus turbinis, testa turrita conglomerata turbini recurvi rostri et ore rotundo, Mart. Conchyl. Tab. CLVII-CLII Fig. 1483-1429. nicht selten, so wie viele andere einschaalichte; nur zweyschaalichte habe ich selten darinn gefunden. Indeßen sind die darinn steckende Versteinerungen weniger merkwürdig, als die Steinart selbst, der man ganz vollkommen die Verwandlung in Horn- oder Kieselart ansieht. Sollte man hier doch nicht in der Vermuthung stehen, daß eine gewisse Säure hier den Kalk in Glasart verwandle, eine Säure, die vielleicht hier zum Theil das Bituminöse, oder Brennbare im Steine ausmacht? Viele chemische Versuche haben dieses schon oft bestätiget, was in der Natur wahrscheinlich vorkömmt. Allein die Natur hat so viele Wege zu wirken, daß uns meistens unmöglich zu ergründen bleibt, welche sie dazu nimmt. Da hier, so wie die ganze Gegend, gegen S. und O. als wie von der Alpkette gesunken ist, und also das Vorgebirg mit breitem Absatze ausmacht, so ist auch alles hier mit Versteinerungen angefüllt. Dieses Thal ist also vor Zeiten unter Wasser gelegen, und mag also einen für sich großen See, oder auch wohl eine Bucht des adriatischen Meers ausgemacht haben; und so wird damals die julische Alpkette dem Meere die Gränzen allhier gesetzt haben, oder ist wohl auch das Meer hinter den Alpen gestanden, daß also diese hohe Berge nichts als Inseln vorgestellet haben, wie noch dermalen unsere Inseln in dem Meere, die wie in einer Kette gereihet bis Ragusa mit den Alpen gleich fortlaufen, zu sehen sind.

Da ich im ersten Bande von der Seegegend von Trst, oder Triest Erwähnung gemacht habe; so bin ich auch diese Gegend dermalen übergangen, um mich gegen Mittag in den innern Theil von Istrien zu begeben; bevor aber machte ich meine Untersuchung über das Gebirg Kokush, Zherii-Brdg, auf den sogenannten Zhizheske-polje. Alles war kalkartig, viel mit Versteinerungen angefüllt, als mit Pholaden, u. s. w.; Doch die etwas beträchtlichen Höhen bestunden aus altem Kalksteine; hin und wieder fand ich Kalk und Sandschiefer in ordentlichen Lagen, welche letztere Steinart zum Bauen sehr tauglich ist, so wie auch zur Bedeckung der Häuser, die die ausserordentlich hier herrschenden Winde ohne diese Last alle Augenblicke abdecken würden, so niedrig und flach die Dächer auch sind. Da auch hier die Auflösung der Gebirgarten in einen rothen eisenschüßigen Thon, oder Lehm übergeht, so ist auch aller Orten etwas Eisenerz zu finden; auch an vielen Gegenden etwas Hornstein, der sich aber zu Flintensteinen nicht zurichten läßt. Das Volk, was diesen kleinen Erdfleck bewohnt, scheint von einer ganz besondern Abstammung zu seyn, hat seine eigene Sprache, welche ein altes Illirisch-Slavisch ist, und sind noch ein Ueberrest von den alten Japoden, oder Japidlern, und leben überhaupt sehr mühselig, da ihr bewohnter Erdstrich aus bloßen Felsen besteht, wo es beynahe ganz an Erde, Wald, und Waßer fehlt. Gegen Mittag haben sie wenig Weinbau, und wilde Aepfel, wovon sie Eßig machen, und in dem übrigen Lande verkaufen; ob sie gleich oft sehr viel Hunger leiden, so sind sie doch stark, und gesund, und ihrem Vaterlande sehr ergeben, und es gilt das von ihnen, was Valvasor von ihren Brüdern, den Karstnern sagt: der öftere Mangel an hinlänglichen Nahrungsmitteln entnimmt ihnen doch nicht ganz die Kräfte, sondern sie sind dennoch gleichwohl stark, frisch, und gesund, weil bey der Mäßigkeit ihrer Lebensmittel die menschliche Gesundheit sich gemeinigmehiglich beſſer befindet, als bey der mäßigen Fülle, und Ueberflüßigkeit. Die Wahrheit dieſes Satz beſtätiget der frühe Tod der M.....

Die Tracht eines Zhitſhen (Tschitschen) iſt auf dem Kopfe ein hoher Hut mit Schnüren, und Quaſten von Roßhaar umwunden; die Haare fliegend, ſo lang ſie wachſen, und ein ſtarker Knebelbart; um den Hals nichts; auf dem Leibe ein grobes Hemd mit einem Halbrock, oder Art eines Kaftan; Im Regen eine Art Mantel von Schilf; im Winter manchmal ein Pelz; um den Leib einen Gürtel von Leder mit einem Meſſer; lange Beinkleider mit Baſtſchuhen; dann gewöhnlich ein Stock mit einer kleinen eiſernen Hacke daran, und nach Gewohnheit der Türken und Katholiken, den ſogenanten Roſenkranz in der Hand. Das Weib trägt auf dem Kopfe eine Art eines Turban, welcher von einem langen leinenen Tuche um das Haupt gewickelt wird, welches wie zwey Hörner auf den Seiten bildet; um den Hals nichts; über das Hemd an dem Leibe eine Art eines kleinen Wamms; dann einen langen Ueberrock ohne Ermel, oder es hangen auch wohl ſolche auf dem Rücken angeheftet; dieſes Kleidungsſtück iſt im Winter von ſchwarzer Wolle, im Sommer von Leinen; manchmal vorn ein Vortuch; an den Füſſen Socken, und Schnür- oder Baſtſchuhe: wie man auf der Charte Mann und Weib abgebildet findet. Was das Ausſehen dieſer Leute, und ihre Natur betrift, habe ich ſchon mit einigen Worten im 1ſten Theil Seite 55 von den Liburniern, mit welchen ſie ganz gleich kommen, Erwähnung gethan.

Von dieſer Gegend gieng die Unterſuchung immer mehr gegen Mittag abwärts in das Hyſterreichiſche, wo ich durchaus nichts als Kalkſteine mit Verſteinerungen antraf; der Stein war meiſtens von Farbe weiß, oder graugelb. Die meiſten Verſteinerungen waren hier Linſenſteine, oder Pfennigſteine (helmintholitus nautilis numismalis, teſtis planis minoribus ſolutis). Dieſe Verſteinerungen machen mit der Mutter, worinn ſie ſitzen, ein ſo feſtes Ganzes aus, daß der Stein eine recht gute Politur annimmt, und für einen guten Marmor gelten kann. Auf dem Berge Sbelniza, der eben aus Kalkſteine, ſo wie alle umliegende beſteht, war in ſeinem Ausſchnitte hin und wieder etwas Sandſtein, der aber wegen ſeines vielen eingemiſchten Kalks unbrauchbar iſt. Bis zu dem Orte Buſet (man ſehe die Charte zum 1ſten Theil) allwo der Quietoſluß entſpringt, war die Steinart immer dieſelbe, und meiſtens mit Verſteinerungen angefüllt; unter den vielen bekannten fand ich einen verſteinerten Seeſtern, der

am

am Rande doppelt gezahnt war, und nur vier gegliederte Arme hatte; man könnte ihn also bestimmen: helminth. asterio stellis quater ellipticis articulatis duplo crenatis. Ich weiß mich niemals zu besinnen, etwas so ähnliches gesehen zu haben, zumal daß die Strahlen eines Seesterns gegliedert gewesen wären; so auch die doppelte Zahnung. Gegen N. O., allwo das etwas höhere Gebirg Orlak, und Sia liegt, hat man ziemlich guten Marmor von allerley Farben; doch der trümmerartige (Brecciata) ist der ansehnlichste, und ohne Versteinerung. Bey weiterm Vorrücken gegen Mittag hatte ich immer sehr niedere Gebirge, aus zeitlichem Kalksteine mit Versteinerungen bestehend. Die Hügel waren alle sanft fallend, mit Lehm bedeckt, und Weinreben besetzt. Unweit des Orts Comar kam ich zum Ursprunge eines Wildbachs, der bey Novako das Erdreich tief einschneidet, und sich unter einem Felsen, worauf ein Schloß stehe, und nebenbey der kleine Markt Pasna, oder Pisino liegt, in einer Grotte verschlingt. Da nun die darüber stehende Felsen einen täglichen Einsturz drohen, und man keine Vorsicht dawider braucht; so ist nicht zu zweifeln, wenn einmal dieser Fall sich eräugnen sollte, und das Loch verstopfet würde, wo dermalen der Fluß aufgenommen wird, daß dadurch die ganze Gegend von einigen Meilen unter Wasser zu stehen käme, wie man das Beyspiel schon an dem Zhepitscher See hat, wovon ich im ersten Bande Erwähnung gemacht habe. Die Kalkfelsen, welche hier bey Mitterburg, oder Pasita, Pisino eben aus Schichten bestehen, haben oft ganze Lagen von Spath, und aufgelößtem Schiefer eingeschlossen. Oberhalb dem Städtchen fand ich in der Dammerde viel Glaskopf, oder reich am Eisen haltenden Blutstein. Da hier die Untersuchung nach allen Gegenden geschah; so sah ich auch die Menge der Seeigel, welche unter dem Dorfe Gerdo-Sello in einem schmuzig grauen Kalksteine staken. Da unter diesen versteinerten Thieren eine Art sich befindet, welche noch nicht bekannt war; so beschrieb ich solche vor 12 Jahren etwas unvollkommen in dem 11 Theil des Naturforschers S. 105. Die Art und Weise, wie sie hier brechen, ist in dicken Schichtenlagen, manchmal so fest, daß man sie ohne zu zerbrechen nicht heraus bringen kann. Diese Seeigel sind von der Größe eines ¼ Kubikzolls bis über einen halben Schuh; ich glaube nicht, daß es jemals viel größere gegeben hat; manchmal hat er an Gewichte von 5 bis 12 Pfunde, 5 Zoll, und darüber an Höhe, und oft am Grunde 6 breit. Die Versteinerung der Schale des Thiers ist grauer Kalkspath, der eine solche gute Politur annimmt, daß man Dosen daraus verfertigen kann. In der Höhle der Schale aber ist nichts anders, als eine Art eines gelben Steinmergels

gels von welchem Bestande. Nun kömmt es auf die Bestimmung dieses Thiers an: was die äussere Bildung anbelangt, ist es bald oval, oder herzförmig; folglich kann hier die Figur, Größe u. s. w. nichts bestimmtes geben, sondern nach der natürlichen Eintheilung zur zweyten Klasse des Linné, nämlich unter Echinites irregulares: apertura ani subtus vti os. Als ich das erste Exemplar von dieser Versteinerung erhielt, so war ein Theil des Rands abgebrochen, welcher eben den After des Thiers inhatte; da ich nun solchen nicht hier vermuthete, so hielt ich mich berechtiget, das versteinte Thier, oder seine Schaale zu der ersten Klasse des Linné zu rechnen, und für echinus cidaris haemisphcrico - depressus, (welches aber nur an kleinen Stücken Statt hat) ambulacris quinis repandis linearibus, areis alternatim bisariis, indem ich die Zusammenkunft des Sterns an der Spitze für den After hielt; allein da ich viele hundert auf Ort und Stelle sah, so fand ich bey allen, daß der After an dem Rande des Grundes war, nämlich in einer der größern Abtheilung, oder Felder, welches einzige in der Mitte, wie eine erhabene Rippe hat, die bis zum Munde reicht, und etwas länger, als die übrigen sind; vielleicht ist es der Darm des Thiers, welcher sich hier anhängt.

Der Mund ist groß, und vollkommen sternförmig, einen Zoll weit, wo die Zehen Felder von der Schaale, wie so viele Lappen zusammen, nämlich fünf Schnallen, und kürzere, welche mit so viel breitern, und längern wechselweise eine sternförmige Oeffnung bilden. Von dem Spitzkegel, oder Wirbel unsers Körpers entspringt ein zehenfacher Stern, der eben so viel Felder anzeigt. Ein jeder Arm dieses Sterns hat eine doppelte Reihe von kleinen Löchern, die durch die Schale bringen, und ohne Zweifel Fühlfäden (tentacula) oder so viel Nerven durchlassen. Die Löcher sind oval gewunden, und jederzeit zwischen zween schmalen Blätter-Bretchen, Dießlen (assulae) oder Schupen gelagert. Wenn die Strahlen des Sterns zu dem Rande des Grunds (basis) kommen; so verlieren sich solche; bey dem Winkel am Grunde fangen sie wieder mit einer einfachen Reihe an, und enden sich beym Munde doppelt, doch nur wechselweise schief übereinander gelagert. Die ½ Linie breiten Blätter, welche zwey Arme des Sterns bilden, sind in der Mitte durch Nähte aneinander gefügt, so daß immer ein winklichtes Blättchen gegen zwey überstehende halb anstößt. Die Blätter zwischen den Sternstrahlen, oder größern Feldern stoßen eben so auf einander, und sind 3¼ Linie breit, das ist, bey einem großen Körper, wie zu Anfange erwähnet worden; folglich kommen 7 bis 8 Brettchen der schmalen Felder auf eins der großen, die aber bey der Umbiegung am Grunde, wie oben erwähnt, schmäler werden. Allein bey vielen Tausend dieser Versteinerungen, die ich zu sehen bekam, war mir diese sonst gewöhnliche Bildung (ſtructura) verborgen, indem das Thier, obgleich fest versteint, doch wie eine zwote Decke über diese Brettchen, welche das Gehäus bilden, hatte. Dieser Ueberzug besteht aus lauter 5 winklichen kleinen Nabelköpfchen, Großzellen, oder Vertiefungen, welche in der Mitte ein kleines Knöpfchen haben; vielleicht hat dieß als eine Achse in den Stachel gedient. Dieß ist also die Ursache, warum, als ich diesen Körper zuerst beschrieb, mir diese Bildung entgieng, nachdem der erste Ueberzug bestand, und ich die Löcher zwischen den Brettchen des Sterns für bloße Nähte, oder Fügungen ansah, und nicht bemerkte, und an dem damals einzig gehabten Exemplar nichts, als bloße Querstreifen, wie die gegebene Abbildung gezeigt hat, gewahr wurde, wo doch ein solcher großer Seeigel an einem Arme des Sterns, wenn die erste Decke fehlt, 280, und an allen 2800 solcher Löcher, wo die Fühlfäden herausgehen, zu sehen hat. Was aber die 5 eckigten, oder bienenförmigen Zellen belangt, die die Diehlen, oder Brettchen überdecken, diese sind unzählbar.

Aus dieser nun hier gegebenen Beschreibung ersieht man klar, daß dieses Thier nach dem Systeme des Klein, naturalis diſpoſitio echinodermatum ab anno 1778, auf dem unrechten Orte steht, und nicht zu dem anocyſtos, sondern zu den catocyſtos, oder zweyten Klasse, wo der After unten am Rande ist, gehört. Um mehr Deutlichkeit halber habe ich auf der 3ten und 4ten Vignette zu Ende der Vorrede, und Anfange des Textes ein solches Petrifikat im verjüngten Maßstabe, nämlich noch mehr als zweymal so klein, vom Wirbel, und von der Grundſeite vorgestellt, das ist, jederzeit so, daß ein Theil mit dem sternförmigen Ueberzug, und ohne solchen zu ersehen ist. Diese Thiere, besonders jene, welche manchmal die Größe eines männlichen Hirnschädels erreichen, sind oft mit kleinen Austern, und andern zweyschaalichten Thieren besetzt, welche sich eben mitversteint haben; doch fand ich solche niemals am Grunde, sondern nur auf dem gewölbten Theile, nämlich vom Wirbel herunter: ein Zeichen, daß sich solche Schmarotzthiere schon beym Leben angehängt haben.

Nachdem ich mich hier eine Zeit mit Aufsuchung von Versteinerungen aufgehalten hatte, wandte ich mich in dem stets einförmigen zeitlichen Kalkgebirge
weiter

weiter nach S. O. zu. In der Gegend Treviso sind meistens die Kalkhügel hohl, welche die Wässer von allen Seiten verschlingen. Alles ist auch hier mit Versteinerungen angefüllt; nur daß hier die Gebirgart fest ist, und man solche nicht leicht von ihren Lagerstätten absondern kann; allein wenn man weiter gegen S. vorrückt, so werden die Gebirge niederer, und von weicherm Bestande, wo denn ganze Berge, ja man kann sagen, daß ganze Gegenden aus blosen Versteinerungen bestehen. Um den Ort Gallignana bestehen ganze Hügel aus Helizilten: helminth. nautilis numismalis, oder Pfennigsteine der Steinbeschreiber. Man findet sie allhier von der Größe eines Stecknadelkopfs bis 3 Zoll im Durchschnitte, wovon jederzeit die beyden Flächen sehr zusammengedrückt sind, daß es beym Durchschnitte der großen Körper nicht einen Vierteljoll austrägt; der Rand ist ganz scharf, manchmal etwas gefaltet; die Versteinerung ist gelbgrau spathartig. Diese Art von Versteinerung ist allhier so häufig, als es in einem Orte der Welt möglich. So finden sich doch unter diesen auch andere als Schifsbote, helminth. nautil. nämlich glatte, wovon die Windungen auf allerley Art gestreift waren, wo beym Auslaufen der Streife sich wie zwo Erhabenheiten zeigen, welche kleine Knöpfe vorstellen. Oft fand ich auch von diesem einschaalichten Gehäuße, daß die Streife zu Anfange erhaben, breit, und einzeln waren, nachgehends aber sich gabelartig theilten. Diese Abänderungen sind hier ausserordentlich vielfältig; Bajer in supplement. ad Oryčto. nov. Tab. XI. Fig. 4. hat eine gute Abbildung davon gegeben. Kömmt man in die Gegend von Pitshen, oder Petina, so findet man auch solche Nautilliten, mit Stacheln, aber nicht sehr kenntbar; darunter kommen doch auch manchmal Archen vor, und zwar die Arche Moah helminth. Arca, etwas zusammen gedrückt, und gestreift, wovon die Spitzen gewölbt sind, und eben graugelb, spathartig versteint. Amons-Hörner sind eben nicht selten; aber besonderer Arten habe ich nur ein einziges beobachtet, und das zwar, wie alle, klein, und kalkartig versteint; es war mit einem rinnenförmigen Zirkel, oder Band umgeben, wovon nach allen Seiten gabelartige Streifen liefen. Da das Exemplar nicht vollkommen war, so habe ich auch keine Abbildung geben können; Trochiten, oder Kräuselschnecken sind von aller Art in dieser Gegend, wovon einige sehr aufgeblasen, mit gezahnten Furchen, und schief gestreift sind. Den Kern eines Trochit fand ich in der Dicke einer Mannesfaust, aber keine Spur von der Schaale mehr daran. Eine Menge versteinter Seeigel war eben auch hier; ich konnte mehr, wie 40 Aborten, und Arten zählen, die ich unter vielen Tausenden sah; allein von den obenerwähnten gro-

ßen

sten keinen einzigen: es scheint also, daß diese Thiere stets ihrem Geburtsorte treu bleiben. Unter den gemeinen, und am häufigsten waren die sternförmigen des Klein, nämlich species Plotii Tab. X. Ich fand sie meistens mit einfachen Strahlen, die Felder aber ganz mit sternförmigen Punkten besetzt; so auch alle jene, die in erwähntem Werke Tab. XIII. XIV. abgebildet sind, kann man hier meistens spathartig versteint finden, zu geschweigen alle die vielen ein- und zweyschaalichten gemeinen Versteinerungen, die mit diesen Seeigeln die Vorgebirge mit ausmachen halfen; denn wenn man alles hier hätte aufzeichnen sollen, so würde ich mein Vorhaben ganz hindansetzen, und, anstatt mein Werk mit diesem Theile zu schliessen, noch vier solche mit Petrifikaten von keinem sonderlichen Nutzen vergrößern müssen.

Nun besuchte ich auch den kleinen Ort Petilia, welches ein auf einem Kalkfelsen gelagertes elendes Dorf, und eines der ältesten Bisthümer der katholischen Gemeinde ist. Der hiesige Bischof hat den 3ten Sitz bey den Kirchen-Versammlungen, seit dem der heil. Nicephorus hier als Bischof gestanden; ich machte auch hier meinen Besuch bey diesem Seelenhirten, welcher der letzte war, nachdem Joseph dieß Bisthum aufgehoben. Als ich nun in das Gebäude des Bischofs kam, so dachte ich wirklich zu des heil. Nicephorus Zeiten zu leben, wo die Hirten noch mit hölzernen Stäben ihre Gemeinde hüteten, und also leicht zu Fuß gehen konnten; da sie aber solche heut zu Tage in Gold und Silber verwandelt haben, so kann es wegen dieser Last ihnen nicht mehr zugemuthet werden, ihre Besuche nach dem Gebrauche der ersten Kirchenjahre zu vollziehen. Die Hütte, wo unser Hirt wohnte, war ein elendes kleines Gebäude, das täglich den Einsturz drohete. Der alte Greis, den ich darinn fand, und nun Bischof von Zeng, oder Sein geworden, lebte, und führte seine ganze Wirtschaft mit einem Jungen, und einer Magd, die alle drey zusammen bey einem Heerd kochten, und sich wärmten, so daß ich mir niemals den elenden Zustand eines katholischen Bischofs auf eine so auffallende Art hätte vorstellen können. Ich bedauerte recht sehr den Zustand dieses Mannes, und glaubte, daß seine Einkünfte so schmal wären, daß er nicht besser leben könnte; allein seine Vorfahrer hatten nur 500 fl. und dieses seine wurden durch die mildreicheste Theresia auf 1500 fl. vermehrt; es war also hier nicht Nothwendigkeit dieses elenden säuischen Lebens, welches dieser Mann führte, noch war es Frömmigkeit noch Freygebigkeit für die Armen, sondern bloser Geiz, der ihn zu einem Quadruped heruntersetzte; und, obgleich Joseph ihm ein
Bisthum

Bisthum von 12000 fl. jährlichen Einkommens dermalen gegeben, so hat sich doch der Lebenswandel bey diesem Manne nicht um ein Haar gebessert, wo er in Bukari seinen dermaligen Wohnort hat, und auch sein Leben wohl mit 90 Jahren schließen wird. Indessen, obgleich der Ort Petina elend ist, so ist die Ansicht schön, und über den größten Theil von Istrien; nur gegen O. machen die montes Caldierac ein Hinderniß, daß man nicht in das liburnische Meer sehen kann. Alles ist um diese Gegend bloser Fels, so auch der hohe Berg Utshka, oder mons major, welcher von allen Seiten Wasser giebt, die sich in den See von Zhepitsh ergießen. Unter diesem oben erwähnten Orte findet man in den schieferichten Kalkhügeln eine große Menge von versteinten Seekrebsen; die meisten sind der cancer pagurus des Linné, der hier grancipori genannt wird; so auch der cancer major des Mathioli, oder Grancevoli: letztere sind die häufigsten; beyde Arten werden zum Genuß noch täglich an den Seeküsten gefischt. Diese Krebse sind nur zum Theil versteint, aber mehr kalcinirt, und stecken in einem grauen Kalkschiefer; manchmal habe ich doch die Schaale davon spathartig gefunden, und vollkommen versteint. In einer tiefern Lage, wo wieder fester Kalkstein sich einfand, kamen viele zwoschaalichte Versteinerungen vor: als Austern, Cham- und Herzmuscheln von vielfältiger Abänderung an Größe, und gestreifter Bildung. Bey einigen Herzmuscheln waren die Backen, nates, ausserordentlich auseinander gebogen, und zugespitzt. Steinbohrer, pholades, kamen mir hier zum erstenmal in Istrien vor, und oft 3 Zoll lang versteint; sie waren vollkommen, und fest in der Steinart sitzend, indem sie beym Leben sich schon einbohren, wie man die Felsen aller Orten an dem Meerufer davon durchlöchert findet. Unter den zwoschaalichten Muscheln waren die Austern, Wasserscheiben, Herz- und Bastardmuscheln am häufigsten; auch ein paarmal fand ich eine Terebratula von der Größe einer Haselnuß, so wie ich sie eben dieses Jahr aus der See von den Afrikanischen Küsten, nämlich bey der Insel Tabark gefischt, um die Hälfte kleiner erhielt. Es war nach Chemnitz Conchylien-Cabinet die Anomia vitrea oder Glasbohrmuschel, welche Tab. 78. Fig. 707. abgebildet ist. An einer 50 Pfund schweren Madrepora ramea Linnei, fand ich mehr als 50 solche wohl bewahrt anhängen, mit einem schwammigten Wesen umhüllt. Röhrenschnecken waren sehr gemein, allein, und auf andern Körpern aufsitzend. Die Aufsitzerde war die Serpula anguina, oder Hünerdärme, die Schaale war der Länge nach gespalten mit besondern Seitenstreifen, welche man sonst an dem versteinten Körper nicht findet. So ist auch hier die Sandpfeife und Horn-

Oryctogr. Carniol. IV. Th.   G   schlange,

schlange, helmintholitus serpula testa contorta plicata semitereti seu vermiculari. Diese beyde Arten lassen sich schwer mehr der Natur nach abnehmen, sind mehr kalcinirt, als versteint, so wie alle vorerwähnte Arten mit Kalk versteint.

Hier kamen auch wieder Seeigel vor, worunter einige Paar sich besonders auszeichneten, nämlich einer der am Rande gezahnt war, wie in drey Hauptlagen getheilt: folglich eine Art eines Räderkuchen, helminthol. echinus rotula, und macht das dritte Geschlecht der vierten Abtheilung bey Klein aus, wie er dann auch auf der XXII Tafel eine Abbildung davon giebt; mir zeigte sich unser Körper seicht, eingezahnt, und die Lagen tiefer getheilt, die man aber wegen der Verstümmelung des Körpers nicht abnehmen konnte, aus wie vielen Stretchen eine solche Lage bestund. Die Versteinerung dieses Körpers war fest, kalkartig, ohne Spath. Die zweyte Art war helminthol. cidaris miliaris, Seeapfel, der beynahe ein vollkommenes Dreyeck vorstellte, indem er an dem Rande wie halb abgeschnitten war, wo er an dem obern, der gegen dem Wirbel zu stehet, den After hatte, so daß, wenn man unsern Körper darauf stellte, er einen vollkommenen, ins Dreyeck fallenden Kegel vorstellte.

Meine fernere Untersuchungen zu dem Flusse Arsa gegen S. waren in eben dem Gebirge voller Versteinerungen. Unter einer Menge Patein, helminth. pateli testa orbiculata vertice integro Gesneri, die ich hier antraf, war ein gerippter Sonnenstrahlschlum, welcher ganz besonders gebildet; er war einen Kubikzoll groß, mit geschlossenem Wirbel, und erhabenen Knöpfchen, von welchen etwas erhabenem gewölbten Rippen, oder Strahlen einige zu dem ganzen Umkreis hinliefen; bevor aber diese Strahlen den Rand erreichten, theilten sich solche gabelartig, dichotoma, in zwey Theile. Die ganze Oberfläche dieses Körpers ist warzenförmig, so wie sein Rand etwas gefaltet. Die Versteinerung ist grau spathartig: man sehe auf der 2ten Vignette zur Vorrede bey A. eine Abbildung davon.

Bey weiterm Vorrücken nach S. zu wurde das Erdreich immer niederer, welches im Grunde Kalk hatte, und mit einer eisenschüßigen rothen Thonerde bedeckt war; so wurden die Versteinerungen immer weniger. Nun wandte ich mich gegen W. über Lipleine nach St. Vincenzo, und dann gegen N. dem Lemmafluß aufwärts. Bis hieher hatte ich ziemlich flaches Land mit beyläufig eben dem Klimate, und Gewächse, wie in der Provence. Der Cistus
nonspel.

monspel. salvifolia, der Wachholder mit blaer, und rother Frucht; Juniperus bermudiana, pistacia terebent. et Lentiscus Linnei u. s. w. waren hier häufig schon anzutreffen, als sich auch die Zikaden hören ließen. Bey Consanara, als ich mich wieder nach R. wandte, kam ich auch wieder ins Gebirg mit Versteinerungen. Unter den unzählbaren Zoophyten, und zweyschaalichten Muscheln zeichnete sich eine Tellmuschel besonders aus; sie hat viel ähnliches mit jener, welche Spengler in dem 3ten Bande, Seite 313. Tab. VII. Fig. 25-28. der Beschäftigungen der naturforschenden Gesellschaft zu Berlin beschrieben hat; nur sind die Streife nahe an dem Schlosse mehr spiralförmig; die ganze Größe beträgt eben auch nur einen Zoll, etwas darüber. Die Versteinerung ist graukalkartig. Man sehe davon die Abbildung auf der letzt erwähnten Vignette bey B.

Im fernern Heransteigen fand ich eine Menge Astroiten, helminth. asteria columnaris, und Rädersteine, helminth. entrochus, und unter diesen den Eindruck eines schmalen Gebißes eines Fisches. Es waren gepaarte Löcher, von Figur einförmig, schief, ein Paar Linien weit aus einander gelagert; an einem Ende giengen sie schmal zusammen, und etwas gebogen, als wie das Gebiß des mergus, oder Sägschnablers des Linné. Der Löcher konnte ich neun Paar zählen; vielleicht waren ihrer viel mehr, indem der Kalkstein, worinn der Eindruck war, durch Verwitterung, oder Rollen des Wassers abgewetzt war. Es ist auch wohl möglich, daß es von einem Wasser- und Landthiere sey, welches uns vielleicht unbekannt ist. Hier in dem Geschober von Kalksteine waren auch versteinte Alcionen kennbar; doch habe ich hier niemals den alcionus fistulosus des Rosini bemerkt, der in dem obern Theile des Landes gefunden worden, und ich im 9ten Stücke des Naturforschers beschrieben habe.

Hier kam ich zu einem Kloster St. Pietro in Bosco genannt, welches von bärtigten, und weißgekleideten Mönchen, die man Paulliner nennt, bewohnt war. Das ist ohne allen Zweifel der einzige Orden bey den Katholiken, wo der Stifter nicht geheiliget worden, vermuthlich weil ihn die Mönche, die den Domherrn niemals hold sind, und der Stifter davon einer von dem Bisthume Gran in Ungarn war, nicht heilig gesprochen haben, welcher es doch eher verdienet hätte, als viele andere, da er die Monaden, oder Vagabonden von Einsiedlern zusammenrafte, und sie unter einer

G 2 gehöri-

gehörigen Disziplin leben machte; allein dermalen bestehtt nichts mehr von dergleichen unnützen Leuten im Lande.

Von dieser Gegend machte ich meine Untersuchungen ferner gegen N. Nicht weit vom Ursprunge des Lenimaflusses fand ich eine mir ganz unbekannte Versteinerung. Es war eine zwoschaalichte Muschel von dem Geschlechte der Kämme, pectines. Das Schloß davon zeigt wenigstens ganz das Geschlecht davon, wie in dem VII Bande, 346 Seite des neuen systematischen Conchylien-Kabinets von Chemnitz unter der Bestimmung pectines irregulares, wo es heißt: pecten inflatus vtrinque hians testa ovali, aequivalvi etc. Allein unser Körper ist auswendig ganz glatt, in der Mitte erhaben, der Rand scharf. Nebst dieser Versteinerung kam mir auch eine Auster, helminth. oftreae vor, die beynahe vollkommen rund war, wovon ich keine ächtere Beschreibung finde, als bey Rumph in seiner Amboinischen Raritätenkammer S. 154. wo er sagt: die ächte Perlemmutterauster wird auf den Amboinischen Inseln gar nicht, wohl aber eine andere Art gefunden, welche dieser sehr ähnlich ist, aber keine Perlen führt; wir nennen sie Teller, (Tafelpoordjes) und silberne Pieringe. Mehrentheils ist sie rund, wie ein Teller, an der einen Seite des Schlosses mit einem Ohr, (welches aber bey dem gefundenen Exemplar nicht zugegen,) der ganze Rand der Schaale umgebogen, und auswendig glatt; inwendig aber durch eine Rippe wie in zween Theile getheilt, wo in der linken Hälfte eine ovale Grube sich befindet, wo ohne Zweifel das Thier angehängt war. In dieser kleinen Höhle stecken noch dermalen versteinte Hellcken, darinn welche einen Körper mit dem Ganzen machen. Das Schloß ist 4 Linien breit, und gegen 10 lang, ganz fein in die Quere gestreift; mitten ist eine abgestumpfte kegelförmige Aushöhlung, wo der erhabene Theil des Deckels hineinpaßt. Das ganze, das Schloß ausgenommen, ist völlig glatt, und spathartig versteint. Man sehe eine genaue Abbildung davon in natürlicher Größe auf der Vignette V. Versteinerte Anomien, helminth. anomales fand ich hier verschiedene, welche den Neriten viel ähnlich kamen; so auch Belemniten, und Bastardarchen. Amonshörner kamen manchmal vor, aber mehr klein, als groß; so sind auch die Versteinerungen des Zoophyten-Geschlechts sehr gemein: als wellenförmige Jungsten helminth. madreporae compositae Labyrinthiform. wovon man manchmal zwey Schuhe große Stücke findet, welche kalkartig versteint sind, und eine ziemlich gute Politur annehmen. Korallinische Röhrgehäuse sind eben auch nicht selten. Ein paarmal habe ich ein unvollkommekommenes Medusenhaupt, helminth. asterias, caput Medusae gefunden, welches nur blos kalkartig versteint war. Bey der großen Menge von Versteinerungen, aus welchen hier das Land besteht, ist der Unterschied sehr groß gegen die etlichen Stunden weit davon eben so niedrig gelegene Inseln, indem man in solchen eine Menge Knochen von vierfüßigen Thieren versteint findet, wie selche Fortis ausführlich beschrieben hat, welche hier nicht vorkommen. Was mag wohl die Ursache seyn? Vielleicht sind diese Inseln vor Zeiten am festen Lande gehängt, und haben eine andere Katastrophe erlitten. Doch Vulkanisches habe ich niemals beobachtet, wodurch auf einmal diese Erdebewohner wären begraben worden. Da ich nun hier gegen S. abermal an die See, oder mare adriaticum kam, und links, und rechts aus vorgehenden Reisen mir alles bekannt war; so hörten dann allhier für allezeit meine physikalischen Reisen in diesem Lande für ewig auf, obgleich es Stof genug hat, um eine eigene Naturgeschichte zu verdienen. Wenn man hier an dem Meerufer sich befindet; und sich gegen N. wendet, so sieht man nur zu klar, daß dieser Theil ein latus subitarum campus aquarum gewesen, und die montes Caldierae, welche auf der Charte des ersten Theils zu sehen sind, geben klar an Tag, daß sie wegen ihrer Höhe als Inseln darin gestanden haben, und sie, wie ihre Nachbarn, welche die Julischen Alpen ausmachen, von einem alten Herkommen seyn müssen, nachdem sie keine Versteinerungen führen, wie ihre untergeordnete Vorgebirge blos aus solchen bestehen; tägliche Erfahrungen der neuern Reisebeschreiber bestärigen dies auch von andern Ländern, wie neulich Volney von Syrien meldet, daß auf dem Libanon, ob er gleich so wie der Berg Carmel aus Kalksteine bestände, doch auf seiner Anhöhe keine Versteinerungen sich fänden. Daß aber der niedre Theil von Histreich (Histria) schon viele tausend Jahre im Trocknen seyn mag, scheint ganz wahrscheinlich; und obgleich der Boden aus blosem Meergrunde bestehet, so ist er doch nichts weniger, als fruchtbar, und man würde sehr falsch schliessen, wenn man behaupten wollte, daß diejenigen Länder am fruchtbarsten sind, welche am spätesten von der See verlassen worden; Hungarn z. B. ist gewiß kein altes Land, wie ich im 2ten Theile erwähnet habe; allein seine Fruchtbarkeit ist lange nicht mit dem Böhmischen zu vergleichen, welches doch ganz gewiß schon länger im Trocknen steht, und stets von Millionen Geschöpfen ausgesaugt wird; denn würde Ungarn eben so bevölkert seyn, als Böhmen, und die Felder nicht so lange brach liegen können, als es dermalen geschieht, so würde man diesen Ueberfluß nie finden, den man dermalen in manchen Gegenden hat, wo man oft nichts als ganze Wälder verbrennt, brenne, um zu düngen. Niemals wird man sich vielleicht von den unübersehlichen Haiden, oder Steppen das zu versprechen haben, was Oesterreich, Mähren, u. s. w. täglich liefert; es sey dann, daß sie durch Länge der Zeit mit Wäldern bedeckt würden, wo dann aus deren Verfaulung fruchtbare Erde darüber gebildet würde. — Was für eine Verschiedenheit des Grundes, oder Dammerde humus vegetabilis von ersterm zu letzterm! Gewiß ist es, daß die Erde nichts weniger, als in dem Grunde des Meeres ausrostet. Es sind der Einwohner zu viel, die täglich Nahrung haben wollen, und wenig zum Wachsthume der Nahrungsmittel beytragen. Aber ganz anders verhält es sich auf der Oberfläche der Erde, wo die Pflanzen, und nicht die Thiere die Oberhand haben; da entsteht täglich, wie gesagt, neue Erde von der Verwesung der Bäume, Thiere u. s. w. welche letzten viel mehr brennbaren Stof in sich fassen, als jene das Meers, wo die Steine in höhern Gegenden verwittern, und in die Fläche geführet werden, wo dann aus solchen die Gewächse vieles zu ihrem Wachsthume finden; vielleicht ist dieser Uebergang der Natur gemäßer, als daß die Schaalthiere die Glaserde in Kalk verwandeln, auf welches dann so angesehene Geologen die Schöpfung gegründet haben; allein Mangel an Erfahrungen von solchen Wohlrednern, die mit der Zeit durch ihre eigene Werke ihre Blöße zeigen, als eines Büffon u. s. w. dann blindes Nachbethen von tausend andern, welche oft nichts, als den Schlamm von dem Zentralketten-Gebirge des Welttheils, wo sie wohnen, gesehen, und oft auch nur falsch geprüft haben. Dieser Irrwahn hat dann beynahe allgemein falsche Begriffe in ganz Europa über die Entstehung der Gebirge hervorgebracht, und glauben gemacht, daß die Gebirge nur durch Feuer u. s. w. entstanden: denn es war immer leichter zu glauben, als zu untersuchen; folglich hat jederzeit die Wohlredenheit, so falsch auch die Sätze waren, behauptet, und wird noch künftighin jederzeit in diesem, wie in allen Fächern der Menschenkenntnisse, die Oberhand erhalten. Wie viel habe ich nicht vergebens an gelehrte Freunde vom Gegentheil, als z. B. wider das Granit-System, Beweise angeführet; allein die ersten Grundsätze, die der biegsamen Seele des Menschen eingeprägt werden, haben oft lebenslang gegen alle Gegenbeweise die Oberhand, obgleich man von dem Falschen mehr als überwiesen ist. Ich kannte einen Materialisten, welcher viel Gelehrsamkeit, und Rechtschaffenheit besuß, und auch so starb; allein in seinen ersten Lebensjahren wurde er sehr mit Alfanzereyen oder Geisterhistorien furchtsam gemacht, so daß ihm die Furcht im Finstern, obgleich er des Gegentheils überwiesen war, stets in etwas anhängen blieb; und so geht es oft mit angenommenen

Kennt-

Kenntnissen, bis nicht Philosophie und Rechtschaffenheit überwinden, wobey freylich immer einige Zweifel noch zurückkehren; doch was schadet dieß? wenn solche den Mann nur aufmerksam machen, und ihn zum Nachforschen und Untersuchen aufmuntern, wodurch dann geschieht, daß sie vielmehr zu Erlangung verschiedener Kenntnisse, die sonst weggeblieben wären, am heilsamsten mitwirkten. So habe ich in kurzer Zeit mit Vergnügen erlebt, daß Männer vom Range, welche dem in Deutschlande aufgestellten Granit-Systeme sonst mit allem Eifer nachbeteten, durch Erfahrung, und eine ihnen beywohnende Philosophie solches nicht allein verlassen, sondern aus Liebe zur Wahrheit ohne alle Rücksicht öffentlich bekannt haben, daß diese ganze Schöpfung von dem französischen und schwedischen Plinius an, bis auf die unzählbare Descendenz ein bloßer eitler mineralogischer Traum gewesen sey. So erklärte sich mir Fortis, auf der Spitze der Schweizer Alpen, so Dietrich, Lapeirouse und andere in ihren Schriften über die Alpenkette, und Pyrenäen, wo sie vor einer Zeit eines ganz andern Sinnes waren, und meine Beobachtung über die ursprünglichen Kalkgebirge für falsch ansahen, nun aber frey diesem meinen Satz beytreten. Nicht genug! diese Männer nehmen sich sogar die Mühe durch ihre eigene gemachte Erfahrungen Beweise dafür anzuführen. Der fleißige und unermüdete Lapeirouse sagte unlängst in einer Note zu seinem Werk, wo er von der Eisenschmelzung der Grafschaft Foix handelt: la constitution physique des Pyrenées diffère absolument de celle du reste des grandes éminences du globe, observées par plusieurs savans Naturalistes, Mess. Pallas, Ferber et de Born. Keineswegs, diese Herrn haben vielleicht zu wenig, falsch, und auch gar nichts beobachtet oder beobachten wollen. Mir ist es leid, daß meine Landsleute noch nicht deutsch genug lernen wollen, sonst würde der Verfasser aus dem deutschen Drucke haben ersehen können, so wie aus meinen Zuschriften, aus was für Theilen die große Alpenkette, nämlich aus Bulgarien bis nach Frankreich zum größten Theile bestehe, welches Lapeirouse mir aber auf mein gegebenes Ehrenwort vor 10 Jahren nicht glauben wollte, als ich an ihn schrieb, daß die Hauptalpenkette der Berge hier aus blosem Kalk bestünde, welcher keine Versteinerungen in sich faßt. Allein seine Antwort war, daß er mir aus der Erfahrung nicht bestimmen könne, indem es in den Pyrenäen sich anders verhielt; hier folgen seine eigene Worte. — Dans la chaine des Pyrenées je distingue deux sortes de montagnes; les anciennes, et ceux de nouvelle formation.— les premieres montagnes sont toutes de granite, celles qui viennent ensuite

de

de schiste, on n'y trouve aucune sorte de pierre calcaire, que du spath, qui est parasite. Ces montagnes sont celles, qui occupent le milieu de la chaine, et qui sont dans un état horrible de dégradation (das sind die, die aus Schiefer bestehen). Les troisiémes montagnes sont celles, où on commence à trouver du marbre, melé de schiste, qui est la base ou matrice. Les quatrièmes sont toutes calcaires. — Mit solcher Zuversicht erhielt ich die Nachricht der Pyrenäen von einem Mann, der stets in solchen wanderte. Fürwahr, und ich dächte nichts weniger, als daß er eben so, wie die meisten Modemineralogen, von dem Vorgebirge aufs Ganze geschlossen habe: indessen wie er es nun in erwähnter Note aus seinem eigenen Geständnisse wahrnehmen läßt, war es doch so, und nicht anders. Wären doch mehr solche Naturforscher durch den Zweifel angefeuert, als ein Dietrich, Lapeirouse, u. s. w. (wo letzterer in den Pyrenäen den Mont-perdu 1900 und mehr klachter hoch fand, und von reinem alten Kalkstein war, so wie Chevalier Napion in Savolen den Granmont in dem Thal de la Tuile, so Höpfner in den Schweitzer Alpen, auf den hohen Gebirgen des Wetterhorns blos Kalk fand) es geworden sind, die höchsten Gebirge durch eine lange Strecke zu untersuchen, wie bald würde nicht die Wahrheit den Sieg davon tragen, und also zeigen, daß die vielfältige Systeme der Gebirge nur meistens ohne alle Erfahrung entstanden sind; und so hoffe ich auch, Herr von Saussure wird der Wahrheit zur Steuer die große Kalkalpkette der Schweitz nicht übergehen, der er nun schon so oft in die Nähe gekommen ist, und so genau im Detail ist; da er uns schon 3 Bände von einem so kleinen Fleck geliefert hat, und noch 5 nachfolgen sollen; und sollte nun dies geschehen, so wird auch mir folgende Stelle aus Hierne zu gute kommen, die man wider mich in einem Chemischen Wörterbuch gebraucht hat, nämlich p. 179. non alia magis insulsa et absona est conclusio: non percipio, ergo non est. A rei ignorantia ad rei existentiam non valet consequentia.

Daß ich mich von Anbeginn dieser meiner lithologischen Arbeit im Betref der Gebirgentstehung an keines der bekannten Systeme eigensinnig gehalten, ja sogar das Granit- und Schlefersystem, vielleicht nicht ohne Grund, gänzlich zu verwerfen schien, darf ich wohl meinen Lesern nicht noch einmal sagen; doch hat mich der eitle Gedanke, den mir manche fälschlich zumuthen, niemals angewandelt, ein anderes dafür nach meinem Sinne aufzustellen. Der so was von mir erwartet hat, ist gewaltig irre gegangen; denn meine Absichten bey diesen fen Unterfuchungen waren rein; ich fpürte nur der Wahrheit nach, von der manche durch ihre Lieblingsfyfteme abgebracht worden – und ein αὐτος εφα galt bey mir nie etwas. – Meine gefamleten Schriften find nichts mehr, und nichts weniger, als geringe Beyträge zu einem künftigen Ganzen. Nur der Hang zur Wahrheit, hat mich zu diefer fchweren Arbeit aufgemuntert, die ich auch ununterbrochen mit Aufopferung aller meiner Kräfte, ohne je eine Vergeltung zu hoffen weder für mich, noch für meine Befreunde, der ich keine kenne, und auf diefem Weltkörper wie ifolirt lebe, ohne an einer Gemeinde, die literarifche ausgenommen, Antheil zu haben. Hieraus kann fich jedermann überzeugen, daß ich nicht nur auf dem kleinen Fleck unfers Planeten, den ich zur Zeit bewohne, für meine Arbeit nichts verlange, fondern auch, daß ich zu wohl begreife, wie unvermeidentlich, fo bald meine Mafchine auffer Gang kommen wird, ich zum Ewigen — und in die Vergeffenheit wieder zurückkehren werde.

Multum adhuc reftat operis, multumque reftabit, nec vlli nato poft mille fecula praecluditur occafio, aliquid adjiciendi.

Plinius.

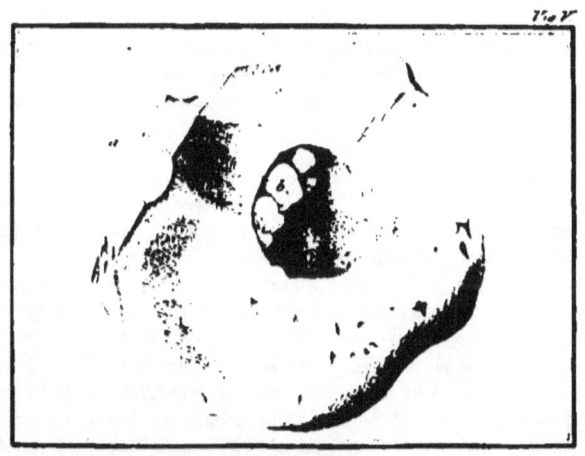

Oryctogr. Carniol. IV. Th.   H.   Anhang.

Anhang.

Im Jahre 1786 — es war eben das Frühjahr — riß sich ein großes Stück vom Tschaunberge, wovon im 1 Theile. S. 7. erwähnt worden, los, und stürzte in das Wipacher Thal. Da in den Klüften dieses Gebirges viel Thon, und Leimerde steckt, so eräugte sich bey diesem Falle, daß das herausfließende Wasser ganz von dem blauen Thon anfangs gefärbt war, und einen etwas mineralischen Geschmack hatte, welcher von dem vielen dabey sich befindenden Kiese, der durch den anhaltenden Sturz entwickelt wurde, herrührte. Ich hofte bey diesem Zufalle vielleicht etwas zum Vortheile zu entdecken; daher ließ ich mir (denn meine Berufsgeschäfte riefen mich ab) sowohl das davon entstandene, etwas mineralisch gewordene Wasser, als auch den Thon, welcher blau war, bringen, um analytische Versuche damit machen zu können. Das ganze, was ich herausbrachte, war etwas glauberisches Salz aus dem Wasser; und der Thon, oder besser Lehm bestund aus wenigen Theilen von Alaunerde, und Eisen, das übrige war Kiesel, und Kalk. Das wenige, was ich hier von diesem, so zu sagen, gemeinen Zufalle im Lande erwähne, geschieht nur aus der Absicht, um die dortige Einwohner einigerweise vor Schaden zu hüten, daß sie, wenn sie in der Schütte graben ließen, gewiß reiches Silbererz finden würden, wie viele dafür fälschlich eingenommen sind.

Seit ein Paar Jahren her, als man mehr mit einem beobachtenden Auge die Eisengruben zu Jauernig, oder Jauerburg bearbeitete, hat man häufig den Braunstein (magnesia) nicht allein ungestaltet, sondern auch etwas krystallinisch gefunden, wie kann auch den rothen Arsenik, Realgar, im ganz weiß blendenden, und schwarzen Kalkspathe. Dermal findet man auch so viel Bergschwärze, fuligo montana, daß man vielleicht einmal solche in den Handel setzen dürfte. Da der Innhaber dieses Werks ein wahrer Kenner, und Beförderer alles dessen, was zur Aufklärung des Menschen dienen kann, ist; so hat er auch täglich so viel, als es im Lande, und bey diesem Eisenwerke sowohl im Betref der Schmelzung, als auch bey dem Baue thunlich ist, Verbesserungen gemacht. Allein bey alle dem kann man sich von dem ganzen Bergbaue in Krain (Idria ausgenommen) keine lange Dauer versprechen, indem bey der dermaligen

Ver-

Verfassung in Bezug der Walbung u. s. w. und in Bezug des Kommerzes die Anhäufung des Geldes im Lande zunimmt; folglich der Lohn der Arbeiter, und die erkauften Lebensmittel in einem gar nicht verhältnißmäßigen Preise gegen den Verkauf des erzeugten Eisens stehn; so ist ohne allen Machtspruch dieses leicht vorzusagen.

Vor ein Paar Jahren hat man unweit Tershitsh, oder Neumarktl in eben dem Gebirge, wovon ich im 1 Theile S. 32. von dem bleuen Kupfsrocher Erwähnung gemacht habe, auch ein reiches Kupfer-Fahlerz, welches 7 bis 8 loth Silber im Zentner hält, entdeckt. Allein so erwünscht, als diese Entdeckung für die Gegend war; so ist doch wie mit allem Bley, und andern metallhaltigen Erzen, die man noch im Lande findet, und darauf schon gebauet hat, kein Anhalten damit gewesen; denn kaum ward ein Bau damit angefangen, so gieng er schon wieder ein. Wenn jemals die Gebirglehre eines Landes für den Bergbau einen Nutzen hat, so ist es gewiß in diesem. Die Steinart mag seyn, wie sie will; und wann sie an dem ursprünglichen Kalkberge ansteht, so kann man mit aller Gewißheit sagen: dieß ist ein zeitliches Gestein, folglich muß das hinten anstehende Gebirg, was der Talu des höhern giebt, die Mächtigkeit des darauf sitzenden zeigen: brechen nun die Erze an der Anhöhe eines solchen zeitlich zertrümmerten Gebirgs, das, wie alle bey uns, aufgesetzt ist; so weiß man, daß es der Mühe nicht lohne damit einen Versuch zu machen. Da es gar keine wahre Ganggebirge in Krain giebt, so hat man auch noch bis zu der Stunde keine Erzgänge entdeckt: selbst zu Jdria ist es mehr ein Stock, als was anderes, der in der Tiefe unter der Ebensole der Erde in blosen Schiefern steckt, und sich nur nach den Schluchten des Thals etwas ausdehnt.

Die Wallererde, wovon ich im 2ten Theile S. 177. geredet habe, hat nach einiger Zeit die Tuchfabrik in Kärnten mit Vortheil zum Walken der Tücher genutzt. Da nun auch eine Fabrik von dem englischen gelben, erdenen Geschirre errichtet werden dürfte, so wird auch dieser die gedachte Erde sehr zu Statten kommen, da sie nach meinen gemachten Versuchen alle Eigenschaften hat, sich sehr gut, und leicht brennen zu lassen, so wie auch die Glasur anzunehmen. Gute Töpfererde hat man nun auch schon bey Weitsh vor der Hauptstadt entdeckt.

Was das Bergwerk Jdria belangt, wovon im 2ten Theile ausführlich gehandelt worden, hat es seit ein Paar Jahren große Veränderungen gelitten, nicht sowohl im Bergbaue, als in der Aufbereitung der Erze, in dem Zugutbringen des Halbmetalls, und ausserordentlich grosser Ausbeute. Der neuen Entdeckungen im Betref der Berg- und Erz-Arten sind wenig; aber sie verdienen doch die Aufmerksamkeit der Mineralogen:

1) Quarzum album lacteum spatosum, fractura arida. Als ich zu Ende May 1787 zum letztenmale dieses Bergwerk, und ein Paar Freunde, die ich noch darinn hatte, besuchte, kam mir ein Stück Breccia von einer Handbreite aus der Grube unter die Hand; sie war, wie sie hier zu seyn pflegen, schwarzgrau, wo auf der Oberfläche ein dunkelrother Zinnober in einen weissen blätterichten Quarzspath umgestaltet, doch manchmal auch scheibenförmig zerstreut liegt. Als ich den Spath ansah, merkte ich gleich durch seinen scharfen Bruch, und Glanz, daß es kein Kalk sey, und die Versuche zeigten mir mehr als zu klar, daß dies ein wahrer Quarzspath sey.

Da nun auch manchmal auf, oder nahe an diesem Spath 18 flächige Quarz-Krystallen sitzen, so mag dieß nach den Grundsätzen des Abbé Hauy seyn, daß alle Krystallen aus dem Vierecke herrühren, und daß hier nur vielleicht der Mangel an dem Raume war, daß die einzelnen Spaththeile keine Säulen, noch Pyramiden haben bilden können. So kann man beyläufig nach diesen Grundsätzen urtheilen; allein man kann noch viel mehr dagegen einwenden. Ich muß aufrichtig gestehen, daß ich solchen Grundsätzen, so wahrscheinlich sie auch von vielen Seiten leuchten, nicht sogleich beyfalle, sondern daß ich es doch mehr mit einem Linné, der die Salze in der Beymischung zur Figur wirken läßt, halte.

2) Spatum crystallisatum irregulare, octoëdrum fuscum, Zinnabari insidens. Dieser unvollkommne, achtseitig gebildte Kalkspath ist erst dieses Jahr zum Vorschein gekommen. Da er auf einem schwarzen, schuppichten Quecksilbererze aufsitzt, so sieht er ganz schwarz aus.

3) Gypsum album crustaceum cum eadem materia crystallisata, hexangulis insidens. Große Platten von Quecksilberschiefer-Erz mit Zinnober sind wie mit einem Gypsmehl schaalicht überzogen; in solchen liegen viele kleine Selenitkrystallen, die aus kurzen sechswinklichten kannelirten Säulen zerstreut sind; wenn diese Krystallen sich zusammenhäufen, so stellen sie wie Dendriten vor.

4) Minera hydrargyri schistosa nigra cum pyrite rodra Zinnabaris mixt. Dieses Schiefererz hat einen sehr geringen Gehalt; hin, und wieder ist

es mit Zinnober schnürelweise durchzogen, wo dann im ganzen ein gelber 10flächlger Eisenkies zerstreut liegt. Dieser ist dann bald mit etwas Zinnober umgeben, oder er schließt auch wohl solchen in der Mitte ein. Da die Bergart ganz schwarz ist, so macht dieß ein sonderbares Ansehen. Hier sieht man wohl ein, daß der Eisentheile zu wenig waren, um mit dem Schwefel lauter Kies zu bilden, indem der übrige Theil mit dem Quecksilber einen Zinnober bildete. Wie es aber geschieht, daß der Zinnober oft genau in den Kieskrystallen eingemischt ist, scheint mir nicht zu leicht zu bestimmen.

5) Minera hydrargyri hemisphaerica aggregata, compacta, rubronigra. Dieses Halbkugelerz schließt kein anderes Quecksilbererz ein, wie im 2ten Theile S. 110 erwähnt worden, sondern es besteht aus den bloßen Blättern, und es ist dennoch so fest, daß es eine Politur annimmt, und hat an Gehalt von 60 bis 70 Pfund im Zentner. Im Jahre 1786 ist solches in einem Schlag so häufig gebrochen, daß man viele Hundert Zentner Quecksilber daraus gewonnen hat.

6) Cinnabaris granulata, compacta, fusca, cum crystallis quarzosis super schistum petrosilicem nigrum. Die Farbe dieses körnigten Zinnobers ist dunkelbraun, mit kleinen Quarzkrystallen gemischt, auf einem schwarzen rauchen Kiesel liegend, welcher in gradwinklichten Blättern bricht, wie ein harter Thonschiefer.

7) Cinnabaris hepatica compacta, fractura lamellosa, aut fibrosa, coloris splendentis. Dieses merkwürdige Produkt der Natur, welches ich den hepatischen Zinnober nenne, giebt bey der geringsten Reibung den Schwefellebergeruch von sich; ohne Zweifel verursacht dieses die Entbindung des Alkali aus dem Kalk mit dem Schwefel durch das Reiben, indessen viele andere Zinnoberarten, die mit Kalktheilen gemischt sind, diesen Geruch durchs Reiben doch nicht zuwege bringen. Vielleicht sind die Kalktheile in dem erwähnten Zinnober der Luftsäure beraubt. Die Farbe davon ist ganz hellroth, aber sehr glänzend; sein Bruch ist jederzeit in Blättern, oder Fäden; seine Mutter (matrix) ist ein harter schwarzer Schiefer. Dieser Zinnober ist nur erst im Jahre 1787 in einem hangenden Schlage entdeckt worden, und dessen so wenig, daß ich kaum ein Stück für mein Kabinet erhalten habe; folglich habe ich bis jetzt noch

keine

keine analytische Versuche damit anstellen können; ausgenommen mit dem Wasser, wo ich gefunden, daß er beynahe gleiche Schwere mit dem künstlichen Zinnober habe: folglich muß er sehr wenig fremde Theile in sich einschließen.

8) Cinnabaris compacta pyriticosa pallide rubescens, fractura arida. Auch dieses Jahr ist dieser Zinnober zum erstenmal gebrochen; er hat die Feste des Kiesels, und ist im Brechen scharf. Der Gehalt dieses Erzes ist von 50 bis 60 Pfund, und auch darüber, Quecksilber im Zentner. Sein Ansehen ist etwas hell, oder blasroth wegen des vielen festen gelben Eisenkieses, welcher ihn aller Orten schnurweise durchsetzt: nebst bey ist auch manchmal etwas Bergart, die aus Thonschiefer mit Kalk gemischt besteht. Da dieses Zinnobererz eine solche feste Textur hat, so nimmt es auch eine gute Politur an.

9) Cinnabaris crystallisata gedra pellucida super schistum corneum nigrum. Obgleich dermal in den Gruben zu Idria die sogenannte Schaustuffen aus krystallisirtem Zinnober mit Quecksilber auf Kalkbreccien nicht mehr vorkommen; so erhält man doch manchmal sehr schön krystallisirten Zinnober auf dem schwarzen Hornschiefer. Der gegenwärtige zeichnet sich ganz aus, nachdem die gerstenkerngroße Krystallen vollkommen ein Achteck, oder eine doppelte viereckigte Pyramide vorstellen; man sehe bey Romé de l'Isle Pl. III. Fig. 25. im 4ten Bande seiner zwoten Ausgabe. Besonders ist es, daß man niemals die Krystallisation des Zinnobers auf andern Steinarten so schön, und groß findet, als auf dem dermal so oft vorkommenden schwarzen Hornschiefer.

Nebst den 9 hier besonders angeführten Berg- und Erzarten hat es noch manche Abänderungen bey der jetzigen großen Erzeugung gegeben, die mit den angeführten Arten und Abarten des zweyten Bandes verwandt sind; allein sie sind zu weitläuftig, und auch zu unbedeutend, um hier angeführt zu werden. Doch muß ich ein besondres Produkt nicht übergehen, welches mir mehr künstlich als natürlich zu seyn scheint, von dem man vorgiebt, daß es aus der Quecksilbergrube von Hydria sey. Dies ist ein seynsollender Quecksilberkalk, wovon Herr Sage im 14ten Theil des Journal de Physique mois de Ianvier 1784 Erwehnung macht. Ich habe solches schwarzbraune Erz vor ein Paar Jahren bey Romé de Lisle und Sage gesehen, allein beym ersten Anblick erkannte ich, daß es kein Hydrianer Produkt sey, und als mein Freund Delisle mir den Versuch damit machte, wie er bey Rozier und in seiner Crystallographie beschrieben ist, so erweckte es bey mir den Verdacht, es sey ein Kunststück, wo man das Quecksilber mit einem
blühen-

blähenden Körper verbunden habe; und also durch die bloße Wärme der Hand, das fliesende Halbmetall hervorbringe, welches zwar auch bey einigen Schlefferarten von Hydria geschah, wenn man sie auf den heißen Ofen legt, aber mit der bloßen Handwärme niemals, und bey all diesen Quecksilberschlerferarten sind die Spalten sichtbar, wo das Halbmetall darin steckt. Sage hat seinen Quecksilberkalk in einer Versteigerung an sich gebracht, folglich war es nur eine Vermuthung, und keine Gewißheit, daß dieß Produkt aus Krain sey. Im Betref der Erzeugniß bey dem Bergwerke zu Jdria muß man sagen, daß es seit 3 Jahren eine ganze neue Epoche gemacht hat. Erstens ist die Ausbeute von 2000 Zentner auf 12000 gestiegen. Zweytens hat man seit 200 Jahren kein Pfund Zinnober alldort gemacht, wo man jetzt schon auf 800 Zentner erzeugt; und wäre es möglich, so würde man noch für einmal so viel Absaz finden.

Der Zinnober, der hier gemacht wird, war von Anfang, wie alle Sachen in der Welt, nichts weniger als vollkommen. Es fehlte sowohl an der Sublimazion, als an dem Feinreiben, wobey aus Mangel guter Mühlsteine und reines Wassers er verunreinet wurde; allein dermal ist diesem allen abgeholfen. Die Sublimazion geschieht mit einem wohl bereiteten Mohr aus 7 Theil Quecksilber, und 2 Theil, ja auch weniger, Schwefel. Die Bereitung dieses Mohrs geschieht mit sehr fein pulverisirtem Schwefel in 20 kleinen Fässern, wo durch das Wasser die darinn steckenden Sprudler, oder Quirlen in kurzer Zeit viele Zentner davon bereiten, der also zu 75 Pfundweise in eisernen Krügen, welche in einem Galleerofen liegen, die mit einem von Thon glasurten Helm überdeckt sind, und mit einer Vorlage versehen, sublimirt wird. Da man bey der Sublimazion anfangs alle Methoden versucht hat, so hat es sich gezeigt, daß die von Schriftstellern vorgegebene Methode der Holländer mit eisernen Platten auf die Krüge gelegt, ganz und gar unanwendbar sey, so wie ich selbst auf meine eigene Unkosten damit einen großen Versuch gemacht habe; denn es muß erstens bey der Sublimazion Luft seyn; und zweytens in der Ferne etwas Kühle, daß der Zinnober sich anlegen kann.

Die Mahlung des Zinnobers geschieht durch den nassen Weg auf Mühlsteinen vom feinkörnigen Granite, des ich im 3ten Theile von der windischen Mark am Berge Bacher erwähnt habe. Da der Zinnober bey dem Mahlen einen Theil seines Phlogiston, oder wie die Manipulanten zu sagen pflegen, seinen Schwefel verliert, und also dadurch blasser wird, so hat man auch wieder dagegen

gen Mittel angewendet, solchen bey dem Mahlen zu ersetzen, um seine hohe Farbe zu erhalten. Wenn ich sage: den Abgang des Phlogiston beym Mahlen zu ersetzen, so ist leicht zu erachten, daß dieß durch ein Mittelding geschieht, welches Mittel aber durch das Auslaugen vom Zinnober wieder abgesondert wird, und nicht das geringste Frembartige dabey bleibt. Ein gewisser Manipulant Weber in Wien sagt in seinem Buche, welches den schönen Titel: Wahrheiten für Fabrikanten führt, daß die Holländer keinen Zusaß beym Sublimiren des Zinnobers brauchen, sondern beym Mahlen; und affektiret hier ein Geheimniß zu wissen, als wenn er nicht hätte sagen können: sie brauchen die flüßige Schwefelleber dazu, welches aber ein Fehler wäre, wenn man solches durch den Geschmack am Kaufmannsgute noch mirkte, wie der Verfasser vorgiebt bemerket zu haben. Er hat in seinem Werke von dem Zinnobermachen in dem Bergwerke Idria vieles gesagt; nur wünschte ich für den Verfasser, daß er's aus bessern Quellen geschöpft hätte, um nicht so viel Unwahrheiten in die Welt hinauszustreuen; folglich ist es nicht angenehm für einen Mann, der Kornbecks Sudeley vom Zinnobermachen übernommen und auf einen bessern Fuß gesetzt hat, dann aber der Abschnitt gemacht worden ist, nicht mehr, wie Kornbeck, von den Einkünften des Staats zu saugen, wie man aller Orten in der Monarchie vor Zeiten zu thun gewohnt war. Diejenigen irren sich sehr, wenn sie sagen: der dem Monarchen den Rath gegeben habe, selbst in seinen Bergwerken Zinnober fabriciren zu lassen, hat es mit ihm nicht gut gemeint. Suckov, und viele andere rechtschaffene Patrioten haben doch eben das gethan, was ich that; wäre ich in meinem Vorschlage nicht sicher gewesen, so würde ich, als mir vor einigen Jahren die Gnade zufloß, dem Monarchen in meiner Wohnung in Laibach verehren zu können, nie die Dreistigkeit gehabt haben zu sagen: Eure Majestät haben einem jeden erlaubt Zinnober zu fabriziren, welches aber besser wäre, wenn der Staat dieses selbst übernähme, indem solches mit vielen Vortheilen, und ohne alle Verfälschung geschehen würde, welches bey Privaten so sehr zu befürchten ist; wie dann schon mancher eine Bleykolik an Hals bekommen, wo Menig unter dem Zinnober war, und unnüßerweise solchen die Mediziner noch dem antispasmodischen Pulver beylassen, u. s. w. und so hatte ich das Glück, daß mein mündlicher Vortrag gefruchtet hat, was ich durch den Druck seit 12 Jahren nicht habe bewirken können, nämlich die Erzeugung des Queckfilbers zu erhöhen, seinen Preis zu erniedern, und Zinnober im Werke zu fabriziren, u. s. w. Daß der Zinnober von einer guten Beschaffenheit seyn muß, und nüßlicher, und sicherer in den Händen der Monarchin, als eines

Priva-

Privaten sey, zeigt die Erfahrung, da man dermal 1787 mit 800 Zentner nicht mehr auskam; denn man brauchte das Jahr bereits 1200 Zentner, um den in- und ausländischen Handel zu befriedigen. Da der Zinnober alle die Schönheit des Holländischen hat, und troß aller List, welche die Froschländer gespielet haben, die idrianische Fabrik in Mißkredit zu sehen; so wird doch solcher mit Profit um 175 bis 180 Gulden den Zentner hingegeben, wodurch der Zentner Queckfilber der idrianischen Fabrik 167 fl. zu stehen kömmt, wie einem jeden Ausländer, Spahnien ausgenommen; folglich kommen nur 7 bis 12 fl. Unkosten um den Zentner zuzubereiten. Schwerlich wird sich jemand je schmeicheln können, um diesen Preis dieses Produkt hervorzubringen, wie es dann auch die Erfahrung gegeben, daß der Fabrikant Weber, und andere mit ihren Zinnober-Fabriken in die Ruhe geseßet worden.

Was die Lebendigmachung (revivificatio,) des Queckfilbers aus seinen Erzen belangt, ist ebenfalls alles zum Besten des Staats geändert worden. Die spanischen Oefen, welche ich im 2ten Theile beschrieben, und abgebildet habe, haben eine große Verbesserung erhalten, indem vorher von 10 bis 17 Prozent in der Ausbrennung verloren gieng; anstatt der Rinnen, und Alubeln sind in dem Zwischenraume von den Oefen zu den Kaminen noch 5½ lachter hohe Kamine mit Abschlägen gesetzt worden, wo also der Raum des Queckfilberrauchs zehn mal mehr vergrößert worden, und also Zeit haben sich abzukühlen, und der Verlust bey der Brennung sehr vermindert wurde; wozu noch dieses kömmt, daß währender Operation das lutiren, oder Verschmieren der Rinnen nicht mehr nöthig ist, welches doch dem Arbeiter an seiner Gesundheit so nachtheilig war. Da man dennoch den Verlust daher nicht ganz heben kann, weil man das füglich bereitete Absorbens, nämlich den gebrannten Kalk nicht zusetzen kann; so hat man auf eine andere Methode gedacht, wie man alle Erze, die zu Schliche gebracht werden, ohne in Ziegel zu bilden, ausbrennen könne. Man machte also den Versuch mit Flammöfen, wo man auf dem Heerde die Schliche mit dem gehörigen Zusaße, um den Schwefel aufzunehmen, und das Queckfilber zu befreyen, mischen konnte. Dieser glückliche Versuch gelang so ziemlich gut; allein die Schliche, die auf dem Boden lagen, brennten sich nicht ganz aus, indem es mit dem Umrühren nicht angieng. So gut als nun dieser erste Versuch ablief, war man noch glücklicher mit der Verbesserung; man machte den Heerd, worauf die Schliche zu liegen kommen, von Eisen, und unter solchen wurde dann wieder ein zweytes Feuer von der Gegenseite des erstern gemacht, wodurch also die Schliche so rein ausgebrannt worden, daß auch nicht ein loth im Todtenkopfe, oder in der Schwefelleber zurück blieb, und also nicht ¼ Pfund vom Zentner in der Operazion verloren gieng. Die Leitungen von diesen Flammöfen, deren 7 errichtet sind, sind wie bey den verbesserten spanischen Oefen mit lauter Kaminen. Nun kann man fragen, da die Flammöfen so nutzbar sind, warum schaft man die spanischen nicht ganz ab? Allein dieß kann für dermal nicht angehen; denn die Erzeugniß von 13 bis 14000 Zentner Quecksilber u. s. w. des Jahrs ist zu groß, um alles zu Schlichen reduziren zu können; obgleich das Wasch- und Schlemmwesen große Verbesserungen erhalten hat, so ist man doch noch gezwungen, die ganzen Erze in den spanischen Oefen auszubrennen.

Vor Zeiten hat man die Schliche zu einem gewissen reichen Gehalt bringen müssen, was dermal nicht nöthig ist, indem sie nicht mehr durch die mühsame Arbeit zu Ziegel geschlagen werden; folglich auch bey dem Schlemmen viel Zeit, und Arbeitlohn ersparet wird. Man kann sagen, daß Idria in der Manipulazion, so wie in allen Stücken der Verbesserung zum Wohlseyn des Staats eine vollkommene Epoche seit zweyen Jahren erlitten hat, nämlich von dem damaligen Gewinn höchstens pr. 100000 auf eine Million, und darüber reinen Nutzen gestiegen ist; und das zwar durch einen einzigen Mann, nämlich durch den siebenbürgischen Gouvernialrath Leithner, dessen Freundschaft mir seit 20 Jahren höchst schätzbar ist. Nur bedaure ich sehr diesen würdigen Freund, mit dem ich einige Jahre in dem Werke mit Vergnügen gelebt habe, daß seine Gesundheit nicht eben so Herkulisch, als sein Unternehmen ist, sondern zu befürchten steht, daß er vor der Zeit durch sein ausserordentliches Anstrengen dem Staate, und dem Monarchen nützlich zu seyn, sein Leben einbüssen werde. —

In dem Ersten Theil habe ich von der Gegend Civita nova und Capo d'Istria Erwehnung gemacht, und gesagt, daß in diesen Gegenden der Kalk mit dem Sandstein abwechsele. Nun hat man seit einem Jahre nahe bey dem kleinen Städtchen Pinguente in einem Hügel einen grauen ziemlich ergiebigen Alaunschiefer endeckt, welcher von einem Handelsmann in Triest, gebaut und zu Kaufmannsgut gebracht wird. Ich habe die Proben van allem gesehen, nur hätte ich gewünscht, daß die Leute, welche vom Ganzen nichts verstehen, mehr meinen Rath beym Aussieden angenommen hätten, um nicht unnützerweise bey ihrer Sudley so viel Holz zu verschwenden, als dermalen geschieht.

Ver-

Verzeichniß

der Materien, welche in den IV Bänden enthalten sind; die römische oder erste Zahl bedeutet den Band, die zweyte die Blattseite. Anh. den Anhang.

A.

Abdrücke von Fahrenkraut IV. 5. 40.
Abnahme der Bergwerke in Krain durch die Menge oder Wohlfeile des Geldes III. 38.
Aglar oder Aquileja ein Dorf I. 1.
— wo seine Lage ist I. 1. 3.
— eine blühende Stadt unter den Römern I. . 1.
— unschicksam für einen Seehafen I. 3.
— sein Boden I. 3.
Alaun Bau vor Zeiten III. 39.
— bey Pinguente IV. Ah. 66.
Alpes carnicae juliae Ursprung I. 3.
Alpkette deren Lauf I. 13.
— von Servien bis nach Karnien bloß kalkartig I. 106.
Alter des Bergbaues ohnweit Guosdanski IV. 17.
— wenn solcher wieder aufgenommen IV. 17.
— warum in Verfall gekommen IV. 17.
Annus magnus der Alten I. 117.
Aqua frigida oder Vipanzafluß, Lauf unter zwey hohen Bergen durch I. 129.

Arduini, Schiefer-Sysrem falsch erwiesen I. 74.
Argilla cryſtalliſata III. 119.
Argonauten, siehe Zug derselben.
Attila König der Hunnen I. 2.
Aufarbeitung der Bleyerze zu Bleyberg III. 88.
— der Quekſilbererze zu Hydria II. 100. IV. 65.
Außfluß der Savina oder Sau in die Sava III. 149.
— Sana in die Una IV. 9.
— Sava in die Donau I. 100.
Aussicht vom Berg Bacher u. s. w. III. 118.
— Klek IV. 4.
Auswitterung, sonderbare am Berg Nanas I. 5.
— von Kalkstein auf dem Karsch I. 65.

B.

Bach Rakiterzbezeza unter der Erde I. 151.
Barometerhöhe am Adriatischen Meere II. XXIX.
— zu Laybach ebend.

Basalt, schuppichter mit Quarzadern I. 11. II. 107.
Bastartarche versteint III. 22.
Bau auf Silber III. 114. IV. 13.
Behandlung der Eisenerze zum schmelzen I. 20.
Berg- und Steinarten der Hydrianer Gruben II. 59. 77.
Berg Bable sob Jelanza, Sobka, III. 2.
— dessen senkrechtes Fallen III. 3.
— Uraina persh III. 16.
— Srebernial IV. 12.
— ist vor Zeiten gebaut worden IV. 12.
— s.ine Lage IV. 12.
— Vratnik auf dessen Gipfel Eisenerz IV. 21.
— Wacher dessen Steinart III. 35.
Bergbau auf Silber I. 7.
— Eisen in der Wochein I. 18.
— Eisen in der Wochein von eigener Art I. 19.
— alter in der Wochein I. 19.
— auf Eisen auf dem Bacher III. 118.
— auf Bley zu Rud und Lakauz III. 136.
— zu Guosdauski IV. 15.
— zu Feistriz und Althammer I. 18.
Berggrün III. 47.
Berg-Papier III. 72.
Berlinerblau natürliches II. 13. III. 66.
Bestandtheile des Kalks I. 108. 109. u. w.
Beständige Schaffung oder Auflösung der Erde I. 117.
Betrachtung über Reichthum der Bischöfe III. 111.
Beweise daß der Quarz oder Hornschiefer auf dem Kalk ansitze III. 28.

Bevölkerung deren Zunahme III. 145.
Bihácz oder Bihitsch, türkische Vestung IV. 14. 31.
Bisterza scharfe oder Wildbäche I. 36.
— bey Stein führende Steinarten I. 37.
Blende in den Eisenspathgruben III. 31.
— in den Bleygruben zu Bleyberg III. 79.
Bleyberg, Bergwerk III. 66.
— dessen merkwürdige Versteinerung III. 73.
Bleyerzeugnisse zu Bleyberg III. 91.
— Erze zu Jauernig III. 31.
— Erze zu Rabl III. 51.
— Erze zu Bleyberg III. 80. 87.
— Erze zu Slateneg III. 155.
— Erze bey Plaskopolie IV. 3.
— Erze bey Glaviza maidan IV. 15.
Bleyspath gelber von Bleyberg III. 84.
Borea, schrecklicher Nordostwind I. 4.
Bohrmuschel in dem Felsen an der See I. 4.
Braunstein zu Jauernig IV. 58.
Breccia silicea et quarzosa I. 10.
— indeterminata I. 12.
— silicea calcarea I. 12.
— auf Kalk sitzend I. 12. III. 102.
— Iaspidea III. 7.
— Iaspidea, chemische Untersuchung dieses Steins III. 8. 9.
— marmorea III. 40.
— pidochiosa III. 105.
Brächtigkeit der Kalkgebürge I. 5.
Brunquellen von Ribnik und Strebaz II. 23.
— Versuch damit II. 23.
Bunsefezt, ein sehr beherztes Volk IV. 34.

Bukari

Bukarj kleine Seestadt I. 48.
Bukarieza ein Dorf an der See I. 49.
Büsching französische Erdbeschreibung I. 1.

C.

Chalcedon grauer II. 158.
Chamiten im Sandstein II. 35.
— versteint IV. 23. 49.
— in Eisen vererzt III. 183.
Campus saxosus Steinfeld III. 149.
Canal Marktflecken in einem engen Thal I. 11.
Corbaria oder Cribasiz, schönes Ländchen, eben und mit hohen Bergen umgeben IV. 34.
Cormons kleine Stadt I. 10.
— Pfennigsteine allborten, ebend.
— Lava allda, ebend.
Cornealhöle und Versteinerungen allda IV. 40.
Capo d'Istria Seestadt I. 59.
Czardak oder Wachthaus auf Pfählen IV. 9.
Czirovátz, Bach IV. 9.
— dessen Ausfluß bey Dvor in den Unafluß IV. 9.
— Gebirg an diesem Fluß IV. 9.
— Erzgänge allda ausbeissend IV. 9.

D.

Dazien (Dacia) oder Siebenbürgen I. 47.
Damaszenische Erde III. 175.
Dämme natürliche aus Gebirge III. 6.
Dendriten, für Silber gehalten I. 7.
Diaspro peragone II. 167.
Distillation des Quecksilbers mit Retorten II. 149.

Distillation der Quecksilbererze, verbesserte Methode zu Hydria IV. 65.
Dobrafluß, geht bey Ogulin in die Erde IV. 36.
Dobratsh abgerissener Berg der Kette III. 66.
— dessen Höhe gemessen III. 93.
— Verhältnisse gegen den Berg Klokner und Terglan III. 93.
Dörfer drey Teutsche in Krain I. 48.
Dubiza Städtchen an der Una gelagert IV. 6.
— Steinarten allda IV. 6.
— Türkischer seits IV. 6.
Duhain Eisenerz allbort. I. 35.

E.

Einsenkung der Berge I. 7. IV. Ab. 58.
Einreissende Berge, Bäche, Dämme zu Entdeckungen der Erze I. 12.
Enhydros, von Mergel mit Quarzkristallen 9.
Einsturz des Bergs Dobratsh III. 95.
— des Bergs Tschaun IV. Ab. 58.
Eisberg oder Ferner am Terglon II. 10.
Eisenerz tropfsteinartiges I. 45.
— weisses I. 48.
— oder Mobererz bey Saurach II. 22.
— Gruben zu Lösenborda, Veherzhe, Pelana, Zeier, Sokgrib, Jelanza, Meshekla, Sherotner, Jamniker, nasa drogo Gora, Gerzhab, Laposie II. 171 s 183.
— tetrahedrisches kristallisirt und kompact III. 121.
— bey Lashko III. 141.
— dessen Entstehung im Kalkgebirge III. 121.

Eisenerz an dem Gebirg Petrovagora IV. 34.
— bey Pasna in Istrien IV. 44.
Eisenspath zu Sava, Jauernig III. 27.
— mit Kupfer und Bley zu Glavizamaidan IV. 15.
Eisenwerk, an dem Bach Radolna III. 10.
— zu Sava, Jauernig III. 27.
— an der Miß III. 114.
— zu Gurb oder Kerka III. 157.
— in Bosnien ohnweit der Una IV. 5.
— bey Merelavodiza IV. 37.
Enhydros von Mergel mit Kristallen I. 9.
Entblösung der Berge von Malding, dessen Nachtheil III. 96.
Entstehung des Schiefers I. 103.
— der Kieselarten I. 120.
— der Erzgänge auf Anhöhen. III. 120.
Epoche bey dem Bergwerk zu Hydria im Jahr 1787. IV. 59.
Erde bey Aglar, aus Dorf und Mergel I. 2.
Erdbeben vom Jahr 1755. hat auch in Krain Aenderungen verursacht III. 6.
Erde gelbe zum Färben II. 159.
Erdboden von Natur hohl I. 152.
Erdkugel deren beständige Veränderung I. 113. u. f. w.
Erzdieberey zu Hydria II. 48.
Erzeugnisse von Queksilber große zu Hydria IV. Ap. 59.
Erze neue Anbrüche zu Hydria IV. Ap. 59.

F.

Fahrenkraut, Abdrücke davon IV. 5. 40.
Fabri besondre auf der Sava I. 39.
Fakersee III. 99.
Feldspath kubischer mit Einfassung III. 105.
Felsenplatte von Sandstein I. 59.
Felsenspalten des Berges Golak I. 6.
Ferrum retractorium globulare I. 52.
— jaspideum fragile III. 46.
Fische leben nicht beym Ursprung der Sozha III. 43.
Fiume siehe Reka.
Flammöfen zu Raibl für Bleyerz III. 56.
— zu Hydria IV. 65. 66.
Flächen aus welchen Berge entstehen I. 13.
— in Sirmien ebend.
— in Slavonien ebend.
Flitsch oder Pleß, samt der Gegend III. 48.
Flözgebirge zetlich entstandenes I. 68.
— auf Kailberg aufsitzend II. 30.
— III. 125.
— besonderes III. 149.
Fluß unter der Erde I. 69. 70.
— unter der Erde als Ribenska, Globousha, Sushnieza, Aish, Bisterza, Lasti; potok u. s. w. I. 150.
Görlach Gewehr-Fabrik III. 101.
Fungit besondrer III. 16.

G.

Galaxia Plinii I. 37.
Ganggebirg was es sey IV. 9.
— Guosdanski IV. 15.
— vor Novi IV. 9.

Gang-

Gauggebirg um Zrin IV. 4.
Galmey zu Rabl III. 54. 62.
— zu Bleyberg III. 76.
Geblrg aus halbmondförmigen Schichten IV. 37.
— zu Rusetzasteina IV. 38.
— hohles I. 50.
— gemischtes von Hraska-gora III. 114.
— Okich enthält Eisen IV. 2.
— Sumberak IV. 2.
— Sagrab IV. 2.
— Bruvno enthält Eisen 2,2.
Gediegenes Eisen besteht in der Natur nicht IV. 22.
— Eisen am Gebirg Brouvno gefunden IV. 22.
Gefahr die Kalkgebirge zu besteigen I. 15.
Gegend um Hydria II. 34.
— schöne um Laybach II. 12.
Geilthaler deren Kleidung III. 98.
Geilrbal Steinarten alldort III. 66.
Geilthalfluß oder Sila III. 98.
Gaisbergerstein der Schweiz I. 28.
Geschlossene Thäler oder Kessela I. 6.
Gestellstein II. 167.
Gesundquellen bey Wisterza I. 153.
Gewitter, abzuwenden durch Kirchen auf Bergen III. 124.
Gewerken erste von Hydria II. 45.
Gips, zeigt sich nur im Verborgenen I. 116.
Gipsstein spathartiger III. 39.
Giebmnmuscheln versteint I. 58.
Gladka-baba, Berg dessen Bestand I. 121.
Glana oder Glina ein Ort ohnweit der türkischen Grenze IV. 23.
Glanafluß IV. 24.

Glanafluß, dessen Gegend aus Kalk-Sediment IV. 23.
— viele Versteinerungen IV. 23.
— dort brechender rother Sandstein IV. 23.
Glashütten an Zirknizer See I. 103.
Glaßkopf, rother I. 17.
— traubenartiger I. 18.
— oder Bohnenerz zu Veberzhe II. 31.
Glaßartige Steine auf Kalk stehend I. 26.
Glogova, die Gegend welche vor Zeiten bevölkert war IV. 33.
Goldbau auf solchen vor Zeiten III. 65.
Golakberg I. 6.
Golfo di Carnero I. 49.
Gomirje, Kalobier-Kloster am Berg Klek IV. 4.
Görzo Goriza Stadt in Friaul I. 4.
— Gebirgart alldort I. 4.
Graben bey Aglar gelegen um das Land sns trocken zu setzen I. 2.
— bey Laybach, unnützer II. 30.
Granatstein III. 66.
Granit unächter I. 13.
— ächter schwarzgrau III. 104.
— rother III. 105.
— verschiedene am Bacher III. 115.
— grüner III. 144.
Griechen, machen sich zu Aglar seßhaft I. 3.
Grotte unterirdische bey Podpetsh III. 105.
— unterirdische bey Kumpal I. 67.
— unterirdische bey Adelsberg I. 125.
— unterirdische, übertriebene Beschreibung bey Valvasor I. 123.
— unterirdische bey St Magdalena, deren Tiefe 123.

Grotte

Grotte unterirdische zu Lug oder Preds
jama, deren 3 über einander sind
I. 128.
— unterirdische viele am Zirknizer
See I. 129. u. f. w.
— unterirdische am Berg Smarna-
gora III. 25.
— unterirdische am Berg Laisbna-
gora III. 159.
— besonders darin gebildete Elefanten,
ebend.
— bey Kosirie III. 15.
— bey St. Servelo I. 66.
— bey Corneal I. 67. IV. 40.
Grund- und Hauptgebirg kalkartig I. 22,
Grund-Erde eine Einzige I. 165.
Gruben von Steinkohlen I. 70. 71.
Gruben-Bau zu Hydria II. 49.
— bey Guosdanski IV. 15.
Gubavchevopolie, Thal, Vorfall in
solchem IV. 33.

H.

Hangend und Liegend der Hydriäner Gru-
ben, doppeltes II. 57.
Holetrichon sehe Vitriol.
Harzbäume, sind keine Gewitter-Ableiter I. 15.
Herzmuschel III. 15.
Heydenschaft oder Haidusha-Thal,
Mark I. 8.
— Hofnungsbau allort ebend.
Hochofen zu Zbuber I. 44.
Holzsteinkohlen I. 41.
— verhärtete in dem Morast II. 2.
Hornblende verschiedene am Bacher III.
116.
Hornschiefer in Zriner Gebirg IV. 5.
— zu Dvor IV. 9.

Hornschiefer im Gebirg von Guosdanski
IV. 15.
Hornstein an der Sazha I. 11.
— im Kalk I. 123. II. 30.
— vielfärbiger mit Quarz I. 142.
— auf dem Zitscher Boden IV. 40.
Hornachat von verschiedenen Farben I.
143. 144.
Hrovat oder Kroat dessen Kleidung
III. 100.
Hüttenleute deren Unwissenheit in Krain
I. 25.
Humus Vegetabilis, siehe Pflanzen-
Erde.
Hydria Lage im Bannat II. 36.
— dessen Alterthum II. 43.
— Bergwerk I. 6.
Hyderza, siehe Fluß.
Hysterich oder Istria I. 58.
Histerolithus oder Venusmuschel
versteint II. 3.

J.

Japoden oder Zbizben IV. 42.
Jaspis-Erz I. 48.
— Onix bey Prem I. 119.
— grüner II. 21.
— blaßgrüner II. 24.
— Achat II. 168.
— bänderartiger III. 7.
— der mit Säuren die Farbe verliert,
und braust III. 7.
Jauernig Bergwerk und Stahlhammer
III. 27.
— brechender Stahlstein und Eisenerz
III. 29. 30.
Idria siehe Hydria.
Jeser oder See, ein Thal in den Alpen
III. 12.

Jeser

Jeſer, Sauerquellen allda III. 12.
Inſel Damian von der Una gebildet
 IV. 6.

K.

Kalkfels grauer I. 3.
— mit Thon bedeckt I. 12.
— ſchaalicht brechend III. 23.
— deſſen Schichtenlage I. 15.
— Verwitterung in Thon I. 107.
— mit Muſchelſchaalen II. 3.
— mit Schiefergebirg II. 5.
— gibt am Stahl-Feuer II. 7.
— deſſen Verwandlung II. 8.
— mit Quarzkriſtallen II. 164.
— ganz weiſſer III. 21.
— bricht rautenförmig III. 48.
— ſchwarzer in Schichten III. 112.
— in weiſſen Sand zerfällt III. 113.
— Spatbigter IV. 8.
— weiſſer der ſich nicht in Thon auflöſt III. 65.
Kalkſpath, rother in groſſem Anbruch III. 156.
Kaltwaſſer, Hütten allda III. 56.
Kamelk, hohes Gebirg allda I. 33.
Kamogovina, Kalediere Kloſter, deſſen Gebirg IV. 4.
Kamnagoviza, Bergwerk II. 182.
Kanalthal III. 64.
Kanker, Fluß, deſſen Steinart I. 37.
Karlſtadt, Veſtung, deren Lage IV. 25.
Karniſche Gebirge, deren Anfang I. 112.
Karſcht, kahle Gegend I. 65.
Keſſel in Felſen, was ſo heißt I. 6.
Keraſtein III. 106.
Kheſtau, Ort in Liburnien I. 51.
Ketten zerberg I. 41.
Kieſel, hornartige II. 21.
— gefärbte II. 168. IV. 2.

Oryktogr. Carniol. IV. Th.

Kieſelgebirg auf Roſt III. 28.
— Steine deren tägliche Bildung IV. 9.
Kieſe, beſondre II. 77. 78.
— beſondere kriſtalliſirt ohnweit Movi IV. 9.
Klanſen zur Holzſchwemmung II. 155.
Klek, hoher Berg I. 48.
Kleidung der Oberkrainer III. 40-43.
Kornbek's Zinnoberfabrik IV. Ap. 64.
Koſtainicza Stat IV. 6.
— Gebirgart allda IV. 6.
— Contumazhaus in der Una IV. 7.
Koſtel an der Kulpa, Quellen allda IV. 39.
Krainn, Ort, Lage auf Fluſſſteinen III. 14.
Krapina, Ort, Warmbad III. 126.
— Geburtsort des Ibech und Lech ebend.
Kreide ein Merkmal auf Eiſen III. 44.
Kreisſtein II. 1. 65.
Kriſtalliſation deren geſchwinde Bildung I. 38.
Kriſtallen, oder Quarz von Zirknitz I. 140.
— von Berg Raza Rebra I. 141.
— auf dem Kalkſtein ebend.
— in Kaiſerkron Geſtalt I. 145.
— Spatbartiger beſonders III. 9.
— aus Quarz beſonders gebildet III. 162-165.
Kroppa, Bergwerk II. 176. 181.
— Verſteinerungen allda ebend.
Kroaten deren Tracht an der Una IV. 8. 32.
Kugel von ſchwarzem Hornſtein, Lapis thracicum I. 143.
Kulpafluß (Colopis) I. 41.

K Kupfer.

Kupferblau in Spath bey Neumarktl I. 32.
Kupferbergwerk Szamobor III. 182.
Kupfersilberer IV. 59.
Kupfererz, gelbes aus Bach Czirovácz IV. 15.
— bey Guosdanski IV. 17.
— graues auca ebend. 17.
Kupferkies ohnweit Glavizas maidan IV. 15.
Kupfer-Desen bey Guosdanski IV. 21.

L.

Lanishs, Bau auf Silber II. 157.
— Sandstein alba ebend.
Lapis suillus oder Stinkstein I. 65.
— beganensis II. 15.
Lava bey Cormons I. 158.
Lehmerde IV. 2.
Lepoglava, Ort in der Illirischen Fläche III. 127.
Liburnien dessen Beschaffenheit I. 54.
— Einwohner I. 55. 56.
Lignum fossile I. 41.
Lohn der Bergleute zu Hydria II. 54.
Logas, wo die Bäche in die Erde gehen I. 129.
Loibel, Berg I. 32.
Lublana oder Laybach, Lage u. s. w. II. 16.
Lublanafluß II. 17. 18.

M.

Mabrabl, Ort III. 65.
Marburg, dessen Fläche und Ort III. 123.
Manganesia oder Braunstein III. 46.

Marmor-Arten I. 30. 33. 153. II. 19. u. s. w.
Marmor stratarium II. 2.
— tantum Linné II. 6.
— di Carara II. 159.
— aus gefärbten Muscheln III. 72.
— im Saguaber Gebirg IV. 2.
— Istrien IV. 20.
Medevias, Bach, läuft unter der Erde IV. 36.
Medusenkopf versteint III. 16.
— in Istrien IV. 53.
Meinungen der Geologen nach der Lage Ihres Befindens I. 94.
Mergel bey Aglar I. 2. II. 2.
Mergelstein wird am Tage hart II. 35.
Mergelschiefer III. 47.
Minera ferri placentiformis II. 18.
Mineralwasser, zu Natlohen-kamma III. 130.
— an der Una vor Novi IV. 9.
Mittelstein was es sey I. 77.
— Sandartiger ebend.
— Jaspisartiger I. 77. III. 7.
— Jaspisartiger, Versuche damit I. 79. 91.
— Ursach dieser Benennung I. 117.
Mitterburg, s. Pasna.
Moderer, eisenhaltig II. 5.
Monte santo, schöne Aussicht I. 10.
Monts tertiarii des Arduini I. 120.
Morast großer bey Laybach II. 1.
— einmal ein See II. 28.
— nach dessen Ablauf ein Wald geworden ebend.
Moorerde am Morast zu Laybach II. 2.
Mrzla, Ort, Rubstatt des Historiograph Valvasor III. 20.
Murkstein III. 14.
Muschelkalkstein bey Slabina IV. 6.

Muschel-

Muschelkalkstein bey Roſtainitza IV. 6.
Muſchelmarmor zu Bleyberg III. 73.

N.

Nanas, Berg in den Juliſchen Alpen I. 5.
— aus Kalk ebend.
Nagelfluhe der Schweizer (Breccia) I. 119.
Natürliche Grenzen von Italien mit Teutſchland I. 9.
— Grenzen mit Frankreich, mit Piemont und Iſtrien ebend.
Naſbes, Ort Eiſenerz allda I. 12.
Nauportus, wo er gelagert I. 122. 155.
Novi, Türkiſcher Grenzort an der Una IV. 9.
— deſſen Lage IV. 9.
— Bley-Anbrüche nicht weit davon IV. 9.
Numiſmali, Linſenſteine IV. 47.
Nutzen der Taubenkelle in den Gruben II. 57.

O.

Oede in dem hohen Gebirg I. 15.
Ofen, Spaniſche zu Hydria II. 139. 148.
— deren Erfinder ebend.
— deren Fehler ebend.
— deren Verbeſſerung IV. 65.
Oguli Ort IV. 36.
— unterminirt von der Natur IV. 36.
Olich, Berg, gemeines Eiſenerz IV. 2.
Opaliſirender Schiefer von Bleyberg III. 73.
Opble III. 12.
Orlicza, verſunken IV. 26.
Oſteoceratiten I. 32. III. 15.

Ottoczauiſche, deſſen Lage IV. 32.
— Weiber-Tracht allda IV. 35.

P.

Palmas nova, venetianiſche Veſtung I. 3.
Papichi, moraſtige Fläche IV. 5.
Parenza, Biſchof allbort deſſen Sammlung I. 59.
Paß Koritenz IV. 30.
— Klupa IV. 36.
Paſna, Hauptort in Iſtrien IV. 44.
— deſſen Lage und Grotte IV. 44.
— Verſteinerungen allbort IV. 44.
Pedel, deſſen Gebirg und veſtes Schloß IV. 14.
Perlauſter verſteint IV. 52.
Petina Ort Verſteinerungen IV. 47. 48.
Petrinja Stadt, deren Lage IV. 4.
— Einwohner IV. 4.
— Boden allbort IV. 4.
Petrinjafluß, woher er kommt 4.
Petrovagora, Gebirge und ſchöne Waldung IV. 24. 25.
Pfennigſteine I. 51. IV. 43. 47.
— beſonders große in Iſtrien IV. 49.
Pholas dactilus I. 17. 49.
Pferde werden auf Queckſilberhalden grau II. 47.
Pierre de Liais, oder kalkartiger Sandſtein IV. 5.
Pflanzenerde I. 4.
Planik, Berg, von der Kette abgeſondert I. 67.
Pliſevicza kahles Gebirg IV. 35.
— Waſſerfall allda IV. 35.
Pochwerke zu Hydria II. 137.
Pola, Seeſtadt in Iſtrien I. 56.

Pola,

Pola, Amphitheatrum I. 57.
Porto-Re, Seewerfft I. 49.
Podpeifh, Ort, Versteinerung II. 15.
— Grotte III. 165.
Popina Ibel IV. 33.
Porphir II. 183. III. 11. 12. 14. 49. 63. 142. IV. 2, 4.
Potok, Bach, Fläche von Bobrapole III. 165.
Probirstein am Liponzafluß I. 11.
Pusbnig Bergwerk auf Silber und Galmey III. 113.
Pyrenäen des hohen Kalkgebirg IV. 55.

Q.

Quarz-Schiefer was er sey I. 40. 74. IV. 60.
— Kristallen mit rother Pyramide II. 25.
— Kristallen, grüne ebend.
— blätterichter in Würfeln IV. 60.
Quadersteine, eisenschüssig I. 11.
Quadersteine III. 143.
Quecksilber-Schiefererz II. 83. 86.
— Steinerz II. 88.
— Branderz II. 90.
— Chemische Versuche II. 91. 108.
— Halbkugelerz dessen Entstehung II. 108. 113.
— Leses II. 128.
Quellen, saure im Thal Jeser III. 12.
— warme bey Auferstseina IV. 38.
Quietofluß I. 59.

R.

Raibl, Bergbau III. 49.
— Königsberg schliest die Erze ein ebend.

Raibl, Bau auf Bley und Galmey ebend.
Rastel oder Mauthhaus bey Kostanievza IV. 7. 27.
Ratsbah, Steinarten allda I. 38.
— Metallgebirg ebend.
— in Oberkrain ist auf Gold gebaut worden III. 64.
Reka, Seestadt oder Flume, deren Lage I. 46.
Regelmäßiger Bau zu Hydria II. 56.
Rogatez, Sauerbrunn ohnweit III. 130.
Robstein ähnlicher Kalkstein II. 27.
Rothe Schieferart am Loibiberg I. 33.
Röthelraspis III. 175.

S.

Sagrab, Hauptstadt, Warmbad ohnweit II. 135.
— Sandstein, kalkigter IV. 8.
Sanafluß bey Novi IV. 9.
Sandstein rother II. 24. III. 22.
Sauerbrunn, Versuche damit III. 12.
— bey Roitsh III. 130.
Savafluß dessen Aenderung II. 11.
— Bergwerk III. 38.
Savinafluß III. 37.
— Schiffbarmachen III. 150. IV. 2.
Saviza, deren Ursprung I. 17.
Saxum omnigenum III. 112.
Schachtsul, dessen Bereitung II. 136.
Schlucht oder enges Thal I. 11.
Schinkenmuschel III. 15.
Schneeberg, Aufenthalt der Räuber I. 46.
Schiffahrt auf der Sara I. 30.
Schieferart, besondre I. 72.
Schiefergebirg nicht genug untersuchte IV. 5.

Schrift-

Schriftsteller, welche von Hydria gehandelt II. 36.
Schrammarbeit III. 49.
Schrötborn in der Schweitz besteht aus Salz IV. 56.
Sheleisenke, Eisenbergwerk II. 168.
— dessen Alter ebend.
Schwärmerey auf dem Berg Dabragh III 94.
Schwertspath III. 72.
Schwaben brennende zu Hydria und Guosdanski II. 154. IV. 15.
Sedimentstein III. 125. IV. 2. 6.
See, Zunahme I. 2.
— bey Aglar ebend.
— bey Stinne I. 50.
Seestern versteint I. 56.
— in der Mochein I. 14.
— acht im Mocheiner Gebirg I. 17.
— bey Seldes I. 30. III. 1.
— Muscheln I. 28.
Seebäche bey Sianona I. 52.
See von Zirknija I. 139. 140.
— zu Raibl III. 49. 64.
— im Seistbal III. 99.
— Presniger III. 65.
— Jasker III. 99.
Seigel besondre IV. 44. 45.
— bey Gardo-selo IV. 44.
Seleniten besondre Entstehung I. 116.
Seleniza, Berg, schöne Aussicht III. 17.
Serfen Fabrik zu Irbigh III. 10.
Sheleisenke, Eisenbergwerk II. 168. 179.
— dessen Alterthum ebend.
Siegelburg, siehe Sumberak.
Silberbau bey Heidenschaft I. 8.
Silex nigricans I. 42.
Sinus Hanaticus I. 50.

Sisek, dessen Lage IV. 2.
Smarnagova, Berg, ist nicht der Cárius III. 24.
— Bestandtheile ebend.
Sozha oder Lisonzo, Fluß I. 3.
— wo er sich in die See ergießt ebend.
— Steinarten seines Bettes I. 10.
— vor Zeiten an den Mauern von Görz geflossen I. 11.
Spanische Oefen verbessert IV. 65.
Sparharten krystallisirt III. 70.
Spreßglanz, Bau auf solchen III. 17.
Sreberniak, siehe Berg.
Stahl, dessen Bearbeitung in Krain III. 33. 37.
Stein, Ort und Hammerwerk I. 38.
Steinart besondere Mischung I. 14.
— Kugeln Enhydros I. 9.
— Riesen oder Costeinen I. 26.
— Werfen durch den Wind I. 77.
— Kohlen I. 65. 66. III. 22. 177.
— Art besonders gebildete zu Tirshberdo II. 162.
— Brüche bey Podwein II. 184.
— welche dem Holz ähnlich kömmt III. 140.
— Mark verschieden gefärbt III. 176.
Stinkbad bey Krapina III. 127.
Stinkstein, Lapis suillus III. 166.
Strasse gefährliche über hohes Gebirge I. 33.
Streichen der Julischen Alpen I. 5.
— der Alpkette überhaupt I. 13.
— des Gangs zu Hydria II. 4.
Strelze oder Quarzkristallen IV. 33.
Stusosen wie in Krain beschaffen I. 20.
— damit geschmolzen I. 21. 22.
Sturlich türkisches Grenzschloß IV. 30.
Sumberak I. 100. IV. 2.
Svet Oxa Szech Bajazzet dessen Grab IV. 34.

Sveta

Sveta gora, Berg I. 38.
— planina, Berg und Kirche, Betrachtung darüber III. 18.
Schwärmerey III. 178.
Susem, Ort, Steinart allbort III. 134.
Systeme. falsches von Graf Büffon, Linné, Pallas I. 160.
Szamabor, Bergwerk auf Kupfer III. 182.
— Lage IV. 2.
Szirovácz, siehe Czirovacz.
Szluyn Ort an der Türkischen Grenze IV. 27.
— schöner Wasserfall IV. 28.
Szluynchicza, Fluß IV. 28.

T.

Tarvis oder Trbish, Hammerwerke III. 63.
Tellmuschel versteint in Istrien IV. 51.
Temeniza, unterirdischer Bach III. 167.
Terno, Berg I. 7.
Teufelsbrücke am Loibel I. 32.
Terglon oder Terklou höchster Berg in den Julischen Alpen I. 27.
— aus blossem Kalk I. 29.
— dessen Höhe I. 30.
— Ansicht davon ebend.
Theorie von Entstehung der Erde I. 93.
— verschiedne Meynungen I. 93.
Thon in Glaserde verwandelt I. 112, 113.
Thonerde zu Hafner-Geschirr I. 150.
Thonart kristallisirt III. 119.
Thonkügel mit Hornstein III. 6.
Timavo, Fluß I. 61.
— ungesundes Wasser I. 64.
Tibein Schloß an der See I. 64.
— allda ein Wallfisch gefangen ebend.
Tiefe der Schächte zu Hydria II. 135.
Tigerstein aus Kalk I. 155.

Todtenteufe, zu Hydria, allwo ein Einsturz geschabe, und viele Menschen umkamen II. 53.
Tolmein, Ort, wo die Jberza mit der Sojba vereinigt I. 11.
Torf bey Lublana II. 2.
Tragstein III. 142.
Tremela nivalis was es sey I. 17.
Trenta, Thal Eisenwerk III. 42.
Triak, das Aurupenium der Alten III. 160.
Tribusha, Steinart allbort I. 13.
Trst oder Triest, Seehafen I. 60.
Trapp II. 67. III. 66.
Tropfstein besonderer in Grotten I. 124.
— artiger Hornstein I. 143.
Trümmerstein oder Breccia I. 7.
— aus Kalk ebend.
— zu Mühlsteinen genutzt I. 11.
— Görz steht darauf ebend.
— auf den Bergspitzen II. 32.
— mit einem grünen Bindungsmittel III. 23.
— kieselartiger ganz seltsamer IV. 13.
Tschern-polok, Eisenhammer allbort III. 103.
— Bau auf Bley ebend.
Tuffstein Tuffenförmiger II. 172.

Tull, Berg I. 7.

U. V.

Ublak oder Villach III. 96.

Vellebist reka, Lauf dieses Bachs IV. 14.

Valvasor dessen Verdienst um Krain I. 2.
— unerkenntlich das Land gegen seine Verdienste IV. 20.

Uobina,

Udbina, der Hauptort in Corbavia IV. 34.
Udina, Venetianische Stadt Lage I. 3.
Verändertes Flußbette der Sava III. 10. 25.
Verbesserte Manipulation zu Hydria IV. Ab. 65.
Venetianer bemeistern sich Hydria II. 47.
Versuche mit dem Mittelstein III. 8.
— mit Sauerbrunnen III. 12.
— mit dem Badwasser am Feldeser See III. 8.
Ufer der Flüsse aus Bachsteinen bestehend I. 11.
Verkohlung in siebenden Meilern I. 20.
Vergleich der Alpen von Krain mit jenen der Schweiz I. 6.
Versteinerte Eschara in Kalk IV. 6.
Versteinerung als Austern am Goshas Fluß I. 4. 70.
— an der See I. 52.
— besondre bey Trinitz III. 15.
— bey Podpetsh II. 3. III. 16.
— zu Bleyberg III. 73.
— bis 700 Lachter Höhe III. 93.
— bey Pereczenize IV. 3.
Verwandlung des Kalkstein in Kiesel I. 93.
— des Kalkstein in Hornstein II. 41.
— der versteinten Schaalthiere in Kiesel IV. 41.
— vielfältige in Istrien IV. 49.
Verwitterungen der Kalkgebirge I. 5.
Vitriolarten von Hydria II. 79. 81.
— Siederey III. 11.

Umbererde III. 177.
Unz, Fluß, dessen Beschaffenheit I. 126.
Ungesundheit von Aglar I. 2. 3.
Unna oder Bunafluß IV. 6.

Unsicherheit des Landes, Hindernisse in der Naturgeschichte I. 1.6.
Unternehmung, fruchtloß mit dem Morast anzapfen bey Lapba t) II. 9. 10.
Ursulaberg, Ende der Kalkkette nach O. III. 108.
Uskoken - Gebirg I. 39.
— dessen Beschaffenheit I. 40.
— deren Tracht, sind Serbier III. 151.
Usbiak oder Trojanaberg, dessen Beschaffenheit I. 37.
Uschka oder Montes major I. 52.
— Beschaffenheit I. 53.

W.

Waldung dessen Zustand in Krain I. 20.
— dessen Zustand zu Hydria II. 155.
Walkererde weiße III. 177.
— Gebrauch davon IV. 59.
Wallachen, sind Serbier I. 40. IV. 31. 32.
Wareßdin, Stadt III. 128.
Warme Quellen zu Stupiza III. 135.
— zu Kuselfas steina IV. 38.
— bey Tiefer III. 128.
— bey Neubauß III. 146.
— bey Sushiza III. 167.
— bey Podlipa II. 20.
— bey Sauratsh II. 159.
— bey Milshiza II. 174.
— am Feldeser See III. 3.
— bey Villach III. 97.
— bey Krapina III. 126.
— bey Smerdilucs oder Stinkbad III. 127.
— bey Neustädtel III. 30.
Wasserfall in der Bohein I. 14.
— im Sulzbach III. 111.
Wasser periodisches II. 27. III. 160.

Wasser-

Wasserleitung zu Hydria II. 134.
Wasser welches Kröpfe macht III. 65.
— Lachiches bey Klingenfels III. 1-5
— zu Neifh, welches Kröpfe macht III. 65.
Weissenfels, Stahlhämmer allda I. 31.
Weiteber oder Welleblich, ein Haupt-theil der Elmarischen Alp-kette IV. 35.
— vereiniget sich in Zermanjia mit dem Plifericza IV. 35.
— dessen unterirdische Hölen IV. 35.
Wegrleine II. 27.
Winde deren grosse Gewalt I. 4. IV. 37.
Wipacher Thal I. 7.
Windischbleyberg, dessen Bergwerk III. 99.
Wohein, Thal Beschaffenheit I. 14.
Wolfofen zur Eisenschmelzung I. 20.
Wrein Steinkohlengruben I. 70.

Z.

Zenk, oder Sein, Seehafen, Versteinerung allda 148.
Zeier, Fluss, im Thal Podverda I. 14.
Zeit, zur Ausböhlung oder Durchschneidung der Berge II. 35.
Zilli oder Z. II. Hauptort der Windischen Mark III. 142.
— Marmor salino allbort ebend.
Zeunfeuer wie beschaffen I. 23.
Zbychen Völkerstam in Japidien I. 47.

Zhaun oder Thaunberg I. 7.
Zhuberanka, Fluss I. 43.
Zhuber, dessen Bergwerk I. 42.
Zinkerze von Raibl III. 52. 61.
— zu Bleyberg III. 77.
Zinnober-Gruben bey Terbitsh I. 31.
— hepatischer IV. Ab. 61.
— ungestalter von Hydria II. 113.
— blätterichter II. 125.
— kristallisirter II. 126.
— dessen Bereitung zu Hydria II. 153.
— Erz, rothes mit Kies IV. 62.
— achtseitig kristallisirt IV. 62.
— künstlicher wie er zu Hydria gemacht IV. 62.
— 8 bis 1200 Zentner des Jahrs zu Hydria gemacht IV. 63. 65.
Zbitshen, Volk und dessen Tracht IV. 43.
Zirklah, Ort, Breccia zu Mühlsteinen I. 13.
Zos-polija, staffelförmiges Gebirg III. 45.
Zsin, Markt, war der vierzehnte Grenzort von Krain IV. 4.
— dessen Lage IV. 4.
— Gebirge IV. 5.
Zuckerts Geschichte der Venetianer I. 89.
Zug der Argonauten, Beweis dessen Aechtheit I. 156.

Zum ersten Theil.
Verbesserungen.

Zur Erklärung der Kupfer.
Seite 1 Zeile 6 bleibt oder weg, dafür aber und Vorgebirge.

Zur Vorrede.
Seite VIII. Zeile 6 schlechten bleibt weg, lies mittelmäßiges.
— XV. — 19 Titelkupfer — — — Kupfer zur Vorrede.
— XVI. — 11 und 12 bleiben weg.

Zum Texte.
Seite	Zeile		lies	
3	14	seu	—	&.
4	34	Civilischen	—	Cirillischen.
4	38	wie Sneh, oder Schnee, bleibt aus.		
7	10	Iberja	—	Hyderza.
7	11	Joria	—	Hydria.
9	35	Sclavonien	—	Slavonien.
10	3	Preval, und Postoina	—	Kesdertu, oder Preval, und Postoina.
10	18	Cormons	—	Kermen.
11	20	Hobe	—	Tiefe.
11	29	Tolmain	—	Tolmin.
11	32	Iberja	—	Hyderza.
12	7	Iberja	—	Hyderza.
12	13	Rasches	—	Nashes.
12	26	Tolmain	—	Tolmia.
13	9	Saustrom	—	Savastrom.
13	11	Zirkenze, oder Zirklach	—	Zirkenze, oder Zirkiah.

Seite	Zeile			lies	
12	19	Tribusha		Tribusha.	
13	25	und ersterem		vom erstern.	
13	28	Granit		Granit, oder Gneus.	
15	28	Zod Polja		Zospoliza.	
16	34	da Wohinska Savav		ta vohinska Sava.	
16	35	Saufluß		Savafluss.	
17	1	auch		auf.	
17	3	Sucha		Suha.	
17	4	Ia Wohinska Bistriza		ta vohinska Bistriza.	
17	15	Verch		Verh.	
17	17	Sucha		Suha.	
17	18	Vatscha		Vatsha.	
17	19	Schoulaslenza		Shovlaslenza.	
18	24	O.		o.	
18	32	Althammer		Althammer, oder Starokladuv.	
18	33	Feistriz		Feistriz, oder Bistra.	
19	22	Meßnouz		Mesnovz.	
20	33	fornaceum		fornacum.	
22	19	eine Truge Nägelschnut Sinter.		einen kleinen Trug Nagelschmit Sinter.	
23	13	Kärnten		Kärnten wenigstens im Jahre 1778, wo ꝛc.	
26	13	Terklou		Terglou, oder Terklov, welches so viel heißt, als Berg des Abscheus, oder Entsetzens.	
26	30	Konshza planina		Konshka planina.	
29	19	einer halben		einige.	
29	34	solch		solchen.	
30	7	Yderza, und Sozha		Hyderza, und Sozha.	
30	18	Chimboraro		Chimboraso.	
30	18	Bourguer		Bourguer.	
30	22	Garjusche		Gurjushe.	
30	24	Weißenfeld		Bledo, oder Feldes.	
31	20	Tershizh		Terhitzh.	
33	7	Laibach		oder Lublana.	
33	11	weit		weit ausgedehnt.	
33	29	Terklou		Terglou.	
34	9	niemals		einmal.	
34	18	tem		der.	
35	28	221		510.	

Seite

Seite	Zeile			lies	
Seite 36	Zeile 32	bornianum		lies	Linné.
— 36	— 32	nach hier, kömmt		—	zwölftens, Porphir brauner mit weissem, grünem, und rothem Feldspath.
— 37	— 1	Kanker		—	Kokra.
— 37	— 15	nach Flecken		—	welche Stücke zu dem Porphir zu rechnen sind.
— 37	— 34	nach Trojanoberg		—	oder Uzhiak.
— 38	— 11	Banowitsch		—	Banovitsh.
— 38	— 21	Saufluß		—	Savaflus.
— 38	— 22	Lithaj		—	Lithia.
— 39	— 1	Lithaj		—	Lithia.
— 39	— 19	Seifenburg		—	Shushenberg.
— 39	— 27	Solta		—	Sotla.
— 39	— 31	Maleotok		—	male-Otok.
— 40	— 5	Vlach		—	Vlah.
— 40	— 25	röthlichten		—	weissen.
— 40	— 27	bornianum		—	Linné.
— 41	— 4	Zhuber		—	Zhaber.
— 41	— 22	Zhuber		—	Zhaber.
— 42	— 14	Zhuber		—	Zhaber.
— 43	— 21	Fresaneisen		—	Bresclaneisen.
— 44	— 5	durch Pferde		—	durch Packpferde.
— 47	— 4	Eisen		—	Erzt.
— 47	— 14	sclavonisch		—	slavonisch.
— 47	— 16	Sclaven		—	Slaven.
— 47	— 28	im Lande		—	in Siebenbürgen.
— 48	— 9	Klek		—	Platek.
— 48	— 13	Senzb		—	Seigna.
— 48	— 22	Basalt		—	Schiefer.
— 49	— 27	Zhrini		—	Zrini.
— 52	— 6	Moshenize nach Berset		—	Moshenize nach Derfee.
— 53	— 16	Kosliafo		—	Koslisko.
— 54	— 14	Laxenburg		—	Luxenburg.
— 56	— 20	Altana		—	Albona.
— 58	— 8	Parenza		—	Parenzo.
— 58	— 22	Parenza		—	Parenzo.
— 61	— 32	vor		—	von.
— 63	— 20	vermischt		—	vermist.
— 65	— 8	Karosch		—	Krast.

Seite	Zeile		lies
65	11	Pinzehene	Piuzhene.
65	27	geschwinden	ungleichen.
66	4	Wrem	Vreni.
67	11	Rakitowaz	Rakitoviz.
67	32	Snch-Grib	Shneshnik.
68	6	Lublana	Lublana, und Zhernemel.
68	18	nach Kalkschober	und Lehm.
68	13	Zeians	Slicjane.
69	32	Conjlar	Canzian.
70	22	Spat	Spalt.
70	26	nicht	kaum.
70	26	nach der	geringem Ausbeute.
70	27	groß	so große Ausbeuten.
71	8	Kohlen	Kuchen.
71	32	Zirklach	Zirklah.
72	2	guisberger Stein	Geisberger Stein, oder grünen Granit.
72	26	Mergel	Kalk.
73	1	Eklavonien	Slavonien.
73	8	da die große	da wo die große.
73	11	war	wurde.
75	11	Erdkunde	setze hinzu: geologia.
75	33	Titel	bleibt weg.
76	4	nach Erde	setze hinzu: Geologie.
77	24	das Titelkupfer	lies die letzterwähnte Vignette.
85	3	Mittel-Stein	Stein.
88	10	des Braunsteins	bitter Erde.
93	27	Moses	setze hinzu: der erste Geolog.
97	11	Mineralog	lies Lotholog.
99	20	Kalk	Talk.
101	7	den Braunstein	die Bittererde.
101	9	der Braunstein	die Bittererde.
101	12	der Braunstein	diese Erde.
105	5	Steinart	setze hinzu: nämlich Gips.
107	12	Thonmergel	oder Lehm.
108	19	scheint doch	auch aus verschiedenen Beobachtungen.

Seite	Zeile		lies
109	19	Kiefeln	lies Kiefer.
112	16	den Actis Academiae naturae curioforum Tom. VI. lies: in seinen chemischen Schriften, die er über diesen Artikel herausgegeben hat.	
114	25	gehört der Gneus und Granit, lies: kann auch der Granit und Gneus gerechnet werden.	
116	34	als den,	setze hinzu: Buffon, und.
118	25	Bafalt,	setze hinzu: oder Schörl.
121	14	Suheverch	lies Suhe-Verh.
121	28 & 29	Dolensku, und Notrensku, oder Oter; lies Dolensku, und Notrensku, oder unter.	
122	4	Verchnika	lies Verhnika.
122	10	Verchnika	— Verhnika.
122	11	Hruschiza	— Hrushiza.
122	18	Laibach	— Lublana.
124	6	und der Rückweg ist auf ewig verschlossen, lies welches mit der Podnanossetza verstärket wird.	
124	18	viel	lies über 70 Klafter.
125	25	achtzig bis hundert	— 18.
126	8	Capelle	— Cupol.
126	9	zehn bis funfzehn	— bis 18.
127	12	Verchnika	— Verhnika.
127	23	zu dem	— durch den.
127	27	Morgen,	setze hinzu: in der Gegend Zhern-Verh.
127	30	gezieret	lies besetzt.
128	10	Predjana	— Predjama.
128	16	hat	— hatte.
128	34	Vipauschza	— Vipaushza.
129	21	Logaz	— Logaz.
130	6	Lolba	— Loka.
130	12	Suheverch	— Suhe-Verh.
130	14	Sliuenja	— Slivenza.
133	3	Narta	— Narta.
133	9	Uschinaloka	— Ushina-Loka.
133	14	Dervosheck	— Dervoshek.
133	24	Uranajama	— urama-Jama.
134	3	Tresens	— Tresenz.
134	3	Laschka Studenz	— Lashka-Studenz.
134	6	Virch-Jeferu	— Verh-Jeferu.
134	13	52 bis 54	— 13 bis 14.

Seite 134	Zeile	19	Oberch	lies Oberh.
— 135	—	27	zweyten	— dritten.
— 139	—	3	Mergeltipf	— Mergeltuf.
— 140	—	25	Lotpa	— Loka.
— 143	—	27	folgender,	setze hinzu: Siebentens.
— 144	—	2	vorhergehende	— achtens.
— 144	—	12	Thonmergelerde	— oder Lehm.
— 145	—	17	Radlet	— Radlek.
— 145	—	18	Losch	— Losh.
— 145	—	31	vier	— vierzig.
— 146	—	3	Blek	— Platek.
— 146	—	30	Naplausche	— Naplaushe.
— 147	—	1	Zhuber	— Zhaber.
— 149	—	7	Potock	setze hinzu: oder Laserbach.
— 150	—	8	Geißniz	lies Reifniz.
— 150	—	12	Voda	setze hinzu: oder Fischbach.
— 150	—	27	& 28 Aysch, Wisterza, Globouza, Loschki-Poto, Suschnja, lies: Aysh, Bisterza, Globauza, Loshki-potok, Sushniza.	
— 153	—	19	nach vor	setze hinzu: Lublana, oder.
— 154	—	32	Lublanza	lies Lublanza.
— 157	—	8	gewesen	setze hinzu: oder Slaven waren eher im Lande, als Römer.

Zum zweyten Theil.

Verbesserungen.

Zur Erklärung der Kupfer.

Seite 1	Zeile	16	Futterwerb	lies Fluterwerk.
— 1	—	20	nach führt	setze hinzu: ö, die Einfahrt-Stube.
— 6	—	7	Futterwerk	lies Fluterwerk.

Zur Vorrede.

Seite XVIII.	Zeile	12	Scheleisenke	lies Sheleisenke.
— —	—	13	Kroppa	— Kroppa.

Seite

Seite XVIII. Zeile 13 Kamnagorīza   ließ Kamnagoriza.
— XXVII. — 21 ausgenommen   setze hinzu: welches abgeschrieben worden.
— XXIX. — 15 nach 150   — Lachter.
— XXX. — 11 zu wünschen   ließ gewünschet.

Zum Texte.

Seite	Zeile			
4	15	Pobpetsch	ließ	Podpetsh.
4	24	Tomischet	—	Tomishet.
4	28	Piauzbihe	—	Piauzbihl.
5	1	Piauzbihe	—	Piauzbihl.
5	10	Rudnik	—	Rudnik, oder Erzberg.
5	26	nach Glimmer	setze hinzu: und Thon.
6	8	nach könnte	setze hinzu: die man fruchtlos bey der Stadt unternommen hat.
9	6	Mittelstein	ließ	von hartem Kalkstein.
10	7	17	—	13.
11	13	150	—	200.
14	32	300	—	400.
15	9	nach als	setze hinzu: so genannte.
15	32	dasige	ließ	da befindliche.
17	8	Pala	—	Pola.
18	1	Roschna-Potock	—	Rosna-potok, oder Rosenbach.
18	3	Pokalze	—	Rokauze.
20	26	bläuliche	—	Lauliche.
22	27	Scheleizenke	—	Shleisenke.
23	26	Dobrowa	—	Dobrova.
24	1	Pohograj	—	Pohovgraz.
24	5	Magdalenaberg	—	Lorenziberg.
24	10	Medvedon Verch	—	Medvedu-Verh.
24	13	Zhern Verch	—	Zhern-Verh.
24	15	mit Feldspath	—	manchmal auch mit etwas Feldspath.
24	26	nach gebaut ist	setze hinzu: welcher, je länger er am Tage ist, härter wird.
24	30	nach Glimmer	setze hinzu: worinn kleine kristallisirte Kieskugeln stecken.
31	19	Vehirzhi	—	Veherzé.
34	1	Serhinka	—	Verhinka.

Seite

Seite	34	Zeile	21 Glatkoscala	lies Glatka-Skala.
—	38	—	17 nach hinter	setze hinzu: oder besser in.
—	44	—	9 400	— 300.
—	45	—	29 nach Opbrie	setze hinzu: in Krain.
—	45	—	34 die ich	lies wie ich sie.
—	48	—	27 1779	— 1778.
—	49	—	27 meiner	— einer.
—	51	—	14 Stollen	— Rolle.
—	51	—	19 durch andere Stollen	— wie die Rolle.
—	54	—	28 Kragenfaller	— Kratzenfüller.
—	55	—	13 seinen Ausschlagen	— sein Ausschlagens.
—	56	—	27 nach Mann, der	setze hinzu: durch den Grubenbau.
—	62	—	21 Braunsteinerde	lies Bittererde.
—	63	—	15 nature	— mature.
—	64	—	20 Tajbijb	— Ter,hitz.
—	66	—	1 Spatum	— die dritte Art ist: Spatum calcareum &c.
—	66	—	8 Spatum	— viertens: Spatum calcareum &c.
—	66	—	30 Spatum	— die fünfte Art: Spatum calcareum &c.
—	67	—	28 Spatum	— zweytens: Spatum gypseum &c.
—	68	—	3 zweyte	— dritte.
—	68	—	11 dritte	— vierte Art.
—	68	—	19 breiten bergischen	— breitenbergischen.
—	69	—	25 gypsum	— Erstens gypsum cryst. &c.
—	69	—	25 gypsum	— dritte Art: gypsum cryst. &c.
—	70	—	20 gypsum	— die fünfte Art ist: gypsum cryst. &c.
—	71	—	12 nach aus dem	setze hinzu: Antoni.
—	72	—	1 Erste	lies Zweyte.
—	72	—	26 nach gerieben	setze hinzu: und dem verschlossenen Feuer ausgesetzt.
—	75	—	10 Art	lies Steinart.
—	80	—	16 nach Folgende	setze hinzu: vier letzte.
—	80	—	7 vitriolum	lies viertes vitriolum martis &c.
—	80	—	14 vitriolum	— fünftes vitriolum martis &c.
—	80	—	23 vitriolum	— Sechste Art ist: vitriolum martis &c.
—	81	—	16 nach saturatum	setze hinzu: Letztens: den durch Zinnober rc.
—	83	—	3 Mahreteh	lies Mahetch.

Seite

Seite	86	Zeile	11 Minera	lies 9tens: Minera Hydrarg. &c.
—	86	—	21 Minera	— Zehntens: Minera Hydrargyri &c.
—	86	—	29 Minera	— Eilftens: Minera Hydrarg. &c.
—	87	—	4 Minera	— Erstens: Minera Hydrarg. &c.
—	87	—	14 Minera	— 2tens: Minera Hydrarg. &c.
—	87	—	22 Minera	— Erstens: Minera Hydrarg. &c.
—	89	—	14 Minera	— 5tens: Minera Hydrarg. &c.
—	90	—	7 Minera	— Erstens: Minera Hydrarg. &c.
—	90	—	15 Minera	— 2tens: Minera Hydrarg. &c.
—	90	—	27 Minera	— Erstens: Minera Hydrarg. &c.
—	91	—	3 das	— der.
—	95	—	26 pompadurfarbener	— pompadoursfarbner.
—	99	—	28 Dirigiren	— Digeriren.
—	106	—	8 wissen	— haben.
—	112	—	7 Minera	— 5tens: Minera Hydrarg. &c.
—	121	—	30 steinförmige	— Sternförmige.
—	125	—	1 Thonkrystallen	— Zinoberkrystallen.
—	126	—	21 nach Silber	setze hinzu: Erzt.
—	135	—	19 Stollen	lies Erbstollen.
—	135	—	27 Barbar	— Barbara.
—	136	—	20 Umschlit	— Inslicht, oder Ochsenfett.
—	137	—	.3 sieben	— sechs.
—	140	—	15 Schlössern	— Schliessen, oder Durch-Züche.
—	141	—	33 Anglegten	— Zuglöcher.
—	145	—	34 Stus	— Stupe.
—	149	—	15 Verschleif	— Verschleiß.
—	150	—	14 Burtamante	— Bustamante.
—	152	—	2 Zigeuner	— Siegelner.
—	158	—	2 Schir	— Shir.
—	159	—	28 Saurabe	— Saurash.
—	162	—	6 etwas	bleibt auf.
—	162	—	8 Zirklach	lies Zirklah.
—	162	—	25 Dolinach naBorchrebra	— Dolina na verh-rebra.
—	168	—	13 Zbern Berch	— Zhern-verh.
—	171	—	2 & 3 Kropp, Kamnagorija, und Colniz,	lies: Krop, Kamnagoriza, und Kolniz.
—	173	—	4 Wirtel	— Wirtel.

Oryctogr. Carniol. IV. Th.   M   Seite

Seite 175 Zeile 16 Opermenr   lies Operment.
— 181 — 19 Eisenwasser   — Eiswasser.
— 182 — 16 Seinen   — Saumen.
— 183 — 28 Kamniputole   — Kamnitupole.

Zum dritten Theil.

Verbesserungen.

Zur Vorrede.

Seite X Zeile 10 nach man kommt beynahe.
— XII — 16 beygesehrte   lies beygesstigte.
— — —, 22 Seewallachen oder Serbier.
— — — 25 Pojalski   lies Pojlaki.
— — — 26 Bojemi   — Zlchi.
— XII — 13 Siaven   — Sibirier.
— XVII — 17 Dolinsk   — Dolinsku.

Zum Texte.

Seite 2 Zeile 30 Irlanza   lies Jelauza.
— 12 — 27 Harnlang   — Hoynlaug.
— 15 — 9 Pfednigstein   — Pfennigstein.
— 31 — 11 Steinritze   — Steinrisse.
— 37 — 29 Kretesa   — Kretezza.
— 43 — 34 Montanische   — Montanistische.
— 44 — 9 Gräger   — Görzer.
— 47 — 19 Maukart   — Mankart.
— 49 — 16 Kraieska   — Krailska.
— 66 — 20 Ianken   — Iauken.
— 80 — 28 aereis   — aeris.
— 83 — 17 Bleyberg   — Bleyburg.
— 111 — 1 Calino   — Salino.
— 125 — 8 Marasdin   — Warasdin.
— 137 — 36 Sausluß   — Sansluß.
— 150 — 21 Ponovitsh   — Panovitsh.
— 154 — 20 Statency   — Slatenik.
— 166 — 28 Dbroo   — Dobro pole.

Seite

Seite 173 Zeile 28 Fontinali   lies Fontinalis.
— 180 — 12 Haram bāšiš   — Harambacha Bišitſh.
— 183 — 17 8000   — 800.

Zum vierten Theil.
Verbesserungen.

Seite 3 Zeile 9 v. u. verſtimet   lies verſteinet.
— 6 — 13 Heeg   — Beab.
— 7 — 11 Hanjar   — Banjar.

Seite	Zeile		lies	
65	11	Pinzebene	lies	Piuzbene.
65	27	geschwinden	—	ungleichen.
66	4	Wrem	—	Vrem.
67	11	Rakitowez	—	Rakitoviz.
67	32	Snch-Grib	—	Shneshnik.
68	6	Lublana	—	Lublana, und Zhernemel.
68	18	nach Kalkschober	—	und Lehm.
68	13	Zelane	—	Shejame.
69	32	Conziar	—	Canzian.
70	22	Spat	—	Spalt.
70	26	nicht	—	kaum.
70	26	nach der	—	geringen Ausbeute.
70	27	groß	—	so große Ausbeuten.
71	8	Kohlen	—	Kuchen.
71	32	Zirklach	—	Zirklah.
72	2	guisberger Stein	—	Geisberger Stein, oder grünen Granit.
72	26	Mergel	—	Kalk.
73	1	Stlavonien	—	Slavonien.
73	8	da die große	—	da wo die große.
73	11	war	—	wurde.
75	11	Erdkunde	setze hinzu:	geologia.
75	33	Titel	bleibt weg.	
76	4	nach Erde	setze hinzu:	Geologie.
77	24	das Titelkupfer	lies	die letzterwähnte Vignette.
85	3	Mittel-Stein	—	Stein.
88	10	des Braunsteins	—	bittre Erde.
93	27	Moses	setze hinzu:	der erste Geolog.
97	11	Mineralog	lies	Lytholog.
99	20	Kalk	—	Talk.
101	7	den Braunstein	—	die Bittererde.
101	9	der Brannstein	—	die Bittererde.
101	12	der Braunstein	—	diese Erde.
105	5	Steinart	setze hinzu:	nämlich Gips.
107	12	Thonmergel	—	oder Lehm.
108	19	scheint doch	—	auch aus verschiedenen Beobachtungen.

Seite

Seite 109 Zeile 19 Kiefeln   lies Kiefer.
— 112   —   16 den Actis Academiae naturae curioforum Tom. VI. lies: in
                feinen chemischen Schriften, die er über diesen Artikel
                herausgegeben hat.
— 114   —   25 gehört der Gneus und Granit, lies: kann auch der Granit und
                                             Gneus gerechnet werden.
— 116   —   34 als den,   setze hinzu: Buffon, und.
— 118   —   25 Basalt,   setze hinzu: oder Schörl.
— 121   —   14 Sucheverch   lies Suhe-Verh.
— 121   —   28 & 29 Dolensku, und Notrensku, oder Ober; lies Do-
                lensku, und Notrensku, oder unter.
— 122   —   4 Berchnika   lies Verhnika.
— 122   —   10 Berchnika   —   Verhnika.
— 122   —   11 Hruschiza   —   Hrushiza.
— 122   —   18 Laibach   —   Lublana.
— 124   —   6 und der Rückweg ist auf ewig verschlossen, lies welches mit
                der Podnanossetza verstärket wird.
— 124   —   18 viel   lies über 70 Klafter.
— 125   —   25 achtzig bis hundert —   18.
— 126   —   8 Capelle   —   Cupol.
— 126   —   9 zehn bis funfzehn   —   bis 18.
— 127   —   12 Berchnika   —   Verhnika.
— 127   —   23 zu dem   —   durch den.
— 127   —   27 Morgen,   setze hinzu: in der Gegend Zhern-Verh.
                                   lies besetzt.
— 127   —   30 gezieret
— 128   —   10 Predjana   —   Predjama.
— 128   —   16 hat   —   hatte.
— 128   —   34 Vipauschza   —   Vipxushza.
— 129   —   21 Logaz   —   Logaz.
— 130   —   6 Lotba   —   Loka.
— 130   —   12 Schucheverch   —   Suhe-Verh.
— 130   —   14 Sliuenza   —   Slivenza.
— 133   —   3 Marin   —   Narta.
— 133   —   9 Uschinaloka   —   Ushina-Loka.
— 133   —   14 Dervoscheck   —   Dervossek.
— 133   —   24 Uranajama   —   urama-Jama.
— 134   —   3 Tressenz   —   Tresenz.
— 134   —   3 Lascka Studenz   —   Lashka-Studenz.
— 134   —   6 Verh-Jeseru   —   Verh-Jeseru.
— 134   —   13 52 bis 54   —   13 bis 14.

Seite 134 Zeile	19 Oberch	lies Oberh.
— 135 —	27 zweyten	— dritten.
— 139 —	3 Mergeltipf	— Mergelteuf.
— 140 —	25 Lokba	— Lokā.
— 143 —	27 folgender,	setze hinzu: Siebentens.
— 144 —	2 vorhergehende	— achtens.
— 144 —	12 Thonmergelerde	— oder Lehm.
— 145 —	17 Radlek	— Radlek.
— 145 —	18 Losch	— Losh.
— 145 —	31 vier	— vierzig.
— 146 —	3 Glek	— Platek.
— 146 —	30 Naplausche	— Naplaushe.
— 147 —	1 Zhuber	— Zhaber.
— 149 —	7 Potock	setze hinzu: oder Laserbach.
— 150 —	8 Geißnitz	lies Reifnitz.
— 150 —	12 Woda	setze hinzu: oder Fischbach.
— 150 —	27 & 28 Aysch, Wisterza, Globouza, Loschki-Poto, Suschnja, lies: Aysh, Bisterza, Globauza, Loshki-potok, Sushniza.
— 153 —	19 nach vor	setze hinzu: Lublana, oder.
— 154 —	32 Lublanja	lies Lublanza.
— 157 —	8 gewesen	setze hinzu: oder Slaven waren eher im Lande, als Römer.

Zum zweyten Theil.

Verbesserungen.

Zur Erklärung der Kupfer.

Seite 1 Zeile	16 Futterwerk	lies Fluterwerk.
— 1 —	20 nach führt	setze hinzu: ö, die Einfahrt-Stube.
— 6 —	7 Futterwerk	lies Fluterwerk.

Zur Vorrede.

| Seite XVIII. Zeile | 12 Schelelsenke | lies Shelcisenke. |
| — — — | 13 Kroppa | — Kroppa. |

Seite XVIII. Zeile 13 Kamnagorixa   ließ Kamnagoriza.
— XXVII. — 21 aufgenommen   setze hinzu: welches abgeschrieben worden.
— XXIX. — 15 nach 150   — Lachter.
— XXX. — 11 zu wünschen   ließ gewünschet.

Zum Texte.

Seite	Zeile			
4	15	Podpetsch	ließ	Podpetsh.
4	24	Tomischet	—	Tomishet.
4	28	Piauzbihe	—	Piauzbihl.
5	1	Piauzbihe	—	Piauzbihl.
5	10	Rudnik	—	Rudnik, oder Erzberg.
5	26	nach Glimmer	setze hinzu:	und Thon.
6	8	nach könnte	setze hinzu:	die man fruchtlos bey der Stadt unternommen hat.
9	6	Mittelstein	ließ	von hartem Kalkstein.
10	7	17	—	13.
11	13	150	—	200.
14	32	300	—	400.
15	9	nach als	setze hinzu:	so genannte.
15	32	rasige	ließ	da befindliche.
17	8	Tala	—	Pola.
18	1	Roschna-Potok	—	Rosna-potok, oder Rosenbach.
18	9	Sokalze	—	Bokauze.
20	26	bläuliche	—	Laultche.
22	27	Scheleizenke	—	Shleisenke.
23	26	Dobroua	—	Dobrova.
24	1	Pohograz	—	Pohovgraz.
24	5	Nagtalenaberg	—	Lorenziberg.
24	10	Medvedon Verch	—	Medvedu-Verh.
24	13	Zhern Verch	—	Zhern-Verh.
24	15	mit Feldspath	—	manchmal auch mit etwas Feldspath.
24	26	nach gebaut ist	setze hinzu:	welcher, je länger er am Tage ist, härter wird.
24	30	nach Glimmer	setze hinzu:	worinn kleine kristallisirte Kieskugeln stecken.
31	19	Vehirzhi	—	Veherzé.
34	1	Serhinka	—	Verhinka.

88

Seite	Zeile			
34	21	Glotkostala	lies	Glatka-Skala.
38	17	nach hinter	setze hinzu:	oder besser in.
44	9	400	—	300.
45	29	nach Opbria	setze hinzu:	in Krain.
45	34	die ich	lies	wie ich sie.
48	27	1779	—	1778.
49	27	meiner	—	einer.
51	14	Stollen	—	Rolle.
51	19	durch andere Stollen	—	wie die Rolle.
54	28	Kragenfaller	—	Kratzenfüller.
55	13	seinen Ausschlagen	—	sein Ausschlagens.
56	27	nach Mann, der	setze hinzu:	durch den Grubenbau.
62	21	Braunsteinerde	lies	Bittererde.
63	15	nature	—	mature.
64	20	Tajhizh	—	Terzhitz.
66	1	Spatum	—	die dritte Art ist: Spatum calcareum &c.
66	8	Spatum	—	viertens: Spatum calcareum &c.
66	30	Spatum	—	die fünfte Art: Spatum calcareum &c.
67	28	Spatum	—	zweytens: Spatum gypseum &c.
68	3	zweyte	—	dritte.
68	11	dritte	—	vierte Art.
68	19	breiten bergischen	—	breitenbergischen.
69	25	gypsum	—	Erstens gypsum cryst. &c.
69	25	gypsum	—	dritte Art: gypsum cryst. &c.
70	20	gypsum	—	die fünfte Art ist: gypsum cryst. &c.
71	12	nach aus dem	setze hinzu:	Antoni.
72	1	Erste	lies	Zweyte.
72	26	nach gerieben	setze hinzu:	und dem verschlossenen Feuer ausgesetzt.
75	10	Art	lies	Steinart.
80	16	nach Folgende	setze hinzu:	vier letzte.
80	7	vitriolum	lies	viertes vitriolum martis &c.
80	14	vitriolum	—	fünftes vitriolum martis &c.
80	23	vitriolum	—	Sechste Art ist: vitriolum martis &c.
81	16	nach saturatum	setze hinzu:	Letztens: den durch Zinnober ic.
83	3	Mahreteh	lies	Maheteh.

Seite

Seite	Zeile		
86	11	Minera	ließ 9tens: Minera Hydrarg. &c.
86	21	Minera	— Zehntens: Minera Hydrargyri &c.
86	29	Minera	— Eilftens: Minera Hydrarg. &c.
87	4	Minera	— Erstens: Minera Hydrarg. &c.
87	14	Minera	— 2tens: Minera Hydrarg. &c.
87	22	Minera	— Erstens: Minera Hydrarg. &c.
89	14	Minera	— 5tens: Minera Hydrarg. &c.
90	7	Minera	— Erstens: Minera Hydrarg. &c.
90	15	Minera	— 2tens: Minera Hydrarg. &c.
90	27	Minera	— Erstens: Minera Hydrarg. &c.
91	3	das	— der.
95	26	pompadurfarbener	— pompadourfarbner.
99	28	Dirigiren	— Digeriren.
106	8	wissen	— haben.
112	7	Minera	— 5tens: Minera Hydrarg. &c.
121	30	steinförmige	— Sternförmige.
125	1	Thonkrystallen	— Zinoberkrystallen.
126	21	nach Silber	setze hinzu: Erzt.
135	19	Stollen	ließ Erbstollen.
135	27	Barbar	— Barbara.
136	20	Unschlitt	— Insclicht, oder Ochsenfett.
137	3	sieben	— sechs.
140	15	Schlössern	— Schliessen, oder Durch-Züche.
141	33	Anzlegten	— Zutzlöcher.
145	34	Etuß	— Stupe.
149	15	Verschleif	— Verschleiß.
150	14	Burtamante	— Bustamante.
152	2	Zigeuner	— Siegeiner.
158	2	Schir	— Shir.
159	28	Sauraße	— Saurash.
162	6	etwas	bleibt aus.
162	8	Zirklach	ließ Zirklah.
162	25	Dollnach na Gorchrebra	— Dolina na verh-rebra.
168	13	Zhern Verch	— Zhern-verh.
171	2 & 3	Kropp, Kamnagorlja, und Colnij,	ließ: Krop, Kamnagoriza, und Kolniz.
173	4	Mittel	— Mittel.

Oryctogr. Carniol. IV. Th.

Seite 175	Zeile 16	Operment	lies	Operment.
— 181	—	19 Eisenwasser	—	Eiswasser.
— 182	—	16 Seinen	—	Saumen.
— 183	—	28 Kamniputole	—	Kamnitupole.

Zum dritten Theil.

Verbesserungen.

Zur Vorrede.

Seite X	Zeile 10	nach man kommt beynahe.		
— XII	—	16 beygesetzte	lies	beygefügte.
— —	—	23 Seewallachen oder		Serbier.
— —	—	25 Pujalaki	lies	Pojlaki.
— —	—	26 Bojemi	—	Zhchi.
— XII	—	13 Slaven	—	Sibirier.
— XVII	—	17 Doleink	—	Dolinsku.

Zum Texte.

Seite 2	Zeile 30	Jelanja	lies	Jelaura.
— 12	—	27 Harnlaug	—	Hovulaug.
— 15	—	9 Pfebnigstein	—	Pfennigstein.
— 31	—	11 Steinrize	—	Steinrisse.
— 37	—	29 Kreteza	—	Kretezza.
— 43	—	34 Montanische	—	Montanilische.
— 44	—	9 Gräzer	—	Görzer.
— 47	—	19 Maukart	—	Mankart.
— 49	—	16 Kraieska	—	Krailska.
— 66	—	20 Iauken	—	Iauken.
— 80	—	28 aevis	—	aeris.
— 83	—	17 Bleyberg	—	Bleyburg.
— 111	—	1 Calino	—	Salino.
— 125	—	8 Marasdin	—	Warasdin.
— 137	—	36 Sausluß	—	Sansluß.
— 150	—	21 Ponovitsh	—	Panovitsh.
— 154	—	20 Statency	—	Slatenik.
— 166	—	28 Dbroo	—	Dobro pole.

Seite 172 Zeile 28 Fontinali   lies Fontinalis.
— 180 — 12 Harom bábit   — Harambacha Bisitsh.
— 183 — 17 8000   — 800.

Zum vierten Theil.
Verbesserungen.

Seite 3 Zeile 9 v. u. versinnet   lies versteinet.
— 6 — 13 Herg   — Hrab.
— 7 — 11 Hanjar   — Banjar.

www.ingramcontent.com/pod-product-compliance
Lightning Source LLC
Chambersburg PA
CBHW030116240426
43673CB00041B/1298